国家出版基金项目
NATIONAL PUBLICATION FOUNDATION

当代中国教育改革与创新书系

总主编 朱永新

新教育实验

中国教育改革的民间样本

New Education Experiments

Exemplary Grassroots Practices of Educational Reforms in China

朱永新 著

中国人民大学出版社
· 北京 ·

总　序

见证中国教育的成长

改革开放 40 年以来，中国发生了翻天覆地的变化。40 年前的 1978 年，中国的国内生产总值（GDP）只有 3 600 多亿元；2017 年，中国的 GDP 达 827 122 亿元，增长了近 230 倍。中国奇迹、中国速度、中国故事，已经成为世界关注的重要话题。

在中国奇迹、中国速度的背后，中国教育的贡献是不言而喻的。如果没有中国教育为中国经济的发展提供重要的人力资源与智力支撑，这一切是不可能发生的。但是，中国教育一直没有引起真正的关注，直到一个偶然的事件，中国教育才为世界所瞩目。

2009 年，上海学生代表中国首度参加经济合作与发展组织（OECD）的国际学生评估项目（Programme for International Student Assessment，PISA）就拿了一个大满贯，包揽了数学、阅读和科学 3 个冠军。2013 年，上海学生以数学 613 分、阅读 570 分和科学 580 分的成绩，在所有 65 个国家（地区）中位居第一，再次夺魁。这一次，86.8%的上海学生的成绩达到或超过 OECD 的平均成绩 494 分，呈现出上海义务教育校际差异小、均衡程度高的特点。一时间，“养在深闺人未识”的中国教育成为世界教育的焦点。许多关注中国教育的人不断追问：“上海为什么能?”“中国教育到底有什么秘密武器?”

一直埋头学习别国教育的我们，也开始仔细地打量自己。有着重视教育的深厚文化传统的中国，这些年来，在“穷国办大教育”的背景下，用世界最快的速度推进了学前教育，普及了义务教育，实现了高等教育的大众化。中国教育的悄然变革，让我们也重新认识了自己。

在国家教育投入上，中国的教育投入连续多年占 GDP 的比重达 4%，2016 年中国教育经费总投入已达 3.89 万亿元，其中国家财政性经费投入首次超过 3 万亿元。

在教育普及上，2016 年，中国的学前教育毛入园率为 77.4%，小学净入学率为 99.9%，初中毛入学率为 104%，九年义务教育巩固率为 93.4%，高中阶段毛入学率为 87.5%，高等教育毛入学率为 42.7%。这些数据均超过中高收入国家的平均水平。

在信息化建设上，全国中小学生基本实现了电子学籍管理，各级各类学校互联网的接入率，从 2012 年的 20%左右，增加到 2017 年的 90%多。6.4 万个教学点实现数字教育资源全覆盖，惠及 400 多万偏远农村地区的孩子。

在推进教育公平上，90%以上残疾儿童享有受教育机会，80%以上的农民工随迁子女在流入地公办学校就学。全国 2 379 个县（市、区）通过了义务教育发展基本均衡督导评估，约占全国总数的 81%，11 个省份整体通过。高考录取率最低省份与全国平均水平的差距从 2010 年的 15.3%缩小至 2017 年的 4%以内。

在教育国际化上，我国已成为世界第三、亚洲最大的留学目的国，来华留学人员突破 44 万人，生源地国家和地区总数为 205 个。80%的出国留学人员选择了毕业后回国发展、为国服务。我国已与 188 个国家和地区建立了教育合作与交流关系，与 46 个重要国际组织开展了教育交流，与 47 个国家和地区签署了学历学位互认协议。

我们每个人都见证了中国经济的高歌猛进和中国教育的快速成长。40 年来，中国的教育成就是全方位、开创性的，中国的教育变革是深层次、根本性的。从“有学上”到“上好学”，从普及教育到均衡发展再到内涵发展，从教育大国迈向教育强国，中国教育进入了一个新时代。

在看到这些成就的同时，我们也要清晰地意识到中国教育面临的困难与问题，看到人民群众日益增长的对于美好教育的需求与我们教育自身发展的不均衡、不充分之间的矛盾，看到中国教育与世界先进国家教育之间的差距。

看到，是一种见证。见证，是为了建设。这就是我们编写“当代中国教育改革与创新书系”的初衷。一方面，我们希望通过这套丛书系统总结中国改革开放 40 年以来教育发展的经验和教训，梳理我们在幼儿教育、基础教育、职业教育、高等教育、国际教育，以及区域教育改革和民间教育实验等方面取得的成果；另一方面，我们希望把中国教育正在发生的故事介绍给世界，让世界了解真实的中国教育，并在与世界交流的过程中丰富和完善我们自己的教育。

“当代中国教育改革与创新书系”是一套开放的丛书，既有宏观层面的研究，也有微观层面的叙事。丛书既囊括了荣获首届“基础教育国家级教学成果特等奖”的情境教育，又分享了在全国具有广泛影响力的新教育实验的最新成果；既介绍了在科技不断发展和互联网革命背景下不断快速发展的职业教育、国际教育，也总结了日新月异的家庭教育、学前教育进程；既以在 PISA 评比中崭露头角的上海教育为典型探讨了如何通过教师教育培训提升教学质量，也分析了海门作为县级市在改变区域教育生态方面所做的内容和制度创新。我们希望尽可能全面地反映改革开放 40 年以来中国教育改革与创新的成果，但由于多种原因，难免有遗珠之憾，因此，欢迎各个领域的专家积极联系我们，为我们出谋划策，提出宝贵建议，帮助我们发现优秀的教育案例与故事，也欢迎读者毛遂自荐提供相关的素材，更欢迎相关专家指导和参与这套丛书的编写工作。

朱永新

于北京滴石斋

2018 年 6 月 4 日

代　序

成尚荣*

2000年11月，朱永新教授的《我的教育理想》出版了。千禧之年，这本专著的出版，成为新教育实验诞生的标志。近20年来，朱永新和他的团队，将问题导向与使命导向结合在一起，以勇气、意志和智慧，以开阔的视野和开放的胸怀，把教育理想扎根在中国大地，扎根在校园，扎根在教师的发展，不断开掘、不断完善、不断发展新教育实验，深入探索立德树人的实现方式，逐步完善了新教育的育人范式。与此同时，朱永新以他的实践哲学与美学方式，影响着学校，影响着中国基础教育改革。新教育是素质教育的一面旗帜。

一、理想抱负：为中国未来教育探路，坚定素质教育信念

有不少人说，朱永新是个理想主义者。朱永新并不追究这种评述的意图，是褒是贬，他不在意，因为他是一个心胸十分坦荡、开阔的人，有自己的价值理想和行动准则。更为重要的是，他胸中有一团火，始终燃烧着，这团火就是他的理想。他说："一个国家总要有一些人做梦，总要有一些人高举理想主义的旗帜。教育要有理想，做教育的人要有理想，否则我们的民族、我们的国家就永远没有理想，没有出息。"他又说："政治是

---

*男，1941年生于南通，江苏省教育科学研究所原所长，兼任江苏省教育管理研究会副理事长，中国教育学会素质教育实验区指导专家，中国现代教育专家。

有理想的，科学是有人性的，财富是有汗水的，享乐是有道德的。如果我们在未来的孩子身上能够看到这些，我相信我们的国家就是有力量的。”这就是朱永新的理想。显然，他的理想折射出“人民有信仰，国家有力量，民族有希望”的核心价值追求。这不是他个人的理想，而是在国家强大、民族振兴的理想照亮下的教育理想，将个人的、教育的理想编织进国家的理想框架与愿景中。当下，我们需要朱永新和他的团队的理想，希望出现更多的扎根大地的教育理想主义者。

朱永新将教育的理想提升为抱负与使命：为未来的中国教育探路。他说得通透而实在：“中国这么大，区域发展不平衡，需要一些不同的探索，纯粹让教育行政部门去做，那也是不太现实的。”他正是在进行“不同的探索”，“不同的探索”既表现了他的使命感，也表现了他的改革、创新观，即探索者可以有不同的身份，可以走不同的路线，也可以形成不同的力量。朱永新以学者的身份，激发、调动、组织学校校长、教师队伍走另外一条线路：民间线路，即自下而上的路线，把自上而下的推动转化为自下而上的自主生长，用民间的力量、大众的力量为中国教育探路。事实证明，新教育实验让中小学的校长、教师激动起来、兴奋起来、沸腾起来。他们是改革的生力军。新教育实验告诉我们，只有当大众被唤醒以后，主动投入、积极参与以后，教育改革才会真正发生，才会深入地推进。这也是朱永新和他的团队的理想。

对于这样的理想与抱负，朱永新还有另一种表达：为中国而教。为中国而教，大气、豪迈、自信，但不只是此，而首先是个方向问题、目的问题。新教育，新就新在为中华民族的振兴培养人才，要培养能担当民族复兴大任的时代新人。新教育自觉地把学生个人的终身发展，与社会进步、国家强盛、民族振兴结合在一起、统一在一起。新教育行走在新时代，有了更深厚的时代内涵、更高远的价值立意、更坚定鲜明的志向，“择高处立，寻平处坐，向宽处行”，正是新教育最新、最美的姿态。这是理想主义的姿态，并非玄，而是实；并非浅，而是深；并非只是技术、途径、方法，而是实实在在的专业。

为未来的中国教育探路，为中国而教，有个落脚点，那就是素质教育。朱永新、新教育信奉的、坚守的是素质教育。他坚定地认为，基础教育就是素质教育，素质教育揭示了教育的本质和功能，也揭示了教育的基本问题和具体规律。新教育为中国教育探路，探的是素质教育之路，走的是素质教育之路。中国教育包括未来的中国教育，应是素质教育的形态。在这一思想的指引下，朱永新对素质教育的内涵与实施有着独到的见解和举措。

第一，他认为，素质教育是人的教育，即“为了一切的人”“为了人的一切”。朱永新说，现在有人认为素质教育过时了，要提核心素养了，“我觉得，关键并不在于讲素质或者素养，而在于我们究竟要办怎样的教育，培养怎样的人，一个好的教育，首先要解决这个问题”。在他的理念深处，教育的根本任务是育人，是立德树人，这是方向问题；而核心素养是关于人的，是离不开人的，要服从于人的发展，也可以认定，核心素养推动素质教育进入新阶段。

第二，他认为，素质教育的着眼点是生命教育。他说，新教育有不同的角度，但有一个角度不能忽略，那就是生命的角度。从人自身最终发展的完整性来说，就是“让每个生命成为最好的自己”。新教育提出了“拓展生命的长、宽、高”的主张，“自然生命”强调“长度”，“社会生命”强调“宽度”，“精神生命”强调“高度”。从学理上看，素质是人的先天禀赋，原本就是生命的范畴，即使是素养，也是植根于生命之中的生命状态的凝练与表现。

第三，他认为，素质教育应有重要的基础，即由阅读开始的精神成长。他这么说：“人最基本的素质是人的精神成长，而一个人的精神发育史就是他的阅读史。所以，素质教育应当从阅读开始，阅读应该成为素质教育的基础工程。”这是一个相当深刻而精彩的观点，显现了朱永新和他的团队思想的敏锐性。

第四，他认为，素质教育应当有丰富而又实在、扎实、有效的载体。素质教育缺的不是理论，而是扎扎实实的行动。新教育所设计与实施的十大行动不仅勾画了素质教育的框架，而且落实了实施的举措。这些都是为了达到新教育所规定的素质教育的标准：教给孩子一生有用的东西。

理想、抱负、理念、行动不负有心人，长期的实践锻炼并丰富了新教育，让新教育成为中国素质教育的一面旗帜。

二、价值大原：让学生过一种幸福完整的教育生活，让素质教育触及生活的主语与主体

新教育始终有自己的价值追求，并逐步形成了自己的价值定位，让其鲜明、坚定。新教育把价值定位于生活，定位于对生活意义的追索，将已割断了的、省去了的生活与形而上的关系修复起来、联结起来，进而将理想、信念植根在国家、民族文化哲学的土壤之中，使其成为新教育的价值大原，从这一认识出发，新教育的价值大原显得十分简单、素朴，那就是“让学生过一种幸福完整的教育生活”。朱永新反复强调，幸福完整的教育生活，就是新教育的核心价

值、教育最重要的使命、未来教育的根本方向、新教育永远不应该变的追求，并且进一步强调，“教育不管怎么变，这两条是不会变的——幸福和完整”。

价值大原，会让我们的生活从小知走向大决，从小能走向大成，于小物而求大论。“让学生过一种幸福完整的教育生活”这一价值取向，具有根源性、基石性、方向性、生成性、发展性。这一价值大原，内涵丰富，但不复杂。其一，过幸福完整的教育生活，首先是生活。生活是教育的主语。生活是教育之源，也是教育之目的。教育在生活中展开，教育本身就是一种生活。离开生活这一主语，教育就是无源之水，也失去了价值、意义。其二，学生是生活的主体。学习是学生共同的使命，生活远离学生，便是空洞的、玄虚的、与人无关的。其实，离开了人就没有生活，离开了学生，教育就不是教育，教育生活也就不存在了。主语与主体的相互呼唤、相互映照、积极互动，带来真正的生活和教育，这显然是价值大原。其三，幸福是生活的核心。犹如内尔·诺丁斯所说，幸福是教育的核心目的，也是教育的核心价值。缺失幸福的生活，丢失了教育的本义，教育发生了异化。在这种状况下，学生实质上已成了生活的工具以至奴仆。不言而喻，幸福是教育与生活的价值大原。其四，完整是幸福生活的基础、前提与关键。这也不难理解，不完整的生活肯定是不幸福的，从不完整的生活中走出来的人也肯定是不完整的，而完整的儿童才是幸福的，同样，也只有完整的教学才是幸福的。新教育将“幸福”置于“完整”之前，这一前提的倒置，恰恰是对前提的强调，以及对目的的凸显。从价值大原的视角来看，“让学生过一种幸福完整的教育生活”，是一种大知。在大知中大决，在大决中大能，在大能中大成，这是大论。

这样的大论不是空谈，而是具有强烈的现实针对性。新教育实验有四个方面的目标，第一个便是“改变中国学生的生存状态”。朱永新检视了学生的生存状态：“现在大部分学生感受不到学习的快乐，享受不到成长的幸福。他举了个例子。有个学生学习很差，常挨教师的批评、父母的打骂，教师找他谈话，他反过来对着教师把桌子一拍，说‘这学习是谁发明的！’”这个例子并非个别，也并非极端。试想，这样的生存状态，能实现立德树人的根本任务吗？能培养出担当民族复兴的时代新人吗？莎士比亚作品中哈姆雷特说：生存不是问题，生活才是问题。作家刘震云说：生活不是问题，怎样生活才是问题。而新教育认为，这些都是问题。怎样活得像个人、像自己，更是问题。而新教育正是要改变这样的生存现状，解决这样的问题。“让学生过一种幸福完整的教育生活”，真的是个具有重大现实价值的问题。

价值大原还要深入问题的本质。新教育实验旨在“让学生过一种幸福完整的教育生活”，这是在澄清、明晰、端正一个问题：人，即人是一种意义的存在。人既可以创造意义，也可以破坏意义。人的意义存在，体现在生活中。所以，人是意义的创造者，是指教育有价值立意，在价值立意的追求中，人创造生活的幸福和完整；而人是意义的破坏者，则是因为教育生活的变形与异化，让人失去了理想，失去了创造力。新教育实验的“让学生过一种幸福完整的教育生活”直抵教育的核心与本质。其本质，就是教育的回归。朱永新早就非常明确地指出，新教育之新，就在于回归。但是，新教育实验又告诉我们，在回归的路上，总有新的想象，亦即引起新的创造。改革需要回归，回归中的想象与创造是一种改革。“让学生过一种幸福完整的教育生活”还有更深远的意义。罗素在 1999 年出过一本书：《教育与美好生活》，论及了雅典人与中国人的生活态度和状态。他说，雅典人和中国人一样，都希望享受人生，“然而，在这两种文明之间，也存在极大的差异，泛泛说来，产生差异或者归于希腊人精力充沛，而中国人则懒懒散散……中国文明则只能为外力所亡……中国的传统教育已与现代世界极不相称”。不能说罗素的比较没有道理，但有失公允，而且其中的误解与荒谬是显而易见的。不过，我们从中领悟到了教育与美好生活，不仅是一个教育问题，而且是中国人的生活状态、精神状态面世的问题，是与中国人在世界中的形象密切相关，关涉国家文明、民族精神性格的问题。新教育寻找到了价值大原问题。

三、以提升教师精神生命为逻辑基点，让教师成为素质教育的主人和创造者

新教育实验非常重视改革的逻辑起点。关于逻辑起点，朱永新有个比较：教育改革，有的把逻辑起点放在课堂上，让课堂焕发生命的活力，通过课堂来撬动整个教育变革；有的把逻辑起点放在课程上，通过课程的重构，带动教育改革。总之，所有的教育改革都会有一个总的想法和主张，这一总的想法和主张往往就是它的逻辑基点。新教育实验就是要从逻辑起点出发，站在逻辑基点上，向前向上瞭望，向下向内开掘深化，促使改革有新的突破、提拔和跃升，并促使素质教育进入一个新层面。

新教育实验的逻辑起点和基点在哪里？朱永新坚定地认为，是教育。为此，

他做了非常简洁的解释："所有的教育问题，里面最重要、最关键的就是教育。谁站在讲台前，谁就决定教育的品质；谁站在讲台前，谁就决定孩子的命运。教师是所有问题的出发点，教师是课堂的生发点……教师也是课程的出发点，不仅是课程的执行者，同时也是课程的研发者。"接着，他从相反的角度进一步论证："没有教师的发展，学生的成长就成为无本之木；没有教师的研发，课程就成为无源之水；没有教师的实验，课堂就成为水中之月。"简洁的、正反两个方面的阐释是十分深刻的。首先，这样的选择与确认，回应了世界教育改革潮流。联合国教科文等组织曾联合提出一个口号：复兴始于教师。一个民族是这样，一个国家是这样，教育、学校更是这样。用朱永新的观点来看，教师的讲台决定着教育的未来，也决定着民族和国家的未来。这样的认识，视野开阔，格局很大。其次，当下教师的生存状态堪忧。如果不重视、不改变，课堂、课程的改变是没有希望的，学生的发展只能是句空话。用朱永新的话来说，不能"把每一个教师放在心上"，就无所谓"把每一个孩子放在心上"。显然，新教育实验逻辑起点、基点的选择既要形而上又要形而下，这样的起点才能走得远，站在这样的基点上才能走得深。

把教师成长作为逻辑起点、基点，新教育有不少的新观点、新举措，显现了不少的创意。其一，"教师专业发展"应当是"教师发展"，而教师发展的实质是教师成长，因为教师成长指向生命，尤其指向教师的精神生命。这一理念和主张，是对教师专业发展的深度认知与更全面、更准确的把握，是对"教师专业发展"的超越。其二，即使是教师的专业发展，也应是一个多层面的专业结构，包括专业阅读、专业写作、专业交往。专业阅读的旨意在于，"站在大师的肩膀上前行"，专业写作的旨意在于"站在自己的肩膀上攀登"，专业交往的旨意在于"站在团队的肩膀上飞翔"。好一个"站"，好一个"肩膀"，好一个"前行""攀登""飞翔"，这些都是生命的状态、生命精神的状态、教师行走的状态。一个个鲜活的状态，必定带来鲜活的素质教育。其三，要提升教师精神生命，开展生命叙事。叙事不仅可以提供一个可以分享的世界，而且能让"时间人格化"，让人的身份得以确认，让人的意义、教师的精神价值在叙事中得以呈现和彰显。尤为引人关注和深思的是，新教育教师生命叙事的语言。朱永新将生命叙事分为三类：人类的语言、民族的语言、地方的语言。人类的语言，透射的是博爱，对自由的向往与追求；民族的语言，透射的是民族的文化性格、家国情怀，血脉、根、魂与脊梁，用中国的语言叙事，"活出中国文化的根本精神”；地区的语言，那是地域文化、地方独特风格的雕塑。总之，生命叙事是语言的狂欢，是教师精神生命的欢唱。其四，重塑中国教育的人文精神。朱永新把提升教师精神生命、重塑中国教师的教育人文精神，作为教师发展的意义境界。他常说，一所学校如果没有人文精神，肯定是没有品位的，肯定是没有人文与道德的。人文精神让教师在精神上真正地站立起来。如果说教师的全部尊严在于思想，那么教师的全部价值在于精神境界的提升。其五，教师发展需要打造共同体。尽管鲍曼在《共同体》中说，真正的共同体是不存在的，因为规则与自由总是发生碰撞，不能调和。但是，事实已非常清楚地告诉大家：新教育是一个真正的共同体，改革教师行走方式，提升教师精神生命，教育改革从逻辑起点与逻辑基点上起飞了。

经过近20年的实践，新教育实验已收到了特别宝贵、十分幸福的礼物：人，教师，再一次努力地从应试教育的桎梏中挣脱出来，奔向素质教育；勇敢而坚定地站立起来，成为素质教育的主人，成为素质教育的创造者。这既是教育改革的逻辑起点，又是教育改革的逻辑基点，更揭示了教育改革的逻辑。如此，用逻辑推动的新教育实验，必定让教师用自己的力量，成为素质教育旗帜下最富精神生命的生力军。

四、书香校园、完美教室、新父母学校等关键因子的突破，让素质教育落地生根

以理想主义和田野行动为主要特征的新教育实验，在高举理想主义大旗、唤醒教师生命激情和教育梦想的同时，特别强调田野意识与行动精神。而这样的田野意识、行动精神，是由“田野设计”与行动框架支撑的：营造书香校园、师生共写随笔、聆听窗外声音、构筑理想课堂、研发卓越课程、缔造完美教师、家校合作共育等十大行动，以及晨诵、午读、暮省的生活方式等，分别就艺术教育、科学教育、生命教育等做了专题研究。

以上的行动框架具有显著特点，那就是以专题为行动的主题，一个个专题即一个个行动；专题与专题、行动与行动之间相互衔接、相互促进与推动，形成行动链条，让有序性带来持续性，让计划逐个落实；每个行动都扎扎实实，一步一个脚印，稳步向前，呈现良好的发展态势。新教育培育着研究品质和行动品格。

值得注意的是，这一行动链中有几个重点，它们形成了突破点，演绎为生

长点，进而成为行动的动力源，推动了新教育的深入发展，彰显了新教育的亮点，成为影响素质教育的几个关键因子。

关键因子之一：营造书香校园。

新教育为推动青少年阅读、教师阅读做了极为有效的工作，在全国产生了重要的影响。新教育是“书香校园”概念的创生者、“营造书香校园”的首创者。但这并不重要，重要的是新教育的阅读理念、推进机制、营造方式以及研究、实验的品质，不仅在实验地区和学校得以落实、体现，而且产生了辐射作用，影响了一大批学校。

朱永新的阅读理念是，“一个人的精神发育史就是他的阅读史”“一个民族的精神境界取决于这个民族的阅读水平”。这两句话已成为当下中国阅读活动的核心概念和主流话语，不仅让阅读站到了个人精神成长以及民族精神培育的战略高度，而且彰显了中国阅读的价值认知和中国品格，成为世界阅读史上重要的阅读思想，为人类文明的延续、发展提供了一块基石。至于社会，朱永新明确提出“一个书香充盈的城市必然是一个美丽的城市”，同时将城市的精神、气质和品格与阅读联系起来，而且确定了人人溢书香、处处有书香、时时闻书香、好书飘书香四个书香社会的标志。他认为城市应该形成这样的文化品格：书店应该成为一个城市的风景线，图书馆应该成为一个城市的精神客厅。如此的理念和行动，形象、生动，有品位、有境界。新教育的阅读方案影响了一座座城市。至于学校，他的理念同样鲜明：一个没有阅读的学校永远不可能有真正的教育。朱永新还这么告诉大家：当教师自身拥有阅读兴趣、阅读能力、阅读习惯的时候，教育就不用发愁了，因为我们拥有了一双会飞的翅膀。的确是这样，阅读本身就是教育，既是教育的内容、教育的方式，也是教育的基石和境界。从国家到城市到学校，新教育有的建构了阅读理念体系，有的成了隐喻和文化符号。这也就改变了一些陈旧的观念：素质教育就是唱唱跳跳。同时，新教育确立并坚定这样的理念：素质教育需要唱唱跳跳，也需要读读写写，而且读读写写应成为素质教育的核心内容。

新教育推进机制和营造书香校园的方式极有创意，逐步建构了自己的方法论。阅读推进的策略是共读、共写、共同生活。显然，只有当阅读成为一种生活方式的时候，阅读才会成为一种习惯。那个喜欢喝酒应酬的企业家，正是这样改变自己的：在女儿“共读、共写、共同生活”的要求下，他读了一个月突然发现，读书比喝酒有意思多了。结果在女儿小学阶段他读了 184 本书，结论是因为和女儿的共读，他们之间有了共同的语言和密码。共同的文字、共同的阅读、共同的情感、共同的价值、共同的愿景，点燃了共同的生活和生命。这种具有哲学、美学深度的阅读推进方式与机制让阅读成了一种享受。

关键因子之二：缔造完美教室。

朱永新对教室有个比喻："教室就是一根扁担，一头挑着课程，一头挑着生命。"生动而深刻的比喻，不仅道明了课程的价值意义，而且阐明了教室的地位以及由此产生的使命与责任。无论是课程还是教学，无论是理念还是具体要求，都发生在教室里。扁担，是种工具，也是一个支点。工具与支点都可以撬动，但工具撬动的是教学改革，而支点可以撬动整个地球。在一个偌大的教育改革系统中，新教育实验把缔造完美教师当作关键因子，既是对现实状况的反思与判断，也是在理论上的深思与选择。

在缔造完美教室的启发与召唤下，新教育实验的教师这么诠释教室：教室是我们的愿景，是我们想要到达的地方，是决定每一个生命故事是平庸还是精彩的舞台，是我们共同穿越的所有课程的综合。它包含了我们论及教育时所能想到的一切，我们就是要守住一间教室，让生命在教室里开花。是的，素质教育应该发生在课外，但也应该发生在教室，如果在教室里没有真正发生素质教育，那么课外的素质教育也不可能真正发生。教室的完美，其实就是教育的完美。

按着扁担的比喻走，新教育力图解决挑扁担的人，即教师与学生的问题。教师与学生都是挑扁担的人，其中最为关键的仍然是教师。对于挑扁担的教师，新教育将核心置于对创造性的认可与开发上。于是在教室里，诞生了新教育的独特语言密码："毛虫与蝴蝶""犟龟""相信种子""相信岁月"……当教师的创造性被激发出来的时候，扁担才会被挑起来。学生是不是挑扁担的人？这确实是个问题，但新教育正在破解它。破解的关键是：决定一间教室的，不是教室的好坏，而是谁站在教室里。教师要关注教室里的每一个孩子，守住属于每一个孩子的日子。教师挑起扁担的最终目的，是让孩子挑起扁担。孩子挑起了扁担，挑起了教室，便挑起了世界和未来。这样的教室就是完美的，是通向完美未来的。

关键因子之三：新父母学校。

"教育，从家庭开始。"这是新教育的主张。朱永新认为，所有人的人生远航，都是从家庭港湾开始的，家庭是人诞生的摇篮。可现实状况是："家庭是最容易出错的地方""父母是容易犯错的人""阅读是最容易被忽视的事情"。这些真知灼见，具有穿透性和冲击力。如果只依靠学校，而不改变家庭，教育最终也不能成功。为此，新教育做了整体设计，并全面实施家长学校、家庭教育、学校合育。值得关注的是，新教育将这些思考与设计，聚焦于一种教育形态：新父母学校。

新父母学校之新，不仅指向学校之新，更指向父母之新。朱永新不赞成用“家长”概念，而代之以“父母”。让父母站在教育的角度，在概念上实现平等。在这一前提下，新教育的新父母学校有许多创新。其一，责任的明晰。“养不教，父之过。”不应将父母育子、教子的责任全部推给学校，不应存在家庭与学校之间所谓的“责任转移”。家校合育应在“责任”上不分裂，或虽有分割，却应当共同担责。其二，确立共同成长的理念。新教育认为，“只有和孩子一起成长，父母才是真正的父母”，才是“新父母”，而不是“同一个屋檐下的陌生人”。一起成长，进一步从理念上营造平等、和谐、民主的家庭氛围，从教育者转向成长者，在共同成长中诞生新父母、新家庭教育、新教育。其三，寻找教育的密码。“童年时代，一天犹如一年……要进入童年这个神秘之宫的门，就必须在某种程度上变成一个孩子。只有在这种情况下，孩子们才不会把您［父母］当成一个偶然闯进他们那个童话世界大门的人。”朱永新转引苏霍姆林斯基的话，期望父母成为这个掌握密码钥匙的人。其四，赠送给孩子们最幸福的礼物。这礼物就是那些最伟大、最美好的图书，用图书滋养孩子的心灵，也滋养父母的心灵与品格。

不只是以上三个关键因子，新教育的一系列关键因子和行动，让教育的理想主义扎扎实实地落在大地上，促使素质教育在整体推进中有突破，在突破中整体向前。新教育的行程中一直闪耀着素质教育之光。

五、新教育的理论建构与创新：回归与变革相统一中的实践哲学，彰显中国风格

新教育一直面对着一个提问：新教育究竟“新”在哪里？也有人写文章说，新教育并没有什么新东西。朱永新和他的团队很坦然，“新教育实验的确没有什么新东西，因为我们只是整合了前人提过的理念，倡导者前人实践过的行动”。整合与倡导，其实是信奉与践行一个基本观念：最好的教育就是返璞归真的教育。据此，新教育概括了新特征：当一些理念渐被遗忘，复又被提起的时候，它就是新的；当一些理念古被人说、今被人做的时候，它就是新的；当一些理

念由模糊走向清晰、由贫乏走向丰富的时候，它就是新的；当一些理念被从旧时的背景转到现在的背景下去继承、去发扬、去创新的时候，它就是新的……这些绝不是自我解嘲，而是对理论的再认识、再诠释、再发现。

其一，新教育有种理论自信。任何教育实验的深处一定有着理论的支撑，否则它就是盲目的。新教育实验历经近20年，不断扩大、深入，其生命的旺盛与强大，绝不是行政行为所能为的。实验之初，新教育就有两个愿景，其中之一就是“要成为扎根于本土的新教育学派”。朱永新说：“建立学派也不是天方夜谭，学派无非就是建立自己的教育理论体系，有自己的实验基地，有自己的代表任务，有自己的代表作品。”紧接着，他反问：“为什么我们不能做到呢?为什么我们只能跟在美国、欧洲后面亦步亦趋呢?”这是反问自己，也是在回答别人的诘问。这就是一种理论自信，是一种文化自信，这样的自信定会带来大追求，带来理论自觉和行动自觉。我们不应在理论大山之前矮化自己，而应该仰望大山，开始攀登。新教育正是这样，这种精神首先应当被肯定和夸赞。

其二，新教育有着自己的理论解释。理论丰富，但并不深奥，它往往是常识的另一种形态。所谓“最好的教育就是返璞归真的教育”，所谓“最好的教育就是以不变应万变的教育”，就是指教育、教育研究，也包括教育理论要回到基本问题上去。这些基本问题，朱永新称为“永恒的主题”。理论就是对基本问题的提炼、深化和概括，就是对主题的深度解读与阐发，进而由此回到“事物的本原——理念”。柏拉图的这一观点揭示了理论的本质以及本原。新教育始终把实验的主题指向人，指向生命，指向本原、本质，新教育本身就是一种理论。新教育强调，对已有理念的“整合”已不只是坚守的问题，“整合”意味着理论的发展，在回归中变革，在变革中回归。

其三，新教育有着自己的理论框架。这一理论框架的核心是人，为了一切的人，为了人的一切，并由此形成了五个基本观点：无限相信学生与教师的潜力；教给学生一生有用的东西；重视精神状态，倡导成功体验；强调个性发展，注重特色教育；让学生与人类的崇高精神对话。核心理念与基本观点编织了新教育的理论框架，这一框架是对以往关于人的理论的概括，也是对当代以人为主体的理论的提拔，新教育将两者进行了整合。新教育的十大行动就是从理论框架中自然生成的，是理论框架的具体体现。

其四，新教育有着鲜明的理论品格：行动、实践。新教育一直倡导行动、实践，一直倡导回到田野去。回到田野就是要回到教育的现场，回到教育发生的地方，在那里才会有真正的“人”的存在，才会有课程、有教学、有管理。换个角度看，新教育本身就是一片田野。回到田野意味着，新教育实验的一切都要付诸行动，用行动来实践并实现教育理念，用实践来诠释和演绎教育理念。新教育所践行的是行动哲学、实践哲学，新教育的理论框架其实是理论与实践相结合、相融合的框架。正是在行动、实践中，熟知成了真知。新教育以行动、实践为主体的理论品格值得关注与赞赏。

其五，新教育有着自己的理论话语系统。新教育、新教育人有着自己的话语方式、话语风格，它们形成了新教育的理论话语系统。这一话语系统的核心是：过一种幸福完整的教育生活。围绕核心话语，新教育形成了一组组关键词，显现了独有的话语风格。一是彰显话语的生命性。生命花开，生命多彩，生命的长、宽、高，生命成长，生命的丰富，等等。生命的力量在词语中闪亮，新教育的生命照亮了词语，照亮了学生的幸福和童年的光彩。二是彰显词语的行动性和建构性。营造、构筑、缔造、聆听、晨诵、午读、暮省……以及参与度、亲和度、自由度、整合度、练习度、延展度等洋溢着行动的活力，犹如在田野上的耕耘、播种、收割、整理，呈现出一片生机勃勃的景象。行动、实践，在理念的引领下建构教育。三是词语的召唤性。为中国教育改革探路，为中国而教。书卷气是领导力，上天入地的教育科研……召唤大家，鼓舞大家。我们完全能理解，为什么新教育实验能吸引这么多人，其凝聚力来自话语的召唤性。四是贴近生活的亲和力。新教育的话语让人有温暖的感觉，有倾听、倾吐、沸腾的感觉，因为词语“走心”。比如，良知、孩子、日子，像是在聊生活、聊家庭。此时，朱永新不就是一个“邻家大哥”，不就是良师益友吗？总之，新教育的话语表达，是诗意的、深刻的，在诗意的深处是理论的支撑和理想的张力。

朱永新是当代教育家，他将理论、实践与社会活动三者结合起来、统一起来，促使三者相互支撑、相互促进。他是教育理论家，也是教育实践家，还是教育的社会活动家。他从来都没忘记教育的初心和自己的理想，从来没忘记学校、课堂和那张讲台，从来没忘记校长、教师和那些孩子们。他根扎在黄土地里，他的教育情怀永远燃烧着理想的火焰。他永远把自己当作一个普通的教师，与校长、教师甚至小孩交朋友。大家喜欢这位大学教授，爱戴这位新教育实验的倡导者、设计者，敬爱这位教育家。

目　录

第一章
新教育实验的发展历程与愿景

从 20 世纪 80 年代以来，中国教育改革一直在如火如荼地进行着。无论是以官方为代表的新课程改革，还是以民间为代表的新基础教育实验等，都在不同程度地影响和改变着我们的教育。特别是进入 21 世纪以后，无论是以杜郎口中学为代表的课堂变革，以北京十一学校为代表的课程变革，还是民间的蒙台梭利、华德福等学校的探索，以及在家学习的“教育自救”式学校的兴起，都颇具特色，可谓百舸争流、百花齐放。

在这众多的改革探索中，新教育实验走出了一条独特的道路，也形成了一道独特的风景。

一、新教育实验的发展历程

新教育实验的酝酿可以追溯到 20 世纪 80 年代末。

从 1986 年开始，我用近 5 年的业余时间投入《中华教育思想研究——中国教育科学的成就与贡献》一书的写作之中，阅读了大量中外教育思想家的著作，不仅系统研读了西方新教育运动代表人物的著作，还梳理了从远古到当代的中国教育思想的发展。与那些美好的教育理想相遇，激发了我创造美好教育的冲动，我在完成了这部近 80 万字的著作时，渐渐形成了一种新的使命感。

1988 年，我应广西人民出版社之邀撰写一部《困境与超越——当代中国教育述评》的著作。在写作期间，我收集了大量中国教育的资料，既为改革开放以来中国教育取得的成绩而鼓舞，也为越来越严重的教育经费短缺、应试教育等问题而焦心。理想与现实的反差，更驱使我要为改变中国教育做点什么。

《中华教育思想研究》

《困境与超越》

当代日本教育丛书

1990 年，我应邀去日本上智大学访学一年。虽然是在德语文化圈的研究所工作，但是我大部分的时间在考察日本教育。回国以后，我主编了一套 10 余卷的“当代日本教育丛书”，这套丛书系统介绍了日本学前教育、基础教育、高等教育、职业教育等领域的教育发展情况，研究了明治维新以来特别是二战后日本教育改革与发展的情况。对日本教育的研究，也让我对中国教育改革多了若干深层次的思考。

1993 年，我出任苏州大学教务处处长，成为当时全国综合性大学最年轻的教务处处长。在任职期间，我先后在苏州大学推出了必读书目制度、激励性主辅修制度、学分制、文科改革试点班、理科强化实验班等，为建设书香校园积累了初步的经验。

1997 年年底，我从苏州大学教务处处长转任苏州市人民政府副市长，分管教育文化等工作。有感于全社会对应试教育的不满和批评、教育改革严重滞后于经济改革的现状，也出于对区域教育变革的期待，我开始系统思考理想教育的模样，在苏州市先后推出了改造相对薄弱学校计划、名师名校长行动计划、农村村小现代化行动计划、教育信息化行动计划等，并且在全国率先普及九年制义务教育。这些行动在相当程度上改变了区域教育的品质，改变了教师的精神面貌，也激发了我进一步推进教育改革与实验的愿望。

1999 年，我开始阅读一些管理学的著作，其中一本就是《管理大师德鲁克》。没有想到，这本书中的一则故事给了我强烈的心灵震撼：德鲁克父子去看望另一个管理学大师熊彼特。熊彼特对自己的学生说了一句让我刻骨铭心的话，大意是“到了这样一个年龄，我知道仅仅凭自己的著作流芳百世是不够的，除非我能够改变和影响人们的生活”。我猛然意识到，这些年我虽然也写了许多著作，但是其实我并没有真正走进教育生活，更谈不上影响和改变我们教师的生活！我决定改变话语方式、改变行走方式，真正地去走近教师，走进我们的教育生活。

但是，要从一个学者过渡到一个行动者，并不容易，要在其中找到一个中介，这不仅是理念上、情感上的转变，更重要的是方式方法上的改变。我用了很多心思去琢磨、思考。正好在这一年的夏天，江苏教育报刊总社在苏州举行

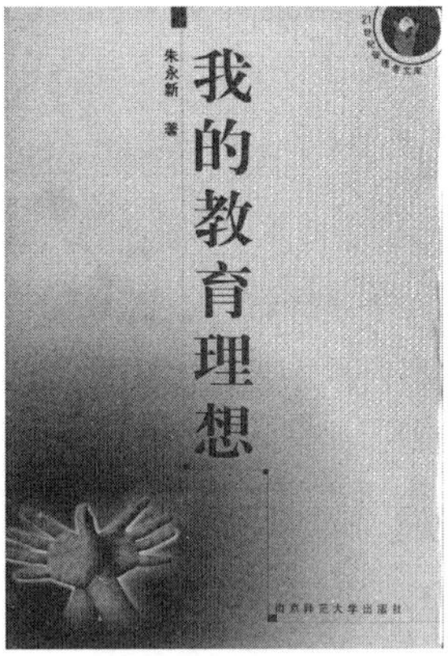

《我的教育理想》

了一次创新教育笔会，邀请我为与会的代表讲述我心中理想的教师。这一次讲演，让我找到了自己的教育话语方式，找到了走向教师与教育生活的路径。讲演结束以后，我应邀去江苏武进湖塘桥中心小学授课带徒，给年轻教师系统地分享自己关于教育的理想。

2000 年，我把在苏州和武进湖塘桥中心小学等地关于教育理想的讲演结集出版，书名为《我的教育理想》，书中比较系统地提出了理想教育的一系列目标。这本书点燃了很多教师对教育的激情。但也有人认为，这样的理想是天方夜谭，应试教育的体制让校长、教师们戴着镣铐，根本无法实现这样的理想。但我认为，教育的智慧就在于从现实的教育空间中寻找最大的发展可能性。在同样的制度环境下，尽管多数学校是波澜不惊的，可也确实有不少学校做得风生水起，更有一些教师做得有声有色，其根本原因还在于自己。所以，创办一所学校，为中国教育探索一条新路的想法也就水到渠成了。

2002 年 10 月，第一所新教育实验学校——苏州昆山玉峰实验学校正式挂牌，新教育实验扬帆起航。

2002 年 10 月，第一所新教育实验学校——苏州昆山玉峰实验学校正式挂牌（薛晓哲摄）

2000 年 11 月正式出版的《我的教育理想》，被作为新教育实验诞生的标志，不仅是因为这本书直接“催生”了新教育实验，还因为新教育实验最初的一些理念与思想源自书中对教育问题的思考和对教育理想的探寻。

最初，我们曾经考虑把实验定名为“理想教育实验”，但是考虑到这个提法容易被认为是关于理想问题的教育实验，所以，经过反复斟酌和讨论，我们最后决定将其命名为“新教育实验”。这既是一种“学术认祖”，也是一种理论自觉。1889 年英国教育家雷迪建立阿博茨霍尔姆学校，引发了欧洲教育历史上的“新学校（教育）运动”，也成为影响整个世界，特别是美国进步主义思潮的一个起点，并且对中国 20

世纪二三十年代的教育改革产生了重要影响。我们耳熟能详的许多伟大学校，如尼尔的夏山学校、小林宗作的巴学园、杜威的芝加哥实验学校等，以及近百年来教育史上许多著名教育家，从罗素到沛西·能，从蒙台梭利、皮亚杰，到怀特海、杜威，再到陶行知、陈鹤琴等，也都深受新教育思潮的影响。

21 世纪初，中国的新教育实验可以被视为“世界语境”中的新教育在当代中国的一声“回响”。因为，我们与历史上的“新教育”之间有一些共同的特性：都旨在对现实的教育进行反思、批判和重构，都主张尊重儿童的个性与自由，都建立了一批实验学校，都试图对当下的教育和社会进行创新和改良，都是民间草根的自发行动，等等。在这个意义上，我们是历史上“新教育”的一段新的“链接”和“延续”。为了区别于历史上的“新教育”，我们不妨称之为“新教育实验”。

我们把新教育实验的发展过程分为三个主要的阶段：

（一）实验初创期（1999 年 9 月至 2002 年 9 月）

这个时期的特点是用理想和激情点燃新教育，用理念和思想引领新教育。

在江苏武进湖塘桥中心小学的讲学带徒，系列教育理想基本理念的提出，标志着新教育实验的萌发。《我的教育理想》的出版，意味着新教育实验理念的初步形成。

2002 年 6 月，“教育在线”网站创办，新教育实验建立了自己的网络平台。初创时期的新教育实验，以其理念点燃了许多校长和教师的教育激情。

（二）实验深化期（2002 年 9 月至 2013 年 7 月）

这个时期的特点是用课程和项目推动新教育，用培训和现场拓展新教育。

2002 年 9 月，第一所新教育实验学校——苏州昆山玉峰实验学校的成立，《新教育之梦》的出版，成为新教育实验全面启动的标志。

在苏州昆山玉峰实验学校，新教育实验最早提出了五大理念（与人类的崇高精神对话，教给学生一生有用的东西，无限相信师生的潜力，重视精神状态、倡导成功体验，强调个性发展、注重特色教育）和五大行动（营造书香校园、师生共写随笔、聆听窗外声音、培养卓越口才、建设数码社区）。由于“教育在线”网站的传播，一批学校与苏州昆山玉峰实验学校同步开展了实验。同时，根据五大行动，新教育实验在苏州成立了五大项目组，以推动实验的研究。

2003 年 7 月，新教育实验首届研讨会在苏州昆山玉峰实验学校召开，第一批新教育实验学校命名和挂牌。2004 年 4 月，全国教育科学“十五”规划重点课题“新教育理论的实践及推广研究”课题开题会在江苏省张家港高级中学和江苏省武进湖塘桥中心小学召开。我们把这场开题会同时作为新教育实验第二届研讨会。7 月，新教育实验第三届研讨会在江苏省宝应县翔宇教育集团召开。同年 5 月和 9 月，江苏省姜堰市（现为姜堰区）教育局和河北石家庄桥西区政府分别率先建立县域新教育实验区，开始以行政推动的方式推进区域实验。

新教育实验第三届研讨会

2003 年 11 月，新教育实验研究中心在苏州昆山玉峰实验学校正式成立。2005 年 6 月，新教育实验研究中心与总课题组编写的《与理想同行——“新教育实验”指导手册》，确认新教育实验的五大行动增加“构筑理想课堂”一项，五大行动拓展为六大行动，“新教育文库丛书”随后陆续出版。7 月，新教育实验第四届研讨会在四川成都盐道街外国语学校举行。这次会议的主题是“新德育”，会上发布了《新公民读本》，新公民和新生命教育开始进入新教育实验的视野。12 月，“北国之春——全国新教育实验与教师专业化成长研讨会”在吉林市第一实验小学召开。在这场会议上正式提出了新教育实验的“三专模式”雏形，我们同时把这场会议作为新教育实验第五届研讨会。

2006 年，一批来自中小学一线的优秀年轻教师正式加入新教育实验研究中心，专职从事相关的研究、推广工作。专职团队的人员全力投入新教育的课程研发、培训和推广中，为新教育实验注入了新的活力。7 月，新教育实验第六届研讨会在清华大学礼堂正式举行，北京六一中学、清华附小、中关村一小作为承办方为会议提供了精彩现场。会议正式提出了新教育的核心价值追求：过一种幸福完整的教育生活。

在随后短短几年时间里，新教育实验的规模不断扩大，先后有 14 个实验区、500 多所实验学校、6 万多名教师、逾 100 万名学生参与实验，实验区、校遍及江苏、浙江、北京、湖北、湖南、陕西、吉林、广东、山西、安徽、河北、河南等 20 多个省市。

2006 年 11 月，在浙江嘉兴市秀洲区召开了新教育实验第一次实验区工作会议，会议总结了区域推动新教育实验的经验与策略。

2007 年 7 月，新教育实验以“共读、共写、共同生活”为主题，在山西运城举行了第七届研讨会，“晨诵、午读、暮省——新教育儿童生活方式”“毛虫与蝴蝶——新教育儿童阶梯阅读”等项目正式亮相，一批优秀的新教育教师在会上的教育叙事深深地感动了与会人员。鉴于实验规模的迅速拓展，除了需要专业上的研究推广，还需要各项事务中的管理协调。为了更好地服务于实验者，会后我们成立了新教育实验的重要管理机构——新教育研究院。

2007 年 11 月，新教育的又一个学术研究机构——江苏省教育学会新教育实验研究专业委员会（新教育研究会）在海门正式成立，我在成立仪式上提出了理想主义、田野意识、合作精神和公益情怀的“新教育精神”。

2008 年 7 月，新教育实验第八届研讨会在浙江温州苍南举行，会上总结了构筑理想课堂的经验，提出了理想课堂的三重境界主张，以及“知识、生活与生命深刻共鸣”的观点。12 月，“新教育实验与素质教育行动策略的研究”课题被列为全国教育科学“十一五”规划重点课题，新教育实验自觉地开始了为素质教育探路的旅程。

新教育实验第八届研讨会

2009 年 7 月，新教育实验以“书写教师的生命传奇”为主题，在江苏海门举行了第九届研讨会，用生命叙事理论和“三专”理论把职业认同和专业发展作为教师成长的双翼。

2010 年 7 月，新教育实验以“文化，为学校立魂”为主题，在河北石家庄桥西区举行了第十届研讨会。9 月，新阅读研究所在北京成立，先后推出了“中国小学生基础阅读书目”“中国幼儿基础阅读书目”“中国初中生基础阅读书目”“中国高中生基础阅读书目”“中国企业家基础阅读书目”等，成为有影响力的书目选编机构（新阅读研究所成立的第二年即荣获全国阅读推广机构大奖）。12 月，江苏昌明教育基金会（新教育基金会）成立，这标志着新教育有了自己的筹资造血机构。

2011 年 7 月，首届新教育国际高峰论坛在江苏武进湖塘桥中心小学教育集团举行，美、日等国专家与新教育人就教育田野研究等进行对话与交流。新教育实验的国际交流全面启动。9 月，以“活出中国文化的根本精神”为主题的新教育实验第十一届研讨会在内蒙古鄂尔多斯东胜区举行。11 月，新教育亲子共读研究中心在北京成立，后更名为新父母研究所，从事家校共育等阅读与家庭教育问题的研究与推广工作，随后陆续在全国 40 多个城市建立了“萤火虫工作站”，为数万名教师、父母组织开展公益活动 5 000 多场，长期跟踪服务于全国各地 900 余位种子教师的成长。

2012 年 7 月，以“缔造完美教室”为主题的新教育实验第十二届研讨会在山东临淄举行。10 月，以“教育与文化重建”为主题的第二届新教育国际高峰论坛在浙江宁波效实中学举行。此次论坛把新教育的基本行动项目由最初的六大行动扩展为十大行动，增加了“推进每月一事”“缔造完美教室”“研发卓越课程”“家校合作共育”等四大行动。

2013 年 3 月，新教育教师成长学院（海门市新教育培训中心）正式被南通市政府批准成立，之后迅速发展成为目前全国新教育理念培训和项目推广的重要基地。不到 3 年的时间，新教育教师成长学院累计培训 100 多批次，近 4 万人次。截至 2013 年 7 月，全国 23 个省市自治区的 40 个实验区、1 764 所实验学校、125 400 多名教师、186 万多名学生参加了新教育实验。

（三）实验完善期（2013 年 7 月至今）

这个时期的特点是系统研发新教育课程，丰富完善理论构架。

2013 年 7 月，以“研发卓越课程”为主题的新教育实验第十三届研讨会在浙江萧山举行，会上提出了新教育实验的课程体系框架，即在新生命教育的基础上，建构新公民教育、新艺术教育、新智识教育和个性特色的课程。至此，新教育实验的理论框架、行动项目体系完成了初步架构，新教育实验的影响进一步扩大。2013 年 11 月，第三届新教育国际高峰论坛在成都举行，来自世界各地的著名教育家和与会代表围绕主题“阅读的力量”进行了深度探寻和对话。

2013 年新教育国际高峰论坛在成都武侯区举行（薛晓哲摄）

2014 年 4 月，新教育实验区工作会议在甘肃省庆阳市举行，与会代表见证了新教育实验给西部教育带来的变化。7 月，以“艺术教育成人之美”为主题的新教育实验第十四届研讨会在苏州市举行，新教育实验在经历了 14 年的发展后回到发源地。11 月，以“构筑理想课堂”为主题的第四届新教育国际高峰论坛在山东日照举行，来自国内外的教育专家、学者、教师共同探讨构筑理想课堂的路径和策略。

新教育实验第十四届研讨会

2015 年 1 月，新教育实验缔造完美教室叙事研讨会在北京师范大学举行，陶西平、石中英、刘铁芳等知名教授，以及教育部基础教育司王定华司长等参加会议，他们对新教育榜样教师的完美教室给予了高度评价。5 月，新教育实验区工作会议在新疆奎屯召开，少数民族地区的新教育实验成为区域教育的一大亮点，与会人员见证了新教育之花在祖国边陲的精彩绽放。7 月，以“拓展生命的长宽高”为主题的新教育实验第十五届研讨会在四川成都金堂县举行，来自全国的 2 000 多名代表见证了新生命教育在灾区重建中的独特价值。11 月，以“研发卓越课程”为主题的新教育国际论坛在河南郑州管城区举行，论坛展示了新教育人在课程研发方面的理论探索与实践。

全国新教育实验第十五届研讨会

2016 年 4 月，新教育实验区工作会议在湖北随县召开。随县 2011 年加入新教育，仅仅 5 年的时间便实现了区域教育的跨越发展，创造了乡村教育品质提升的奇迹。随州市共有 73 所初中学校，随县占 25 所，其中 23 所进入全市综合考评前 30 名，14 所进入前 20 名，7 所进入前 10 名。7 月，以“习惯养成第二天性”为主题的第十六届新教育研讨会在“中国龙城·舜帝故里”——山东诸城召开，全国近 2 000 位教育同人共话“核心素养·每月一事”。诸城市 2012 年整体加入新教育实验，把新教育作为区域教育改革发展的重要抓手，实验学校从 2012 年的 26 所，增加到 2016 年 7 月的 409 所，引领所有学科老师，倡导家庭、社会各界深度参与新教育实验。11 月，我们在浙江温州翔宇中学举办了第六届新教育国际高峰论坛，与来自美国、新加坡、芬兰等国家及地区的学者交流了新教育人对未来教育的思考。

2017年4月，以“新北川新生命新教育”为主题的全国新教育实验区工作会议在北川举行。来自全国20余个省、自治区的新教育实验区700余名代表相聚在北川，共同分享新教育区域推进的实践成果，交流新教育经验，共谋新教育发展。与会代表还分别到擂鼓八一中学、擂鼓小学、安昌小学、安昌幼儿园、北川中学、西苑中学和永昌小学等7所学校观摩新教育实验的成果，实验成果强烈地冲击了视觉，震撼了心灵。新教育对重建北川教育和提升教育品质起到了重要的作用，北川新教育团队特别的奉献精神、智慧才能，以及北川新教育人的实践创造也给与会者留下了深刻的印象。7月，全国新教育实验第十七届研讨会在南京栖霞举行。美国教育专家严文蕃率领的团队一行15人，以及来自全国各地的2 500多位新教育人参加了活动。此次研讨会的主题是“相聚行知栖霞　共话家校合作”。栖霞区教育局局长徐观林做了题为“四通八达的新教育，创生一个四通八达的新栖霞”的报告。来自江苏海门、南京、新沂，山东日照，北京等地的10位榜样教师，从不同的角度、不同的层面分享了各自在家校合作共育行动中的故事。10位榜样教师生动呈现了实验区、校在家校合作共育行动中所做的积极探索，给与会者带来诸多思考。参会代表在南京师范大学附属实验学校、金陵中学仙林分校中学部、摄山星城小学、栖霞区实验小学、迈皋桥幼儿园等12所学校观摩学习。至第十七届研讨会，全国共有县区实验区124个、实验学校3 514所，有370多万名师生参与。11月，我们在江苏海门举办了以“播下科学的种子”为主题的2017新教育国际高峰论坛。有来自国内外的教育专家、学者、教师等1 000多人共赴盛会。会议提出了新教育科学教育的目标、方法和途径，强调新教育科学教育的行动方式是“做中学、读中悟、写中思”，并发布了《海门宣言》。

播下科学的种子——2017新教育国际高峰论坛

2018 年 4 月，以“新时代、新教育、新征程”为主题的 2018 年全国新教育实验区工作会议在江苏如东召开。来自全国各实验区的近 500 位代表在如东相聚，共同探讨新教育实验区的推进策略，分享如东实验区加入新教育近 10 年来的累累硕果。与会人员听取了如东县掘港小学、如东县实验幼儿园、如东县掘港镇童店初中、如东县实验小学、如东县宾山小学老师，以及学生父母分享的故事，并前往河口镇景安初中、洋口古坳初中、洋口港开发区港城幼儿园、如东县宾山小学、如东县级机关幼儿园和如东县马塘小学 6 所新教育实验学校进行观摩。来自浙江东阳、甘肃兰州、河南洛宁、河北邢台、沈阳法库实验区的负责人交流和分享了新教育工作的经验。

2018 年全国新教育实验区工作会议

7 月，以“科学之光照亮求真创新之路”为主题的全国新教育实验第十八届研讨会在成都市武侯区举行。通过新教育叙事、专家点评、论坛交流、实验校现场考察等形式，实验区进一步展示了全国新教育实验在科学教育的实践成果。来自全国 49 个实验区、1 000 余所实验学校共计 1 600 余名代表参加了会议。

会议公布了评选出的新教育 2018 年智慧校长、榜样教师、完美教室、卓越课程各 10 名，提名奖各 20 名，年度人物 1 名，提名奖 2 名。

经过近 20 年的发展，新教育实验的研究和推广取得了令人瞩目的成绩。目前，全国有 140 多个县级实验区、5 200 多所实验学校、570 多万名师生参与其中。

新教育实验得到了国际学术界的广泛关注。2008 年，日本学习院大学东方文化研究所出版的《沸腾的中国教育改革》系统介绍了新教育实验；2009 年，

新教育实验第十八届研讨会

韩国政府“21世纪智慧韩国工程”（Brain Korea）项目组邀请我赴全北大学做题为“过一种幸福完整的教育生活”的讲演，随后10卷本的《朱永新教育文集》被译成韩文在韩国发行。2014年，新教育实验入围卡塔尔基金会评选的“世界教育创新奖”（WISE）15强。2012年麦格劳-希尔教育集团引进了《中国新教育》等16部著作的全球版权，到2015年年底引进的著作已经全部出版。2016年2月，我在美国亚利桑那州立大学和麦格劳-希尔集团公司组织的2016年度全球Harold W. McGraw，Jr教育奖中获得提名。2018年8月，我的《中国新教育》一书法文版由数字未来出版社出版，这是新教育著作继中、英、日、韩、俄、西班牙、蒙古、阿拉伯、印尼、罗马尼亚、柬埔寨、尼泊尔文之后，以第13种语言出版。

《朱永新教育作品》16卷英文版全球首发式（薛晓哲摄）

2016 年，由美国休斯敦教育局叶仁敏博士领衔的研究团队通过大数据的分析研究发现，新教育组学生在学校归属感和对阅读综合能力的发展上远高于普通学校的学生，且差异非常显著。研究者指出："对于一个在全国范围内有如此众多学生参与的大型教育实验，新教育实验能给予学生更美满的校园感受和体验，使学生对阅读有更佳的爱好、能力与习惯，这足以令人对实验的效能和魅力加以肯定和称赞。"他们的研究成果集结成《行动的力量：新教育实验的实证研究》一书，在北京大学出版社正式出版。2016 年 4 月，我应邀在哈佛大学中国教育论坛和麻省理工学院的中美教育论坛上做了主旨讲演，介绍中国的新教育实验。

二、新教育实验的愿景

以理想主义和田野行动为主要特质的新教育实验，在高举理想主义大旗，唤醒教师生命激情和教育梦想的同时，特别强调田野意识与行动精神，通过营造书香校园、师生共写随笔、聆听窗外声音、培养卓越口才、构筑理想课堂、建设数码社区、推进每月一事、缔造完美教室、研发卓越课程、家校合作共育等行动，以及"晨诵、午读、暮省"的生活方式，听读绘说、生命叙事剧等创新课程，职业认同加专业写作、专业阅读和专业交往等"三专"模式的教师成长方向，努力改变学生的生存状态，改变教师的行走方式，改变学校的发展模式，改变教育的科研范式，并取得了一些成绩。

在新教育实验初期，我们曾经用这样四句话表达过我们的追求：(1) 成为学生享受成长快乐的理想乐园。(2) 成为教师实现自身成长的理想舞台。(3) 成为学校提升教育品质的理想平台。(4) 成为新教育共同体的"精神家园"和"理想村落"。这是"新教育实验"的"四重境界"，也是一种对新教育诗意化的表达。我们后来把"四重境界"浓缩为两大"愿景"：努力成为中国素质教育的一面旗帜，全力打造植根本土的新教育学派。这两个愿景是我们新教育人的共同梦想。

(一) 努力成为中国素质教育的一面旗帜

素质教育讲了很多年，但实际上却依然是"轰轰烈烈讲素质教育，扎扎实实做应试教育"。究其原因，我认为素质教育缺的不是理论，而是扎扎实实的行动。尽管对“素质教育是什么”有不同的论述和标准，尽管现在又推出了“核心素养”的理念，但有三个标准应该是大家公认的。第一个标准是，素质教育是面向全体学生的教育，这与我们新教育实验“为了一切的人”的理念是完全一致的。第二个标准是，素质教育是全面发展的教育，这与我们倡导的“为了人的一切”的理念，与我们的发展论、崇高论是紧密联系的。第三个标准是，素质教育是可持续发展的教育，这与新教育实验强调的“教给学生一生有用的东西”的理念也是紧密相连的。新教育实验就是对素质教育的一种尝试、一种探索。

更加重要的是，新教育实验以推进扎扎实实的实际行动为素质教育打下了最重要的基础。人最基本的素质是人的精神成长，而一个人的精神发育史就是他的阅读史。所以，素质教育应该从阅读开始，阅读应该成为素质教育的基础工程。如果没有阅读，中国是不可能从人口大国走向人力资源大国，从人力资源大国走向人力资源强国。如果离开了阅读，就谈不上素质教育。过去素质教育为什么走了弯路？因为人们理解的素质教育往往是简单的“吹拉弹唱”，误以为素质教育就是特长教育，所以素质教育走了偏路、弯路。今后的核心素养教育，也应该注意不能再重蹈覆辙。由于新教育实验的内涵与素质教育的主旨高度契合，新教育实验理所应当成为有影响力的素质教育的一面旗帜。

（二）全力打造植根本土的新教育学派

努力建构新教育的理论体系、课程体系与学校文化，成为扎根本土的新教育学派。我们知道，中国教育目前对世界教育的贡献是远远不够的，在世界教育史上我们能看到的中国人大概只有孔子、陶行知等少数教育家。现在我们的教育基本上是言必称西方，我们讲建构主义、认知理论、人本主义、多元智能，我们讲杜威、布鲁纳、巴班斯基、苏霍姆林斯基，但是我们很少讲中国自己的东西。中华民族如果不给世界教育以惊喜，不为世界教育贡献自己的理论，那将是我们民族的巨大遗憾。我们新教育人希望，在扎根本土行动的同时也能够探索自己的理论，形成自己的风格、自己的品牌，为整个世界教育贡献自己的智慧。

尽管道路漫长，但我们坚信，新教育实验的愿景不是不可企及的目标。从学派产生的几个条件来看，这个愿景应该是可以做到的。一是实验基地的问题。我们目前虽然没有杜威的芝加哥实验学校、苏霍姆林斯基的帕甫雷什学校，但是我们拥有 3 500 多所实验学校，目前正在制订新教育实验学校标准，计划建设一批示范校。二是理论代表人物的问题。新教育研究院的专家们正在健康地成长着，实验学校的优秀教师正在健康地发展着，在他们中间，未来一定会产生能够载入中国教育史的人物。三是代表性理论著作的问题。有了第二条作为前提，这个目标也是完全可以达到的。我觉得，与其抱怨教育的这也不是那也不是，与其不断地批评应试教育让我们戴着镣铐跳舞，我们为什么不可以跳出精彩的镣铐舞呢？我们为什么不利用每一个人的能量，行使每一个人的权利，在每一堂课上，在和孩子交流的每一分钟中，用心去发现，用心去行动，用心去探索中国教育的未来？

这两个愿景，如果落实在未来学生的身上，我们可以这样表述：经过新教育共同体的不懈努力，在不远的未来，新教育实验学校将培养出一群又一群长大的孩子。从他们身上能清晰地看到：政治是有理想的，财富是有汗水的，科学是有人性的，享乐是有道德的——这，就是我们新教育人孜孜以求的共同朝向。这是一个宏大的目标，也是一个远大的愿景，需要我们继续努力。我们一直在路上。

第二章 新教育实验的理论基础与十大行动

新教育是什么？在许多新教育人看来，新教育首先是一个变革的梦想，一种成长的激情。是的，新教育实验的确要求它的参与者对教育和生命怀有一种虔诚、激情、期盼与信任。它用不断唤醒人的方式，滚雪球般地推动着实验的进展。它通过用激情点燃激情、用梦想推动梦想的方式，在各地寻找着拥有共同理想、追求的人，然后通过教授卓有成效的课程，让这些有梦想、有激情的人获得可见的教育教学成就，成为新教育实验的榜样。而实验管理者则不断地言说榜样，不断地让榜样们言说自己的故事，就这样，新教育实验唤起了越来越多从教者的激情。所以，旗帜鲜明地重申教育乌托邦、理想主义，强调激情与梦想、职业认同，是新教育实验最鲜明的一个特点，舍此，便无新教育实验。

也有媒体曾经用“心灵的教育”来概括他们对新教育的理解。他们认为，相对于以分数为主要导向的应试教育，新教育注重与人类的崇高精神对话，强调一个人的精神发育史就是他的阅读史，并且通过“晨诵、午读、暮省”的生活方式，让学生拥有博爱而敏感的心灵，重塑他们精神世界的蓝图。

但是，如何在学理的层面界定新教育呢？

一、新教育实验的核心理念：过一种幸福完整的教育生活

我们给新教育实验这样一个规范的“定义”：新教育实验是一个以教师成长为起点，以营造书香校园等十大行动为途径，以帮助教师和学生“过一种幸福完整的教育生活”为目的的教育实验。幸福完整的教育生活，就是新教育的核心价值。

我们认为，教育当然应该面向未来，但是教育同时更应该面对当下。教育本身就是生活，教育就是生活的方式、行动的方式。教育在作为促进美好生活的一种手段的同时，本身就应该是一种享受，应该让所有与教育发生关系的人“过一种幸福完整的教育生活”。

我们认为，教育生活本身就应该是幸福的。新教育实验强调“过一种幸福完整的教育生活”，不仅仅有对教育终极意义的思考和追求，还有对当下某些教育问题的担忧。我们遗憾地看到，许多地方的教育已经使孩子失去了童年。很多孩子已经失去了凝望世界的明眸，失去了追求理想的激情和冲动，失去了尝试成功的勇气和感恩的情怀。如果我们的孩子和教师们没有幸福和快乐可言，

全国新教育实验第十三届研讨会

这样的教育还有必要、有意义吗？

我们认为，教育生活还应该是完整的。我们之所以在“幸福”后面加上“完整”两个字，是因为我们知道，如果仅仅强调幸福，很容易让大家过分重视情感的体验，甚至会误认为感官的享受很重要。尤其是在当下的教育中，我们的教育更多是单向度的、畸形的、片面的、唯分数的教育。其中，最大的问题是缺乏做人的教育、缺乏德性的教育。其实，教育的使命在于塑造美好的人性，进而建设美好的社会。人的生命本身应该是完整的，是自然生命、社会生命和精神生命的统一体。所以，拓展生命的长宽高，本身就是教育的完整性的体现。人的完整性的最高境界就是让人成为他（她）自己——一个完整的自己，这也是教育的最高境界。当然，这也是我们新教育人追求的最高境界。所以，新教育主张要让学校成为汇聚伟大事物的中心，让学生在这里遇见美好、发现美好、成为美好。

二、新教育实验的理论基础

与教育的本体论、价值论和方法论相对应，新教育实验具有自己的哲学、心理学和伦理学基础。新教育实验的哲学基础是发展论、行动论，也可以说新教育实验有自己的发展哲学、行动哲学；新教育实验的心理学基础是状态论、潜力论和个性论，也可以说这是新教育实验的基本路径；新教育实验的伦理学基础是崇高论、和谐论，也可以说这是新教育实验追求的境界。

（一）新教育实验的哲学基础

新教育实验的哲学基础就是发展论和行动论。“为了一切的人，为了人的一切”最初作为新教育实验的核心理念来阐述。我们不仅要关注学生，而且要关注教师、校长、父母以及一切和教育相关的人。我们不仅要关注分数，更要关注人格、心灵、生命的成长。这是新教育的“全人”理论，即为了全体的人，关注所有的学生，解决教育的公平公正性问题；为了人的全部方面，关注人的个性发展，实现教育的因材施教。

我们主张以人的个体生命为本位，根据个人发展的需要确定教育的目标并实施教育。我们希望从知识的人本化和学习的人本化出发，引导教育圈中每一个人发展个性、舒展自我，在教育中将人提高到“人”的高度，最终把人“还原”为“人”，达到人的“自我实现”。

所以，“为了一切的人”，这里的“人”当然是一个个“具体的人”，表达的是一种“全民教育”（education for all）的理念。“为了人的一切”，这里表达的也是一种“全人教育”的理念，教育旨在“成人”，旨在培养全面发展、和谐发展的人，而非“一只受过良好训练的狗”。

新教育实验强调行动，我们的价值取向就是“只要行动，就有收获”“只有坚持，才有奇迹”。很多美好的教育理论，常常与实践相去甚远，而新教育实验的行动，其主旨不是创造多少深刻的教育理论，而是改变我们的教育行为，是一种追求教育行为改变的努力。新教育实验与过去许许多多的实验有诸多的不同，“行动性”是其中很重要的一条。我们不能说过去的实验不强调行动，但是过去的实验往往使教师们难以行动，而新教育实验的行动，是群众性的、可操作的，是人人可以乐而为之的。

就教师教育行为的改变而言，新教育实验主要是通过倡导教师撰写教育日记、教育叙事、教学案例、教育案例、教育随笔等实现的。反思是教师专业发展的自我觉醒，反思是教师专业发展的主观追求。新教育实验以其独有的与以往的教育研究迥然不同的魅力进入中小学，其人文性、情感性让人激情涌动，其行动性、实践性舍弃浮华与虚假的可行性，给教育实践和教师实践带来巨大的冲击与推动。在新教育理想的鼓舞下，教师们唤醒了沉睡的激情，内心涌起努力奋进的冲动；在新教育行动的召唤下，一线教师很快投入其中，并收获着教育的快乐与幸福。

行动论的关键在于“坚持”。新教育实验的过程也是一个大浪淘沙的过程。所以，我们在强调行动的同时，也特别强调坚持的意义。真正能够做出成效的，真正能够创造奇迹的，应该是那些坚持不懈的人。

（二）新教育实验的心理学基础

新教育实验的心理学基础是状态论、潜力论和个性论。在行动的过程中，新教育特别重视人的精神状态，倡导成功体验。有良好精神状态的人，才会“不待扬鞭自奋蹄”，才会自强不息、坚持不懈。新教育实验主张努力让学生在教育中获得成功的体验，尔后在成功的体验中确立新的目标，以求得更大的进步。学校教育要使学生能够不断地感受成功、体验成功，从而能够不断地相信自我、挑战自我。学生的“成功”，不能再停留在“一考定终身”这样的层面上，要倡导教育的“新成功主义”思想，让学生从成功中得到激励。

唤醒潜能、激发力量、促进教师和学生走向成功，是新教育实验的一个重要观点。我们相信，你怎么去评估学生和教师身上的潜力都不会过分。只有自信，才能使教师和学生的潜能得到充分开发、才华得到充分展示，从而使他们获得“高峰体验”。教师非常重要的任务之一，就是启动学生的心理自信系统，让学生在自信中不断地追求成功、设计成功、撞击成功。而教师自己的自信，也是他们创造力和教育智慧的源泉。

所以，新教育实验主张无限地相信教师和学生的潜力，为他们的成长和发展搭建舞台、创造空间。可以相信，我们给教师和学生多大的舞台，他们就可以演绎出多大的精彩；我们给教师和学生多大的空间，他们就可以创造出多大的辉煌。

新教育实验崇尚的是个性，崇尚的是特色。我们希望每一所学校都办出特色，每一位教师和学生都拥有自己的个性和特长，每一个人都成为他（她）自己。我们一直认为，特色就是卓越。最好的就是最有特色的。

个性发展是指个人在禀赋、气质、兴趣、情感、思维等方面的潜在资质得到发现，心灵自由和精神世界的独特性得到尊重，思考的批判性、思维的独特性和思想的创造性得到鼓励。一句话，个体在心理方面存在的个别差异性得到正视和发展。

特色就是卓越。特色是在学生和教师的个性张扬下发展起来的，特色是在学校、社会的共同呵护下发展起来的，特色是在发展过程中逐步壮大起来的。

有了特色，我们的孩子就是一个大写的人。你考试考得好，我跳舞跳得好，他写字写得好，谁也不比谁差。这样，我们的人格才不会分裂，我们的精神才不会萎缩。

（三）新教育实验的伦理学基础

新教育实验的伦理学基础是崇高论、和谐论。教育目的可以分为两种，即“可能的目的”和“必要的目的”。所谓“可能的目的”，是指与儿童未来所从事的职业有关的目的，也就是“学生将来作为成年人本身所要确立的目的”。所谓“必要的目的”，是指教育所要达到的最高和最基本的目的，这就是教育的道德或者伦理目的。赫尔巴特指出：“道德普遍地被认为是人类的最高目的，因此也是教育的最高目的。”“教育的唯一工作与全部工作可以总结在这一概念之中——道德。”

如果用这样的标准来看，我们的教育是有问题的。长期以来，我们的教育方向还不十分明确，我们甚至不知道教育是什么，不知道教育要干什么，不知道什么是好的教育！这样一个看似简单其实决定着教育全局的根本性问题，也就是教育的伦理目的，被我们忽略了。

新教育实验认为，教育是一项培养人的事业，是一项通过培养人与人类的崇高精神对话，让人类不断走向崇高、生活得更加美好的事业。教育最重要的任务，就是让教师和学生与人类的崇高精神对话，就是塑造美好的人性，培养美好的人格，使学生拥有美好的人生。因此，判断教育的好坏，应该从这样的“原点”出发；推进教育的改革，也应该从这样的“原点”开始。

新教育实验主张，教育应该为学生的终身负责，为学生在21世纪的生存和发展负责，帮助学生成为一个和谐发展的人、一个个性张扬的人、一个具有自我学习和发展能力的人。

新教育实验认为，人的一生有许多比考试成绩更重要的东西，其中最关键的是关乎一个人一生幸福的习惯、技能和生活方式。比如，新教育提出“培养卓越口才”，是因为我们认为口才是一个人一生中最重要的能力之一，无论从事什么职业，都需要与人沟通和交往，所以，良好的口才是非常重要的本领。现在我们的教育把传授基本知识和基本技能放在培养这些重要的能力之上。目前的教学方式较少给学生讲话的机会，学生如何获得这些最重要的东西呢？

同样，新教育实验强调阅读，强调写作和反思，主张利用网络学习，这些都是人的一生中最重要的习惯和生活方式。一个具有阅读、写作习惯的人，其实就具备了终身学习的能力，掌握了自主发展的武器。

三、新教育实验的精神追求

很多时候，很多人，包括我自己，都在问：是什么鼓舞着新教育实验这样一个民间组织，为其所提倡、所信奉、所追求的幸福完整的教育生活，不顾一切地“擦星星”？是什么支撑着新教育人仰望星空，向着山的那边踽踽而行？

我回答说，是一种精神，一种血一样流淌于新教育共同体的理想主义精神。具体来说，有四种新教育的精神。

（一）执着坚守的理想主义

新教育实验是一个追寻理想的教育实验。新教育人是一群为了理想而活着的纯粹的人，是为了推动人类不断地走向崇高从而也让自己不断走向崇高的人。他们知道这个世界需要一群“擦星星”的人，他们愿意把自己的青春和智慧奉献给这个世界。

所以，新教育人执着、坚韧，无论碰到什么样的困难、什么样的挫折、什么样的打击，他们仍然会坚定地往前走，从不在乎个体的力量是否渺小。他们相信，再渺小的付出，也会悄悄影响世界，增益理想的善。

我曾编写过一本小书，里面选了章太炎先生的一篇文章《“我”有多大》。章太炎先生特立独行，有人称他为疯子，他不但不生气，反而很开心。他认为，大凡有创造性的人，往往都有点“神经病”；否则，遇到艰难困苦，断不能百折不回。为了这个缘故，他承认自己有“神经病”，也愿意各位同志都有一两分“神经病”。

醉心于新教育，也有人称我为“疯子”，说我们新教育实验是一群“傻子”跟着一个“疯子”。我像章太炎先生一样乐于承认自己有“神经病”，我也希望新教育人乐于承认自己是个“傻子”。我觉得，只有执着的人、坚守的人、理想主义的人，才能成为这样的“神经病”、这样的“疯子”、这样的“傻子”。

没有执着坚守的理想主义，是不能将新教育坚持到底的。执着是一粒神奇的种子，坚守是一株顽强的野百合，理想主义是一片丰沛的土壤。当执着坚守的理想主义拼合在一起时，我们就可以看到妙不可言的教育的春天。

（二）深入现场的田野意识

当下中国有三种人：官人、学人、农人。新教育如果只有官人和学人，永远不能成功。新教育需要农人，需要把两条腿深深扎到泥巴里的人，需要每天深入课堂与孩子们进行心与心交流的人。

在历史的星空下，那些熠熠生辉的伟大教育家，几乎都是行动家。我读过梁漱溟先生的一篇传记，叫《飞扬与落寞：梁漱溟的孤独思考》，有感而发，写了一篇读后感。我说，我根本不是学问家，而是行动家。在教育史上能够留名的教育家，大部分都是行动家，或者说，他们都是学问家和行动家。

所以，我一直欣慰新教育人与生俱来的田野意识。我们的团队喜欢深入现场，热爱田野作业的工作方式。我们要小心翼翼地珍藏、大张旗鼓地发扬深入现场的田野意识。关起门来写文章，高谈阔论做研究，最后是做不出多大名堂的。

曾经看到一篇文章说，很多印度的知名教授不满足只出来做讲座、到各地讲学，而是实实在在地走进“田野”。这篇文章提到了甘地，说当年的甘地或许就是一副苦力的样子，为了心中的理想，布衣赤脚地奔波于“田间山野”。

新教育人是需要走进这样的田野的。新教育一定要走进课堂，我们评论文也好，搞活动也好，一定要强调真正来自“田野”的东西。我们提倡师生共写随笔，其初衷不是去培养作家，而是去培养认真生活、热爱生活的人。你只有做得精彩，才能写得精彩。我期待每个新教育的参与者都沉下心来，在现场、在课堂、在孩子的悲欢中，倾听自己的内心，思考每天的教育生活，培养自己的田野意识。

（三）共同生活的合作态度

如果说执着代表我们的理想，田野代表我们的行动，那么合作就代表新教育的一种新型的人际交往态度。

在新教育共同体中，所有的人都是平等的，“老师”成为新教育人在任何场合下共同的称呼。只有平等了，我们才能平等地交流，真诚地“吵架”。

我们是一个只问真理的团队，不屈从于任何一种庸俗的关系。新教育实验是求真的事业，平等是求真的前提。我经常说，现在的这个时代，不是一个人做事业的时代。任何一个人，你再能干，自己一个人也是走不远的。我们要将共同体的概念融化为团队意识，牢记心头。须知，我们这个团队是基于一个共同的愿景走到一起的。虽然我们生活在天涯海角，甚至素昧平生，然而，仰赖于共同的理想和追求，我们在另一重意义上，又是“共同生活”在一起的。

这就是我们的团队，有组织结构，但没有行政压力；有激烈辩论，但没有党同伐异；有坚持己见，但没有挖墙拆台。只有在这样平等的、求真的、合作的团队里，我们才能够成长。

（四）悲天悯人的公益情怀

我曾向大家推荐过一本书，叫《如何改变世界》。书中的主人公不是普通的教师就是普通的律师，或是普通的医生。在美国，这群普通的男人和女人，有的发展了一种以家庭为基础的艾滋病护理模式，改变了政府的卫生医疗政策；有的帮助发展中国家边远农村地区的数以万计的居民用上了电，保护了无数大草原。他们都是普通工作者，他们关注的就是那些最普通的人。他们的精神叫作公益精神，他们的情怀叫作公益情怀。

新教育从一开始就具有悲天悯人的公益情怀。这是我们非常宝贵的基因，也是我们非常宝贵的财富，我们不仅要保值，还要增值。

我曾经去过台湾，见证过台湾“慈济”人的公益情怀。这是一个非常了不起的组织，他们的宣言是这样说的：“我们的理想是以慈悲喜舍之心，起救苦救难之行，予乐拔苦，缔造清新洁净的慈济世界；我们的方法是以理事圆融之智慧，力邀天下善士，同耕一方福田；勤植万蕊心莲，同造爱的社会。”与我们不同，它是一个宗教组织，但我觉得它的这种公益精神是值得我们学习的。我们需要走向边远的乡村，那是最需要帮助的地方，只有那里发生了好的变化，才能说中国的教育在向好的方向转变。

总之，以执着的理想、合作的态度扎根于田野，做一番公益的事业，成就我们的人生，成就我们的教育，成就我们的民族。这就是我们的使命，也是新教育精神的本质内涵。

四、新教育实验的十大行动

新教育实验从一开始就自觉地把“行动”二字写在了自己的旗帜上。因为，我们知道，今天的中国缺少的不是批评家，不是理论家，而是真正的行动家。

2002 年，新教育实验最初从苏州昆山玉峰实验学校起航的时候，提出了五大行动，分别是营造书香校园、师生共写随笔、聆听窗外声音、培养卓越口才、建设数码社区。后来我们增加了构筑理想课堂，并且提出了“6＋1”的家校合作共建。2013 年，我们正式提出了新教育的十大行动。主要内容如下：

（一）营造书香校园

营造书香校园，是指通过创造浓郁的阅读氛围，整合丰富的阅读资源，开展多彩的读书活动，让阅读成为师生日常的生活方式，进而推动书香社会的形成。

之所以要营造书香校园，是因为书籍是我们了解历史和认识世界的一个窗口。人类的智慧和文明，只有书籍可以保存。书籍是经验教训的结晶，是人类宝贵的精神财富，是采掘不尽的富矿，是走向未来的基石。读书是人类重要的学习方式，精神的提升和传承必须强化阅读。一个养成了读书习惯的人，是一个自由而幸福的人。我们坚信，没有书香的校园，不是真正意义上的学校；没有书香的校园，只是一个教育训练的场所。我们希望，营造书香校园是新教育实验为学校打下精神底色的一项最重要的活动。

（二）师生共写随笔

师生共写随笔，是指通过教育日记、教育故事和教育案例分析等形式，记录、反思师生日常的教育和学习生活，促进教师的专业发展和学生的自主成长。

之所以要师生共写随笔，是因为教育随笔（日记）是教育者进行思考和创作的一种重要形式，是“批判反思型教师”成长的必由之路。如果说阅读是站在大师的肩膀上前行的话，那么写作其实是站在自己的肩膀上攀升。无论是教师还是学生，为了写得精彩，就必须做得精彩、活得精彩。慢慢养成习惯，阅读、思考、写作便成为教师和学生的日常生活方式，使他们终身受益。

（三）聆听窗外声音

聆听窗外声音，是指通过开展学校报告会、参加社区活动等形式，充分利用社区教育资源，引导学生热爱生活、关注社会，形成多元价值观。

之所以要聆听窗外声音，是因为现在很多学校实行关门教育。如果教师缺乏人生阅历，就难以点燃孩子的人生激情，难以成为孩子心中的榜样。聆听窗外声音可以引导师生关心社会，帮助他们形成多元的价值观；开展“与大师对话”，即与大师面对面交流的大型思想碰撞交流会，可以培养他们创造的激情和欲望。这样，他们才能看到一个真实的世界，听到真实的声音，寻找到人生和社会发展的本真价值和意义。

（四）培养卓越口才

培养卓越口才，是指通过讲故事、演讲、辩论等形式，让孩子愿说、敢说、会说，从而培养他们终身受益的自信心，锻炼他们的沟通能力和表达能力。

之所以要培养卓越口才，是因为口才对于教师与学生的发展非常重要。愿意讲话、敢于讲话、敢于表达思想、能清晰地表达思想，是强烈的自信心的表现。自信心对于一个学生来说，是安身立命之本。没有自信心，就难以有真正的竞争力。表面上看来是“说”，其实“说”的背后是思想，为了说得精彩就必须研究得精彩。而对人沟通能力和表达能力的培养，恰恰是我们教育里所缺乏的。

（五）构筑理想课堂

构筑理想课堂，是指通过创设平等、民主、和谐的课堂气氛，通过在人类文化知识和学生生活体验之间形成有机的联系，实现高效的课堂、追求个性的课堂，进而实现知识、生活和生命的深刻共鸣。

之所以要构筑理想课堂，是因为课堂是学校最重要的教育形式，是学校最重要的舞台，是师生生命展现最重要的一个场所。学校的教学任务主要是通过课堂教学来完成的，课堂质量的高低直接关系着学生生活质量的高低和学校教育的成败。没有课堂，在一定意义上说，就没有教育。所以，我们决定把构筑理想课堂作为新教育的重要行动。

（六）建设数码社区

建设数码社区，是指通过加强对学校内外网络资源的整合，建设学习型的网络社区，让师生利用网络来学习和交流，在实践中培养师生的信息意识和信息应用能力。

之所以要建设数码社区，是因为信息技术革命是新教育的“助产婆”，是新教育得以实现的桥梁和通道。以新教育实验学校为基地，以“教育在线”为网络平台，加强对各类数字化学习资源的整合和应用，建设家庭、学校、社区一体化的“数码社区”，可以让新教育共同体进行网络学习、交流，在实际应用和操作的过程中提高收集、加工和应用各种信息的能力，以形成全民学习、终身学习的学习型社会，促进人的全面发展。

（七）推进每月一事

推进每月一事，是根据学生的身心发展特点，以及学校与社会生活的节律，每月开展一个主题活动。通过主题阅读、主题实践、成果展示与评价等方式，实施不同的主题内容，着力培养学生良好的行为习惯和公民意识，教给学生一生有用的东西。

之所以要推进每月一事，是因为新教育实验主张教给学生一生有用的东西。什么是学生一生有用的东西？有用的东西无疑伴随着他们的良好习惯，包括读书的习惯、思考的习惯、遵守规则的习惯、做事情有计划的习惯、锻炼身体的习惯、感恩的习惯等等。根据心理学习惯养成的规律，新教育通过每月重点培养一个好习惯的方式，在整个中小学阶段对学生进行螺旋式训练，以帮助学生养成一生受益的习惯。

（八）缔造完美教室

缔造完美教室，是在新教育生命叙事和道德人格发展理论的指导下，利用儿童课程开展“晨诵、午读、暮省”，并将理想课堂的三重境界作为所有学科的追求目标，师生共同编织生活和建构知识，形成有个性特质的教室文化，书写出一间教室的成长故事。

之所以要提出缔造完美教室，是因为教室在师生生命中具有特别重要的意义。同样是一间教室，是平庸、冷漠，甚至充斥着暴力、专制、欺骗，还是完美、温馨，不同风格的教室对于每个孩子生命成长的意义完全不同。他们生命中最重要的一段时光在这个叫“教室”的地方度过，他们的成就与挫败、悲哀与喜悦源自这个叫“教室”的地方。“守住自己的教室”，就是要擦亮每个日子，呵护每个孩子，让每一个生命在教室里都开出一朵花来。

（九）研发卓越课程

研发卓越课程，是要在执行国家课程、地方课程、校本课程的基础上，鼓励教师对教材进行二次开发和新的整合创造，通过课程的创新，使课堂成为汇聚美好事物的中心。引领学生认知体验、合作探究，建立知识与世界的内在联系，将所有与伟大知识的相遇转化为自身的智慧，从而使师生的生命更加丰盈。

之所以提出研发卓越课程，是因为课程对于师生成长具有特别的价值。课程的丰富性决定了生命的丰富性，课程的卓越性决定了生命的卓越性。师生共同经历的课程，不应是一堆知识的罗列，而应是让知识具有生命的温度和生活的厚度的课程。在学习课程的过程中，让学生学会热爱生活、热爱生命，成为具有德性、审美、情感、智慧和能力的人。

（十）家校合作共育

家校合作共育，是指通过家校联动的机制，成立父母委员会，开展亲子共读等丰富多彩的活动，让父母更多地参与学校生活，引领父母与孩子共同成长，使家庭教育与学校教育协同互补、互相促进，最终实现家庭、学校教育的协调发展。

之所以提出家校合作共育，是因为家庭在人的发展中具有不可替代的重要作用。家校合作不仅对于提高学校教育质量具有重要作用，而且也是建立现代学校制度的需要。

新教育的十大行动，虽然不是新教育的全部内涵，但是，由于这些行动是中国教育中相对缺少的，所以显得很迫切、很重要。这十大行动不是一个严格的理论体系，而是按照行动的逻辑展开的。

第三章
新教育实验教师的成长

一、新教育实验教师的成长理论

二、新教育实验教师成长的案例

新教育实验认为：站在教室讲台前的那个人，决定着教育的基本品质。所有与教育教学相关的课堂、课程等活动，都有一个共同的指向——教师。如果没有教师的发展，学生的成长就成为无本之木；如果没有教师的研发，课程就成为无源之水；如果没有教师的实践，理想课堂就成为水中之月。所以，教师是教育过程中最重要、最关键、最基础的力量。为此，新教育实验把促进教师的成长作为逻辑起点，作为整个教育的关键所在。

一、新教育实验教师的成长理论

新教育实验把教师成长分为职业认同和专业发展两个方面。其中，职业认同是教师成长的内在动力机制，专业发展是教师成长的技术支持系统，两者相辅相成。

职业认同更多的是与人的理想、激情、追求及对教师这个职业的理解和认识有关系，专业发展更多的是与知识、智力、技能有非常密切的关系。教师的职业认同和专业发展是教师成长之两翼：专业发展是职业认同的基础，没有好的专业发展，教师也就很难真正实现职业认同；同时，职业认同是专业发展的动力，没有好的职业认同，没有理想、没有激情，教师很难达到专业发展。职业认同和专业发展互为补充。如果说专业发展是形而下的技艺之事，那么职业认同便是形而上的信仰之道。实践表明，教师只有具备高度的职业认同和专业发展，对教育充满热爱，饱含生命的激情，才能成为优秀的教师，才能拥有好的教育品质。

（一）教师的职业认同

正如海德格尔所言，以什么为职业，在根本上意义上，就是以什么为生命意义之寄托。新教育的职业认同，是指生命个体对于职业价值的发现和体认，进而产生的心理归属感，也是帮助教师去践行教育思想的理念支撑，是教师走向卓越的重要路径。

新教育实验的职业认同是以生命叙事理论为基础的。生命叙事是指生命个体运用自己独特的叙事方式，书写自己在教育生活中的生命在场、自我成长、意义呈现，并对其进行爬梳观照和省察言说的过程。不管一个人是否自觉意识到，人的一生都可以被视为一个书写中的故事。这个不断删减、修改的剧本，在生命的最终一刻才全书定格，静止为一本真正意义上的“书”。而在此前，只要一息尚存，生命的全部意义，包括生命的最后刹那，都可以因为故事中这唯一主角的抉择而完全改写。

新教育认为，每个教师的生命都是一个故事。每位教师既是故事的主人翁，又是故事的作者。教育就是让每个人有省察地书写自己的生命故事；从事教师职业就是把教育作为自己故事的主旨，并用生命最大的篇幅来展开书写。作为教师，能否把自己的生命写成一部伟大的传奇，取决于他是否真正用心地书写自己的生命故事。

职业认同主要有三个方面：

第一，关于生命原型。既然每一个人的一生都是一个生命的叙事，这个叙事就一定有它特定的生命原型，我们也把它称为自我镜像或者人生榜样。无论是自觉的还是无意识的，我们都会为自己的生命叙事选择一个“生命原型”，即“我以什么作为生命榜样？我应该像谁一样活着？”因为，以什么样的人为榜样，我们就会成为什么样的人；与什么样的人为伍，我们也会成为什么样的人。榜样的力量是无穷的。所以，我们鼓励新教育教师像孔子那样做老师，像雷夫那样做老师，像李镇西、李吉林那样做老师。

第二，关于生命遭遇。从教育人类学的角度来看，生命中的各种遭遇、矛盾与挑战，往往是生命成长的重要契机。平庸的生活往往难以成就非凡的人生。挑战与机遇并存，矛盾与成长同在。只有经历各种遭遇与困难，才能创造真正的传奇。所以，优秀的教师总是能够不回避矛盾和困难，有困难时依然对生活充满信心。正如罗曼·罗兰所说：“我看透了这个世界，但我仍然爱它。”这正是教师应该具有的智慧与勇气。一个真正的教师，应该让学生，也让自己，在跨越重重困难以及怀疑之后，仍然能够建立起对世界、对人类、对自我、对存在的根本信任乃至信念。这种信任、信念乃至信仰，是成为一名教师的基石。

第三，关于语言密码。语言是存在的家园。伟大的传奇总是用三种语言写就的：一是人类的语言，二是承载民族文化的文化共同体语言，三是所处地域的乡土语言。

新教育实验认为，科学思想、民主思想、人类的优秀文化成果，无疑都是我们这个时代的主要教育内容；人类最伟大的思想和价值，应该成为我们的重要语言。但是，所有的语言都需要一种民族语言的转译与承载。这是我们真正的“原语言”。所以，教师应该成为中华文化自觉的传承者，把课程之根深植在中华文化的沃土之中。另外，教师还必须充分利用区域的教育资源，让自己的课堂和学校文化具有鲜明的地方特色与个性特征。这样，作为教师生命叙事的语言，就会显得丰富而厚重。

（二）教师的专业发展

新教育实验的教师专业发展是以“三专”理论为基础的，我们也把它称为教师成长的“吉祥三宝”，即：专业阅读，站在大师的肩膀上前行；专业写作，站在自己的肩膀上攀升；专业交往，站在团队的肩膀上飞翔。专业阅读是一种静思吸纳，专业写作是一种梳理表达，专业交往是一种境域背景。

第一，关于专业阅读。阅读是新教育人最关心的问题。教师的专业阅读，是教师成长的重中之重。新教育认为，没有教师的阅读，就没有教师真正意义上的成长与发展。教师的教育智慧从哪里来？人类那些最伟大的教育智慧、最伟大的思想往往都在那些最伟大的著作之中。

新教育教师专业阅读与构筑理想课堂讨论会（薛晓哲摄）

教师专业阅读的根本任务，就是构造一个合宜的大脑。这需要教师在教育教学生活中，学习心理学的经典思想、教育哲学的基本观点、人类最好的教育经验，以及所教学科的知识精华和所教学科的成功案例。专业阅读的关键是回到对根本书籍的研读中来。强调对根本书籍的阅读，其实就是强调恢复原初思想的能力，恢复教师重新面对根本问题，并从根本问题出发思考当下问题的能力。因此，阅读教育经典，与过去的教育家对话，是教师成长的基本条件，也是教师教育思想形成与发展的基础，也会让教师更加善于思考，远离浮躁而沉淀教育的智慧，从而让教育更加美丽。

河南焦作团结街小学老师以“幸福在哪里”为主题的读书沙龙（杜涛摄）

第二，关于专业写作。如果阅读是学习、吸纳的话，那么，写作就是一种思考、一种加工。教师仅仅站在大师的肩膀上还不够，还要学会反思教育，站在自己的肩膀上攀升。新教育的教师专业写作可以分为五种类型：教育感悟、教育叙事、教学案例、教育案例、师生随笔。它具有以下五个特点：一是强调理解与反思，反对表现主义。二是强调教育与实践相关联。三是强调客观呈现，反对追求修辞。四是主张师生共写随笔，即师生通过日记、书信、便条等方式，相互编织有意义的生活。五是注重案例研究。

总体来看，新教育的专业写作，不以外在的名利为终极目标，不为写作而写作。它使写作恢复本来面目，服务于日常教育教学实践，成为自我反思的基本手段，成为促进师生幸福完整的基本手段。

第三，关于专业交往。新教育认为，在专业阅读、专业写作的基础上，借助专业交往，形成专业发展共同体，提升教师的专业化水平，是教师成长的必由之路。因为，一个人可能走得更快，但一群人，才能走得更远。

新教育的教师专业交往有两个重要特征：一是采取“底线＋榜样”的形式，底线是要求教师有底线，底线是所有人都能够做到也是必须做到的。但底线如果没有榜样是远远不够的，还需要榜样的引领。榜样是需要共同体来培养的。因而，新教育的共同体既建立在自觉自愿的基础上，又拥有一个良好共同体宽松氛围的土壤。二是共同体成员必须形成共同的愿景。对于共同体而言，共同愿景就是理想、信仰和愿景，就是战斗力、向心力和凝聚力。建立在共同愿景基础上的共同体，具有一般组织所不具备的特质。教师通过阅读、写作，通过与团队的对话，其精神状态会发生很大的变化，而这种变化就是最好的故事、最好的榜样、最好的说明。

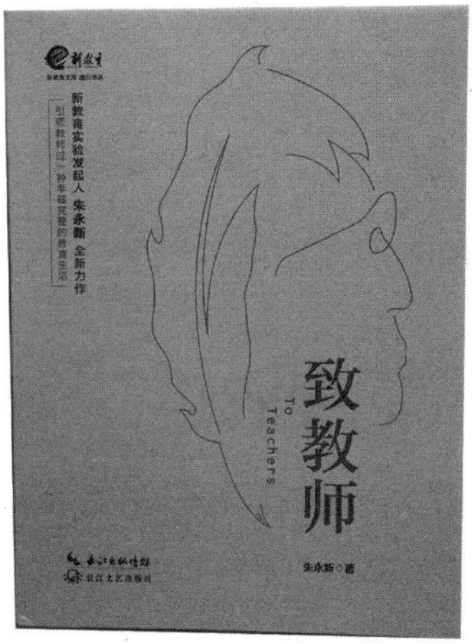

《致教师》

总之，如果教师能够在职业认同和专业发展方面同时下功夫、做文章，一方面保持生命的激情，积极面对生命的各种境遇与挑战，另一方面能够加强专业阅读与专业写作，积极参与到优秀的教师共同体中去，就一定能够书写生命的传奇。

新教育的教师成长理论，在《致教师》一书中有比较完整的论述。

二、新教育实验教师成长的案例

新教育实验对于教师成长的影响是巨大的。美国马萨诸塞大学波士顿分校教育学院教育领导学系系主任严文蕃教授曾经说，新教育实验最了不起的地方，就是其解决了国际教育界的一个重要难题——大学教授的理论走不进中小学，中小学一线教师接受不了高深的教育理论。新教育实验通过职业认同和专业发展，通过“共读、共写、共同生活”，用教育理论武装一线教师，让一线教师掌握教育理论。理论一旦被教师掌握，就会产生现实的教育力量。

这里，我们分享两位教师的故事。一位是被称为“中国飓风”的郭明晓老师，她在退休前遇上了新教育，从此改变了自己的教育世界。另一位是被称为“桃花仙子”的敖双英老师，她在中国的乡村让孩子们过上了幸福完整的教育生活。

（一）一位退休教师的新教育之路——四川宜宾市人民路小学教师郭明晓

在国际惯例中，台风的命名一度仅以女性的名字命名。“大西洋来的飓风”这个充满力量的网名，也是一位女性的。这位后来被大家昵称为“飓风”、被我尊称为“飓风大姐”的新教育榜样教师郭明晓，第一次在新教育的海洋上出现时，就如同一阵飓风一样横扫大家的心田，使人惊心动魄，让人难以忘怀，以至于大家后来都不习惯叫她的真名，而是把“飓风”这个网名叫到了众人耳熟能详的地步。

初见飓风的网名，是在2009年年初，她在“教育在线”论坛上发帖子。那个帖子吸引了众多的网友，因为她在记录着自己冬泳的经历，大家纷纷对此报以敬佩和赞叹。

第一次见到“飓风大姐”是在2010年新教育桥西年会上。这一天，她从神秘的网络世界来到年会的盛典，讲述她参加新教育一年来的故事。她的故事一开讲，就让全场的与会者肃然起敬。讲演结束，会场先是一片寂静，接着是暴风雨般的掌声。

她的故事是这样开始的——

有一天，她和家人在外面吃完饭回来，老公、女儿提议在街上逛逛，她却对他们说：“你们逛吧，我要回家了。”老公和女儿问她：“要回家干吗?”她竟然说回去做新教育网师的作业。女儿笑妈妈：“你这么大年纪了，不要在荣誉面前昏了头，你学那么多要干什么呀？你马上就要退休了!”她严肃地回答：“越读网师，越觉得自己浅薄，就越觉得自己应该多读点儿。别说退休啊，你们想想，要是我能活80岁，那我55岁退休，就还有25年的时间。这25年的时间要是用来学习，可以学好多东西啊!”女儿揶揄地说：“看你这样，看来你应该上大学才行啊!”她也幽默地回答：“你们别激我，要是把我的潜能激发出来，我真要去参加高考了，不是有比我还老的人参加高考吗?”老公最后打圆场说：“你快乐，我们也快乐！支持你，去上大学!”

我还清晰地记得，在那次年会上，“飓风大姐”讲述了她与新教育的美丽邂逅。那是2008年11月在成都的一次会议上，她听到新教育研究中心的老师讲“晨诵、午读、暮省”和新教育儿童课程时，一下子“眼睛亮了起来”。于是，她迫不及待地到“教育在线”网站注册，并且给自己取了一个颇有力量的网名：

大西洋来的飓风。

我不知道“飓风大姐”为什么给自己取一个这样的名字。虽然名字只具有象征的意义，但名字对人的激励功能是值得关注的。古今中外，有许多人通过改名激励自己，如聂耳、鲁迅、盖叫天等。现在，有了网络，我们不必像过去那样改名，每个人都可以轻轻松松为自己取一个网名。但名字毕竟蕴含着梦想和期待，大概是因为大西洋来的飓风力量强大，具有摧枯拉朽之势，所以她是想借此表达自己强烈的成长渴望和一往无前的勇气吧！自从为自己取了这样一个网名，“飓风大姐”确确实实用她的行动、她的精神、她的追求、她的坚韧，践行了这个名字的意蕴。这些年来，她不仅是对新教育，甚至是对中国教育勇敢地说了一声：“我来了！我是大西洋来的飓风!”

作为新教育网络师范学院的学员，从 2009 年开始，她的年度叙事每年都能从千余名网络学员中脱颖而出，成为最受尊敬的“十佳年度叙事”之一。如 2009 年，她先后阅读了近 200 本绘本、数十部童话，还有近 10 部理论书籍。2010 年，她又跟随网师读完了《论语》《中国哲学史》《静悄悄的革命：课堂改变，学校就会改变》《教育的目的》《给教师的建议》等理论书籍。2011 年，在继续大量阅读、继续带领孩子“晨诵、午读、暮省”、继续开展完美教室探索的同时，她的班级童话剧正式起航。2012 年，她演绎了飓风版的“在农历的天空下”，把新教育的农历课程推向了新的境界。2013 年，在即将告别讲台之际，她仍然研发并实施了“生命的孤独与丰盈——狄金森诗歌之旅”的课程，与孩子们排练了《青鸟》《影之翼》的童话剧。就这样，“飓风”每一年都会在网师学员中形成一个不大不小的风暴——要知道，网师中可是强手如云，甚至还有一些优秀的大学教师呢！

“飓风大姐”的这些年度叙事我不止一次地阅读过，每次阅读都会使我感动与感慨，每年我也会在自己的博客中予以推荐。从她的叙事中我们可以看到，只要有梦想，就会有成长。“飓风大姐”经过的地方，都会留下痕迹。近 5 年的时间，1 700 多个日子，“飓风大姐”没有停止过阅读、思考、写作，没有停止过“晨诵、午读、暮省”，没有停止过跟学生的父母写信交流，也没有停止过她的冬泳。每一年，她都用长篇教育叙事反思自己，都用横渡金沙江来激励自己。

2013 年年底，“飓风大姐”邀请我去一趟她的家乡，为宜宾的校长和教师们讲“过一种幸福完整的教育生活”，她希望新教育的种子能够在她的家乡开花结果。记得那天，我们从罕台新教育实验小学赶到宜宾时，已经是凌晨两点左右，第二天讲完，匆匆离开宜宾。“飓风大姐”所在的人民路小学校长陈刚等把我送到机场。也是这一路，我又从另一个侧面了解了她。

陈刚是一位数学特级教师。他告诉我，“飓风大姐”的新教育风暴已经在学校刮起来了。他介绍说，没做新教育前，“飓风大姐”就是一位敬业、优秀的语文老师，还是学校的教导主任。她每天除了完成教学任务，还要处理纷繁复杂的各种事务性工作，如安排临时代课、听青年教师的课、组织教研活动、参加上级会议、主持课题研究等等，常常工作到深夜。

走进新教育后，“飓风大姐”更希望扎根课堂，于是郑重地辞去了教导主任的工作，全身心投入新教育实践：参加新教育网师学习、研发开展各类课程、研习理想课堂、进行童话剧创作表演……为缔造完美教室不懈努力，和学生一起成长。

陈刚老师说，新教育的特有魔力加上“飓风大姐”的超凡毅力，使“飓风大姐”青春焕发，迎来了自己教育生命的高峰，她和她的学生们正一起“过一种幸福完整的教育生活”。

四川省宜宾市人民路小学郭明晓老师带领孩子表演《彼得·潘》（薛晓哲摄）

这样的"飓风大姐"，是人人不愿放弃的珍宝。2013 年 11 月，"飓风大姐"办理了退休手续，一心想推动新教育在全校实践的陈刚校长几次三番盛情力邀，终于留下了"飓风大姐"，请她继续为学校培养种子教师和推动新教育工作；同时，因为"飓风大姐"的新教育实践，当地教育主管部门又返聘她回到工作岗位，专门成立"郭明晓工作室"，在全区招收 5 五个徒弟、引领 3 所学校，推动新教育在翠屏区的实践。现在，年龄上已经退休的"飓风大姐"既未退更未休，一方面带领着她所在学校和周边学校的近百名年轻教师，另一方面又兼任新教育实验的首席培训师。"飓风大姐"对我们说，她是在继续学习着。我相信这一点。我更知道，她一方面在继续学习着，在悄悄地聚集新的能量，另一方面也在摧枯拉朽地创造着，推陈出新。

《我是大西洋来的飓风》

在中国，像"飓风大姐"这样的老师，既少，也多。说少，是事实上非常罕见；说多，是她把神圣寓于平凡之中。每位老师只要愿意，都可以像她一样掀起自己的飓风。

（二）一位年轻乡村教师的新教育之旅——湖南桃源县茶庵铺镇中心小学教师敖双英

地处桃源、沅陵和安华三县交界的茶庵铺镇，海拔 1 100 米，群山环抱，重峦叠嶂。秋日的阳光暖暖地照着，那条蜿蜒穿镇而过的小溪干涸了，裸露出河床。敖双英所在的中心小学就在这座小镇上。当我们大课间在颇有些肃穆的会议室里见到她时，这位网络上被称为"桃花仙子"的教育名人的形象实在与我的想象有些距离：40 岁左右，短发，黑灰 T 恤，蓝色牛仔裤，棕色休闲鞋，随意得很，没有半点"仙"气。对着慕名来访的记者，敖双英显得客气、生疏。她扭着双手说，自己没什么好说的，该说的都说了。我提出要听她的课，她瞥了我一眼，爽朗地笑起来，说这没问题。只是没有语文课可听了，但还有第三节品德课、第四节音乐课。我注意到，自从谈起教育、谈起学生，敖双英的笑容就再没退去。

偏僻山乡里的"完美教室"

循迹来到敖双英上课的教室，还未进门，记者就被走廊墙上贴得满满的学生作品吸引住了。仔细阅读，在“过一种幸福完整的教育生活”的标题下，新教育007班48号刘雅雯《水浒传》原著共读本的读书笔记，工工整整的，足有40多个版面，日期为2012年6月27日，据说这天是放假的第一天。还有满兴莲《西游记》原著自读本的读书笔记，也都是几十个版面。这样的大手笔是小学五年级学生的杰作吗？我目瞪口呆地站在墙报前，一时竟回不过神来。我问：“这写的是什么呀？”穿着蓝紫条纹T恤的龙坚毅同学跳到我面前，响亮地回答：“读原著时，想什么就写什么！”可不是，在新教育实验中，阅读和写绘的主题强调的就是最本真的生命体验啊！在这个偏僻的山乡里邂逅新教育理念，令我十分惊奇。坦白说，即便是城里的老师，也未见得对此了解多少啊！敖双英显然已对此实验多年。她任教的班级在学校是80班，“新教育007班”是敖双英命名的，因为这届学生是2007年入校的，而“007”亦有追求卓越之意，刚好符合新教育的意旨。

从后门进入教室，墙上黑板报左侧贴着科尔伯格提出的“道德发展六阶段”——我不想惹麻烦，我想要奖赏，我想取悦某人，我要遵守规则，我能体谅他人，我有自己的行为准则并奉行不悖。尺幅之间，我读到了敖双英对于学生高尚灵魂和健全人格的期许。采访中敖老师反复说，我只想孩子们站着做人，用真情讲真言。中间浓墨重彩：“热烈祝贺：以下同学在2012年暑假作业评比中，以其卓越和优良品质荣获：犟龟奖——兴莲、晶思、雅雯、熊勇；勤奋奖——浓鲜、唐鑫、小琳、祎龙、廖琴、周洪、晓琴、颖悟、泽龙、敖婷。新教育007班，2012年9月。”黑板报右侧“戴好安全帽，健康校园行”的学生手抄报赫然在目。

教室前黑板右侧是班级荣誉角，上面贴着17张奖状，全是班级在学校各项活动中获的奖，一等奖居多。敖老师说，只有乒乓球项目男女生稍弱一点，才得了三等奖。甘宙佳同学补充说，敖老师对他参加学校的乒乓球队之事特别支持，一天5次训练，她都提供宽松的政策，即使并没有获得好成绩也一样。敖老师解释说：“过程最重要！学生做自己喜欢做的事，我当然要举双手赞成了！”奖状下面是彩色的旅游手抄报，孩子们一副足不出户知天下的样子。

在另一面墙上，我看到《九九消寒图》标题下各种颜色的“庭前垂柳珍重待春风”字样，问道：“这是什么意思？”热情的孩子们围过来七嘴八舌地抢着向我解释。敖老师只是揽着身旁孩子的肩膀，微微地笑着，说这是新教育实验一个儿童课程的一部分，旨在通过观察、采访、吟诵、绘画、写作、表演等方式，培养孩子对季节、气候等自然变化的敏感性，增加他们对中国传统文化的了解。四五年前，她在网上看到了，拿来给学生做。这是孩子们从冬至起，历时近 3 个月，观察、记录大自然天气变化的成果。“庭前垂（垂）[①] 柳珍重待春风（風）” 9 个笔画数为 9 的汉字，代表九九八十一天，从冬至日开始，每天涂画一笔，用蓝红绿白黄 5 种颜色分别代表“阴晴雨雪风”的天气情况。难怪无论什么字体，都是五彩缤纷，原来这是去年“九九”天气的观测记录。真了不起！且不说此举对于传统文化传承的重要意义，就凭孩子们的这份恒心和毅力，就够让人称道的了。

教室里墙上琳琅满目的作品令我眼花缭乱，写绘日记色彩斑斓地占据教室一侧，另一侧是读写乐园，台子上放着许多书籍，都编了号。我粗略看了看，最大的数字似乎是 1 649。敖老师说，其实应该是 3 000 多册，主要是童话、神话、人物传记、科学、文学、历史等，还有绘本。大部分是这些年她花自己的工资买回来的，还有的放在教室隔壁她住的屋子里。我亲眼见了，5 个书橱都满满的，新教育基金会捐的共读书 1 400 多本，还有韩冰剑网友捐赠的四大古典名著，全班人手一本，也寄存在敖老师的书房兼卧室里。新教育实验认为，要想让孩子、教师能够真正地融入社会，真正地具有强烈的社会责任感、使命感、正义感，就要使他们与人类崇高精神对话。而让师生与人类崇高精神对话，阅读中外名著是最好的途径。敖双英深以为然。每次假期去北京探亲的时候，她都会在图书大厦慢慢地看书，其实是在物色好书，回来时一买就是一大摞。经过了学生多年翻读的书本，依然平整如新。敖双英说，学生很爱惜这些书。她自制了借书卡，每天借还书登记，忙得要命，但她始终乐呵呵的。她说：“我所做的一切，只要对学生的成长有好处，我就觉得值得！”

讲台上，投影仪、扫描仪、打印机一应俱全，这都是敖双英自费添置的。从 2001 年起，敖双英先后用过 5 台电脑、6 部照相机、2 台摄像机、3 台打印机。她用这些设备亲手打开了孩子们通向精彩世界的一扇窗，这些聆听了敖双英教诲的山里娃的命运从此将与众不同。敖双英重视学生的精神状态，倡导成功体验。在这里，孩子们看了《泰坦尼克号》《肖申克的救赎》《狼牙山五壮士》《忠犬八公的故事》《导盲犬小 Q》《居里夫人》《狮子

---

① “垂”的书法体为 9 画。

王》《小鹿斑比》《放牛班的春天》《海底总动员》《音乐之声》《夏洛的网》《草房子》《地球上的星星》等 20 多部电影，观赏过祖国所有省市自治区的大好河山。敖老师还承诺，要在学生们未来成名时或是结婚仪式上，把他们镜头下的童年作为一份礼物送还给他们。

2006 年 12 月底，敖老师在湖南教育网建立了一个名为“春暖桃花源”的博客，取网名为“桃花仙子”，发表了一篇《废铁是怎么炼成的》的博文，从此坚持在自己的博客中保持每日更新，甚至一日几次更新。她在博客公告中写道：“这里是农村孩子的天地，期待您的参与，让我们共同进步。”敖老师说，一篇博文，从写作到修改，到排版，到上传，简单的，一个小时就做好了，复杂点的，需要两三个小时，特别是一些学生活动图片的处理、包装，更需要花掉大量时间。她放学回家吃完晚饭后，一是批改学生的作业，备课，整理工作手记；二是上网写作、上传博文，基本上每天晚上都是 12 点左右休息。辛勤耕耘，收获多多。敖老师的“春暖桃花源”已经成为湖南教育博客里排名第一、名气最响的博客，已经在教育系统内形成了一定影响，不仅为乡村的孩子们留下了成长的印记，也使博客成为一个与人交流的平台。敖老师这名乡村教师，在努力践行网络时代新的理想和追求。

没有听到她的语文课，我并不遗憾，因为我在满墙满纸的书籍文字里，满台满桌的电子设备里，读到了她的新教育观念，看到了她最生动的语文课。

她有一个水晶奖牌，是国家新教育课题组授给完美教室的缔造者的，她放在家里，很少示人。不理解她的人太多了，我能感觉到这个小小的奖牌中饱含的艰辛。

生态和谐的课堂

不过，若是错过第三节品德课“鸡蛋撞地球”绝对是个遗憾。用总重不超过 100 克的材料包裹鸡蛋，并从三楼扔下，使鸡蛋保持完好，这试验多有意思！学生早就跃跃欲试了。

这节课，敖老师言简意赅地交代了纪律，组织孩子们进行将包装好的鸡蛋从教学楼三楼扔下来的试验。在第一组的孩子开始登楼时，她笑眯眯地从斜挎的深蓝色背包里掏出个相机，蹲下来，把镜头对准了学生，开始摄像。欢天喜地的孩子们，分组上楼，检验了自己一周来的劳动成果。一个个鸡蛋经过孩子们的精心打扮，早已难觅原形：有的塞在沙袋里面，有的固定在泡沫塑料中间，有的用海绵填充，有的用牛皮筋悬挂在三脚架里。

这些鸡蛋在塑料袋做成的降落伞的保护下凌空而下，引得孩子们好一阵兴奋的惊呼。向才正同学的作品分外漂亮。鸡蛋用几层布包好放在正方形纸盒里，前后左右饰以扇子、气球各一，再加一个自制“降落伞”，轻巧美观，对称均衡。在金色的阳光中，在大家的注视下，他的鸡蛋翩然落地，安然无恙。他乐滋滋地拾起作品，在同学们艳羡的眼光里回到队伍中。6个组先后完成了试验。据我观察，学生作品大多构思新颖、设计合理。

5个同学留下来打扫“战场”，其余同学回到教室里。无论鸡蛋完好无损或是粉身碎骨，学生都要谈谈自己的经验或是教训，这是接下来该做的事情。敖老师教出的学生可不简单，他们是我见过的最阳光、最大方、最坦荡、最有分寸的乡村孩子。他们争先恐后、落落大方地走上讲台，口齿清楚，普通话标准，表达流畅。着淡蓝T恤的熊勇同学大谈他固定鸡蛋的曲折历程。文具盒盖子、魔幻极光、用完的圆珠笔芯，都被他利用起来。他的作品退可守、进可攻，着实有些奇思妙想。他的感悟是，玩具也有威力，能在关键时刻起作用。面对着敖老师的摄像镜头，孩子们个个镇定自若，口若悬河，令我称羡不已。敖双英说：“这是常态，有时候他们还对着镜头喊：‘敖老师，我要超过你！’呵呵，这些孩子很优秀，个个真性情！”

音乐课是另一个班的，敖老师本已准备的多媒体演示，因为网络故障变成了亲自示范。为着即将来临的国庆节，本节课教歌唱祖国的歌曲——《一个妈妈的女儿》。老师唱谱，学生跟唱歌词，孩子们训练有素地用右手打拍子，一脸悠然自在。微笑的敖老师用左手在沿途的课桌上打着节奏，一周上14节课的她，虽然高音部分唱得有点吃力，但音准、节奏无可挑剔，且神情极为陶醉。这一天刚好是“九一八”，敖双英联系时事，略做点评，再回到正题上，要求孩子们唱出对祖国的深情。“我们的名字叫中国，我们的妈妈叫中国……”孩子们的歌声更流畅甜美了。

这个上午的两节课，让同为教者的我耳目一新，这是我梦寐以求的课堂，也是典型的新教育课堂。它给予学生智慧的挑战、情感的共鸣、发现的喜悦，学生得到了积极自主、生动活泼的学习和发展，孩子们辉煌的明天由此显得并不遥远。那只管擎着摄像机不断忙碌的敖双英，虽然把课堂完全交还给了学生，但她的生命照样在这课堂里熠熠闪亮！

在不同学科的课堂里，敖双英是如此游刃有余，渊博多能的她令我肃然起敬，先进的教学理念更令我心折不已。听说敖双英是1993年桃师毕业的美术特长生，我难以置信。她笑着说：“我其实门门都喜欢。”她20年没看电视了，平时爱看书，学生一二年级时她时常上网，接受了不少先进的教育思想，是新语文教育的积极践行者。现在学生到六年级了，爱上了写作的孩子们，每天产出好几万字，敖双英都得批阅，上网就变成了几天一次的奢侈品了。

新教育实验的目标是“追求理想，超越自我”，敖双英显然做到了。

因为爱着你的爱

采访中，我暗暗纳罕，她的精力何以如此充沛？

才转来半学期的卢晓琴同学告诉我，敖老师常说，“身体第一，学习第二”。早上只要不下雨，6点40分，她和她的学生会跑步、登山，从学校跑到后山再回来；若下雨，就在走廊上跳绳。有一学期，全班坚持每天在操场跑10个圈，那年运动会可真叫牛啊！本年级几乎所有项目的第一名都被80班学生囊括，他们还打破了不少纪录！细心的体育老师发现了一个秘密：80班的学生比同年级其他两个班的学生长得都要高些。

敖双英最在乎的就是学生的成长，任何对学生不利的行为都会在她这儿受到最激烈的抵抗。平等、尊重、关爱的观念深深地烙在敖双英的骨子里。

与敖双英同样了解80班孩子的还有她的母亲满桂菊。这个被孩子们亲热地称为外婆的58岁的老人，就住在离学校不远的一幢陈旧的老房子里。老人有椎间盘突出，腰椎间盘突出压迫到了坐骨神经，老人卧床了个把月，眼下走路还有些吃力。她一直是女儿最有力的支持者。家里的事儿全包不说，敖双英班上的事，她也接管了一半。一年级时，学生尿湿了裤子，外婆送干净衣裤；学生生病了，外婆买药送药；敖双英家访，外婆帮着背甘蔗、提饮料；网友有捐赠，外婆负责调度中转。外婆很热情、健谈，对我们的到来而不能亲自以擂茶招待感到歉意。老人怜爱的眼光投向难得空闲的女儿，对我说：“双英对哪个孩子都好，就是完全管不着家里，不过我不怪她。”岂止是不怪呢？外婆是真疼双英，除了替她打理家中的一切，还天天跟着女儿去家访，无怨无悔。那次去陈国军同学家的情形给她留下了很深的印象。

2007年，刚刚报到的小陈黑黑瘦瘦，沉默寡言。开学那天，在教室里，敖双英开口说话，他就会同步说话：“装烟筛茶！”“新郎新娘拜堂！”敖双英停下来，他便闭嘴。敖双英心里直犯嘀咕，这孩子不大对劲吧？她邀上母亲，一同去他家看看。外婆说，小陈同学家门前有脸盆大的坑，织成的篾片折转便是碗柜，堂屋里的火坑将屋子熏得黑黢黢的，连待客的茶水里也是浮尘。又瘦又小的父亲，因家庭贫困，年纪大了才娶了智障的母亲。父亲独自支撑着五口人的家庭，哪有心思和孩子交流？这孩子打小只能和狗狗玩儿，成天满身泥垢，见的最大世面也就是出席过乡村的婚丧嫁娶活动，和人的交流极少，连普通话都听不懂，甚是可怜。敖双英和母亲放下给小陈买的新棉衣、内衣内裤，喝着灰黑的茶水，才发现这屋里还有一个孩子，也是她的学生——小陈的表兄龙丕刚。她心里一酸，忙从口袋里掏出 40 元钱塞到小龙的手上。后来的日子里，敖双英特别留了心。小陈除了乡间待客的那几句话，就再没话可说了。敖双英决定要改变他。她郑重其事地和其他同学约好，小陈发言无论说得怎么样大家都不准笑。真的，在一年级的课堂上，小陈的发言总能赢得敖老师的表扬、同学们的掌声。这一年，小陈没做过作业——他根本就还没这个概念。每天放学后，敖老师都会发给他一本小人书，算作家庭作业。渐渐地，小陈找到了自信，能在公开场合流畅得体地说话了，当初才几分的语文成绩，也长到了后来的 79.5 分。说到此处，外婆感慨道："我看啊，没有憨陀孩子，只有憨陀老师！"敖双英欣慰地说："这孩子，每次都能向前走一点儿，走到今天真不容易！"

敖双英老师和孩子们在天地大课堂（薛晓哲摄）

采访时，我深切地感受到，我所见过的班级里，80 班的孩子精神面貌明显不同，我没有看到一个内向羞涩或忸怩作态的孩子。他们是最快乐的，而在那一张张纯美的笑脸中间，我知道，必有小陈。

创造师生共同的语言密码

“晨诵、午读、暮省”是新教育实验倡导的一种回归朴素的生活方式。敖双英和她的学生们身体力行，坚持了许多年。敖双英秉承了新教育的一些理念。她认为，生活在不同的语言里，就是生活在不同的世界上；共读一本书，就是创造并拥有共同的语言与密码。共读，就是和读同一本书的人真正生活在一起。所以，新教育实验倡导亲子、班级共读，通过共读一本书，共写心灵真诚的话语，实现师生之间、亲子之间、同学之间，乃至教师和家长之间真正的共同生活。为此，五年级孩子们寄宿了。为了让家长能够了解孩子的生活状况，和孩子们保持同步的生活状态，敖双英每周给家长们写一封长达三四千字的信，用打印机打印出来，周末发给家长。敖双英说到这里，遗憾地摇了摇头说：“就是事儿太多了，实在忙不过来，我只写了一个学期。”

是啊，我看出来了，每个活动她得摄像，每本随笔她得批阅，还要进行阅读、写作、教学交流——她的每一天都被学生填充得满满的。

全国第七届新教育实验研讨会、清华大学附属小学的备课研讨会、童话大王郑渊洁作文培训班、全国特级教师公开课……仅仅 2007 年暑假，追寻着新教育的脚步，敖双英自费遨游了半个中国，只为让山区孩子们也能“过一种幸福完整的教育生活”。这些年，她拼尽自己的力量编织出一张美丽的网，呵护孩子在漫长的旅途中保持着纯真、快乐与勇气。

不管当不当班主任，敖双英都获得了孩子们的一致拥戴和最大尊敬。满兴莲是班上发展最全面的同学，能歌善舞，写作、口才一流，成绩最出色，她希望自己能成为才华横溢的作家。卢晓琴则以敖老师为偶像，声称要成为一名教育家，培养更多的拥有幸福完整人生的孩子。几个孩子抢着向我说：“敖老师很了不起，我很佩服她！”班上看书最多的向才正想成为一名文学家，他梦想着开一家世界上最大的图书馆。他说：“敖老师不像别的老师那样只注重成绩，她希望我们活泼、善良、优秀，生活有目标，懂感情。做她的学生真的很快乐！”我有理由相信，敖双英的学生们如一粒粒种子，将用他们独特的旅行方式，走遍世界，去繁衍成理想的部落，美丽的风景。

采访的这大半天里，我忙碌地跟着敖双英旋转。仅从学生一脉，有关她平日所为的信息铺天盖地地压过来，便令我应接不暇。我越来越感觉到，她是我身边一个最执着教育理想的追寻者，也是最杰出的新语文教育实验践行者。

她撇开眼前的浮华和喧嚣，抛却世俗的烦恼和忧愁，默默地前行在理想的道路上，她在与孩子们的快乐相处中保持了永恒的青春，她在孩子的笑脸上收获了明媚的幸福，她在心灵的原野上耕种，倾听着灵魂拔节的声音——她是那么的高尚和与众不同！

在采访回去的路上，我恍然记起，敖双英生活的地方离陶渊明笔下的桃花源不过咫尺之遥，她可不正是守望教育理想世界的“桃花仙子”吗？

（郭明晓与敖双英老师的故事，都是我亲眼见证的。我分别为他们撰写过《中国飓风》和《每间教室都是生命的原野》的文章。这里敖双英老师的故事，是引用了汪华先生发表在《常德教育》双月刊 2012 年第 5 期的长篇报道，特此说明并致谢汪先生。）

第四章
营造书香校园

一、新教育实验在阅读理论上的探索

二、新教育实验在阅读实践上的行动

三、新教育实验营造书香校园案例

2012 年暑假，中央电视台《读书》栏目举办了一个“我的一本课外书”特别活动，在全国寻找读书榜样。本来栏目组邀请我当评委，考虑到有许多新教育实验学校的孩子参加了评选活动，我选择了回避。但是没有想到，30 位获奖者中，有 17 位来自新教育学校；10 位读书榜样中，有 6 位新教育的孩子！

后来中央电视台读书栏目邀请我参加颁奖典礼。编导把新疆奎屯市第八中学的塞甫丁·哈斯木拜同学带到我的面前，导演顺口让他猜猜我是谁。当然，我和他从来没有见过面。万万没想到，他看了我一会儿，说：“您是朱老师吧?!”大家很吃惊，我更是非常惊讶。他说，因为他们学校是新教育实验学校，他在学校里看见过我的照片。然后，这位塞甫丁同学说：“朱老师说，一个人的精神发育史就是他的阅读史。我想说，我要用我的阅读史改变我的家族和民族!”

这个让人惊叹的新疆孩子是哈萨克族，他所在的班级叫“丑小鸭班”，班上的同学都来自偏远的农牧地区。在阅读上，他的语文老师陈煜不仅把父母们拉入亲子共读中，更是为班级生活提炼了一个“六个一”工程，包括每天阅读报纸摘要、每天写一篇随笔、每周阅读一本励志类杂志、每月阅读三部经典等一系列内容。

这样的阅读，为班上这群从小只用哈萨克族语交流的孩子，奠定了坚实的学习基础，而塞甫丁同学也成为央视活动中全国唯一的一名入围 30 强的新疆代表。

我想，这个故事，正是对新教育这么多年来全力推动阅读的最好注解。

通过 10 多年来不懈的探索和努力，新教育实验在阅读理论与实践上都取得了一些令人欣慰的成果。

一、新教育实验在阅读理论上的探索

新教育在阅读方面，曾经提出五个重要的理论观点。

一个人的精神发育史就是他的阅读史。如果把精神成长与躯体成长做个比较的话，躯体的成长更多是受遗传和基因的影响，个体的精神成长却不完全依靠基因和遗传，而与后天阅读息息相关。人类的历史有很多的精神丰碑，要达到或者超越那些精神高峰，阅读和思考是唯一的途径。只有通过阅读，通过与孔子、孟子等先贤达人对话，和文艺复兴时期的大师们交流，才能达到他们那个时代的思想境界。没有阅读就不可能有个体心灵的成长，不可能有个体精神的完整发育。人类精神的阶梯就这样随着重复阅读不断延伸。

一个民族的精神境界取决于这个民族的阅读水平。长久以来，我们一直都仅将阅读看作个体的行为。这样的认识是片面的。一个国家、一个民族的共同阅读决定了其精神力量，而精神力量对于一个国家的软实力与核心竞争力，起着关键作用。国际阅读协会在一份报告中曾经指出，阅读能力的高低直接影响一个国家和民族的未来。阅读对于不断强化文化认同、凝聚国家民心、振奋民族精神、提高公民素质、淳化社会风气、建构核心价值等都具有不可替代的作用。为了我们这个民族的精神力量的养成，为了我们未来的终极前途，我们应该从国家战略的高度来认识阅读。

一个没有阅读的学校永远不可能有真正的教育。学校教育通过最有效率的课堂教育方式，将人类的知识高度集约化、效率化和组织化，并在有效的时间内把知识教给我们的孩子，其作用就相当于母乳。但教科书不是真正意义上的原生态的思想。如果一个孩子终生都吃母乳，他肯定会发育不良的。离开了自主阅读，离开了对于人类经典的阅读，学生就不可能走得很远，精神发育也很难健全。学校教育最关键的一点，是让学生养成阅读的习惯、兴趣和能力。如果一个学校将这个问题解决了，主要的教育任务应该说就算完成了。学校教育不仅要像提供母乳一样给孩子们提供最初的滋养，最重要的还是要通过提倡自主阅读让孩子们学会自由飞翔。

一个书香充盈的城市才能成为美丽的精神家园。日出而作，日落而息，这是古代田园牧歌式的生活场景。在城市的霓虹灯下，一个真正的家园，应该是一幅怎样的图景？从外观上，它可以千姿百态；从内在而言，它却必然有着强大的精神力量，唯有此，才能唤起人们的归属感。一座城市的真正的美，在于生活在这座城市里的人的品位和气质。而人的品位和气质，大多由阅读而来。最优秀的城市就应该拥有最善于阅读的市民。一个城市最美丽的风景应该是阅读的风景，一个文明的城市应该是学习型的城市，它有着自我超越的市民、催人上进的组织、简单宁静的生活和自觉创新的文化。其核心要素是学习型市民，市民的素质决定城市的竞争力。有书香的城市，有阅读氛围的城市，才是令人向往的美丽城市，才是都市人真正的心灵家园。

“共读、共写、共同生活”才能拥有共同语言、共同价值和共同愿景。在今天，无论是学校还是社会，都亟须重建共同的话语、共同的语言、共同的价值。

我们需要以真诚的共同行动来创造共同的未来。我们首先需要拥有共同的历史、共同的英雄、共同的文化符号、共同的心灵密码。这就是说，我们亟须通过共读，通过对话和相互用文字交流（共写），来实现真正的共同生活。新教育实验认为，“共读、共写、共同生活”，是“过一种幸福完整的教育生活”的必由之路。这意味着这样一种文化上的努力，即恢复书香传统以及书写传统，在现代生活的背景下，通过对传统文明以及人类文明的反思、继承，逐渐形成新的价值观，将班级、学校、家庭、社区、国家重新凝聚起来，冲破个人主义屏障，打破人与人之间相互隔离的状态，恢复生活的整体性和人与人之间的联系，从而不断地创造新的、更加美好的未来。

阅读，它源于书籍却不限于书籍。我们通过不同种类的阅读，乃至阅读不同的生活、不同的人生，进而改变我们自己，改变我们的社会，改变我们的世界。阅读对一个人、一个学校、一个城市、一个民族的重要意义，我们怎样强调都不过分。

（一）对人类，阅读是一种与生命本体的互相映照

新教育认为，阅读对个体的精神成长至关重要。没有阅读就不可能有个体心灵的成长，不可能有个体精神的完整发育。每一个人的生命都是一粒神奇的种子，在童年时蕴藏着不为人知的秘密，而阅读能够唤醒这种潜在的美好与神奇。

精神发育最重要的通道就是阅读。因为人类最伟大的智慧、最伟大的思想没有办法从父母那里拷贝和遗传，而是深藏在那些最伟大的经典书籍之中。阅读对于生命唤醒的独特价值在于：书籍在生命独自面对另外一种精神与情感的情境时，架设起了灵魂交流的场域，使阅读本身和人精神的汇通变得可能，从而充盈了个体生命的精神生活世界，赋予了个体生命更多的意义，让人不断实践高尚的人生价值。这种读者与作者之间、读者与读者之间的互相映照反复出现，也就意味着自我教育的不断实施。

（二）对教育，阅读是一种最为基础的教学手段

约 200 年前，雨果曾这样说：书籍是……改造灵魂的工具。人类所需要的，是富有启发性的养料。而阅读，则正是这种养料。由此，学校的重要性便显示出来了……书籍的朝代开始了，学校为它准备条件。苏霍姆林斯基也曾经讲过：

一个学校可以什么都没有，只要有了为教师和学生精神成长而提供的图书，那就是学校了。从中我们可以看到，两位大家对学校教育与阅读寄予了多么大的期待。

的确，学校教育在这200年里发生了翻天覆地的变化，读书似乎已经成为学校的代名词，学校已然成为“书籍的朝代”的主要殿堂。因此，在学校里，书籍是最不可缺少的材料和财富。在新教育看来，阅读是一种最为基础的教学手段，是贯穿整个教育教学过程的基本要素。学校教育最关键的一点，就是让学生养成阅读的习惯、兴趣和能力。如果一个学校将这个问题解决了，主要的教育任务应该说就算完成了。如果一个孩子在10多年的教育历程中，还没有养成阅读的兴趣和习惯，那么，一旦他离开校园，就很容易将书本永远丢弃到一边。这样的教育一定是失败的。

（三）对社会，阅读是一种消弭不公的改良工具

书籍是促进社会公平最好的礼物。阅读能够让弱势群体的教育状况得到改善，让人自身变得丰盈，逐渐成为优质教育群体，进而改变人的命运。斯蒂芬·克拉生在《阅读的力量》一书中说：虽然贫穷家庭的孩子接触书籍的机会比较少是事实，但若是将贫穷孩子分成两组，被提供较多读书机会的那一组孩子将会发展出较高的语文能力。在这本书中，斯蒂芬·克拉生用大量的数据对比告诉我们，学校和家庭阅读环境的好坏、图书馆的有无和数量、藏书多寡、父母教师读书与否、学生阅读量的大小等因素与学生成绩的好坏密切相关。

对于学校而言，硬件设施是教育的基础，但决定教育质量和品位的是软件水平，决定软件水平的关键是阅读水平。只有在宁静的阅读氛围中，孩子们才不会感到被边缘化、差异化。因为阅读能带来精神的宁静和丰盈，消弭物质的匮乏和贫困。重视阅读的学校，即使校舍很蔽陋，它也完全有可能是一所优秀的学校。

（四）对个体，阅读是一种弥补差距的向上之力

阅读，尤其是儿童阅读，对人的志向、人生观、品格情操和生命状态的重要影响作用，已经成为有识之士的广泛共识。

新教育认为，阅读首先是一种活动，是一种人的意识、思维、心智、认知、情感等全部参与的向上活动，其次是一种需要渐进培养能力的活动，最后是人

建构其精神意义和文化生活过程的活动。尽管每个生命体都先天存在着不同和差异，但阅读却是一种可以通过后天培养人人都能够掌握的能力。

教会孩子阅读，让孩子拥有阅读的能力，孩子便会通过与书本的对话，拥有积极的人生观；便会通过所阅读到的正能量的内容，不断修正自己对人生和世界的态度、看法，从而提升自己的综合素养，养成向上的高尚品格。

（五）对生命，阅读是一条通向幸福的重要通道

心理学告诉我们，阅读是通向内心安宁的一条通道。它除了能解决人的生存之外，还能给心灵以慰藉，让人真正地拥有幸福。沉浸在阅读的氛围中，人们就会有舒缓情绪、忘却烦恼的深切感受。好的书籍，就是一位最好的心理医生。在我们的校园里，如果有大量的阅读时间，有大批热爱阅读的孩子，校园的管理将变得容易，挠头的教学问题也会得以改善。当学生进行自由阅读时，班级会非常安静，一般不会有秩序问题。

在中国教育的大背景下，作为民间教育行动的新教育实验，将阅读作为改变教育生态的切入点，将营造书香校园作为最重要的教育行动，力图在校园、教室乃至家庭中，把阅读放在最基础的位置上，使教育回归本真。

二、新教育实验在阅读实践上的行动

正如德国哲学家费希特所说："行动！行动！这就是我们生存的目的。"行动哲学是新教育的标志之一。新教育人不仅积极探索阅读理论，同时也自觉地进行阅读实践。

（一）营造书香校园：阅读立校

营造书香校园，就是通过创造浓厚的阅读氛围，整合丰富的阅读资源，开展多彩的读书活动，让阅读成为师生最日常的生活方式，进而推动书香社会的形成。正如苏霍姆林斯基先生所言："一个学校可以什么都没有，只要有了为教师和学生精神成长而提供的图书，那就是学校了。"因此，怎么样评价阅读对于一个学校的意义都不为过。我曾经说过，一个没有阅读的学校永远不可能有真正的教育。基于此，新教育实验从最初的六大行动到如今的十大行动，都将"营造书香校园"作为各大行动之首。这是因为新教育作为一项基于教育行动的

实验，将阅读作为撬动教育教学改革的重要基础和行动源头。

在全国参加新教育实验的学校中，营造书香校园往往成为它们参与新教育项目的首选。它们会将学校图书馆、年级图书广场和班级图书角建设作为首先予以重视和投入的对象。这一方面源于新教育重视将阅读作为实验的起点，另一方面也源于它们认识到，阅读是孩子们面临的第一个重大问题，也是孩子们不可回避的第一道门槛，还是使学校焕发出勃勃生机的重要基础。无论是在图书室还是在教室，乃至在学校的走廊，书籍都能触手可及。

在新教育学校，开展的阅读活动更是千姿百态，丰富多彩：从 9 月 28 日的校园阅读节，到形形色色的阅读主题月；从图书漂流，到图书跳蚤市场；从阅读之星评比，到阅读班级竞赛；从自制图书展示，到撰写图书评论；从图书戏剧表演，到名著影视欣赏……

海门年会上，孩子们表演绘本剧《一群老鼠的童话》（薛晓哲摄）

新教育人坚信，没有书香充溢的校园，就没有真正意义上的学校；没有书香的校园，只是一个教育训练的场所。我们相信，书香校园是新教育实验为学校打下精神底色的一项最重要的活动。

（二）倡导共读理念：共同生活

早在 2007 年的新教育年会上，我们就提出了“共读、共写、共同生活”的理念。新教育所倡导的“共读”理念，是基于教育与学习建立在一种有效对话的基础上的理解。最好的学习应该是充满着魅力的知识与学习者对话的过程，是教师与学生对话的过程，是师师之间、生生之间对话的过程。而学习本身就该是一个共读、共写的过程，是一个共同生活的过程。阅读作为这种对话的前提和必要条件，共读便成为教育过程中较好的选择。

在共读的实践中，新教育强调父母与教师应该成为孩子的阅读榜样与伙伴，认为童年的阅读决定儿童之间的差距。新教育主张家校互动、亲子共读，让学生和教师、家长都进入共读。在同一段时间，大家共读一本书，一起交流和讨论，共同编织、分享阅读的生活。通过共同的阅读，教师、父母才能真正走进孩子的心灵，才能避免成为"同一屋檐下的陌生人"。

为了推进家校共读工作，2011 年 11 月，新教育成立了亲子共读研究中心(后更名为新父母研究所)。以亲子共读、家校共育为特色，以萤火虫亲子共读、种子教师计划、新父母学校、新露特殊教育阅读、童话学校等公益项目为依托，开展阅读推广工作。6 年中，新父母研究所共做了 6 000 多场公益活动，有超过 800 万人次的父母与孩子参与了活动。

新教育不仅倡导家庭阅读中的亲子共读，而且倡导校园里的师生共读，包括教师之间的专业共读，甚至是学校行政、教学、后勤人员的教育共读。在新教育的学校里，教师、学生、父母之间每天的共读活动，以及共读以后的交流，使得亲子、师生和教师之间的情感交流也得以实现，相互的认同、接纳感增加，从而使得教育教学管理达到事半功倍的效果。通过共读的方式，每个人都能形成坚持下去的动力，不断地分享和讨论深入接触经典带来的愉悦与思考，从而建构每个人生命中必要的智力背景和基本的思维能力。这种必要的共读，能够让人真正窥得阅读的光芒，养成阅读的习惯，使专业阅读成为师生的重要生活方式。

（三）探索儿童课程：幸福童年

新教育一直主张把最美好的童书给最美丽的童年。

长期以来，我们只关注儿童的躯体发育，忽视了儿童的精神成长，以致现在的很多儿童成了躯体上的"巨人"、精神思想上的"矮子"。事实上，童年的秘密还远远没有被发现，童书的价值还远远没有被认识到。儿童时期的阅读，是刻骨铭心的，是历久弥新的，更是深入骨髓的。童年的阅读，是人生的底板。童年时的阅读，决定着人生的未来。让孩子们亲近书、喜欢书、阅读书，能打通他们走进更广阔的精神世界的通道。我们新教育团队重视给孩子们选择最美好、最合适、最生动的书籍，在他们心田播撒这些美丽的种子，并且希望这些美丽的种子经过无数岁月，最终在他们漫长的人生历程中绽放出美丽的花儿来。

多年来，新教育实验团队一直在探索将阅读课程化，努力使阅读不再仅仅成为语文课的补充，而成为学生各科学习和日常教育教学生活的重要内容。“晨诵、午读、暮省”，就是我们的探寻成果之一。

晨诵，就是每天清晨用一首诗开启孩子生命中的新的一天。新教育晨诵，是扎根于中国古代蒙学教育的优秀传统，汲取中外各教育流派的诵读技巧，进行突破式创新的现代课程，是一个有着先进教育理念、坚实理论基础、清晰知识框架的渗透式综合课程。新教育晨诵强调让诗歌“擦亮每个日子，呵护每个生命”。在音乐、美术营造的意境中，诵读经典的诗歌，能够丰盈当下的生命，用仪式感促使孩子形成积极的感悟，激发他们对生活的热情，帮助他们调整心态、健全心智，在日积月累中积累人文底蕴，使他们从容应对生活的诱惑与压力，营造出幸福、阳光的精神状态。

午读，就是在每天中午（不仅是中午时分，也包括每个白天的某些教育教学过程），孩子们阅读那些符合他们年龄阶段的书籍。新教育认为，童年不是一个静止的房间，而是一段由浪漫到精确、由粉红到天蓝的彩色阶梯。二年级和四年级，不是相近的两个教室，而是隔了几重天地的截然不同的世界。因此，每一年的阅读也就应该符合它们各自的特点。新教育的“毛虫与蝴蝶”儿童阅读项目，通过对低段的听读绘说一体实验、中段的大量阅读实验、高段的整本书共读实验进行研究，使这种有针对性的阅读越来越呈现出非常明显的“教育治疗”效果。许多孩子都自觉地远离电视、远离游戏，精神面貌有了非常明显的改观，这也改善了无数亲子、师生、家校关系。

暮省，指的是学生每天在完成学业以后，梳理、思考与反省自己一天的学习生活，并且用随笔、日记等形式记录下来，同时师生之间也可以通过日记、书信、批注等方式，相互编织有意义的生活。教师与学生用日记记录自己的成长，亲子、师生之间用词语相互激励、抚慰，成了新教育实验重要的组成部分及日常的生活方式。

新教育以阅读为主导内容的儿童课程，通过多年的实验，产生了大量感人的故事，也激励了参与实验的教师和学校，让那些父母亲们感动不已，让人们真正地感受到了“过一种幸福完整的教育生活”。

（四）重视教师阅读：专业成长

与其他教育实验不同的是，新教育实验在开展之初，就把教师的专业成长作为实验的逻辑起点。新教育实验从草创时期的“教育在线”网站开始，就不断汇集了全国一批又一批中青年教师，他们通过互相交流获得成长，从而奠定了新教育实验开展的基础。

新教育对于专业阅读有这样两点基本共识：第一，如果没有教师的专业阅读，就没有教师真正意义上的成长与发展。通过这些年的探索，新教育实验逐渐摸索出了一条“专业阅读＋专业写作＋专业交往”的教师专业发展的“三专”模式。如果说专业写作是教师站在自己的肩膀上攀升，专业交往是站在集体的肩膀上飞翔，那么，教师的专业阅读则是站在大师的肩膀上前行。第二，任何一个具体的专业领域，都存在着一个最合理的知识结构；专业发展，必然会经历一个“浪漫—精确—综合”的有机过程。每一门类知识的掌握，都存在着一条由浅入深的路径。每一名教师，都存在着一条独一无二的阅读路径。在特定发展阶段中的具体的教师，面对特殊的场景，一定有一本最适合、最需要他阅读的书籍。新教育实验强调关注“根本书籍”，即奠定教师精神及学术根基、影响和形成其专业思维方式的经典书籍——教师能深刻理解这本书，而这本书也能成为教师思考教育教学问题以及阅读专业书籍的原点。新教育实验强调知性阅读，希望教师通过对书籍的聆听、梳理、批判、选择，在反复对话中，将书籍中有价值的东西吸纳、内化到自己的知识结构之中，从而使原有的知识结构得到丰富、优化或者重建。

新教育的各种专业发展共同体，如新教育种子教师团队、新教育网络师范学院等，凝聚了一群拥有教育理想和激情、渴望成长与发展的优秀教师。

（五）选编推荐书目：精神配餐

我们认为，倡导阅读的重要性是让人们重视阅读并开始阅读，而精心选编适合各领域、各人群阅读的书目，则是引导人们该“读什么”的问题。基本书目的推荐对阅读推广而言，是重建民族共同的核心价值和文化认同、提高全民族阅读水平的一项基础性的文化工作，也是一项非常重要的利国利民、功在未来的战略性基础工程。

早在 20 世纪末新教育发轫之前，我在苏州大学就组织教授和全国知名学者进行中小学生和教师阅读书目的研究与推广工作，曾组织出版过“新世纪教育文库”。文库的编选分小学、中学、大学、教师 4 个系列，每个系列 100 种（其中重点推荐书目 20 种），这些书目在全国各地的学校以及网上有较大影响，成为许多中小学开展阅读的重要参考书目。

从 2006 年起，新教育开始研发“毛虫与蝴蝶——新教育儿童阶梯阅读”的童书书包（分低、中、高段 3 个书包，共计 36 种图书），受到了教师、父母特别是孩子们的普遍欢迎。2010 年 8 月，我们成立了新阅读研究所，并立即组织研究团队进行书目选编工作。从 2011 年 4 月开始，我们陆续发布了《中国小学生基础阅读书目》《中国幼儿基础阅读书目》《中国中学生基础阅读书目》（分初中、高中两个书目）《中国企业家基础阅读书目》《中国中小学教师基础阅读书目》《中国父母基础阅读书目》等，大学生和公务员的基础阅读书目也在计划之内。我们还启动了对中小学学科阅读书目的选编工作。在选编书目的过程中，新教育尤其注重价值引领，强调阅读中蕴含的民族文化的根本精神和人类的基本价值。这些年来，新阅读研究所还为扶贫基金会、新教育基金会、中国青少年基金会、天图教育基金会等提供书目和专家支持。

杭州萧山银河小学的孩子们在上童书阅读课（杜涛摄）

（六）倡导精神扶贫：阅读推广

我们认为，阅读能够帮助受助者获取资讯、增长知识、舒缓情绪，从而促进受助者自我调节、克服困难、摆脱困境、实现自我，这本身就是一种慈善。

由此可见，阅读推广是实现公益慈善的有效途径，也是公益慈善活动一种新的生发点和探索。这一点，对于教育公益尤其如此。

从最初的关于读书的西部农村支教活动开始，到 2006 年研发“毛虫与蝴蝶——新教育儿童阶梯阅读”的童书文学书包，到根据新阅读研究所选编的系列书目研发的“中国小学生基础阅读书包”等系列书包，再到新教育移动图书馆、新教育童书馆、新教育完美教室图书馆、新教育萤火虫工作站等，经过多年的良好运作，新教育逐渐形成了学校申请、社会公示募集、定向资助、阅读教师培训、图书捐赠、经典阅读课程提供等程序，形成了比较好的阅读公益模式。比如，台湾慈济基金会曾经资助 200 万元，购买童书书包 1.5 万套发放给了甘肃、内蒙古、青海、山西的学校和北京的打工子弟学校以及新教育部分实验区学校等，让孩子们读到了最好的文学经典。

时至今日，新教育的阅读公益行动仍在新教育共同体的各个团队中不断地开展着。我们希望通过努力，让更多的人，特别是落后地区的弱势群体也能沐浴到更多的阅读之光。

（七）呼吁战略升级：全民联动

我们呼吁把阅读作为国家的战略。新教育认为，阅读应该成为一个国家和民族的重要文化战略。一个民族的思想基础和核心价值体系的建设离不开阅读，中华民族共同的精神家园建设更离不开阅读。共同的阅读，是促使我们这个民族形成共同语言和共同精神密码的关键，是构建我们这个民族核心价值体系的重要途径。

为此，我们建议设立国家“阅读节”，呼吁制定“国家阅读大纲”、成立国家全民阅读指导委员会、建立国家阅读基金，将阅读提到国家战略的高度上，从而有效地推动全民阅读，建设书香四溢的文明和谐社会。

新阅读研究所作为公益阅读研究和推广的重要力量，近几年在面向全社会的阅读工作上做出了积极探索。我们开展了“新阅读大讲堂”公益活动和读书会活动，组织了数百场专家讲座及教师、家长自发进行的阅读分享。我们举办的“中国年度童书榜”评选，以专业评价为阅读提供内容上的引领。我们领衔发起的“领读者联盟”汇聚了大大小小数百家阅读推广机构，成为推动阅读的生力军。我们主办的“领读者大会”成为阅读推广人的研讨盛会。我们的行动不仅得到了社会的广泛好评，而且将阅读的种子广泛播撒到社会各界。为建设书香社会，我们正在矢志不移地努力着。

阅读研究是永无止境的探索，阅读推广是永不停息的传播。新教育实验近 20 年如一日地推动阅读，至今仍在路上。我一直很喜欢《朗读手册》一书中的一句话：阅读是消灭无知、贫穷与绝望的终极武器，我们要在它们消灭我们之前歼灭它们。我想，阅读更是让我们智慧、富足、幸福的精神之翼。有它的陪伴，我们将不断超越自我，永远朝着理想的高空飞翔。

三、新教育实验营造书香校园案例

（一）把每一间教室都建成图书馆——浙江萧山银河实验小学的书香校园建设之路

这，是以中国最古老的卷轴作为校门造型的学校。
这，是用十本世界经典著作命名校园道路的学校。
这，是立志于把每一间教室都建成图书馆的学校。
一天中最宝贵的清晨，全校自由阅读。
课表里确保一周一节，上好儿童课程。
档案室辟出专门区域，珍藏阅读记录。
入学第一周，孩子们享受的是以儿童课程为核心的入学课程。
日常每一天，孩子们沐浴的是自信阳光的十品性课程。
毕业那一刻，孩子们聆听的是校长娓娓讲述的绘本故事。
这，就是银河。
每一寸时光都见证着：最美好的东西，滋养最美丽的童年。

这份颁奖词，授予了 2015 年“阅读改变中国”全国“书香校园”获得者：杭州市萧山区银河实验小学。这是一所在新教育实验引领下成长起来的学校，秉持“让每一颗星星在银河中闪光”的办学理念，十年来深入践行儿童课程、教师三专、完美教室、卓越课程等项目，尤其以阅读为核心的儿童课程，成效卓著。“阅读，为孩子铺展广阔的智力背景”，苏霍姆林斯基的阅读观在这里得到了最大的认同；“没有阅读就不可能有个体心灵的成长，不可能有个体精神的完整发育”，新教育实验发起人朱永新教授对阅读的精辟见地，也在这里得到了最好的印证。

萧山区银河实验小学书香校园（朱雪晴摄）

让教室，长成图书馆的模样

博尔赫斯曾说，如果有天堂，天堂应该是图书馆的模样。

多年来，这所学校的心愿之一，便是让教室，长成图书馆的模样。

学校有一个漂亮的图书馆，馆藏图书5万余册，并且学校投入6万元购置了全校学生共读书目——新教育儿童阶梯书目中的所有图书，还为每位学生办理了萧山图书馆的借书证，与市少儿图书馆实现了资源共享。但是，学校更希望，每一间教室，便是图书馆，甚至比图书馆更好：像图书馆那样图书浩瀚，却比图书馆更为便捷——所有与他们年龄相称的好书，都触手可及。

什么年龄段的孩子看什么书，这是儿童阅读的黄金定律。面对6个月大的宝宝，做妈妈的绝不会喂他成人配方奶粉。阅读，也是同理。《红楼梦》虽为经典，但出现在一年级教室显然是不妥的。孩子读了与他年龄不相称的书籍，也会像婴儿喝不适合的奶粉一样，易造成消化不良。

所以，倡导"阶梯阅读"，打造高品质班级书柜，为全校1～6年级的孩子量身定制最契合他们年龄特点的童书，是开展阅读的基础。学校出台了详细的班级书柜评比细则：

(1) 书目质优（20%）：契合学生年龄特点。所有书目经过精选，质量高。

(2) 类别多样（20%）：核心学科老师有推荐书目，书目类别相对齐全。

（3）数量充足（15%）：生均数量不少于10册，且处于不断更新中。

（4）制度健全（20%）：有规范的借阅制度与学生阅读记录。

（5）布置整洁（15%）：书柜有固定的名称，外观整洁、布局合理。

（6）富有创意（10%）：在班级书柜打造方面有独特的创意。

以上细则中，首要一条便是“所有书目必须与学生年龄高度契合”，其次是书目必须“类别多样”，简言之，每个班级的书目制订者，必须是以班主任为核心的学科教师共同体，每一位教师都必须反复甄选，严格把好进入书柜的每一本书。这几年，学校推荐的主要是新阅读研究所选编的《中国小学生基础阅读书目》，这套书目综合人文、科学、文学三个维度，非常好地体现了“真、善、美”的核心价值观。

在多年的书目甄选中，每个年级的班主任都已熟谙学生身心发展特点，为学生定制了银河“阅读配方”。这些书目通常以学生认购、家长捐赠等各种路径实现，人均不少于10册，最多的班级达人均40册，且书目处于不断的更新之中。

萧山区银河实验小学

阅读，营造校园新“静界”

当下的很多校园，是浮躁的、喧嚣的。要回归教育本源，必须努力营造一种安静的教育生态。阅读，能让校园清静下来，让师生都拥有一种舒展的生命姿态。

每一位银河教师的案头，都有一本正在阅读的书，这是银河教师阅读的写照。定期组织教师共读教育教学类根本性书籍，已成为学校的传统。像苏霍姆林斯基的《给教师的建议》，就整整共读了一年。还有《教育的哲学基础》《第56号教室的奇迹》《理想课堂的三重境界》《今天我们怎么做班主任》等等。一份专业的教师书目，是一张教育的地图、一份行动的指南，能够帮助教师节约时间、提高效率。学校把中国中小学教师基础阅读书目、青年教师五年阅读计划推荐给教师们，目的就在于让教师们花最少的时间，读最有用的书。此外，教师们通过银河教师论坛以及校园读书节等平台，分享阅读、交换思想，也成了一种常态。这里的每一位教师都知道，唯有专业阅读，才能造就真正的教师。

学生阅读，是一项更为庞大的系统工程，除了要有大量适切的书源保障，还需要充分的时间与空间支持。从2014年起，学校将阅读排入了课表：每天学生一到校，便是20分钟的晨间自由阅读时间，每周确保两个早上用于晨诵，每周三中午为全校整书共读时间。课表内学生合计阅读时间为180分钟。此外，学生每天回家阅读不少于30分钟。校内外累计，学生一周的阅读时间约为400分钟。学校的读书节也堪称“奢华”。每年9月，均是围绕阅读开展各项活动，如暑期阅读分享会、诗歌专场、童话剧演出、Cosplay秀、跳蚤书市、班级书柜展评等等。每学期期末，全校学生的阅读清单均会送入学校档案室保存。保守估算，学生年平均阅读低段约200万～400万字，中段约600万～1 000万字，高段约1 000万～2 000万字。每个班级还把每个孩子的阅读情况做进学生电子成长档案，学生电子成长档案被家长誉为“值得珍藏一生的礼物”。

静能生慧。阅读营造的校园“静界”，能够让教育进入一个崭新的“境界”。

无限相信阅读的力量

阅读的力量，犹如中药调理，其实是缓慢而绵长的。但若有心，把富含教育意义的书籍重新组合，以课程的方式推进，它也许能焕发另一种光彩，实现另一种可能。

入学课程便是如此。2012年，针对部分一年级新生存在畏学的现状，学校研发了以儿童课程为核心的入学课程。这一周的课程内容，便是由《小魔怪要上学》《笨拙的螃蟹》《海底总动员》等生动的绘本、童谣、儿歌、电影组合而成，集阅读与影视阅读于一体，并由全体一年级教师团队合作完成。这些零散的素材组合在一起，产生了神奇的魔力。这一周的课程，不光消除了孩子们对陌生环境的恐慌心理与畏难情绪，还在绘本教学中巧妙地渗透了习惯引导与规则训练，帮助他们建立了良好的秩序，顺利开启了小学阶段的学习之旅。入学课程创生至今已有 5 年，这五届一年级新生，无一人哭闹，无一人逃学，甚至还有孩子说："星期六星期天，我还要到学校上课！"可谓成效卓著。目前，该课程已在全国上百所学校推行，2015 年 8 月 25 日"人民教育"微信公众号还对此进行了专题推送。

十品性课程，也是如此。银河实验小学的校园十大主干道，以世界十大经典著作中的人物形象命名，如犟龟路、小王子路、萨哈拉路等等，每条路都承载着一个品性关键词，如坚持梦想、担当责任、亮出自我等。学校将十本书、十条路与一年当中除七八月之外的十个月打通，创生了十品性课程，旨在通过品性解读、儿童课程、电影鉴赏、主题午唱、习惯养成以及德育实践等途径，塑造儿童的美好品性。比方说 4 月是犟龟月，主题是"坚持梦想"，孩子们在这个月里读绘本《犟龟》，诵诗歌《那条路》，看《想飞的钢琴少年》等经典影片，参与体育节等实践活动，渐渐悟得"一切成功，源自坚持"之理。几年来，十本书、十条路、十个月，这些铺展在银河校园里的教育因子，编织成了一张美丽的品性之网，让孩子们置身故事，置身人性的美好之中。这个"长在路上的课程"，也先后收获了浙江省德育精品课程、全国十佳卓越课程等额外奖赏。

此外，还有大量以阅读为核心的班级课程，在全校 37 间教室里静静生长，恣意开花。这些课程，让阅读更有体系、更接地气，也让阅读最大限度地生出了它的价值与力量。

没有阅读，就没有真正的教育。当一个校园里的教师和孩子都无限热爱着阅读，无限享受着阅读，那么，教育才会自然而然地发生。

（以上案例由盛政和朱雪晴于 2017 年发表在《人民教育》第 10 期上）

（二）一间乡村教室的师生共读——河南商水化河乡一中王桂香老师的书香班级实践

这几年，我不是班主任，年年都教九年级。我认为，任何一位科任教师都是教室的缔造者，我这个语文教师也不例外。我所在的学校，是一所乡里的农村寄宿制初中，学校里大多数孩子的家庭经济状况并不是很好。在我们的教室里，每一届学生都在100人左右，多的时候有113人，最少的时候也有99人。

就像《向着明亮那方》这首歌里唱的那样：哪怕是一分一寸的宽敞，也要向着明亮那方。从2010年秋季开始，我以新教育理念和课程，缔造着我们的乡村完美教室。

我们的教室命名为“君子兰”。我们的口号是：享受书香润泽，书写生命传奇。我们的使命是：在道德三境界六阶段的阶梯上不断攀登，向君子的方向努力；在阅读和活动中发现、发展自己的兴趣，为一生的完整幸福奠基。

为了把这些口号、使命落到实处，我们开展了很多课程，如苏轼晨诵课程、君子晨诵课程、整本书共读课程、生日课程、师生共写随笔课程等等。

师生共读遭遇图书极度匮乏的瓶颈

朱永新老师说：“一个人的精神发育史就是他的阅读史。一个民族的精神境界，取决于这个民族的阅读水平。”

我觉得在现在的农村中小学，强调阅读更有意义。我们班张峰阁同学告诉我，走进君子兰教室前，他读过的唯一课外书就是《作文选》。在我的班上，这样的孩子绝不是少数。所以，我们课前的“好书推荐”活动在最初几个星期，上台的同学向大家推荐的自己读过的书基本上都是童书！

而这些九年级孩子，且不说他们面临着中考压力，就算没有中考，因他们大多是留守少年，父母长期在外打工，他们的周末生活也缺少约束，非常随意。读书，显然没有看电视、玩游戏轻松。尤其是经典作品，距离当下生活很远，他们主动阅读的兴趣就更低了，即使捧起书本来读，也是囫囵吞枣的浅阅读，谈不上与人类的崇高精神对话。

与此同时，青春期的孩子面临心理上的困惑，特别需要精神人格方面的榜样引领。对传记与优秀小说的深度阅读，可以促进学生整体的、完形的、稳固的人格的形成。因此，从 2010 年秋季，我领着这些九年级的留守少年，开始了师生共读之旅。

共读，需要有书。我的很多学生的父母都舍不得让孩子买所谓的课外书。但对我们来说，书不是问题，因为早在 2010 年，我作为新教育种子计划的第一批种子教师，就接受了种子计划 5 000 多元的资助，除了买自读书，也购买了一些共读书。共读书在一届又一届的孩子们中间一直传递着，遇到班级人数太多、共读书不够的时候，我就用学校给我的奖金买书补充上，也有时候是家境好一些的学生请我帮他们买，这样他们批注更方便，也可以留给自己的弟弟妹妹读。

这样日积月累，我们的图书越来越多，现在我们有了自己的班级图书馆，藏书 700 多本。因为班上学生太多，教室里实在放不下这么多书，我又住在学校，所以就干脆把这些书放在了我的住处。红色的书柜，是连续 3 年，我和学生们一起攒饮料瓶卖钱，请木工为我们做的；橘红色的书柜，是请我爱人的大哥做的；铁皮的书柜，是这学期学校资助我们的。

王桂香老师和孩子们在一起

共读五个阶段积蓄成长能量

我们每共读一本书，大致要经历五个阶段：自读阶段、素读阶段、共读讨论阶段、延伸阶段、内化阶段。

以我们共读过的《威尼斯商人》为例，它讲的故事是：在 15 世纪的威尼斯，为帮助好友巴萨尼奥求婚，商人安东尼奥向犹太人夏洛克借了高利贷，约定如果不能按期归还借款，就要从安东尼奥身上割下一磅肉。巴萨尼奥向鲍西娅求婚成功，但安东尼奥却因故破产，无法还钱，被告上了法庭。鲍西娅假扮律师，不仅使夏洛克败诉，还让夏洛克倾家荡产。

1. 自读阶段：初步感知，及时调整

在自读阶段，学生们各自表达感受。李梦婷同学说："嗜财如命、唯利是图、冷酷无情，夏洛克简直就是魔鬼！"李利丹同学说："夏洛克要割下安东尼奥的一磅肉，完全是出于强烈的报复心理，而把报复施加到对方的身体上（借机置对方于死地），不是残忍是什么？应该将心比心嘛。"

2. 素读阶段：班内分段、分角色朗读，进一步感知

学生独立阅读一遍后，我们的第二阶段就是用一周的所有语文课（包括晚自习的时间），师生共同读完整本书。像《威尼斯商人》，如果让孩子们自行阅读，估计很多孩子都懒得读，毕竟时代距离太远，孩子们对历史背景几乎一无所知。所以我们用了四节语文课时间，分角色朗读，全班同学都参与进来，一下就读得不亦乐乎。

3. 共读讨论阶段：概括章节内容，理解人物形象，探讨小说主题，联系生命生活

在这个阶段，我给同学们印发导读题，促进他们思考，进行第二遍阅读。然后开始讨论。

我们讨论些什么呢？同样以《威尼斯商人》共读为例：

A. 走进作者，走进文艺复兴时代

① 你了解作者吗？

② 你了解故事发生的时代背景吗？

B. 3 000 块钱，逾期不还，要割一磅肉，对安东尼奥是公平，还是残忍？

① 这部喜剧里的安东尼奥平时是怎样对待夏洛克的？

② 安东尼奥该不该如此对待夏洛克？

③ 夏洛克是魔鬼，还是常人？

C. 这个故事是悲剧，还是喜剧？

① 该剧思想是进步，还是局限？

② 莎士比亚是不是当时文艺复兴时期的杰出代表？

③ 如何认识人文主义？

④ 同学们都认为鲍西娅是最人文主义者，她对夏洛克是否人文主义呢？

⑤ 反思自己：我，在某些时候是不是鲍西娅？

⑥ 追求人生幸福，标榜自由平等，但对周围的每一个人，我们真的做到了吗？

D. 巴萨尼奥选对了匣子，这是偶然，还是必然？

① 金钱与幸福，中间是不是等号？

…………

这些问题，把我们的阅读不断引向深入。共读讨论时，我们经常联系教室里张贴的人格发展图谱进行讨论，这对学生的人格促进是显而易见的，比如第二届扮演夏洛克的男主角以前认为金钱是万能的。共读《威尼斯商人》后，他的金钱观完全改变了，主动向班级图书馆捐了两本书。我要在班里表扬他，他说："老师，我早已过了'我想要奖赏'的阶段啦。"

4. 延伸阶段：电影助读

共读讨论课后，我们还会看一部与主题相关的电影，或根据小说改编的电影。读完《威尼斯商人》，我们看同名电影，比较原作与电影孰优孰劣。之后的第二学期，我们还组织观看了电影《出埃及记》《辛德勒的名单》和《浪潮》，作为共读的延伸。

5. 内化阶段：随笔感悟，书信交流，话剧演出

我想每一届学生最难忘的，是参与性演出，尤其是我们排练《威尼斯商人》这部喜剧的第四幕时。上学年，我们班有 90 多位同学，全班就分成两个剧组，分别排练。每个剧组都自己选导演、演员、群众演员及其他工作人员。每个小组都很用心去准备：同学们把旧围巾加工成演出服，把头发剪了当胡子，用塑料袋和硬纸板做博士帽，用窗帘做外套……

利用周末时间排练了两次后，腊月二十补课结束那天，我们正式在期末庆典上表演，我邀请了同事吴老师为我们摄像，邀请了学生父母前来观看。父母们惊叹不已，说没想到九年级的孩子有这么大的能量。

我们的话剧表演很成功。这样的共读生活，改变了孩子们的生命状态。他们对学习的兴趣也越来越浓厚，不但没有因为大量的表演准备影响学习成绩，相反，在期末考试中都有了不同程度的进步。

师生共读改变孩子生命轨迹

我觉得，师生共读，第一个受益者，是教师本人。为共读《水浒传》，我几次细读《水浒传》（金圣叹精评本）、《鲍鹏山品水浒（修订版）》，文本解读能力很快得到了提升。共读《威尼斯商人》，更增强了我的职业认同：选择，就意味着付出，付出本身就是对选择最大的奖赏！上学年刘亮同学在我给他们的一封“情书”后面写道：“谢谢您的行动，让我明白了什么叫作‘惠泽天下’，您虽然没有惠泽天下，但也是惠泽一方吧！”

九年级，一个学年共读5本书，带给孩子们的是什么呢？

首先当然是阅读能力的提升、学习兴趣的激发。上学期有些同学考试时在现代文阅读上丢分太多，苦恼于文章都读不懂。经过一学期的师生共读、阅读指导，学生们的阅读能力有了特别明显的提高。随着阅读数量的增加，阅读的深度也在递增，我们班有不少同学捧起了《苏菲的世界》《娱乐至死》《中晚唐诗》等。要知道，我自己是到2009年才开始读这些书的。

但比这更重要的，是通过师生共读，选择最符合孩子当下生命需求的经典著作，与人类崇高精神对话。这直接推动了孩子命运的变化。

在我们君子兰教室里，有一个叫张浩浩的孩子，他的家庭非常不幸。刚升入君子兰班的时候，他有些自卑，对学习更是迷茫。我还记得，那时他每周末都会至少借一本书看，成绩也渐渐地提高，到中考时名列前茅，顺利进入高中的宏志班。直到高三，他的成绩也仍然优异，他仍然喜欢读书，每月都要回来借几本书看。

后来，市电视台对他的故事进行了报道。从节目中我才知道，原来是因为共读《威尼斯商人》后的话剧演出，让他的生命有了一个转折。

我常想，这间乡村教室里的师生共读给予我们的是什么？应该是一个个日渐丰盈的生命，还有共同成长中不断创造的生命奇迹吧！如今，我们这一束乡间田野上的君子兰，还在继续向着明亮那方，不断成长、努力绽放！

（以上案例由新教育种子教师河南省商水县化河乡一中王桂香提供。）

第五章
构筑理想课堂

一、新教育实验构筑理想课堂的六维度三境界

二、新教育实验的理想课堂与十大行动关系

三、新教育实验构筑理想课堂方案——海门某校的案例

课堂是文化传承的核心地带，是课程实施的主要渠道，是学校机体的中枢神经，是师生成长的关键路径。如果说课程为教育提供了主要内容的话，那么课堂则是教育的主要形式。课堂这一形式，既是课程这一内容的呈现方式，也是课程不可或缺的重要组成部分。课堂的形式，将限制或拓展课程的开展。如何在有限的课堂之中，尽力实现教育的无限？千百年来，无数教育工作者对此孜孜以求。新教育人也不例外。

从2004年开始，新教育实验开展了关于理想课堂的探索，明确提出理想课堂“六度”，从六个维度解析课堂；2004年，新教育实验确立发布六大行动，其中“构筑理想课堂”成为重要组成部分；2006年，关于理想课堂的三个研究目标确立，即“有效课堂”“课堂的多元文化理解”“风格与个性化课堂”；2008年，新教育实验提炼出理想课堂的三重境界，有效课堂的框架正式在学校实践与推广。

一、新教育实验构筑理想课堂的六维度三境界

（一）新教育理想课堂的六个维度

2004年，在《新教育之梦》一书中，我们明确提出理想课堂的六个维度，简称“六度”，即参与度、亲和度、自由度、整合度、练习度、延展度。

一是参与度，即学生的全员参与、全程参与和有效参与。课堂教学一定要贴近学生的心理和认知实际，以此为基础有效引领学生“参与”，即坚持师生共同发展前行的主体意识，以学生终身发展能力为出发点和归宿，引导学生全员、全面、全程参与教学，这样才能有效拓宽其视野，有效优化其能力。英国牛津大学出版社的“牛津英语教师宝库”中有一本《以学生为主体的教学》(*Learner-Based Teaching*)。该书作者认为，课堂教学需要“提倡学生参与决定教学内容，力图使学生自己的输入成为主要的教学内容资源，并成为整个教学活动的中心”。这就是说，如果课堂上“满堂灌”，而没有学生的参与，就根本不可能激发学生的思想。在这个定义上，我主张一般的课堂学生发言与活动的时间不能少于1/2。

二是亲和度，即师生之间愉快的情感沟通与智慧交流。在课堂的双边活动中，教师的得法引导，可使学生充分尊重、信任教师，可以引发学生对学习主题的兴趣，有助于学生形成良好的思考习惯并有效开发学生的潜能。吉尔·哈德菲尔德在《课堂活力》一书中说：“班级里可能充满了欢乐、友谊、合作和渴

望，也可能是沉默、不快、矛盾和敌意的。”前者无疑是亲和度高的表现，也是课堂教学成功的基础。

三是自由度，即在学习的方式上更尊重学生的个性选择。课堂教学应该是在宽容宽松的氛围中，有效指导和引领学生联系教学主题及相关观点，在广阔的社会背景下“驰骋”思路、自由发挥。而我们的很多课堂犹如军营，强调的是铁的纪律，正襟危坐，学生如履薄冰、战战兢兢，少了一些轻松，少了一些幽默，少了一些欢声笑语，少了一些神采飞扬。尤其是要求学生齐声回答，不允许交头接耳，不允许与教师争辩等，这无疑给学生的身心自由发展套上了枷锁。

四是整合度，即整体地把握学科知识体系。课堂教学应善于进行知识的“整合”，即在教学大纲框架内的知识整合、书本知识与相关实际的整合，以及理论实践知识与学生认知实际的整合。整合度不高的课堂教学，往往把完整的知识支离的鸡零狗碎，如语文老师把字、词从具体的语言环境中分割出来，历史老师把事件从时代背景中抽离出来，学生得到的只是被肢解的知识，而不是真正的整合知识的智慧。

五是练习度，即学生在课堂上动脑、动手、动口的程度。课堂教学要放眼社会发展和时代进步的要求，着力引导学生及时、有效、到位地认知所学知识的内涵、实质及其体现的相关方法论要求。根据维果茨基的理论，学生们是通过与教师和同伴的共同活动，通过观察、模仿、体验，在互动中学习、在活动中学习的。学习的效率与成果如何，取决于学生在互动与活动过程中充分地运用自己的能动感官的程度。所以，一堂好课，不在于它有条不紊，不在于它流畅顺达，而在于它真正地让孩子得到练习和实践。

六是延展度，即知识在整合的基础上向广度和深度延展，从课堂教学向社会生活延伸。课堂教学要着力引导学生将所学知识向“两头”延伸，让学生理解把握所学知识的形成过程与运用效能。当生活成为教与学的内容、当社会成为广阔的课堂，生命就能在其中得到进一步的舒展与绽放，课堂的广度与深度就得到了进一步的升华。

六个维度构成了一个有机的整体，几乎涉及理想课堂实施和实现的全部变量，而每一个维度的后面，都隐含着一个理想课堂的“关键词”，它们之间具有相互依存、不可替代的密切关联：

参与度——主体

亲和度——情感

自由度——生态
整合度——知识
练习度——实践
延展度——生活、生命

由此可以看出，六个维度主要侧重从学生的学习过程评测课堂。

（二）新教育理想课堂的三重境界

2008 年，新教育提出了理想课堂的三重境界。第一重境界：落实有效教学的框架；第二重境界：发掘知识这一伟大事物内在的魅力；第三重境界：知识、社会生活与师生生命的深刻共鸣。从三重境界的角度，我们更侧重从教师的教学过程反思课堂。

在这三重境界中，我们必须着重分析与讲解第一重境界，即如何为课堂奠定坚实的基础，真正落实有效教学框架。第一重境界的主要特点是讲效率、保底线。

教学框架的作用，是帮助教师理解、规范课堂，它是有效达成教学目标的一个工具。正如丹尼尔森说的那样：新教师可以把框架作为“地图”，引导自己穿越最初的教学迷津；老教师则可以把它作为“支架”，让自己的教学更有效率。教学框架不仅能够规范教学行为，也能够帮助我们更好地观察和评价课堂。

有效课堂的框架，一直是教育学家们苦苦探索的问题。早在 200 年前，赫尔巴特和他的弟子席勒、赖因等就试图把教学的过程分为准备、提示、联想、概括与运用五个基本阶段。凯洛夫的《教育学》则把赫尔巴特的五个阶段改造为六个阶段。后来行为主义的代表人物斯金纳、认知主义的代表人物布鲁纳和加涅、人本主义的代表人物罗杰斯等也从不同的角度对教学的框架与过程进行过系统分析。而 1996 年丹尼尔森的《教学框架——一个新教学体系的作用》则设计了一个包括 4 个板块、22 个成分、66 个元素的教学框架体系。

鲍里奇先生在他的《有效教学方法》一书中也介绍了关于有效课堂的“骨干结构”：一是“吸引注意”，通过呈现图表、图片、比例模型和电影等各种教学资料，引发学生的好奇心。二是“把目标告诉学习者”。三是“激发学生回忆与任务相关的先前知识”。四是“呈现刺激材料”。五是“引发期待行为”。六是“提供反馈”。七是“评估行为”。

当然，我国学者也先后对有效教学框架进行过卓有成效的探索。如邱学华的“尝试教学法”把教学分成七步，即准备练习—出示尝试题—自学课本—尝试练习—学生讨论—教师讲解—第二次尝试练习，强调“先试后导，先练后讲”。

中国科学院心理研究所原研究员卢仲衡教授提出的“启、读、练、知、结”的“自学辅导模式”，要求教师在开始上课后和下课前的15分钟进行“启”与“结”，其余时间由学生自主完成阅读、练习、反馈的学习过程。

江苏泰兴的洋思中学提出了“先学后教，当堂训练”的三段六环节教学框架。三段即“先学”“后教”“训练”。“先学”的操作要求：(1) 揭示教学目标。教师用投影仪（或口头、板书）揭示教学目标，激发学习动机（1分钟左右）。(2) 明确自学要求。教师向学生讲明自学的内容、时间、方法及如何检测自学质量（2分钟左右）。(3) 学生自学。教师巡视发现学生自学中的问题（5～8分钟）。(4) 学生汇报自学结果。学生通过板演、练习等形式展示自学成果，最大限度地暴露学习中的疑难点，为后教做准备（5～8分钟）。

在“后教”环节中，教师对带有倾向性的问题进行分析。然后学生通过讨论质疑、交流发言等形式来解决“先学”中出现的问题（8～10分钟）。

在“训练”环节中，学生完成当堂作业，教师当堂批改作业（15分钟）。

在洋思中学的基础上，山东杜郎口中学发展并总结出“三三六”自主学习模式。这个模式包括“预习—展示—反馈”三大模块和预习交流、明确目标、分组合作、展示提升、穿插巩固、达标测评六大环节。

顾泠沅先生在上海青浦区进行的数学教学质量大面积提高的实验，也明确提出有效的课堂教学结构主要包括问题情景（把问题作为教学的出发点）—指导尝试（在讲授的同时指导学生探究、发现、应用等）—变式训练（组织分水平的变式训练）—系统归纳（指导学生连续地构造知识系统）—反馈调节。

新教育实验也不例外。在汲取前人智慧的基础上，我们基于新教育思想和理念，提出了由五个部分组成的理想课堂有效教学框架：

(1) 教材及学生的解读。

这是教师的备课阶段，主要是教师对教材的理解以及对学生的了解。

(2) 确定教学目标。

A类：基础性、阶梯性目标，即为核心目标搭梯的知识；B类：核心目标，即课堂教学重点要教学的内容；C类：附着性、拓展性目标，即思想、情感、价值等。另外还有针对不同学生的个别化目标。

(3) 有明确方向的预习作业。

预习是学生独立学习的机会，不应只是为课堂教学做一些准备工作，而应尽可能地针对所有教学目标。预习是真正的自主学习。

(4) 严谨的教学板块。

教学板块则要求课堂清晰地划分若干板块，注上每个板块要解决的目标及可能所需的时间，在讲究必要的节奏、方式灵活多样的基础上，让每一分钟都有所计划、富有成效。教学板块是对课堂上学生个体学习的预设与规定。教师列出学生学习清单，是为了真正确立“教为学服务，让学生的学习成为课堂的真正核心”的思想。

(5) 教学反思。

这个框架的基本流程仍然继承了传统的“目标—策略—评估”的教学基本过程，但在两个地方有所创新：一是在框架中特别强调了以精确目标为课堂教学统帅；二是在框架外从备课开始，全程都确保、还原了学生个体的独立完整的学习过程。

所有的教学框架都有各自的机械烦琐之处，尤其是新教育第一重境界中强调的有效教学框架，从确定目标到设计教学策略与学习清单，许多教师开始不能适应。不过，与所有教学框架一样，新教育理想课堂落实有效教学的框架，也是为了保证教学的基础底线和教学的基本效率。一旦熟练掌握，就能轻易地确保教学底线，同时让课堂井然有序、效率倍增。正如山西绛县安峪小学曲良霞老师所说：“这中间有一个煎熬的过程。刚开始使用框架备课，有许多不理解的东西，操作起来确实感到为难。但随着一段时间的实践、思考，很多东西就明朗清晰起来了，这中间经历的过程就是自己逐步提高的过程。实际上，框架备课让我的课堂更有效。有时真觉得接触这个框架太迟了!”

理想课堂第二重境界是：发掘知识这一伟大事物内在的魅力。第二重境界的主要特点是讲对话、重品质。

如果说第一重境界更多的是规则、规范，那么第二重、第三重境界更多的是自由。第一重境界更多地围绕着教材，围绕着苏霍姆林斯基所说的第一套教学大纲展开；第二重境界则是围绕着文本，围绕着第二套教学大纲展开。

这里所讲的“知识”，不是教材上的知识，而是教材之外的相关知识；不是静态的知识片段的堆砌，而是动态的知识在不同背景下的整体把握。

这里所讲的“发掘”，是指从提问到解答的完整过程，即探索中的发现和探索后的重现，既指方法又指方向。

这里所讲的“魅力”，一方面是指知识对师生所形成的智力上的吸引与挑战；另一方面则是指学生在教师的引领、陪伴、协助、督促下，按照可遵循的规律而探索，在过程中不仅习得了相应的技能，更掌握了学习的方法。其核心是智力挑战、思维训练。

由此可见，发掘知识这一伟大事物的内在魅力，就是为了真正实现教学过程中教师、学生、文本三者之间的深入对话，实现人与知识（世界、文本）的对话、人与他者（教师、学生、其他读者）的对话。

在这个过程中，学生不再被动地接受知识，不再是一个知识的容器，而是被兴趣指引、被乐趣激发，主动进行探索性学习，在学习的过程中经历与感受科学家发现知识时的坎坷与喜悦。这一过程可以从内在激发学生的潜力，提升教学的品质。教师不再是隔在学生与知识之间的“二道贩子”，而是知识和学生之间的一座桥梁，准确而及时地出现在被阻隔之处。教师甚至和学生一起沿着“问题—知识—真理”的途径进行科学的探索，成为学生的同行伙伴。

理想课堂第三重境界是：知识、社会生活与师生生命的深刻共鸣。第三重境界的主要特点是讲个性、求境界。

如果说第一重、第二重境界更多地与知识有关，那么，第三重境界则更多与生活、生命相融。在第三重境界，知识不再是一个死的体系，而是一个活生生的存在，作为引领师生共同探究生活、解读生命的载体，并在激发起师生的强烈反响后，内化为师生生活能力和生命机体的一部分。真正的课堂，应该具有唯一性，坚持面向特殊的一群人，应该是为这个课堂上的每个学生量身打造的。在这里，群体里的每一个人都能够获得成长，都会拥有自己独特的收获和体验。此处的师生共鸣，既有基于个体差异的个性体验，又有面对伟大事物产生的共性共鸣。

这个阶段的理想课堂，是从知识的丰收转换为生活的丰富、生命的丰盈，这种转换是在人拥有知识、习得技能之后，通过回望、反思自身，在顿悟中实现。此时的课堂教学，不仅实现了知识及其背景的复现，而且激活了师生横向的生活与纵向的生命，实现了在更高层面上的教育，正如雅思贝尔斯所说：“因此教育就是引导‘回头’，即顿悟的艺术。”

理想课堂的第三重境界，也是整个课堂教学理论发展的必然结果。如果说早期以赫尔巴特为代表的课堂教学理论强调的是知识的学习，那么以杜威为代表的课堂教学理论强调的则是社会生活，而后现代课堂教学理论更重视生命的体验。新教育实验认为，其实这三者不是割裂的，而应该是一个完整的整体。三者的共鸣，最终在教师与学生的存在中呈现。

六维度和三境界，如经线和纬线，编织出新教育充满活力、情趣与智慧的理想课堂。

当然，教育探索永无止境，理想教育永在前方。2016 年 10 月，新教育研究院副院长童喜喜提出理想课堂四重境界，即：第一重境界为形成基础知识的认知建构，第二重境界为发掘知识的内在魅力，第三重境界为实现知识、生活、生命的共鸣，第四重境界为运用知识进行知行合一的创造。对于理想课堂的构筑，无论从行动上还是理论上，我们仍在锤炼和打磨中。

二、新教育实验的理想课堂与十大行动关系

“行动论”是新教育实验的学理基础之一。我们一直力图在行动中对新的理论进行提炼，对已有理论进行检验，对不同理论进行融会贯通。在新教育走过的近 20 年的历程中，我们逐步总结和丰富，迄今归纳为十大行动，分别为营造书香校园、师生共写随笔、聆听窗外声音、培养卓越口才、构筑理想课堂、建设数码社区、推进每月一事、缔造完美教室、研发卓越课程、家校合作共育。

仅由名称足以看出，理想课堂与其他行动和项目有着非常密切的关系。

理想课堂需要营造书香校园，需要师生共读、亲子共读，需要有广阔的知识背景。

理想课堂需要师生共写随笔，需要师生在教学过程中反思，需要不断地超越自我。

理想课堂需要聆听窗外声音，需要教育之外的跨界观点，启迪教育之内的深刻思考。

理想课堂需要培养卓越口才，需要培养学生表达、沟通的能力，让生命的共鸣更为精彩。

理想课堂需要建设数码社区，需要一个紧跟时代发展、科学而开放的更大平台。

理想课堂需要推进每月一事，需要在一段的重复后把内化的技能固化为习惯。

理想课堂需要研发卓越课程。课堂本身是对课程的展开与实施，没有卓越的课程就没有课堂的理想教材。

理想课需要家校合作共育，需要在更多生命、更多侧面的碰撞中，取得加

法变乘法的更好效果。

在此，我们要特别说明理想课堂与教师成长、完美教室的关系。

理想课堂与教师成长有着最直接的关系。谁站在讲台前，谁就决定着教学的品质，决定着课堂的理想程度。正如美国学者玛丽·艾丽斯·冈特等在《教学模式》一书中指出的那样，优秀教师在课堂上的主要表现为：能够调控课堂，会营造愉悦学习的心理环境，善于处理人际关系，能够使学生自身投入学习过程，会引导学生积极向上，是优秀的学习者，与学生一起实现教学目标，能找出计划不能实施的原因，会努力使教学生动有趣，会让学生有自己去获得信息及实践的机会，教授两种不同的知识（知道是什么和知道为什么）。

不同的教育改革，从不同的方面切入教育，也就有着不同的逻辑起点。新课程改革强调通过课程的变革来撬动教育的改革。新基础教育实验主张让课堂焕发出生命的活力。新教育实验则把教师成长作为最重要的出发点。我们认为，教育实施的主体是人。课堂与课程是否卓越，取决于教师是否优秀。优秀的教师，自然能够研发卓越课程，自然能够让课堂充满生机与活力。

理想课堂三重境界的每一重，都与教师素质有着直接的关系。而且，境界越高，对教师的素质要求越高。相对而言，第一重境界更多的是对于新教师、年轻教师而言的，是希望通过有效的教学框架规范教学的行为，保证教学的底线质量，保证课堂教学基本目标的实现，这也是洋思中学、杜郎口中学的课堂变革能卓有成效的原因。但是，理想课堂的第二重境界与第三重境界就很难用模式、结构来规范和限制教师了，它更取决于教师自身的素养、教师的事业心与责任感、教师的阅读与反思、教师的合作精神等。其实，对于一个真正的教师而言，只有从规则走向自由，只有张扬自己独特的教学个性，才能有真正的个性化的课堂，有真正让每个生命得到绽放的课堂。

理想课堂与缔造完美教室也有着非常密切的关系。

缔造完美教室就是在新教育生命叙事和道德人格发展理论的指导下，利用新教育儿童课程的丰富营养，“晨诵、午读、暮省”，并以理想课堂的三重境界为所有学科的追求目标，师生共同书写一间教室的成长故事，形成有自己个性特质的教室文化。缔造完美教室，就是要让教室里的每个生命穿越课程与岁月逐渐成长，成为有德性、有情感、有知识、有个性、能审美，在各方面训练有素又和谐发展的生命。在共同生活和学习的过程中，学生拥有了丰富的智力背景和相关经验，在学习的过程中，教师的新知识与学生已有智力背景和相关经验产生触点，学生借助已有的智力背景和相关经验完成对新知识的吸收和消化，真正实现更丰富、更深刻的学习。

因此，新教育的理想课堂在一定程度上取决于两种人在课堂上的相遇，一种是借由新教育“三专”（专业写作、专业阅读、专业交往）模式而具备了高度专业性的教师，另一种是借由新教育儿童课程、完美教室建设而具备丰富智力背景的学生。在课堂教学中，框架与模式起着保底的作用，但真正好的教学绝不能完全降低到模式和技术的层面，否则在知识的传授过程中只会塑造出掌握专门知识与技能的“工具”，而不是幸福完整的人。这也就是新教育实验既重视有效教学框架，但又不拘泥于此的原因。真正理想的课堂不仅难于创造，需要师生双方天长日久的积累，而且无法真正复制，它应该具有教师乃至学生的鲜明个人创造和个性风格。

教室是一根扁担，一头挑着课程，一头挑着生命。如果说教室是师生共同生活的空间，课程是师生共同研讨的内容的话，那么，课堂就是知识、生活、生命在一段特定时空中的具体演绎和展开。

归根结底，无论完美教室、卓越课程，还是理想课堂，以及新教育十大行动的其他项目，最关键、最核心的问题仍然是教师，是相关的活生生的生命。人，才是所有教育教学问题的出发点和归宿；人，孕育着也呈现着这一切；让师生“过一种幸福完整的教育生活”，才是新教育实验理想课堂的终极目标。

2014 年新教育国际高峰论坛

三、新教育实验构筑理想课堂方案——海门某校的案例

以下是新教育实验区海门某校的构筑理想课堂实施方案。个别理念与新教育实验的提法虽不完全一致，但反映了基层学校在构筑理想课堂项目上的创造性与主动性，这里提供给大家参考。

（一）指导思想

以科学发展观为统领，以新教育理念和市局工作意见为依托，全面贯彻落实市局《关于进一步加强理想课堂建设的指导意见》，深度变革课堂教学，通过不断推进理想课堂“学程导航”教学范式，进一步浓厚教学研究氛围，全面引导教师聚焦课堂、研究课堂、积极探索构筑理想课堂的途径和方法，“让每一位学生成为学习的主人”，全面提高课堂教学效率，促进教师科研能力的不断提高、教学质量的全面提升。

（二）理论依据

1. 新教育理论的核心理念

新教育理论的核心理念是：为了一切的人，为了人的一切。其基本观点是：无限相信学生与教师的潜力；教给学生一生有用的东西；重视精神状态，倡导成功体验；强调个性发展，注重特色教育；让师生与人类崇高精神对话。新教育追求这样四重教育境界：成为学生享受成长快乐的理想乐园，成为教师实现专业发展的理想舞台，成为学校提升教育品质的理想平台，成为新教育共同体的精神家园和共同成长的理想村落。

2. 创造理想的课堂

理想的课堂应创设一种平等、民主、安全、愉悦的课堂气氛；由知识本位、学科本位转向以学生的发展为本，真正对知识、能力、态度进行有机整合，因材施教，充分体现课堂的生活性、生命性和发展性。理想的课堂提出六条评价标准：一是参与度——学生主动积极参与。二是亲和度——师生平等合作交流。三是自由度——课堂宽松和谐自然。四是整合度——知识方法能力目标。五是练习度——引领发现体验实践。六是延展度——着眼关注社会生活。理想课堂的三重境界：第一重境界——落实有

效教学的框架，为课堂奠定一个坚实的基础；第二重境界——发掘知识这一伟大事物内在的魅力；第三重境界——知识、社会生活与师生生命的深刻共鸣。理想课堂还应具有三个基本性质：真实性、兴奋性、有效性。

3. 通过课堂教学改革，使课程适应学生的学习，让课堂适应每个学生的发展

课堂上教师要做到因材施教，让不同层面的学生都有参加教学活动的机会，尤其是那些"学困生"。教师的"教"为学生的"学"服务，引导学生开展自主、合作、探究式学习。树立"先学后教，以学定教"的课堂教学观念。授课中体现精讲多练。对于学习难点，教师要适当点拨，指点迷津。一堂课中学生训练支配的时间不少于15分钟，这使得学生能充分地自读、自解、练习、纠错、思考等，提高他们学习的主动性和积极性。

（三）实施目标

1. 全面细化基础学科"学程导航"课堂教学六大基本模块

使"目标导向、任务（情境）驱动、自主学习、合作探究、展示导学、检测反思"等课堂基本环节的操作性更强，重点突出对自学、展示、小组合作环节的研究，引导教师快速适应，确保课堂教与学的行为方式得到根本性的改变，从而构筑适合我校并能体现新课程理念的理想课堂教学模式。

2. 研究和构筑理想课堂的"学程导航"教学范式

使课堂成为学生自主学习的"乐园"，"让每一位学生成为学习的主人"，进一步促进教师的专业化成长。

3. 明确课堂六度评价要求

从参与度、亲和度、自由度、整合度、练习度、延展度六个方面评价课堂。

（四）"学程导航"教学范式的基本模块

1. 基本环节划分：自学、展示、检测

自学——明晰目标，明确任务，明了方法

展示——展示问题，展示方法，展示效果

检测——基础达标，能力提升，拓展延伸

2. 备课基本模块：三维目标、教学资源、学程预设、导航策略、作业设计、调整反思

(1) 三维目标。

目标应依据学情、教材与课标进行预设。知识与能力目标表述上要言简意赅，直白、清楚地表述需掌握什么知识点、发展哪些能力和技能。过程与方法目标和情感、态度与价值观目标要以知能目标为载体，切忌标签式的泛泛而谈。

(2) 教学资源。

教学资源一般包括学生已有的学习生活经验、相关的学习背景资料、教具学具、突出重点的方法、突破难点的策略等。开发教学资源的重点是学情。

(3) 学程预设。

学程预设包括学习的内容、方法、过程、结果和时间。预设学程时，教师要换位思考，遵循学生的认知规律，科学设计预习作业和课堂学习清单，设计时应明确任务、明了学法，体现自主性、合作性和探究性。

(4) 导航策略。

导航策略是指教师根据学生学习的进程，设计有针对性的组织、引导的内容、方法与手段。设计时要与学程对应，充分考虑如何激发兴趣、引导探究、点拨思维、组织练习等。

(5) 作业设计。

作业设计包括课堂作业设计和家庭作业设计。设计时要整合优化教学资源，体现针对性和层次性。

(6) 调整反思。

调整反思包括教学实施中的成败得失和补救措施等，从利于教学的诊断与优化出发，充分体现及时性、有效性。

3. 课堂基本模块：目标导向、任务驱动、自主学习、合作探究、展示导学、检测反思

(1) 目标导向。

目标是指课堂学习目标，是教学目标的生本化。目标的表述要科学、简明、可测。目标导向的主要任务是师生双方确定并明晰教与学的方向，为整节课导航。

（2）任务驱动。

任务是学习目标的问题化与操作化，任务的内容要具体，要求要明确，要面向全体，体现针对性、层次性与情境性。任务驱动的主要任务是激发学生的学习动机，充分调动学生学习的积极性，让每一名学生接受智慧的挑战。

（3）自主学习。

自主学习是指初步完成任务的独立学习过程。其主要任务是激活学生的学习潜能，提高学生自主学习的能力，帮助学生养成良好的学习习惯，初步达到学习前置、问题前置、智能构建前置的目的。教师要营造良好的自主学习氛围，了解学生的学习状况，适度进行个别指导。

（4）合作探究。

合作探究是指进一步完成任务的群体学习过程。其主要任务是解决自主学习中遇到的疑难问题，或者完成某个主题探究任务，交流学习成果，提升独立和合作学习的能力，实现人人初达学习目标的目的，为展示做好准备。其形式一般有小组合作、生生互动、师生互动，教师要巡回参与、指导小组学习，随时关注弱势学生。

（5）展示导学。

展示导学是指达成学习目标，提升学习层次的师生互动过程。其主要任务是交流、分享学习成果，诱发思维碰撞，丰富情感体验。其形式有组内展示、全班展示等。教师要随时捕捉有效的教学信息，进行适度、适时的点拨指导、提炼提升。

（6）检测反思。

检测反思是对预设的学习目标进行回归性的检测和提炼的过程。其主要任务是巩固和深化学习成果，发现存在的问题，及时进行补偿教学。检测要对应学习目标，关注重点问题，注意内容分层。

反思是各个模块不可分割的一部分。在学习过程的各个环节中，教师要及时引导学生总结经验，提炼方法，反思存在的问题。新知学习结束后的反思，要注意与课始揭示的目标相呼应，特别注意指导学生将本节课所学内容适当地与以前所学的知识联系起来，以使学生形成善于综合所学知识的意识和能力。

艺体学科要结合本学科特点，以“学程导航”的核心理念指导教学，构建与艺体学科特性相吻合的备课与上课模块，不断深化艺体学科的课堂教学改革。

（五）“学程导航”教学范式的实施原则

1. 以学为主

学生是学习的主人，“教”是为了“学”，“教”应该服务于“学”。课堂应确立以学生学习为“轴心”的教学方式，强调学生学习过程的幸福感。教师应该带着学生发现问题，引领学生解决问题，实现从以教为主到以学为主的转变。

2. 先学后教

先学后教强调教学的重心放在学生的学上，鼓励学生先自主学习，指导学生开展合作学习和探究性学习，使教师的教更具针对性、启发性和诱导性，通过和学生围绕课堂问题交流对话，实现师生的共同成长。

3. 以学定教

以学定教就是根据学生的学习进展、需求和意愿，确定合适的目标、内容和方法，将教师教的思路与学生学的思路动态地融合在一起，使教学的内容与方法符合学生的心理特点和认知规律。

4. 顺学而导

教师要根据学生学习的状态和生成，捕捉教学的最佳时机，适时调整教学思路和方法，积极创设激发学生探究的问题情景，引领学生开展智慧学习，体验学习的成功，实现对预设教学案的超越。

5. 以学促教

围绕学习任务，通过共同参与、交流对话等多种合作活动产生交互影响，以动态生成的方式推进教学的全过程，促进学生在学习过程中保持浓厚的兴趣、高涨的情绪、活跃的思维，使课堂充满生命的活力和智慧的挑战。

（六）“学程导航”教学范式的推进要求

1. 以模施教

起步阶段必须严格按照“学程导航”教学范式的思想和基本环节、模块实施教学，在“入模”中实现“出模”。

2. 为学而备

变教路优先为学路优先，每节课都要设计好适合学生学习的学程，编写清晰明了的预习作业与课堂学习清单。

3. 先学后教

每节课都必须有预习（先学）的环节，指导学生先自己学，教师根据学情以学定教。

4. 少教多学

变“教时”为“学时”，每节课教师教的时间不得多于1/3，学生学练的时间不得少于2/3。

5. 学教互动

变师生的单向交流为学习场的多向交流，使兵教兵、兵练兵、兵强兵得到落实。

6. 以练促学

保证学生有足够的当堂练习时间，分层实施，当堂检测、反馈，课堂练习时间一般不少于15分钟。

7. 以思强教

及时反思，善于利用课堂资源，课堂错误必须当堂纠正，每节课必须有成功之处、不足之处、弥补措施等的调整、反思。

8. 以情励学

变课后发现学生有问题再去帮助解决为课前主动关心、了解，鼓励、指导学生先去解决相关问题，夯实学生学习的基础，使全体学生都获得学习成功的体验，点燃学生学习的激情，激发学生学习的潜能。

（七）具体措施

1. 加强教师的理论学习

第一，加强校本培训，树立新教育的课堂观、教学观、学生观、评价观、价值观。以学习《关于进一步加强理想课堂建设的指导意见》和各学科的《教学范式操作指南》为重点，重视加强对新教育中理想课堂的学习，帮助广大教师转变教育思想，更新教育观念，形成与新教育实验相适应的课堂观、教学观、学生观、评价观、价值观。校本培训形式做到多样化，坚持学习理论与提高实践能力相结合，坚持个人自学与集中辅导相结合，坚持开设讲座与组织讨论、观摩、交流相结合，努力提高教师开展新教育实验的水平。

第二，继续推进以问题为起点，以课例为载体，以行动研究为途径的校本研究。基本程序：发现问题—确立主题—学习理论—研讨课例—行为改进—发现新问题，又进行新一轮研究。具体而言是“两阶段五个环节”：两阶段是试教——初研阶段、再教——深研阶段，五个环节是第一阶段的“学习-备课、试教-观课、研讨-改进”三个环节和第二阶段的“再上课-再观课、研讨-反思”两个环节。校本教研可以提高教师教学实践与反思的能力，为构筑理想课堂创造前提条件。

积极参加市教师研修中心的培训，通过案例示范、学习研修、实战过关、反思提升，使研修形成常态，确保100%的培训覆盖面、达成率。

2. 改革课堂教学评价体系

全面实施“理想课堂教学与评估框架”和“海门市‘学程导航’教学范式课堂教学评价量化表”，以评价促变革（见表5-1和表5-2）。

表5-1　理想课堂教学与评估框架

教学板块		教学要素
教学目标	确定教学目标的依据	理解并表述课程标准的相关要求
		理解并表述教材及单元要求
		检测并表述学生对此知识或主题的原有认知
	对教学目标的评估	表述时的清晰、明确、单纯
		教学内容上的准确性
		三维目标的分解与整合
		是否具有平衡性与可变性
教学策略	教学策略要点	教学资源选择，适度整合在教学过程中
		设计具体教学环节与流程
		学生在整个过程中的学习清单设计
	对教学策略的评估	是否将主要时间集中于重要目标的达成上
		是否有冗余的环节
		是否巧妙、机智、有效地激发学生
		具有可变性及变式，以及课堂上的实际应变
教学管理	课堂管理量化内容	学生参与度及练习面、练习量
		课堂纪律控制
		学习小组管理及个别学生辅导
		教学语言的准确、简洁、明晰、有激情
	课堂管理质性内容	课堂节奏及流畅性、清晰性和丰富性
		课堂互动、对话的有效、平等、安全、指导性
		学生情绪及求知欲

续前表

教学板块		教学要素
教学评估	课堂教学随机评估	对学生发言等学习行为的即时反馈
		对学生情绪、学习态度的即时评价
	作业设计评估	与目标的吻合度
		是否能发现或构成认知冲突，形成真正的学习
		准确性、平衡性、层次性、多样性

表 5-2　海门市“学程导航”教学范式课堂教学评价量化表

执教人：	授课内容：		班级：	月	日	总分	
学校		姓名		学科		课题	
一级指标	二级指标					分值	得分
参与度	全员性：参与人数达到 100％					20	
	全程性：学生全程参与，读、说、议、评、思贯穿始终。自主学习、合作探究时间不少于整课的 2/3						
	有效性：态度积极认真，情感投入，精神饱满，知识、技能、过程、方法、学习能力等都达到目标要求						
亲和度	师生关系：教态可亲，情感真诚。语言生动、流畅、有激情。尊重学生人格、个性，有双向的信息、情感沟通					15	
	组织状态：合理安排学生的学习活动，有效调控教学过程，做到环环紧扣、气氛活跃，努力实现教学环节的自动化，使学生具有饱满的学习情绪和良好的学习习惯						
自由度	时间空间：学生拥有思维的时间和空间，可以自主选择完成一定的任务。师生、生生、生本之间能充分互动					15	
	学习面貌：学生思维活跃，在学习过程中有质疑。“兵教兵”“兵练兵”“兵强兵”得到落实						
整合度	三维目标：促进学生多元、全面的发展，重视获得知识的过程、方法的学习					20	
	教学内容：创造性地使用教材，合理整合练习内容，起点适宜、重点突出，内容安排具有逻辑性、层次性，注重“四基”						
	方法手段：先学后教，以学定教，以练促学和自主、合作、探究学习方式得到充分体现						
练习度	练习时间：不少于整节课的 1/3，必须有当堂检测的环节					20	

续前表

一级指标	二级指标		分值	得分
练习度	练习内容：体现基础性、针对性和层次性		20	
	练习效果：训练达到预期目标，练习正确率高，部分学生达到拓展性目标			
延展度	教学生成：有应变能力，能灵活驾驭课堂，善于捕捉时机并基于问题进行导学，揪住知识点智慧引导、四面出击、扩展思维		10	
	学生发展：学生能将所学知识构建成知识体系，善于评价，敢于发表不同见解，使学生个性得到充分发展			
友情提醒	有下列情形之一为不合格：（1）没有执行“先学后教，以学定教”；（2）教师讲授时间超过 15 分钟；（3）预习与学程脱节；（4）备课与上课脱节；（5）当堂检测优良率低于 70%			
总体评价	等	第	100	

3. 加强集体备课

第一，每双周周三下午三节课后，每个备课组成员带着自己的先周备课教案参加学校组织的集体备课，根据自己备课的体会谈对该课的理解、观点、设计思路和方法等。特别是重难点如何突破，学生会出现什么样的问题，掌握到什么程度，教师要做充分、全面的估计。

第二，备课组成员由一人执教公开课（同一备课组成员之间轮流执教），其他人听课，看教师如何突破重难点、学生在课堂上的反应度及对授课内容掌握的程度，以及集体备课的内容是否在课堂上得以体现。课后授课教师先谈课堂的得与失，提出改进的思路；然后小组成员评课，针对课堂的方方面面表达真实的想法，肯定成绩、指出不足、提出建议，思考自己教学过程中应该注意的问题。

第三，指导督促。每次集体备课时间，教导处人员到各备课组去指导，听取教师们的意见和建议，积极参与展示课和评课反思活动，与大家同摩同研。每个备课组的活动情况每月展示一次，由全校教师为其打分（满分 10 分），四次记录的平均数按 20%纳入教师的考评。

4. 抓实教学实践研究

以立足课堂主渠道、深化课程改革、提高教学质量为目标，深入开展课堂教学调研活动。坚持教学调研常态化、经常化。学校领导深入课堂第一线，组织中层干部、教学骨干开展教学调研与诊断活动，全面了解教师的课堂教学现状，深入分析影响课堂教学实效性的相关因素，发掘经验，寻找问题，促进课堂教学改革，提高教学质量。

以构筑理想课堂为目标，通过课例研究、教学研讨、课堂展示等多种形式，为教师搭建学习、交流、观摩、研讨和展示的平台。建立严格的课堂教学反思制度，每日一反思，每周一小评，每月一总评，以强势推进课堂变革行动，确保每位教师彻底转变教学观念和教学行为，确保每节课教师的讲授时间不超过1/3，确保每节课每个学生都能全身心投入，找不到不学习的孩子。

在教学的各个环节中，课堂教学是中心。实现教学常规管理的科学化、规范化、精细化，对提高课堂教学效益、促进教师成长和推动学校可持续发展具有重大而深远的意义。课堂教学关注：（1）“三讲三不讲”，即只讲易错、易漏、易混点，不讲学生已会的、不讲学生能自学会的、不讲学生现实无法学会的。（2）“五个尽量”，即尽量让学生自己观察、尽量让学生自己思考、尽量让学生自己表述、尽量让学生自己动手、尽量让学生自己得出结论。（3）“五个要”，即每一节课一要有教案、有方法——要持案上课，并力求让学生在课堂上掌握科学的思想方法；二要有资源、有密度——要精心设计每一堂课，控制好课堂教学的节奏；三要有生活、有应用——要鼓励学生关注社会生活，提高对知识的理解和应用能力；四要有差异、有落实——要关注学生的个体差异，要有计划地实施分层教学，有重点地进行培优补差，及时反馈，提高实效；五要有情感、有精神——要关注与学生的情感交流，要认真布置和批改每一次作业，做到作业分层布置，确保优秀生和后进生都有最大发展，让作业成为学生展示个性的天地。

继续落实教师的教学质量分析工作，认真做好单元监测、期末的质量分析，及时做好记录，引导教师把分析结果内化为师生自我完善、自我提高的新起点。加强教学调研，做好各年级、各学科的优秀生、后进生跟踪工作，建立好优秀生、后进生跟踪档案，努力做好培优补差工作。

5. 加强领导，健全管理

成立由以校长为组长，以教务处成员及语、数、外教研组组长为组员的改革领导小组，负责制订学校实施方案，并督促方案的实施。

第六章
缔造完美教室

一、新教育实验缔造完美教室的理念

二、新教育实验缔造完美教室的内涵

三、新教育实验缔造完美教室案例

一所学校，是由一间间教室组成的。而每一间教室，又都是一所小学校，一个小社会。一所学校的品质，在很大程度上是由一间间教室的品质决定的。新教育实验的最终成就与品质，也取决于每一间教室里的故事与成就。新教育实验把“缔造完美教室”作为一个重要的行动项目，就是希望通过这个项目，使教师与学生共同创造一个完美的教室，共同书写一段生命的传奇。

一、新教育实验缔造完美教室的理念

什么是缔造完美教室？简言之，就是在新教育生命叙事和道德人格发展理论的指导下，利用新教育儿童课程的丰富营养，“晨诵、午读、暮省”，并以理想课堂的三重境界为所有学科的追求目标，师生共同书写一间教室的成长故事，形成有自己个性特质的教室文化。

从约定俗成的定义来看，班级是学校中的班次与年级的总称。班级是学校的基本单位，也是学校行政管理最基层的组织。一个班级通常由一位或几位学科教师与一群学生共同组成，整个学校教育功能的发挥主要是在班级活动中实现的。而教室（classroom, schoolroom）则是指在学校里教师对学生正式讲课的地方，是学校对学生进行教学的空间。所以，一个是从组织的角度来界定班级，一个是从空间的角度来定义教室，而对于教师与学生生命活动的形态，以及师生共同活动的场域而言，两者其实是相同的。

我们在这里之所以说教室而不说班级，是想强调教室是一个师生的生命在此展开的场所。同时，我们又不希望这个概念仅仅停留在空间上。因为在这个空间里，不仅世界得以展开，而且历史也得以书写，它是叙事的、时间性的，用新教育人喜欢的词语说，它又是“岁月”的。

缔造，在字源上有最初创造的含义。我们选择这个词语，是想强调作为教室缔造者之一的教师，可能起着比我们原先认识的更为重要的主体作用。在我们喜欢说学生是目的、主体的时代里，我们往往会忘记一个事实：没有人不是目的，不是主体。新教育实验主张：为了一切的人，为了人的一切。这里所说的人，无疑是包括了学生、教师、父母等所有与教育相关的人。

完美，是新教育的一个愿景、一个朝向。缔造完美教室是我们追寻的理想，是“虽不能至，然心向往之”的前方，所以，完美教室并不是一个苛刻的衡量当下的标准，而是一个使命、一个愿景。这一表达体现了我们的价值观：我们并不想只是完成上级布置的一些任务，而是想从自身的领悟与梦想开始，创造一个足够美好的事物。

在新教育看来，教室总是与生命联系在一起的，是为生命而存在的。教室一头挑着课程，一头挑着生命。没有生命绽放的教室，就不可能是完美教室。生命，是新教育最重要的一个词语。同样是一间教室，或者平庸、冷漠，甚至充斥着暴力、专制、欺骗，或者完美、温馨，对于每个穿越其间的孩子的意义完全不同，对于每个生命成长的意义完全不同。

日本教育家佐藤学认为，学校改革的中心在于课堂，真正意义上的教育革命是从一间间教室里萌生出来的。没有哪间教室与其他教室里飘溢着完全相同的气息，或有着完全相同的问题。只有从教室开始，从课堂教学层面的改革开始，才可能有新的课程创造、新的“学习共同体”的创造。

新教育人探讨缔造完美教室的意义以及可能性，正是希望有更多的新教育教师，能够清晰地认识教室的价值、理解生命的成长，让缔造完美教室的项目成为师生成长的一个契机，在行动中不断朝着完美而努力。

二、新教育实验缔造完美教室的内涵

与学校文化系统一样，新教育的完美教室，应该在自己的构建过程中，拥有自己的使命、愿景、价值观；应该在自己的叙事过程中，拥有自己的独特命名、象征标志、英雄与榜样，或者说，一套属于自己的形象符号系统。

（一）完美教室的命名

缔造完美教室的第一步，就是为教室取一个美丽的名字。一间教室的名字，应该是教室文化的具体承载与体现，是班级成员的自我镜像。通常情况下，许多学校的教室是用数字来命名的，如一（3）班、二（4）班等，或者如雷夫的“第56号教室”。用数字作为教室和班级的代号，无疑是最简单的，但也是最枯燥、机械和重复的。

在新教育的教室里，人们往往通过具象化的命名，把格式化的数字符号转化为一种精神意向，赋予教室一种精神力量。教室命名，就像每个人出生时被命名一样，是生命中一件特别重大的事件。也因此，许多班主任老师总想别出心裁，起一个与众不同、独一无二的教室名字。江苏海门海南中学有一间教室的名字就非常特别——不一班（般）。班主任江斌杰介绍说，孩子们刚上中学，走进学校就说："校园不一般呢！"他介绍任课老师时，有学生说："这些老师不一般呢！"一天课下来，有学生感叹："真的是不一般呢！"所以，他就想：干脆用"不一班（般）"来命名自己的教室，激励学生做最好的自己、创最好的班级。这样就能够拥有不一般的孩子、不一般的教室。

在许多新教育学校里，教室命名用了"小毛虫""蒲公英"之类的小动物或者花草的名字，看起来平淡无奇，甚至简单重复。但只要能够从这些平淡的名字、平常的事物中充分挖掘其不平凡的内涵，通过阅读、课程、活动不断"擦亮"这些平淡的名字，它们就能够在学生们的心中真正地活起来，成为大家共同生活的愿景。名字叫什么也许不重要，重要的是它能够传递灵魂碰撞而生的温度。

教室命名，可能已经在老师的心里酝酿了很长时间，甚至已经有了非常完备的构想，但是正式命名的时机却仍然需要寻找甚至等候。最好是师生共同生活一段时间之后，教师创造时机，譬如在相关的电影观看或诗歌学习之后，巧妙地提出来，与学生共同为教室命名。

命名只是教室文化建构中的一个事项，和它相关的事项包括班徽、班旗、班歌、班诗、班训、班级承诺（誓约）等，它们是一个有机的整体。

（二）完美教室的班徽、班旗、班歌、班诗、班训与班级承诺

班徽，是班级的图腾、班级的象征物，一般围绕班名展开，由全班同学集思广益，共同绘制而成。班徽可以采取全班征集评选的方式确定，在优胜方案的基础上修改完善。

河南焦作市修武县第二实验中学一间名叫"竹节轩"的农村教室，在向全班同学征集班徽的过程中，刘浩楠同学设计的班徽受到大家的一致认可。图案的下方是两段蓬勃生长的竹节，和班名"竹节轩"相呼应。中间竹叶状的图形，像镰刀，又像号角；像冲浪的风帆，又像挥舞的翅膀。而图案上方那一团跳动的火焰，象征着一颗积极进取的心灵。对于局外人来说，这只是一个简单的符号，但对于竹节轩班里的孩子们来说，这却是只属于这个班级的。它体现着一个班级精神生命的走向，是由师生亲身经历、共同创造的。而对于刘浩楠同

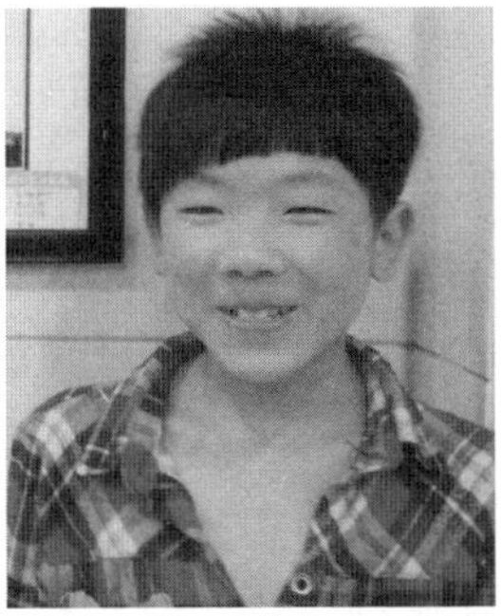

竹节轩班徽设计者

（薛海波摄）

学来说，它更会成为自己一辈子的记忆。

班旗，是班级的旗帜，在运动会、学校庆典等大型活动时使用，可以活跃气氛，增强凝聚力。班旗一般是把班徽放大以后印制在白色或其他颜色的布上。班旗可以制作成不同规格，有学生人手一份的小旗帜，也有列队展示时使用的大旗帜。

班歌，是与班级愿景、名称的精神气质相吻合的歌曲，可以自己创作、请人创作，也可以选用现成的歌曲，或者把现成的歌曲改编为自己的歌曲。比如：李镇西的未来班，是学生们写信请谷建芬老师作的曲；山西绛县的“山水人家”教室，则选用了《我爱你中国》。同时，班歌歌词和旋律应该符合学生的志趣。

班诗，与班歌相同，也是与班级愿景、名称等和谐协调的诗歌，可以由班级师生共同创作，也可以选用现成的诗歌。比如，山西绛县的小蜗牛教室的班诗就是《小蜗牛》，以此来激励孩子们不怕慢，只要心怀梦想、执着前行，总会遇到属于自己的风景。

班训，与学校的校训类似，是用简洁明了、寓意深刻的语言阐明班级的价值追求。班训的文字可以成为班徽的有机组成部分，也可以印制在班旗上。

班级承诺，是教师与学生彼此之间对未来的一个美好的约定，它往往是以誓词的形式出现。比如，马玲老师在给自己学生父母的第一封信中就提出“我是教师我承诺：让每一个与我相遇的孩子，因我而优秀”“我是学生我相信：我将在这里品尝到知识的快乐、生命的尊严”的承诺。班级承诺在重要的场合和时刻由教师和学生宣誓，具有强烈的仪式感和震撼力。

（三）完美教室的教室文化

教室文化，也会体现在教室的布置上。没有经过精心安排的教室，是缺少文化意蕴的。从总体上来说，我们希望教室的布置要有契合孩子生命的美学风格，比如在班级里摆放一些绿色植物或者小金鱼等动物，让孩子们能够随时看见生命的成长，与大自然保持联系，感受自己以外的生命气息。教室里的色彩也可以丰富多彩，比如：低年段教室可以偏粉红色系，用绘本童话场景和角色来装饰，让孩子直接感受到亲切、温馨和安全；高年段教室可以偏青蓝色系，或者回归黑白，用成熟的字画作品装饰，会有一种清澈高远的意境；而中年段教室则可以考虑选择介于二者之间的绿色系列，配以东方风格的清新插画。

当然，最重要的是，应该用师生的作品装饰教室：反映大家共同生活过的照片和文字，大家从稚嫩到成熟的艺术作品——甚至许多新教育教室提倡宁可有不完美，也要让每一个孩子的作品上墙，因为这是“我们”的阵地。所以教室布置，应该把教室墙面当成自己的杂志社、电视台、档案馆。同时，教室还可以成为自己的园艺房、展示厅。大家种植的花草盆景、烧制的泥巴陶艺等，也可以利用这个空间进行陈列和交流。总之，教室里的每一个空间都应该由师生共同创造，这是一段共同穿越的生命旅程的见证。对于学生来说，让他们在其中发现自己、认可自己非常重要。

河南省焦作市环城南路第一小学大杨树班（常瑞霞老师执教）的教室布置，把每个孩子的照片贴在杨树叶子上，和树一起成长（薛晓哲摄）

教室的文化，也体现在一个独特的班级日历上。每一间教室，都应该有一份自己的日历。它肇始于某年某月某日，将结束于某年某月某日。在每一年中，哪些日子将被我们隆重地标注——不是那些追随着新闻和商业炒作的情人节、愚人节，也不仅是这样那样的传统节日，而是真正属于自己教室的日子：每一个孩子的生日，大家春游踏青、秋游赏叶的日子，星星节或者麦子节，结业庆典的日子……另外，每个课程的结束都是一个或大或小的收获节，它被规划在这间教室的日历中，像一个必须兑现的美好承诺，一段孩子们值得期望的美好旅程。

教室里的生日祝福是新教育实验中的一个特色，它体现的是我们对每一个生命独一无二的关注。有没有生日蛋糕等物质载体并不重要，重要的是让孩子感受到生命被平等地尊重和接纳，感受到自己的庄严与美好。在生日庆典的许多项目中，生日故事和生日诗是最为新教育化的两种形式。生日故事，就是为孩子量身定做，选择一个和这个孩子的经历或内在秉赋有关联的故事，以他生日的名义，讲给全班孩子听。生日诗，就是教师或改编晨诵中的某些诗歌，或自己创作，利用孩子们名字中的含义、经历过的曲折、性格中的特征，编织出特别的词语，就像蜘蛛夏洛为小猪威尔伯织字那样，织下最郑重的期许。在所有的日子中，每个学期的生命庆典，对许多新教育教室来说，是所有节日之中最为隆重的。经过一个学期的耕耘，教师为教室里的每个孩子进行学期叙事和生命颁奖，然后是一场隆重的生命叙事剧。从一二年级天真烂漫的童话，到三四年级颇有深度与象征的故事，再到未来高年级的经典，他们把最美的童话，视为一间教室自己的故事。不是背诵或念出台词，而是用心倾诉那些话语，真切感受成长所必需的那些曲折的情节，让主角在面对困境与两难情形时的抉择中学会抉择，在履践承诺的担当中学会担当。

在漫长的穿越中，有些特别的日子会沉淀下来，成为一间教室特别的节日。譬如，不少新教育教室里有“旺达节”，这是共读《一百条裙子》之后，为了提醒学生不要对任何人怀有偏见，以及让学会做出玛蒂埃式的承诺所特别设立的。一间教室每年过“旺达节”，可以让师生共同回顾走过的一年：“在过去的一年中，班级中有没有伤害他人的事情？当有不公平的事情出现时，你是否勇敢地站出来了？在这一年中，你是否画出了属于自己的一百条裙子？……”还有不少新教育的教室里有“夏洛节”，这是共读《夏洛的网》之后，为了提醒同学努力成为别人生命中的“重要他人”，学会编织爱的大网而特别设立的节日。

新教育的仪式与庆典，不是简单地为过节而过节，为仪式而仪式，而是为了擦亮这个拥有特殊意义的特别日子。这个日子一经擦亮，从此就有特别的温暖、特别的味道，从而永存心间。

需要说明的是，新教育实验的缔造完美教室与研发卓越课程是相辅相成的。教室这两个字，是从空间维度来思考的。课程这两个字，则是从时间维度来思考的。只有拥有卓越的新教育课程的教室，才可能是完美的新教育教室。如果没有卓越的课程，教室里的生命之花是不可能绽放的。新教育的课程站立住了，新教育就真正地站立住了；新教育的课程体系建成了，新教育的大厦就基本建成了。所以，课程是所有新教育梦想、理念能否实现的关键所在。

（四）完美教室的三个重要特征

缔造完美教室，关键在哪里？我认为有三句话可以表达完美教室的三个重要特征。

一是汇聚美好事物。也就是说，教室应该成为汇聚美好事物的地方。完美教室应该是把新教育的愿景、新教育的文化和新教育的课程完美地融合在一个教室的空间。完美教室的教师应该尽可能把学科最精彩的东西，把对学生一生最有用的东西带给他们。学校应该成为汇聚伟大事物的中心，让学生在教室里和人类最美好的东西相遇。这样，学生才能发现自己、成就自己。

二是呵护每个生命。完美教室应该让生命绽放，所有的孩子、所有的生命都不能被忽略。教室里不应该有被遗忘的角落，教室里面每个生命都应该得到特别的关注和重视。新教育为什么要有生日诵诗？为什么要有生命叙事剧？为什么要有生命颁奖？这所有的一切都是围绕生命展开的。新教育的生命叙事剧和其他的戏剧不一样：所有的学生都要上场，所有的学生都要参与；新教育的生命颁奖也和其他学校的评优不一样：所有的学生都有奖，奖项也是特别设计的，都是这个学期教师带领学生以共读书中的人物、动物、故事等来命名的。新教育完美教室里往往会有一些绿植与小动物，让学生见证生命的成长与力量。新教育完美教室主张呵护每一个生命，不能有被忽略的生命。越是脆弱的生命，越是弱势的生命，就越能得到我们更多的关注，这是我们新教育特别强调的。

三是擦亮每个日子。孩子和日子，是新教育完美教室的两个重要概念。要让每一天都成为新教育的孩子们、新教育的每个教师难忘的节日。每一天都要让他们过得幸福、充实，每一天都要让他们难忘。新教育的完美教室里有自己独特的庆典，有自己的节日，这些都是教室的独特性。每个日子都让学生感到值得期待，每个日子都成为师生生命中重要的日子。教室应该成为学生向往的地方，成为师生生命共同成长的舞台。作为新教育完美教室的教师，每一天我们都让孩子们过得很充实。每一天都要认真想一下：我们这一天过得怎么样？孩子们这一天有收获吗？我自己每一天都在进步吗？如果每一天我们都能够问心无愧，如果每一天都成为孩子生命中难忘的一天，我相信这样的教室就是完美教室。

三、新教育实验缔造完美教室案例

（一）新疆奎屯张遵香的“精灵教室”

记得2006年，奎屯市正式成为新疆第一个新教育实验区。从那时开始，我就讨厌新教育实验，抵制新教育实验。因为当时这项工作需要一线老师提供各种资料，我对所有填写资料的事都非常反感。有段时间，我甚至严格禁止我的朋友对我提“新教育”三个字。

如今我作为新教育种子计划公益项目的第43号春季种子教师，与全国数百位一线老师互帮互助、共同成长，我终于明白了一个道理：“所有的误会，都是因为不够了解。”

2011年9月，那时的我对新教育的理念有一个从陌生到熟悉、从抗拒到亲近的过程。正好我有了一个从头开始教新一轮小学课程的机会，就这样，我的新教室——“精灵教室”正式诞生了。

现在想想，这间教室的名称缺少了深远的含义，班徽的设计也不够体现班级价值观，这一切都说明了当时的我虽然对新教育的理念有兴趣、有热情，却没有真正了解设计新教育教室的意义。一年之后，在二年级上学期的开篇诗歌《向着明亮那方》中推出我们的班歌《向着明亮那方》，我才真正有了点新教育的感觉。

尤其是在阅读方面，我在新教育的帮助下，终于找到了推动儿童阅读的方式。

开启师生共读　创建“班级密码”

2011年之前，我也知道阅读对于孩子们的重要性，但“知道”和“做到”完全是两码事儿。我可以对着学生父母们大谈阅读的重要性，但是我并不十分了解阅读活动究竟该如何在自己的班级中进行。而父母们普遍都还在应试教育中徘徊，又没有得到来自学校的有效指导，所以孩子的课外阅读也就不了了之了。这样推动阅读，效率非常低，我一度对“阅读能够带给孩子影响”产生过怀疑。

而在“精灵教室”里的实践，完全破解了这个难题。

一年级的时候，我从网上下载了大量绘本，以每周三个绘本的速度和孩子们一起共读着。共读的方式非常简单——先和孩子们一起读故事，然后把故事和孩子的生活结合在一起。我们就这样笑着、闹着，在这些日子里一起阅读了大量的故事。到了后来，我甚至自己创编故事，在第二天的课堂的一开始就给孩子们讲。在共读绘本之后，孩子们兴致勃勃地完成了创意十足的写绘作品，这让我惊叹不已。“无限相信师生的潜力”是新教育根本理念之一。看着这些写绘作品，我在教学生涯中第一次感受到：孩子的生命是有无限可能的，教师一定要相信孩子的无限潜力。

二年级的时候，我开始尝试带着孩子们阅读一些较长的童话故事。每天读一点儿，每天在课堂上和孩子们一起分享自己的阅读过程和心得体会，鼓励所有的孩子发言。我们专门把每周五作为读书交流日，让孩子们聊聊本周内自己阅读的书籍。“精灵教室”的假期阅读日活动也顺利开展了起来。当时我们的班已经有几百册儿童读物，这些书是由我和父母们共同捐款送给孩子们的。

三年级的时候，随着我的成长，共读课也被正式提上了我的课程计划。在每个学期的课程计划中，我都专门设有针对一本书的最少一周的共读交流课。

在共读课开启仪式上，我会强调阅读整本书的方法，在此指引下列出班级共读计划，正式开启共读课程。

在随后的共读中，我们每天的语文课就是共读课，每天的课堂主题就是对我设计的关于前一天晚上阅读内容共读题的讨论和总结。

整本书阅读完毕，我们会举办共读主题交流课，全班一起回顾这本书的内容以及这本书对于我们的意义。

在整个共读课中，我认为最重要的是共读题的设计。共读题的设计，既要结合故事情节，又要深入主题，因为只有这样的题目，才能引发孩子们的讨论，才能更好地指引孩子的思考。而这样切合需求的共读题，只有在老师本人认真阅读、思考了这本书之后，才可能设计出来。

共读课程仅仅只是这样几天的交流课吗？不是的。

共读课结束了，但共读探讨的主题将会在孩子的生活中不断被提及。“好饿的毛虫”需要不停地吃食物才能长大，教师们常常把它引申为人要读书才能长大。所以一年级读过《好饿的毛毛虫》后，我常常会问孩子们：“你是一只爱阅读的毛毛虫吗？”有孩子会回应我：“老师，我昨晚读了好多书，我觉得我今天又长大了一点儿。”四年级共读的《绿野仙踪》一书里，奥芝对狮子说：“真正的胆量，是不要胆怯，勇敢面对危险（和挑战）。”之后，我每次在课堂上鼓励孩子们大胆说出自己想法的时候，都会讲：“奥芝对狮子怎么说的？勇气就是什么？”然后就能看到很多胆小的孩子用力举起自己的手……“毛毛虫”“狮子的勇气”成了我们班级日常交流中频繁出现的词汇。也许别的班级不懂这些词的意义，但是我们懂。这就是我们的“班级密码”。

拍摄班级电影　孩子们潜能大爆发

在每一次共读课最后的主题交流课上，我都会设计关于共读书籍的一系列活动。读完《爱丽丝漫游奇境记》，我们开始“幻想小说”大赛，孩子们正式写起分章节的幻想小说。读完《花婆婆》，我们开展“做一件让世界变得美好的事”的活动，帮助新入学的一年级新生打扫教室。读完《巨人的花园》，我们一起排练《巨人的花园》舞台剧。读完《丑小鸭》原著后，我们专门为此拍摄了一部班级电影。这些活动，将故事更加深刻地融入了孩子的生活。孩子们的生命因为这些小小的实践活动、艺术活动而得到润泽，孩子们的生活因为这些活动而幸福完整起来。

这些活动中最出彩的是我在2012年拍摄的班级电影《丑小鸭》。说起这个班级微电影，其实还算是无奈中的选择。

二年级我们共读《丑小鸭》后，按照新教育理念应该排练生命叙事剧了。但是我们学校在硬件方面存在很多不足，没有合适的舞台、道具，演员的服装也是个问题。我知道如果向学生父母提出要求，他们十有八九会为孩子购买服装，但我的这些学生父母都是工薪阶层，有的甚至是低保家庭，我说不出口。当时是春夏学期，父母们普遍都很忙，共同做道具更加不可能了。

但是我坚信，孩子的童年一定要经过艺术活动的润泽才能更加美好。经反复琢磨，我想到了一个生命叙事剧的替代品——微电影。这样一来，舞台和大的环境道具问题就得到了解决。

定了这个目标，我就开始行动了。

首先，和我设计每学期的日课表一样，我为自己的班级电影课程也设计了日程表。当我把所有看似不可能完成的任务都提上日程表的时候，我发觉任务被细化了。每天的难度都不高，这样我的信心更足了。

根据日程表，我进行了班级的“电影任务分配课”。我的班级里有52名学生。他们就算都当演员，也更多的是群众演员。而且，拍摄一部电影，怎么可能只有演员呢？

因此，我把拍摄电影所需的全部工作任务，都展示给了孩子们。我对孩子们说：“你可以选择做演员，也可以选择做‘场务人员’，当然也可以选择做‘服装设计人员’。总之，你可以选择任何一项自己喜欢的任务。”

我希望孩子们有更多的选择，有更高的参与度。加入班级电影的活动，能让每个孩子都有成长的机会。而我自己在这部班级电影的拍摄中，也承担了四项任务——总导演、编剧、化妆师和剪辑师。这四项任务最难，我希望用自己的工作方式给孩子们做示范。

那段日子，我常常对自己说：等到孩子们长大了，我所承担的任务会越来越少，孩子们将会从我这次示范中，学会如何完成这些任务。

当我完成自己的任务的时候，我尤其喜欢向孩子们展示“学”的过程。我对孩子们说：谁都有不会的时候，我也有，但是我能学。

于是，我从网上购买了人体彩绘的颜料，就当着班里孩子们的面做实验。我先用了水性颜料，把孩子们的脸弄成了大花猫……我们哈哈大笑。然后我对孩子们说：不，老师不放弃。于是我又购买了油性颜料，这次总算成功了。孩子们对我反复试验获得的成功，给予了最热烈的掌声。

孩子们的掌声给了我最大的鼓励。

于是，我在后期剪辑中，自学了软件“会声会影 X5”。光把软件完整地装在电脑上，我就花了整个周末的时间。一遍遍地装完卸载，然后再装，到最后总算完成，连我家先生都开始对我不屈不挠“折磨”电脑的精神感到佩服。

在拍摄过程中，我为一个镜头反复思考、精益求精。我们曾经坐在树丛里商议各种表现手法。当拍摄到第四幕的时候，为了更好地表现电影效果，我和孩子们甚至决定把已经拍摄好的几十个镜头全部推翻重来。

可以说，我的这种榜样行为，是特意为孩子们做的。因为新教育强调“底线”与“榜样”，我想，站在教室里的老师，就是孩子们的榜样。

正因如此，孩子们在电影拍摄期间的成长也让我感到惊喜。

主演庭庭出生于一个优越的独生子女家庭。他从小就备受宠爱，一年级时为“别的孩子推他一下就哇哇大哭”一事，他的父母还到校对我的照顾不周表示不满。

就在拍摄“丑小鸭”钻入荆棘这一部分的时候，庭庭受伤了。荆棘在他背上留下了几道不浅的划痕。

庭庭妈妈在帮他洗澡的时候看见了，心疼得不得了，但他却说：“当演员就是这样的。这没什么大不了。”庭庭的爸爸妈妈都大呼不可思议：“这还是那个一贯撒娇的小男孩吗?”

班上还有个学习很困难的孩子小冬。在拍摄中，小冬的选择是做第一幕的表演指导。但是，在此之前的共读课上，他的表现甚至说不上合格。

我尊重了小冬的选择。在拍摄第一幕的时候，我发现他对故事情节居然有自己独特的理解，在我和演员一起设计动作的时候，他居然能拿着剧本和原著与我讨论动作的合理性。

小冬的表现让我大吃一惊，更让我喜出望外。第一次，我为自己能够给孩子们提供这么多的工作岗位而深感庆幸。这些表现的空间，更加充分发掘了孩子们的艺术潜能。

当然，那段难忘的拍摄时光，也给我留下了许多教训。比如，我体悟到，我应当再谨慎一些对待原著，不要对原著情节做出太多自以为是的删改，以免歪曲故事情节，应当让孩子们在表演中更加深刻体会原著蕴含的意义。尔后在舞台剧《巨人的花园》中，我就特别注意了这一点。

当我坚持给孩子们提供更多的空间和养分时，孩子们就不断回报给我更多成长的惊喜。

就这样，2012 年春夏学期的最后那段时光，就在班级电影拍摄中度过了。

就这样，共读交流课、童话创作课、表演艺术课……我用这些内容构建了我们“精灵教室”的共读课程。在共读交流课上，孩子们尽情发表自己对共读书的感想，针对同一个问题展开讨论；在随后的童话创作课和表演艺术课上，孩子们自由选择任务，挑战自己，让自己的生活过得充实幸福。

现在，“精灵教室”里有小小的童话作家了。比如熊一铭，2013 年，9 岁的她动笔写了自己人生中的第一部小说——《书桌上的梦境》，共计 2 700 字。之后，她又开始创作一个探险故事——《小海盗兰格和她的宝藏》，目前（截至作者写作此文，下同）故事还没有完成，已经写了 6 973 字。像熊一铭这样的孩子，在我们班上有十几个。现在每个假期，都会有孩子自发创作小说，目前已经有十几个孩子开始挑战章节小说的创作，其中有 6 个孩子直接用电脑创作，在我的 QQ 空间里连载。

现在，“精灵教室”里有小小的导演了。比如李昊然，他看了我在班级电影中的拍摄过程后，模仿我的做法，先做了一个小课本剧《陶罐和铁罐》，接着在 2013 年我们班级的“绝招大赛”中重磅出击，网罗了一批演员，自编自导还负责主演了一个小品《我有绝招》。在班级投票中，他取得了“绝招大赛”第一名的好成绩。在我的班级里，还有一群孩子，尽管没有当过主演，但是他们在活动过程中得到了锻炼与成长，开始用认真的态度对待自己负责的任务，如朱路宁心。在舞台剧《巨人的花园》中，她负责表现的是一个在花园中玩耍的孩子。她是那么认真，哪怕她站在舞台的最后方，我依然能看到她的表情是那么生动，动作是那么优美。于是，我在班级第101封每周一信中以她为班级榜样，告诉大家她的故事。后来舞台剧空出了一个角色，我又毫不犹豫地选择了她。我告诉孩子们：“机会总会留给连小事儿都能认真去做的人。”

当父母们看到孩子的改变，也开始改变了自己的教育观念。有一位爸爸在孩子读一年级的时候对孩子说：“只要你把课文背好，次次都考一百分就行了。其他的书读不读的，没关系。”但是当孩子到了二年级开始写小说的时候，他也开始改变了。他发现孩子用的很多词语都是课文里没有的，故事情节也不是来自他熟悉的语文书，他恍然大悟——这就是阅读的力量啊！于是，他开始给孩子买各种课外读物，积极参加假期的“精灵教室”阅读日活动。

新教育给予我突破自我的新能量

教学相长，共读课程对于我的人生，又有什么样的意义呢？

2013年，我开始减肥了。因为当时我和孩子们共读《人鸦》，当我们探讨“发现问题—解决问题—获得成长”的时候，我想起了自己的问题。我的问题就是：当时我的体重是106公斤。我真的能减下去吗？我们共读过的《犟龟》说，“要有勇气上路”。于是我走上了减肥的路。我改变了午夜12点吃夜宵的生活方式，我每天运动，我的胆囊炎开始很少发作——后来我的体重降为60公斤。2015年1月，我参加“新教育实验叙事研讨会”，作为新疆唯一的教师代表在全国同人面前讲述我的成长故事，讲述共读带给我的收获。作为一个“资深宅女”，我32年没有踏出过新疆，许多次外出游玩的机会，都因为我害怕未知的旅程、意外的事情而一再错过。当得知新教育举行的活动时，我非常犹豫、非常挣扎。直到我想起了共读过的《绿野仙踪》中的一段话，我常常用以鼓励孩子们：“真正的胆量，是不要胆怯，勇敢面对危险（和挑战）。”我反反复复在心里默念，感觉全身充满了勇气，于是热血沸腾地接受了挑战，走出新疆参加新教育的活动。

这就是精灵教室的故事，这就是一群新疆的普通新教育师生在一间普通教室里的成长。因为这一切，我终于相信，“过一种幸福完整的教育生活”，是可能的。每一个生命，都能在教育中获得无限的可能性。新教育就像一个精灵，让我重新审视我的生命、我的教育教学。我愿意尽我所能，和孩子们、父母们一起去阅读、去生活、去成长，用这精灵般的力量，打造这间教室，创造我们的幸福！

新疆奎屯市第四小学张遵香老师和她的学生在新教育会议上讲述他们“精灵教室”的故事（薛晓哲摄）

（以上案例由新教育种子教师新疆奎屯市第四小学张遵香提供。）

（二）江苏海门俞玉萍的“百合班”

每一届新生入学，我都会朗诵一个关于百合的故事：一粒百合的种子，被无情地甩到了一个偏僻遥远的断崖上。野草诅咒她，蜂蝶讥讽她。可是百合说：我要开花，是因为我知道我有美丽的花；我要开花，是为了完成我作为一株花的庄严使命；我要开花，是由于自己喜欢以花来证明自己的存在。于是，她努力地吸收水分和阳光，深深地扎根……终于，她开出了洁白的花；终于，她的种子飘满了整个山谷。

望着屏息凝神的孩子，我会追问他们：是百合幸福还是杂草幸福？是百合美丽还是杂草美丽？每一个孩子都由衷地喜欢百合，喜欢百合纯洁的梦想，喜欢百合的为梦想而开花，喜欢百合创造的百合谷地，他们由衷地渴望成为一株株百合。因此，我更加坚信：每一个孩子都是一株百合，开花是每个人的本心。

为了迎接开学第一天，前一天晚上我往往很少睡觉，因为我想为每一名新生写上个性化的寄语，而新生名单，是开学前一天下午三四点钟才发放到班主任手里。

学校的胸卡还没有发放，如何使彼此陌生的他们尽快熟悉，消除陌生感呢？我为他们设计了胸卡——他们的第一张名片。胸卡正面上端印着"我要开花，是因为我知道我有美丽的花"的红色字体。名片正中是三颗淡蓝色的星星，是给他们自己写名字的地方，下端是盛开的几朵洁白的百合。名片的背面，则是我根据他们的名字写的寄语。

我给书茗的寄语是：一本书是一个精彩的世界，一杯茶是一个宁静的人生。宁静致远的你一定能成为像季羡林先生一样的大家。

我给帅翰的寄语是：你一定是个书卷味很浓的男孩吧，因为酷爱读书，所以举止高雅、言语隽永、智慧儒雅。

我给诗恒的寄语是：你一定是个童心永恒、诗味永恒的女孩。清纯是你的名片，智慧是你的通行证，永恒是你创造的一路美好。

我给莹然的寄语是：喜欢晶莹剔透的你，喜欢一心向学的你，喜欢你幽幽的书香味……有一天，你必然闪耀莹然的光芒，0924 是你闪亮的舞台。

我给昊昱的寄语是：你是个胸怀远大、雄心勃勃的女孩，也是个阳光开朗、豁达乐观的女孩吧？好喜欢这样的女孩哦，让我们创造一路的美丽风景吧。

一个一个，我向不曾认识的他们传达着我的善意与希望，传达着我的美好祝愿。

在新生到来之前，我把教室打扫得干干净净，把每个人的新书发放好，并整整齐齐地统一摆放在右桌角。新生的学号张贴在左上角，他们的名片端端正正地摆放在桌子的正中间，而前黑板上则写上“0924 因为有你更美好”，背景图案是百合花，落款是你们的朋友——科任老师的姓名。后黑板上则是“相亲相爱一家人”的歌词。书架上，是上届学生和我留给他们的好书。我想让所有的新生对新的班级有一种崭新的认识：这是一个温暖的、书香味十足的班级。这样的环境，必然使每一个人对新的班级产生尊重的感情。

开学的第一天，我请一个先到的学生站在门口，请他对之后进来的孩子微笑着说：“你好，请跟我来，这是你的位置。”然后，请找到位置的同学替换这名学生，继续为新来的同学引领、服务。因为，我想让每位新生都能找到主人翁的感觉。

全部落座之后，我们开始了第一堂课。我说：请大家自己阅读自己的胸卡，先看后面，再看前面。我看到很多孩子露出了微笑，我请他们阅读正面的红字，说说其中的含义，并让他们猜猜星星的用处。他们异口同声地说：“写上自己的名字。”我追问他们为什么要把名字写进星星里，学生的回答精彩异常！有的说：“老师是希望我们能像星星一样闪亮。”有的说：“老师是希望我们像星星一样团结，一颗星的亮度抵不过无数颗星星的一起闪烁，所以老师画了三颗星星。”

我接着请他们说说名字的由来以及名字的含义。他们很大方地在前面介绍，而每一个名字的背后都蕴含着父母美好的心愿。

然后，我朗诵了林清玄的《心田上的百合花》，我请他们为班级命名，于是又一届“百合班”诞生了。

我们反复朗诵着：“我要开花，是因为我知道我有美丽的花；我要开花，是为了完成我作为一株花的庄严使命；我要开花，是为了以花来证明自己的存在。”

我想暗示新生百合的美好含义以及我们美好的心愿——我们渴望在崭新的地方成长为一株美丽的百合。

每天清晨，在花坛边，端坐着读书或看书的，一定是百合班的孩子。每天清晨，每个孩子，从宿舍或是家里出来，很自然地走到花坛边，落座，拿起书，捧读。

俞玉萍讲述百合班的故事

周围，是刚开校门时有点嘈杂的脚步声、说话声，还有偶尔的呼唤声以及马路上的喇叭声。但是，百合班孩子凝在字里行间的双眸却是每个早晨最美丽的风景。

读书的姿势是最美丽的姿势。这个想法在一开始的时候并没有被孩子们领悟到。

一开始在花坛边早读的时候，有人只要一看见周围的人出出进进就会情不自禁地行注目礼，一听见鸟儿婉转的鸣叫声就会情不自禁地侧耳倾听，有时甚至还学百草园里的儿童时代的鲁迅，悄悄地观察几只蚂蚁的爬行……

我没有批评他们，也没有呵斥。只是，有一天班会课，我把所有清风中早读时拍摄的镜头在教室的屏幕上播放了一遍。那次的话题是“专注与美”。

从此，这些明显的小动作在花坛边消失殆尽。孩子们的眼睛开始关注读本。

一段时间后，又有新的情况出现。少数人盯着读本，但是，只是发呆，并没有读进去什么。这种情况教室里应该也有。

我拍摄了很多特写——关于眼神的。

我请孩子们把早读时的眼神分类。他们很敏锐，居然分出了闪闪发光的“睿智型”，心不在焉的“懵懂型”，胡思乱想的“呆滞型”。我依然建议他们从审美的角度去看眼神，因为爱美是每个人的天性。从旁观者的角度去看，那些被拍摄到“懵懂型”与“呆滞型”的孩子情不自禁地低下了头。

我即兴采访了那些“睿智型”的孩子，他们的回答惊人地相似：自己设定了早读时的目标与任务，心无旁骛地一项一项完成。我继续采访：心理感受如何？他们回答：平静与充实。

那些曾经“懵懂”与“呆滞”的孩子很羡慕地看着“睿智”的孩子。

从此，百合班无所事事的早读现象绝迹了。

每个早晨、每个中午、每个傍晚，在排队等候用餐的队伍中，总能见到两列手捧美文的孩子。周围是嬉笑声、脚步声还有饭菜的热气与香味……在热气氤氲的餐厅，这两列孩子站成了文化的风景线。

读书是心绪烦乱时最好的宁静剂。

面对餐厅里的杂乱与急躁，我让我们班的孩子做了一回观察员。那次的观察任务是观察所有排队者的表现，揣摩他们的心理。

回到教室后，孩子们开始发布消息。

有人说：“队伍中最多的表现是踮起脚尖数数，有一个孩子连续数了三次，他在计算着他前面的人数，好算出什么时候才轮到自己。他的眉头始终紧锁，且眼神焦灼。”

马上有人猜测：“整个过程他既忍受着饥肠辘辘，又忍受着欲得饭而不得的窘状。”

有人说：“还有互相寻开心的，但是眉目间却写满了因为无聊而没话找话的应付。”

马上有人推测：“这是一种无聊空虚却不得不忍受的心理。”

有人说：“有人在规规矩矩地排队，但是，以吃饭为目标的排队显得比较无趣无味。”

我说：“看来，没事可干的样子不好看不说，还真的是一种心理折磨。我们有什么办法改变呢？”

他们提议：我们带着书去看，这样既不会在队伍中喧哗或左顾右盼，更不会心急如焚或无所事事了。

我说：“绅士的作风应该是餐厅最美丽的风景线，只愿有一天，餐厅到处静悄悄；只愿有一天，所有的公共场所，闲暇的人只留给人读书的剪影。”

在孩子第一次为孩子做的讲座上，负责担任教授的是姜雨阳。她早早地坐在电脑旁。两个班级的孩子相继有序入场。大教室排满了 93 个孩子和我这个站在南墙边的老师。

孩子们让关灯。关灯后，所有的亮点就只剩下电视屏幕了。“雨阳教授”制作了幻灯片。

当彩色的字从屏幕上一个接一个蹦出来的时候，92 双眼睛齐齐地盯住了屏幕。好奇、惊羡、渴望的眼神交织成了一幅最美的图画。

清晰的讲解声传来：今天，我要做的讲座是关于一预习、二课堂、三复习……

“课堂上要抬头、挺胸，保持饱满的精神状态。”像听到了指令，底下的孩子“唰”地长出了一截，像雨后的春笋一样，个个饱满、个个精神。

电灯重新打开，雨阳从电脑桌旁站了起来，站在了讲坛前。她拿起粉笔，在黑板上画了一本笔记本。孩子们听讲的视线马上由电视屏幕转到了黑板，眼神明亮如月光。

雨阳演示并讲解—同学们提出疑问—双方协商，最后，得出一个更合理的记笔记的方法。

然后，我出场，当堂让孩子们回忆所学到的方法。

一堂由孩子导读、由孩子完善、由孩子得益的讲座到此结束，效果出奇的好。

我即兴采访讲解的雨阳同学：“请问小姜教授，为了将一本关于学习方法的书看完并理解、制作幻灯片，你花费了多少时间?”

雨阳微笑着说：“我自己读了两遍，选择了重要的与我们息息相关的学习方法，然后用自己的语言表达出来，制作成幻灯片，昨天大概做到一点多钟。”

我继续采访：“您不觉得累吗?”

雨阳笑了：“也许有点累，但是，今天给同学讲解，看到同学们有收获，听得那么认真，感觉真好。而且，我发现，讲解之后，好的学习方法好像从我自己心里长出来的似的，虽然作者不是我。”

我笑着说，“让我帮你概括：人生最大的幸福就是做一个对他人有用的人，你对他人的价值越大，你越幸福”。

我继续采访其他同学：“觉得这样的讲座怎么样，想不想也试一试？”

他们回答：通过倾听，发现了自己过去学习方法上的不足，真好。希望自己也能找到对大家都有帮助的书，然后介绍给同学。

“那我们就约定每周一本书，每次由至少一名同学担任教授哦。”

新校区有新教室、新食堂，但没有新宿舍。于是，我们每天早晨乘校车去新学校，傍晚再乘校车回老校区。路上大概有十分钟的时间。

我提出要向司机叔叔问好。于是，上车时，车厢里一人领头，全班一起说“司机叔叔早上好”。下车时，车厢里一个领头，全班一起说“谢谢司机叔叔”。但不是每一次喊声都热情洋溢，渐渐地我听出了一种流于形式的应付。

一次班会课，话题是“你好”，我即兴采访：“把‘你好’扩展开来应该是什么句子呢？”有人说：“希望你一切都好。”有人说：“祝愿你什么都好。”我说：“概括而言，其实‘你好’不是一种通俗的习惯，而是对他人一种真诚美好的祝愿。一个真诚祝愿别人的人是富有的，因为他心中有对他人的善意；一个被别人真诚祝愿的人是幸福的，因为他感受到了来自他人的关怀。”我继续说：“不知道有没有人观察过，在我们每天向司机叔叔问好的时候，司机叔叔的表情？”有孩子马上回应：“司机叔叔微笑了。”我说：“司机叔叔笑了，他一定因为你们的善意关怀而感到温暖。一个心情很好的司机叔叔，他一定会把车开得最为平稳。他心里一定这么想：‘孩子们那么可爱，我得平安地接送他们哪。’可见，你对司机叔叔的善意已经转化为司机叔叔对你的关怀，于是，和谐的人际关系让我们短短的旅途充满了愉快，不是吗？”

老师想问一下大家：“如果没有司机叔叔，我们会怎样呢？”

孩子们很聪明，马上就说：“我们学习的时间就会很少，所以，真的要感谢司机叔叔的劳动。”

“所以嘛，以后无论说‘你好’还是‘谢谢’都应发自肺腑哦。老师还想追问一下：我们还应该对哪些人真诚‘问好’与‘感谢’呢？”

有孩子说：“老师，感谢老师的教育，没有老师，我们会变成野蛮人的。”

有孩子说：“食堂里的叔叔阿姨，没有他们的劳动，我们会饿死的。”

有孩子说："清扫洗手间的阿姨，没有她们的付出，我们会脏死的。"

有孩子说："感谢所有人，因为没有别人的劳动，我们根本无法生活。"

我说："好，既然大家知道生活中无法离开别人，那么，从今天开始，就让我们学会真诚地对一切人问好。"

于是，从那天开始，"问好"不再局限于车厢，餐厅里的工作人员在从窗口传出餐盘的时候，总能听到一声甜甜的"谢谢"。于是，窗口便多出了一朵朵微笑。伴着温暖的气息，餐厅里就氤氲着一种幸福。

因为无限信任孩子的开花之心，所以，每学期、每个月我都引导他们写下自己的目标，而我所做的就是真心地为他们加油、呐喊。当孩子落入低谷、灰心沮丧时，我会讲海燕与麻雀的故事，虽然麻雀一开始飞得比较高，但真正能飞过大海的依然是执着的海燕；我会播放《功夫熊猫》给他们看，让他们相信自己的力量；我会和他们一起唱响"我要一步一步往上爬，小小的天有大大的梦想，总有一天，我有属于我的天"；我会和他们一起聆听《命运交响曲》，大声喊出"我要扼住命运的咽喉"。我让他们始终相信失意只是暂时的，人生不必为打翻的牛奶哭泣。

我的所有教育活动几乎都蕴含激励：我会讲述我的那个已在大使馆工作的学生，那个担任奥运会秘书长的翻译的学生，那个已公费在美国读博的学生。我着重告诉孩子们的是：这些学生并非三头六臂，并非智力超群，而是，他们始终有目标并坚守。我们一起看《名人传》，我让他们明白名人之所以有名，是因为他们为世界做出了巨大的贡献，他们为理想付出了许多许多。

假期里，我会和孩子一起乘机飞向新加坡、飞向英国，因为喜欢新加坡德明政府中学的能力培养，所以，有孩子就确立了考新加坡学校的志向，奋发向上；因为向往剑桥，所以在初三学习非常紧张的情况下，有孩子利用短短两个月的时间通过了大学生都很难通过的托福考试。因为向往海中，因为老师对她的无限信任，有一位因病而成绩掉到末尾的女生在最后两个月奋起直追，终于如愿以偿……

请你相信：每一个孩子真的都是能开花的百合，好学是他们的本心，我们真的不该用智力一般就给孩子定下一生平庸的结论。所有的老师与所有的家长都有职责引导孩子们过一种美好向上的生活，努力呵护他们的本心，让他们焕发出应有的光芒。

(以上案例由新教育榜样教师海门东洲实验中学俞玉萍提供。)

第七章
研发卓越课程

课程是新教育实验高度关注的问题。课程的丰富性决定着生命的丰富性，课程的卓越性决定着生命的卓越性。新教育实验的“研发卓越课程”，是指在“过一种幸福完整的教育生活”的价值引领下，在执行国家课程和地方课程、校本课程的基础上，鼓励教师对教材进行二次开发和新的整合创造，通过创新课程使教室成为汇聚美好事物的中心。在课程实施过程中带领学生经历体验、合作探究，建立知识与世界、与自我的内在联系，将所有与伟大知识的遭遇转化为智慧，可以使师生的生命更加丰盈。

10 多年来，新教育人研发了一系列卓越课程，在课程的理论与实践方面进行了许多有益的探索。

一、新教育实验的课程观

一般认为，课程是为了实现学校教育目标而选择的教育内容的总和。从课程研发的类型来看，有学科课程、活动课程、综合课程和隐蔽课程四类。学科课程传统上分为工具学科（语文、数学、外语）、社会学科（思想品德、政治、历史、地理、社会等）、自然学科（自然、生物、物理、化学）和技艺学科（体育、音乐、美术、劳动技术、职业指导等）。活动课程一般分为实际操作、文艺创作、游乐表演、调查研究和交流探讨等。综合课程以跨学科融合为基本特征，可以分为知识本位的综合课程和社会本位的综合课程。隐蔽课程是相对上述显性课程而言，学生在学校情景中所获得的，在学校政策及课程计划中未明确规定的、非正式和无意识的经验。隐蔽课程具有隐含性、不确定性、强制性和持久性等特点。据统计，在义务教育阶段，学科课程占到总课时的近 80%，而工具学科占时超过 50%。

新教育认为，课程与教学是两个密切相关又各有侧重的概念，两者互相作用、相辅相成、无法分割。没有教学，课程只是冰冷的资料堆积；没有课程，教学会成为一盘散沙。也就是说，教学和课程缺少一样，都无法产生从授之以鱼到授之以渔的深刻质变。

如果把课程视为以活生生的人为中心，包括起点、目的地组成的道路和历程的话，那么，所谓卓越课程，就是在其中最好地完成了课程的目的，完美地实现了人的完整幸福。研发卓越课程是我们的一种价值追求、一种生命朝向、一个未来期待和一个庄严承诺。虽然这并不意味着我们已经实现了这个目标，或者达到了这个境界，但朝向这个目标和境界乃是我们新教育人的使命与责任。新教育实验的“卓越课程”具有以下主要特点。

（一）卓越课程应该实现新教育实验让师生“过一种幸福完整的教育生活”的使命

强调“幸福”，是强调在学习过程中的愉悦、兴奋、激动，对未来生活的憧憬和向往，不能以牺牲师生当下的幸福感而追求所谓未来的幸福。强调“完整”，是强调学校应该切实坚持让学生的身心灵得到和谐的发展，真善美得到全面的培育。学校只有成为汇聚美好事物的中心，只有给所有孩子无限的可能性，才能够实现真正的“完整”。所以，卓越课程应该服务于“幸福完整的人”这个终极的目的。

（二）卓越课程应该尊重学生的身心发展规律，以学生的生命发展为本位

卓越课程应该最大限度地吻合各阶段学生的身心发展特点，最大限度地开拓学生身心发展的最近发展区，最大限度地满足学生生命成长的需要。

（三）卓越课程应该经历浪漫、精确、综合三个阶段

浪漫，就是兴发感动，就是生命面对事物的“初感觉”：困惑、好奇、美的冲击等。这种“感觉”对于最初的学习具有特别的意义，没有这种“感觉”，学习就难以为继。勉强用纪律等强制手段维持的学习，将破坏学习的美好，精确学习就会缺乏一个浪漫丰富的背景。精确，就是条分缕析，举一反三，使浪漫阶段掌握的内容更为精确。通过“对事实的详细分析”，使第一阶段的认识具体化、系统化。综合，就是摆脱细节，进入自由，脱离知识的细节而积极运用原理，脱离被动的状态而进入主动应用知识的状态。卓越课程必然同时既是全方位的，又是局部精确的。我们没有办法也没有必要穷尽一切知识，但是需要对具体的某个课程进行深透研究。所以，在有限的教育时间里，经历浪漫、精确、综合三个阶段，尽可能做到“少而透”，是卓越课程的重要特征。

（四）卓越课程应该充满惊奇、触及灵魂、生命在场

卓越课程，不应该是一个资料堆砌的简单拼凑，而首先应该理解为一个心

灵事件、一次冲击或一系列的冲击。遭遇惊奇、触及灵魂、生命在场，是卓越课程的重要特征。

（五）卓越课程应该实现知识与生活、生命的深刻共鸣

在课程内容方面，卓越课程强调当时、当地，将知识、经验变为体验和历程；在教师方面，卓越课程要求教者入境、入情、入理，将体验变为生命的碰撞、师生彼此的启迪，从而实现教学相长。学生的生活经验和生命体验不断被丰富、被激发，最终得到真正的成长；教师的生命体验不断被回顾、被丰盈，最终实现真正的超越。这正是师生以穿越课程来共同书写传奇的新教育生命叙事。

二、新教育实验卓越课程的体系构架

未来的课程究竟应该是怎样的形态？究竟应该把人类的哪些知识教给学生？不同的课程流派和专家有不同的主张，但有一个共同的困境，就是人类知识的无限性和学生学习时间的有限性之间的矛盾。国家主义主张，要把一个国家的价值观、文化传统等在课程中予以呈现；科学主义主张，要把科学的原理、规律、方法等在课程中予以呈现；实用主义主张，要把人类生活需要的知识和技能教给学生。最后，往往是各种力量的平衡，各种知识与技能的叠加，课程品质越来越多，体量越来越大。

有研究表明，人类的科学知识总量在 19 世纪是每 50 年增加 1 倍，到了 20 世纪初期是每 30 年增加 1 倍，20 世纪 50 年代则每 10 年增加 1 倍，70 年代每 5 年增加 1 倍，80 年代每 3 年增加 1 倍，90 年代以后则更快。据统计，近 30 年来人类的创造发明和科学技术成果比过去 2 000 年的总和还要多。与此同时，科学技术转化为生产力的速度也越来越快。在 20 世纪初需要 20～30 年。20 世纪 60—70 年代，激光与半导体从发现到应用只用了两三年，而现在信息产品的更新换代日新月异。所以，不断做加法的课程，无疑是无法适应未来社会发展的需要的。

那么，我们究竟需要怎样的课程体系呢？我们认为，在以生命的幸福完整为终极目的和当下尺度，以哲学、心理学、教育学、社会学及相关学科理论为潜在的理论工具，以活生生的人为中心的三维空间里，可以建构起新教育的课

程体系构架。

我们可以对这样的课程体系做这样的设计：以生命教育课程为基础，以公民教育课程（善）、艺术教育课程（美）、智识教育课程（真）为主干，并以特色教育课程（个性）为必要补充。

（一）生命教育课程

涵养生命是教育的天职。对生命的发现、挖掘、探索和追寻，是教育的永恒主题。生命教育课程以“过一种幸福完整的教育生活”为核心理念，围绕人的自然生命、社会生命和精神生命展开，旨在引导学生珍爱生命，积极生活，充实人生，拓展生命的长度、宽度和高度，从而让每个生命成为最好的自己。

纵观生命的成长历程，我们不难发现这样一个基本的逻辑：肉身的诞生，是生命的自然事实；交往关系的存在，则是生命的社会事实；自我意识的觉醒，是生命的精神事实。这三个事实，构成了我们理解生命的三个基本向度。所以，我们把生命理解为具有三重意义的生命：自然生命、社会生命和精神生命。

自然生命是指个体的物质存在，如身体、组织、器官等身心系统。社会生命是指个体与人、自然、社会形成的交互关系。精神生命是指个体的情感、观点、思想、信仰等价值体系。人的三重生命之间互相联系、互相制约、辩证统一。

自然生命是社会生命、精神生命得以存在的前提。离开自然生命，社会生命、精神生命就不可能存在。自然生命的长度，有效地保障并促进着社会生命、精神生命的继续发展。

社会生命也制约着自然生命的丰富和精神生命的提升。每一个自然生命都会被时空所局限，此时社会生命的宽度影响着人们对自然生命的认知和把握，并在很大程度上决定了精神生命的境界。

精神生命则能最大限度地突破自然生命、社会生命的局限，绽放人这一特殊生命体的存在价值。精神生命的高度，是对自然生命、社会生命的最终升华与定格。

在这三重属性之中，社会生命和精神生命是人的本质属性，离开社会生命和精神生命，人的自然生命就退化为简单的动物属性，人不可称其为人。所以，只有集自然生命之长、社会生命之宽、精神生命之高，才能够形成一个立体的人。这样的生命体，也才是我们认为的完整的人。

人的成长，或者说教育的意义，就像筑造一座金字塔，以自然生命之长、社会生命之宽为底座。底座越牢固、越庞大，精神生命则越坚不可摧，直至高耸云霄。

也就是说，生命最终是否幸福完整，是由生命的三重属性共同决定的。自然生命之长强调延续存在的时间，社会生命之宽重在丰富当下的经验，精神生命之高则追求历久弥新的品质。长宽高三者的立体构筑，构成了生命这一“容器”的容量。一个平常的肉身究竟能够走多远？一个普通的灵魂究竟能够创造怎样的传奇？要以生命的长度、宽度、高度三个维度观照，进行追寻。

从一个理想的生命状态来说，全面地拓展生命的长度、宽度和高度是最完美的生命结构。但由于生命的偶然性和不确定性，生命的长度有时是不可控制的。有些生命虽然很短暂，但是由于其拥有足够的宽度和高度，生命的容量依然很庞大，生命的品质依然很高洁，足以形成一座伟大的丰碑。

我们以此反观今日愈演愈烈的应试教育，就不难发现：如今越来越早就开始的严密应试训练，不仅轻视生命的长度，同时也极大缩减生命应有的宽度，弱化了生命所能达到的高度。一个人的生命欠缺了应有的长度、宽度与高度，那么他所能发挥的创造力就极为有限。或许，这是触及钱学森之问的核心问题所在。所以，生命教育课程的意义，就在于把生命作为教育的原点，主张通过教育，让每一个生命积极拓展自身的长宽高，也让人类不断地走向崇高。

目前，新教育研究院已经研发了生命教育专设课程，出版了中小学系列的“新生命教育读本”。这是一门以学生生命为原点，以学生生活为主线而组织的活动性综合课程。课程具有三个主要目标。

一是珍惜生命。认识生命的特点及其发展规律，珍惜自己的生命，尊重他人的生命，敬畏自然的生命。掌握生命安全与身心健康的知识、技能，保持心理和情绪健康，预防各种可能的生命伤害事件的发生，不伤害自己生命，也不伤害其他的生命。

二是热爱生活。能够主动适应社会，保持积极的心态，与他人健康地交往，勇敢地面对挫折，养成良好的生活习惯和积极乐观的生活态度，具有良好的人际沟通能力；能够遵循社会公共规则，同情和关心弱势群体，具有社会公德、正义感和责任心。

三是幸福人生。认识生命的意义和价值，具有独立之人格、自由之精神；合理规划人生，具有远大的理想和坚定的信仰；具有生命超越性，激发生命的潜能，直面生死，超越死亡，追求生命的崇高与伟大；超越“小我”，关心国家、社会和人类，具有中国灵魂和世界胸怀。

把“珍爱生命、热爱生活、幸福人生”按照“情感与态度”“知识与技能”“行为与能力”三个维度加以分解，具体表现为：

一是情感与态度。珍爱生命，欣赏生命；积极生活，自信向上；具有正确的人生观和人生信仰；具有人文关怀意识。

二是知识与技能。掌握生命安全、身心健康的知识与技能；掌握生活和生存必需的知识和技能；认识社会规范，具有与他人健康交往的知识和技能；具有规划人生的知识与技能。

三是行为与能力。具有保护生命的能力；养成良好的生活习惯和行为习惯；能够进行自我管理，具有良好的社会交往能力和人际关系；能够合理规划生涯、选择职业，追求幸福生活，实现生命的意义和价值。

根据生命教育课程的总目标和幼儿园、中小学生生命发展的不同特点，分别确定幼小阶段、初中阶段和高中阶段的生命教育课程的目标。具体表现为：

一是幼小阶段。帮助和引导学生初步了解自身的生长发育特点，掌握安全健康生活的常识和技能，养成健康的生活习惯。初步树立正确的生命意识，学会与老师、同学、家人交往，形成积极、开朗、乐观的性格；能够形成对自我的初步认识，发展兴趣、爱好和良好的个性特征。

二是初中阶段。帮助和引导学生了解青春期生理、心理发展特点；掌握自我保护、应对灾难的基本技能；学会尊重生命、关怀生命、悦纳自我、接纳他人；养成健康良好的生活习惯，提高保持健康、丰富精神生活的能力，培养积极的生活态度和人生观；能够对人生有一定的思考，有着初步的人生规划，确立人生的目标。

三是高中阶段。帮助和引导学生形成科学、合理的性生理、性心理和性道德观念，掌握应对生命危机的知识和技能，增加生命的抗挫能力；养成独立的人格、自由的精神，树立远大的理想，超越生命的局限；学会用法律和其他合适的方法保护自己的合法权益，养成公民需要的社会公德，具有社会责任感、正义感；能够突破自我，具有民胞物与的胸怀以及宽广的人类情怀，谋求人与人、人与社会、人与自然的和谐统一。

我们将生命教育课程的内容细分为“安全与健康”“养成与交往”“价值与信仰”三大领域。遵循横向展开、有机衔接、循序渐进、全面系统的原则，将三大领域细化为 14 个学习模块，并且根据不同年龄阶段学生的特征和发展需要，设计了相应的课程主题。

一是“安全与健康”领域。主要包括居家安全、校园安全、社会安全、身体健康、心理健康、两性健康等 6 个模块。居家安全方面，应让学生在了解居家安全常识外，重点掌握居家如何防电防火、防盗防抢，以及如何应对突发事件及确保上网安全。校园安全方面，应让学生在了解校园安全常识外，重点掌握在校如何确保游戏和运动的安全，防止和应对校园暴力、疾病传染及其他意外。社会安全方面，应让学生在了解社会安全常识外，重点掌握交通安全、野外安全，学会应对自然灾害、暴力恐怖。身体健康方面，应让学生在了解身体器官、生长发育、疾病危害等的基础上，重点掌握营养、运动、治疗等对健康的作用，以及如何使用药物、如何对待吸烟与饮酒等问题。心理健康方面，应让学生在了解情绪、性格、压力等的基础上，重点掌握情绪管理、环境适应、压力疏解等方法。两性健康方面，应让学生在了解生命孕育、两性区别、青春发育等的基础上，重点掌握正常异性交往、应对异性骚扰、防止两性行为等的方法。

这个领域，在把安全教育作为前提的情况下，我们将重点关注新身体课程的理念与实施。

二是“养成与交往”领域。主要包括学习习惯、生活习惯、我与自然、我与社会等 4 个模块。学习习惯方面，应让学生在尊重教师、认真学习的基础上，学会自主阅读、独立思考、合作探究。生活习惯方面，应让学生养成卫生习惯、锻炼习惯、劳动习惯，并学会自我管理。我与自然方面，应让学生在了解生命现象、生命起源的基础上，认识生态平衡，保护自然环境，学会绿色生活。我与社会方面，应让学生在了解生命诞生、父母养育的基础上，学会理解尊重，懂得孝敬父母，承担家庭责任；应让学生在了解集体生活、社区生活、公共生活的基础上，掌握选择良师益友、应对同辈压力、提升社交能力的方法。

在这个领域，在形成良好人际关系的基础上，我们将重点关注新养成课程的理念与实施。

三是“价值与信仰”领域。主要包括生涯规划、价值追求、人生信仰、生死考量等 4 个模块。生涯规划方面，应让学生在培养兴趣爱好、发展兴趣特长的基础上，养成职业素质，提升职业能力，做好生涯规划；应让学生发挥自我的潜能和积极因素，弥补短处和不足，选择最有效的成长途径，最大限度地获得个体的发展。价值追求方面，应让学生在追求真善美的基础上，学会做出负责任的决定。人生信仰方面，应让学生拥有一个崇高的精神生活空间，为他勇敢地生活下去提供勇气、提供必需的精神支柱和行动指南。生死考量层面，应让学生在了解生命由来、生命成长、生命归宿的基础上，了解死亡现象，懂得临终关怀，学会向死而生，并在理解生命的意义与价值的基础上，成就人生。

新教育实验长期关注生命教育的问题。早在 2004 年，我们就提出过“新六大行动”（新父母教育、新公民教育、新生命教育、新职业教育、新教师教育、新农村教育），将“新生命教育”纳入研究领域，并且提出了新生命教育的五个维度和三级目标。同年，我们和中国宋庆龄基金会合办了全国首届中华青少年生命教育教师高级研修班。课题组成员袁卫星、许新海、陈国安等人当时陆续编写并出版了《生命课》《生命教育》《生命与安全》《班会 18 课》等教材与读本，供部分学校部分教师使用。2015 年，我们以“拓展生命的长宽高”为主题，全面梳理了新教育实验生命教育的理论与实践，研发了从幼儿园到高中的新生命教育课程与教材体系，于 2016 年开始，这套体系在新教育实验学校开始试用。

新生命教育读本

（二）公民教育课程

如果说生命教育课程主要是解决个体的健康与幸福问题的话，那么，公民教育课程则是解决作为一个社会人的权利、责任与义务的问题。公民教育课程的目标是培养遵守社会公共道德，认同、理解、遵守与维护《中华人民共和国宪法》，关心及参与公共事务，具有独立思考能力，敢于承担责任，对民族的传统和文化有归属感的现代公民。它包括公民道德、公民价值观、公民知识和公民参与技能四个方面的内容。公民道德方面，包括仁爱、宽容、感恩、友谊、尚礼、诚信、责任、尊严、合作等主题；公民价值观方面，包括自由、平等、人权、民主、法治、正义、和平、爱国、追求真理、与自然和谐共处等主题；公民知识方面，包括国家与政府、民主政治、政党制度、司法公正、社会公共生活、公民的权利与责任等主题；公民参与技能主要是指公民参与公共生活的基本能力，包括与人沟通、演讲、讨论、组织活动、参与选举、处理纠纷、维护权益、向责任部门或媒体反映问题和提出建议等主题。

公民教育课程与目前中小学“道德与法制”课程有非常大的相关性，考虑到个人修养与人际交往的部分内容已经在生命教育课程中出现过，公民教育课程还是侧重于社会人的角度，课程名称也可以以“社会”命名。公民教育课程实践性比较强，除了必要的知识体系外，更重视行为的训练。因为德性的养成与知性的形成具有不同的逻辑。所以，除了日常的暮省、班会课，以及渗透到整本书的共读和童话剧、电影课以外，我们还应该把仪式文化、生日文化、独特的期末庆典都纳入其间。

（三）艺术教育课程

艺术教育课程在未来学习中心的课程体系中占有十分重要的位置。我们认为，对个体而言，艺术教育是生命早期发展的主要动力，是全面提升个体素质与能力的重要路径。对学校而言，艺术教育是碎裂的学科的黏合剂，是倦怠时刻的兴奋剂。对家庭而言，艺术教育是对日常生活的诗意化，对道德教育的愉悦化。对社会而言，艺术教育能够弥合被不同标准切割的人群，提高全社会的内聚力和创新力。对民族而言，艺术教育是传续民族精神的瑰宝，是积淀民族文化的法宝。对人类而言，艺术教育能够帮助我们形成看待世界的第三只眼，交给我们开启世界的另外一把钥匙。

艺术教育课程是让学生在学习艺术的知识、欣赏优秀作品、习得艺术技能的基础上，掌握艺术的思维，拥有艺术的品位，具有艺术的精神，传承人类的文化，陶冶丰富的情感，培养完善的人格。

艺术教育课程不是为了培养职业艺术家，不是艺术尖子和精英的选拔与培育，而是源于儿童天性的自由发挥，注重对儿童艺术欣赏力和艺术情怀的培育，是源于艺术（每个儿童的自然天性）、通过艺术（无处不在的中介作用）、为了艺术（艺术化的人生目的与境界）的教育，其宗旨是使儿童体验一种幸福完整的生活，成就一种幸福完整的人生。

新教育实验已经在艺术教育领域开展了一些探索，如听读绘说课程、生命叙事课程、戏剧课程、电影课程等诸多具有特色的综合艺术课程，既有助于打破艺术与其他学科的壁垒，也有助于非专业艺术教师探索出从事艺术教育的新的路径。同时，我们已经在北京成立了一个新艺术教育研究院，也准备从大艺术的角度研发未来的艺术教育课程。这个大艺术课程也打破了现在的以美术和音乐两门课程为主的艺术教育课程。我们整合了所有的艺术学科内容，把电影、戏剧、设计、雕塑、建筑等现在非常重要的艺术样式整合成一门大艺术课程。艺术也是面向所有学生的，因为每个人都需要具有艺术精神、艺术思维以及基本的艺术知识与艺术创造能力。目前，新艺术教育研究院已经整理出视觉艺术的 13 个大艺术概念，今后也完全可能用大艺术概念来整合艺术教育。

2019 年 7 月，新教育研究院在苏州举行“新少年国际艺术教育节”，全面展示与补充新教育艺术教育的理念与实践。

（四）智识教育课程

智识教育课程类似于通常所说的文理课程，主要包括语文、数学、外语、科学（或物理、化学、生物）、历史与社会（或历史、地理）等，这是传统课程的主干部分。之所以不用文理课程或智力课程的概念，是因为“智识”更能够准确表达我们对于课程本质的思考。因为课程的根本目的不是传授知识，而是形成用以统领知识的智慧和运用知识的能力。但这个过程又是以“知识”为媒介的。我们说让知识拥有温度，就是从知识走向智识、走向智慧。

智识教育课程的实施有其特殊的规律。“知性”的培养与“德性”（公民课程）、“灵性”（艺术课程）的培养有着不同的特点。许多学校曾经错误地用讲授和考试的方式来实施国家规定的课程，这使得道德、情感，甚至艺术和体育，都变为一种“智育”：传授某方面的知识，而不是以某种方式生活。但一个可以出试卷考试，然后评定得分的“公民课”或“思想品德课”、“艺术课”或“美术课”、“音乐课”，是有违教育的基本规律的。

我们把智识教育课程分为新人文教育课程和科学教育课程两个领域。人文教育课程是将语言、文学、历史、地理、哲学等熔于一炉，使学生通过对人文社会科学知识的学习，形成良好的人文历史底蕴和情怀，以及良好的沟通与表达能力。

1. 新人文教育课程

在新教育早期，我曾经写下过这样一段话：

教育的根本目的应是使人“文化”进而“人化”。在某种意义上说，教育决定着人未来的生活方向。如果说教育是社会政治、经济正常运行的有效手段，那么新教育实验所展现的就是要提升人生精神境界、拓展人的可持续发展的生存能力，给人以安身立命之本。回首柏拉图“真正的教育”是“促使灵魂的转向”，教育的根本目的就是“使心灵的和谐达到完善的境地”的断言，新教育实验更主要也更重要的精神就在于，它要求教育真正地深入精神世界，实现智慧的交融，它把人自身的灵魂与生命联系起来。新教育实验目标的深远性和内容的深刻性决定了在这样一个文化转型的时代，当代教育必须以一种崭新的整体且生态的视野敞亮自身，关心人的生存、成长和可持续发展，关心人与他人、人与社会、人与自然生死与共、唇齿相依的共生关系。

这段文字，可以被认为是新教育实验的人文自觉。为此，我们在新教育早期就已经提出了新教育实验的五大理念，即新教育发展论——为了一切的人，为了人的一切；新教育潜力论——无限相信学生与教师的潜力；新教育个性论——强调个性发展，注重特色教育；新教育崇高论——与人类的崇高精神对话；新教育和谐论——教给学生一生有用的东西。现在看来，这五大理念不仅是新教育的基本价值观，也应该是新人文教育倡导的核心理念。

具体来说，新人文教育具有以下基本特点。

第一，从目标看，新人文教育能够成为个人幸福、社会和谐、国家富强、人类进步的福祉。

与生命教育、科学教育、公民教育、艺术教育课程一样，新人文教育的目标也应该围绕增进个人幸福、社会和谐、国家富强和人类福祉来进行。

古希腊哲学家亚里士多德曾经说过：幸福是我们一切行为的终极目标，我们之所以做所有其他的事情，最后都是为了得到幸福。古今中外的事实表明，人们无法从单纯的富裕的物质生活中得到真正的幸福，内心的宁静与精神的享受才是幸福的体验。精神与道德是人身上最高贵的部分，幸福就是精神与道德的完善。人只有在精神与道德上得到满足，才会拥有真正的幸福。在本质上，新人文教育尊重人之为人的价值，其根本使命是用教育的方式实现人之为人的价值，把人身上的潜能充分挖掘出来，把人的最宝贵的价值展现出来。人文教育的价值与意义主要体现在它并不致力于让人掌握现成的知识，而是关注知识创造的过程；它不致力于专业学习或是职业教育，而是希望学生能够成为更好的公民；它不致力于追求好的分数，而是释放个体的生命活力，收获幸福的人生。所以，新人文教育能够让受教育者更理性地看待世界，更从容地对待生活，构建出完满的精神世界与道德世界。

新人文教育也是增进社会和谐、解决当下时弊的重要路径。现代社会在经济迅猛发展和科技突飞猛进的同时，也有许多新的危机，如生态失衡、能源危机、道德沦丧等等。事实上，科学是人类认识自然的成果，是人类智慧的结晶，是人类力量的体现，其本身只是一个客观的存在、一种精神产品，不具有直接的危害性。造成诸多危机的原因，在于人类在利用科学技术时忽视了人文主义的引导价值，没有正确把握科学技术发展的目的和价值取向。针对当下的一系列问题，哈佛大学校长福斯特在美国陆军学院西点军校演讲时曾提出："对人性的了解——包括怎样才能激励他人跟随自己勇往直前——在领导力中居于核心地位。""只有学习人文学科，人们才能够理解往昔决策者的智慧、足以使人做出正确决策的灵活多变，以及能够激励他人奋进的语言表达能力。"人类需要借助新人文教育这一剂良药，让受教育者了解目前人类社会存在的症结和问题，让受教育者具备了解、思考并解决已有的症结和问题的信心与能力，并为构建和谐完美的社会而努力奋斗。

新人文教育是建设人类命运共同体的精神力量。当前，世界正处于大发展、大变革、大调整时期，面临着许多不稳定性、不确定性。人类面临着许多共同挑战。"没有哪个国家能够独自应对人类面临的各种挑战，也没有哪个国家能够退回到自我封闭的孤岛。"随着中国日益走近世界舞台中央，深度参与全球治理体系改革和建设，中国将更加积极地发挥负责任大国的作用，也将为解决人类问题贡献自己的智慧和方案。习近平总书记呼吁各国人民同心协力，构建人类命运共同体，建设持久和平、普遍安全、共同繁荣、开放包容、清洁美丽的世界。在联合国教科文组织提出的人文主义课程体系中，人文教育的课程内容完全建立在跨文化教育的基础之上，社会的多元化得到承认，多元文化与共同价值之间的平衡得到保持。从人类发展的角度来看，新人文教育为建设人类命运共同体提供了精神力量：一是引导人类树立全球意识，任何群体都不居高临下，而是相互尊重、彼此信赖。二是引导人类树立合作意识，相信任何问题都需要世界人民的合作努力来解决，所有的合作都应以包容差异、形成共同体为前提。三是引导人类认识和理解其他国家和民族的文化，相互理解、相互学习，在碰撞与交流中吸收优秀文化“为己所用”。

第二，从价值看，新人文教育能够彰显与保护人的生命、权利和尊严。

人文精神和人文教育的起点是对人的生命和人的价值的尊重。人的生命高于一切。在 2015 年的新教育年度主报告中，我曾经说过，每个生命只有一次，都是独一无二、无法复制的。同时每个生命的成长是不可逆的、无法重来的，与时间一样具有矢向一维性，这就使生命显得格外珍贵。因此，最好的教育应该是珍惜和尊重所有生命的教育，让人们认识生命、理解生命、珍惜生命、呵护生命、热爱生命和成就生命，让每个生命活出自己、活得有尊严、活得完整、活得幸福。为此，新教育专门研发了系统完整的生命教育课程。

对生命的尊重、对人的价值的尊重，在很大程度上表现为对人的权利的尊重。1948 年通过的《世界人权宣言》对公民的各种权利进行了详细的说明与规定，尊重人权已经成为衡量一个国家和地区文明程度的重要标志。1991 年，我国正式成为《儿童权利公约》的第 105 个签约国。

从我们教育的实践来看，我们已经越来越关注学生的生命权、受教育权等基本权利，但对于学生的学习权却关注不够。长期以来，我们一直将学生的学习定位于一种义务和责任，将学生置于教育中的被动地位，教师则处于控制与支配的主体地位。学习不再是学生生命本性的冲动与激情，而变异为与人的发展相剥离的外在行为。

学习权的确立必然会给整个教育体系带来冲击，必然要将儿童的自立、自尊、自控放在重要的地位，也必然会促进学校和教师改变传统的教学方式与方法。保障师生的人格尊严也是我们教育的短板之一。尊重是人性的起点，也是人道主义与人文精神的表征。在一定程度上，尊严的重要性超过了学习权的确立。因为即使学生不想学习了，他（她）也依然具有人的尊严，理应受到“人”应该有的对待。

第三，从方法看，新人文教育能够通过阅读、对话、写作和实践涵养人生智慧、塑造理想人格。

阅读、对话、写作和实践，是新人文教育的主要方法和途径。人的生理性生命依靠水、空气和食物。那么，人的精神生命呢？自然需要阅读、交往和反思来滋养。人类之所以伟大，现在看来，不是因为能够征服世界、主宰世界，而是因为拥有文化、拥有精神。

施特劳斯在《什么是人文教育》一文中说，“人文教育就是仔细阅读伟大心灵留下的伟大著作”。在美国，人文教育课程已经成为大学学制设置的基本组成部分，而人文教育的目标在于，通过阅读经典与写作训练，使学生形成独立思考、判断，并能就公共事务进行理性论辩的能力，这样一种以注重公共对话与理性思考为特点的教育模式是培养公民意识的主要方式，也成为美国公民教育的重要组成部分。

一个人的精神发育史实质上就是一个人的阅读史；一个民族的精神境界，在很大程度上取决于全民族的阅读水平。人类最伟大的思想就在那些最伟大的著作之中。徐贲先生在讲述自己从事人文教育的体会时提出：“人文教育的智识学习目标之一便是识别知识与智慧，并通过这种识别，尽量对愚蠢保持警惕，尤其是在碰到知识或权威人士的愚蠢时，不容易上当受骗。智慧往往来自阅历和经验，有智慧的往往是年长者。人文教育所阅读的思想家可以说就是人类家庭中的年长者。年青的学子通过阅读他们的传世之作来亲近智慧，并远离愚蠢。远离愚蠢对年轻人尤其不易，因为无论在思想上还是行动上，青年时期都是人生中愚蠢的高发期。”所以，阅读，尤其是经典阅读，是新人文教育的最基础的方法；营造书香校园，是新人文教育的最基础的行动。

对话，是新人文教育的第二个重要方法。严格来说，阅读也是一种对话，是我们与历史上伟大的人物之间的对话。但是另外一种对话是发生在人文教育课堂上的同学们之间和师生之间的对话。在新人文教育中，这两者缺一不可。“与前人的对话可以建立在千百年历史进程的人类整体性上，但只限于此是远远不够的。人需要与现实生活中的国民同伴进行关于意义、价值问题的交流。经典阅读不只是读古书，更是把阅读与人们共同关心的当下问题思考联系起来。”这样的对话不仅关乎说话技能训练，而且关乎人的文明和价值规范。西方许多教育学者把对话看成是“人克服孤独存在和原子化状态的必要条件”。人独自无援地生活在社会人群中，不能与他人进行关于人生意义和价值的交流，这是一种极其可悲的异化。

写作，是新人文教育第三个非常重要的方法。新教育一开始就非常重视写作，把师生共写随笔和教师的专业写作（反思）作为新教育的重要行动。从新人文教育的角度来说，“学习写作，从根本上说是学习以理性文明的、有教养的方式与他人交流，也就是民主生活方式和公民社会所必不可少的公共说理。人文教育的主要目标就是为这样的生活方式和社会秩序培养有效的成员”。

当然，新人文教育的第四个重要的方法就是实践。以“纸上得来终觉浅，绝知此事要躬行”的自觉，开展社会实践、生活实践。范梅南指出，对教育者来说，人文科学研究的目的是培养一种批判的教育能力：知道在教育情境中，在仔细的、启发性思考的基础上如何采取机敏的行动。“积极的实际行动”是20世纪末至21世纪全球教育变革的主导方式。新教育实验不只是鼓励师生敢于拥有理想，更重要的是倡导立刻行动。实验本身就是从六大行动开始的，现今已经发展为十大行动。因此，也可以将新教育实验看成是教育行动哲学的实践。

未来的新人文教育如何进一步深化和有效推进？我们从以下五个方面进行落实：

第一，研发集语文、哲学、历史、地理等学科于一体的大人文教育课程。没有课程的实验，是无法深入扎根的。作为新人文教育，同样要从课程研发做起。现在人文教育的问题之一，就是知识体系是割裂的，不同教育阶段的学习是非连续的，如小学阶段对历史和地理知识缺乏，整个基础教育阶段对哲学思维的训练缺乏，等等。尤其是文理分科以后，对大量理科学生的人文教育的忽视，需要我们通过重新构建新的人文教育课程体系与结构来加以改进和完善。一个基本的设想，就是研发一个集语文、哲学、历史、地理等学科于一体的大人文教育课程。这个课程将从小学到哲学一以贯之，面向所有学段的所有学生，按照人文教育的基本概念与原理（类似科学大概念的人文大概念）来组织文本，以经典阅读为主要内容。

第二，深化“晨诵、午读、暮省”的新教育生活方式。在新教育生活中，晨诵是浪漫的开启，唤醒人们诗意栖居的敏锐感受。午读的核心是共读。通过阅读同一本书，通过读后进行的交流，在碰撞沟通中形成共同的价值观。暮省的核心是写作。通常以“师生共写随笔”这一行动所提倡的方式方法，对一天进行反思与总结。“晨诵、午读、暮省”是实施新人文教育的根本路径，是把阅读、对话、写作和实践完美融合的新教育生活方式。以三者共同度过的每一天，就是充满了新人文教育内涵的每一天。

第三，推进以合作探究为形式的人文主题学习。合作探究性学习，顾名思义，是一种以小组合作的方式研究问题、解决问题为导向的学习方法。这是一种学生学习方式的革命性改变。传统的学生学习，主要是一种接受性学习，是一种竞争式的个体学习，一般是从听教师讲授开始，从学科的概念、规律开始的学习方式。而合作探究性学习则是学生们通过互相合作的方法选择学习课题，有效地针对问题开展探究活动，通过假设、推理、分析找出解决问题的方向，然后通过观察、实验来收集事实，对获得的资料进行归纳、比较、分析，形成对问题的解释，并且能够在探究中发现新的问题，对新问题进行更深入的研究。

与自然科学的项目式学习类似，新人文教育的合作探究学习一般用人文主题学习的方式进行，通过主题阅读、对话讨论、写作反思、实践行动等方法来发现问题与解决问题。这样的学习是充满挑战的，因为它需要兼具人性的温度和精神的高度，需要在思辨之中探索多元答案。新人文教育注重的是价值而不是事实，也无法用简单的标准答案判断学习的成效。

第四，培养具有新人文精神的师资队伍。讲台前的人，最终决定了教育的品质。教师成长是新教育实验的起点，师资队伍建设是新教育行动中不变的重点。培养具有新人文精神的师资队伍，首先需要从职业认同、专业发展、视野拓展上对教师进行系统的阅读指导；其次，需要在具体工作中不断践行和反思，通过反思再来调整行动；最后，需要在培训中有着长期的跟进深入，从专业交往上，以潜移默化、耳濡目染的方式，让教师由内而外地产生对精神的渴望和追寻，从而让现实生活和精神追求真正融为一体。

第五，探索家庭、学校、社会合作的新人文教育模式。新人文教育不只相信师生成长的力量，也相信社会的力量。因此，新人文教育鼓励大学、企业、文博机构、公益机构参与学校课程建设，加入学校各类课程委员会，通过共同探讨，为学生的未来做好各种准备。这是基于把“知识”看成全球共同利益的思考。所以，新人文教育所倡导的“课程开放”，更应该是面向世界的开放，促进不同文明、宗教信仰、民族国家之间的交流与合作，使人类的新一代人从小就能在开放包容的环境中成长，从而为构建人类命运共同体而做好充分的准备。

新人文教育是一场推动人的生命、权利和尊严在教育领域中得到重视的变革行动，也是一场激发所有参与者用智慧、爱心和勇气推动中国教育更好地面向未来的变革。

2. 科学教育课程

科学教育课程包括五个方面的内容，即科学知识、科学观念、科学思维、科学方法、科学精神。

科学知识是指从科学视角形成的对自然现象的基本认识，是科学研究的结果，包括内容知识和方法知识。内容知识是科学对自然现象的描述、理解和预测。方法知识是指科学如何描述、解释和预测自然现象，包括科学事实、科学理论、科学技能等。

科学观念是指对科学研究的过程、科学研究的结果及科学的应用价值等的概括性理解和认识，包括科学的大概念（core ideas）和跨学科概念（crosscutting concepts）。比如，哈伦编著的《科学教育的原则和大概念》一书就提出了“宇宙中所有的物质都是由很小的微粒构成的”等 14 个大概念。

科学思维是指人借助于语言或符号对科学事物（包括科学对象、科学现象、科学过程、科学事实等）做出概括和间接反应的过程，是理性思维和非理性思维的整合。科学思维包括证据推理、模型建构、猜测想象、质疑创新等要素。

科学方法是指科学和工程实践过程中的行为和采用的手段。它包括提出问题和明确需解决的问题，建立和使用模型，设计和实施调查研究，获得和收集证据，分析和解释数据，利用数学和计算思维，建构解释和设计解决方案，基于证据的论证、获取、评估和交流信息。

科学精神是指科学的价值追求。它包括理解科学本质，理解科学、技术、社会、环境四者之间的关系，理解人类活动对自然环境、生活条件和社会变迁的影响，具有保护环境、推动可持续发展的社会责任感。

科学知识是科学研究的结果，是科学教育的载体；科学观念是科学的基本信念，对科学教育具有导向作用；科学思维和科学方法体现的是科学的智慧，是实现科学创新的手段和途径；科学精神是科学的价值追求，是科学教育的终极目标。

科学教育课程的目标主要表现在以下几个方面：

一是让科学知识有温度，在奠定学生未来生活基础的同时，满足和保持学生天生的好奇心。科学教育不是为了实现科学知识的复现，而是复活。这不仅因为科学知识总是处在不断的变化中，还因为纯粹的知识无血无肉、枯燥无味，无法激发学生的学习兴趣和热情。德国哲学家胡塞尔指出：“科学的‘危机’表现为丧失其对生活的意义。因此，从文化的意义上看，走出科学危机乃至社会危机的出路是让科学回归生活世界。”教育使科学知识复活，赋予它温度，同样是通过科学知识与人的生活的对话实现的。特别是在今天这个到处充满科技的世界，没有科学知识，一个人几乎很难生存，也无法找到合适的工作。

当科学知识与现实生活相通、与社会生活相通、与人类命运相通时，就很容易引发学生学习的好奇心，引导学生探索知识的奥秘，引起学生对知识学习的渴望。

二是让科学智识有力度，让学生养成理性思维习惯的同时体验探索世界的理智感。赫胥黎认为："科学教育的最大特点，就是使心智直接与事实联系，并且以最完善的归纳方法来训练心智；也就是说，从对自然界的直接观察而获知的一些个别事实中得出结论。"也就是说，科学智识的这种力量，使科学教育成为对学生智能进行训练的重要方法，可以让孩子们的思维能力、想象能力和创造能力得到发展，帮助孩子们形成理性思维的习惯，为他们今后的终身学习奠定坚实的智力基础。

这种智能的训练，也会带给人探索世界的理智感或者智慧的享受。理查德·费曼在《科学的价值》中从科学家的角度阐明了这种感受："科学的另一个价值是提供智慧与思辨的享受。这种享受对一些人而言可以从阅读、学习、思考中得到，而对另一些人而言则要从真正的深入研究中方能得到满足。这种智慧思辨享受的重要性往往被人们忽视，特别是那些喋喋不休地教导我们科学家要承担社会责任的先生们。"很多人也因少年时科学探究的快乐经历而把科学作为终生的事业。

三是让科学智慧有深度，在提高学生发现美好事物能力的同时发展学生的创造力。科学教育对于发展学生的创造力具有特殊的价值。这是因为，科学的慧眼能让人看清楚、看明白世界，发现更多美好的事物，包括自然的美丽和奥秘。科学发现和发明的创造力，科学对真善美的追求，本身也是激发学生创造的重要原动力。

科学对物质世界的改造和创造是科学的立身之本。在过去的几百年里，科学的实践活动不仅改造着自然的物质世界，还创造出自然世界不存在的物质，使得今天的世界已完全不同于过去。而科学的这种创造力，决定了它是人们解决环境、能源、材料、生命等复杂问题的首选方法。

科学教育对于生命创造的重要价值还在于它对人自身的创造。赫胥黎在把科学引进教育时，就认识到科学教育不应仅满足于日常生活的实用需要，它还可以影响人的精神生活。杜威也认为，"倾向于信仰""轻信"是人性固有的弱点，要克服人性的这些弱点必须依靠科学教育。科学是防止这些"自然倾向"

以及由此而产生的恶果的工具。

四是让科学信念有高度，提高学生对科学与人类文明、科学与可持续发展关系的认识，帮助学生形成社会责任感。科学教育应该不断加深学生对科学与人类文明、科学与可持续发展关系的认识，帮助他们树立起现代公民对社会和谐、生态环境、人类和平的高度责任感。

以上生命教育课程、公民教育课程、艺术教育课程和智识教育课程，基本上已经涵盖了为生命而存在的课程内容。在实际的教育过程中，基础的生命教育应该贯穿始终，而在幼儿时期、小学时期和中学时期，可以有相应的侧重点，按照人的身心发展的内在规律，对学生进行善的教育（公民教育课程）、美的教育（艺术教育课程）和真的教育（智识教育课程）。

（五）特色教育课程

生命教育课程、公民教育课程、艺术教育课程和智识教育课程，基本上已经涵盖了培养一个真正的人的基本内容。在以上四类课程的基础上，特色教育课程也具有特别的价值。

每个人都是一个世界。每个人都蕴含着不同的天性。在某种意义上，特色通常是对不同生命的不同恩赐。因此，特色教育课程，一方面是每个人都可以享受或应该习得的，但另一方面，只有少数天赋出众的人才会认真学。所以全面推广而且深度推广，会造成极大的浪费。我们建议少开设为了地方而地方的地方课程，鼓励以管中窥豹之法做超越地方的地方课程。建议少开设高价请来高手传授特长的兴趣特长班，鼓励针对学生个性特长，创造发挥教师个体兴趣或生命特质的特色课程。

所以，特色教育课程是根据教师的个体特长和兴趣，以及满足学生不同的个性、特长和兴趣而开设的课程。在本质上，也是为了丰富和充盈生命，发现和发挥潜能，施展和张扬才华。

通过对新教育课程框架的粗略描绘，我们可以看到这是一个宏伟的蓝图。但是，因为课程需要少而透的原则，因为我们自身警惕教育改革的跃进思维，也因为我们作为民间公益机构的客观条件的局限，所以我们今天已经展开并做到的还只是冰山一角。我们会继续努力，把这个蓝图中还只是设想的地方，缓慢而坚定地逐一变成为现实。从另一个意义来说，这个蓝图也永远没有彻底实现的可能，因为时代日新月异，生命生生不息，课程随之更迭创新，永远不会停止。但这一构架的存在，也由此作为永恒的蓝图，总是指导着我们去循序渐进，逐步实现梦想。

（六）拓展生命教育课程的外延——成都石室双楠实验学校王兮老师的故事

新教育认为，生命的存在是一个密不可分的整体，在这整体中，人格与德性占据着优先的位置，同时它也是思辨理性、见闻之知的领导、向导。在我的星星班教室里，我通过三个维度进行着生命课程的教育：我从哪里来——生命起源，我是谁——自我认知，我将成为怎样的人——自我发展。我从生理特征、个性的多样化、人格和德性的构建三个方面进行剖析和解读，引领着孩子们构建属于自己的生命道德图谱。

1. 我从哪里来——生命起源

我在2014年9月带着我们班的孩子走入了男生女生课程。这是一个我自主开发的性教育课程。它分为三个部分：一是生命的起源，二是了解男生和女生的区别，三是介绍植物世界和动物世界的“男生”和“女生”。

在课程开始前，我做了一个小调查，让孩子们在白纸上画出“我从哪里来?”孩子们的答案五花八门：“垃圾桶捡来的”“医院抱来的”……当然绝大部分孩子知道自己来自母亲的肚子，但对于为什么母亲会怀孕，母亲是如何分娩的，他们无从得知。绘本《小威向前冲》和英国广播公司纪录片《生命的起源》很好地讲述了生命孕育的奇妙过程。前者不仅介绍了婴儿的产生，还通过故事的结尾生动有趣地说明了基因的遗传；而后者则通过纪录片的形式更加科学直观地呈现了卵子和精子结合形成受精卵，并发育成胚胎，胚胎在子宫中生长变化的每个过程。当孩子们目不转睛地看着一个小小的圆圆的卵细胞逐渐分裂，形成四肢，头部上出现眼耳口鼻，身体上长出胳膊和腿，看着那个小小的婴孩在子宫中舒展着他的稚嫩的小手，蹬着小腿时，包括我在内，都为母体的奇妙力量，以及生命形成的不可思议所深深震撼!

课程的第二部分的开展就有些意味深长了。当我问孩子们男生和女生有什么不同时，一开始孩子们叽里呱啦，可积极了。他们和我一起从智力、兴趣爱好、衣着服饰、头发胡子的长度等对男生和女生的不同进行了细致、深入的探讨和区分，可说完这些后，面对我反复追问，他们便怎么也不张口了。过了好一会儿，一个男孩才怯怯地举起了手，“老师，你不会说我坏吧!”得到我肯定的答复后，他才涨红着小脸轻声地说出胸部的差异。没想到，话音刚落，班里就一片哗然，孩子们眼睛瞪得比铜铃还大，一个个盯着我，看我的表情和反应。而当我出示男生和女生的身体器官图时，孩子们表现得更是惊慌失措，有的连忙捂住了双眼，有的深深埋下头，还有的低垂着眼睛哧哧地笑。我只得反复强调：这是科学！在随后的课程中，孩子们逐渐变得坦然，我们了解男女身体的差异，还请孩子们标注了不能让他人触碰的部位。

课程的第三个部分我引入了收集资料和分享环节，我们共同学习和交流花的构造，雌蕊和雄蕊授粉后在花房中如何孕育果实，以及通过海龟产卵孵化、黑猩猩宝宝的诞生，了解到自然世界里每一次生命的诞生，每一种物种的繁衍都与人类同样神奇，同样来之不易。这一部分是对自我生命珍视的延伸和拓展，我把这种对生命的珍视纳入了更加广阔的自然世界。当然，这个课程与班级的种植课程也有了交集。每当春季来临，孩子们在花盆里精心地播种，认真地浇灌，耐心地守护着种子发芽、成长、开花、凋谢时，孩子们能更加深刻地体会岁月在给我们饱满生命的同时也给予了生命的无情。从绽放到死亡到下一个季节的播种，其实就是一个个生命的轮回。

在这段穿越生命之旅的过程中，很多孩子第一次知晓了这样一个未知的自己——生命的初始竟然要经历那么多的艰难险阻和精心呵护才能呱呱坠地。而我，打消重重顾虑坚持开设这样的课程，只是简单地希望孩子们能够因为知晓了生之不易，而对人生的价值和意义产生更多思索，对死亡多一分慎重和敬畏；只是简单地希望孩子们在今后的人生中，学会珍爱自己的身体，面对青春期生理的变化时不至于苦闷、害怕、仓皇无措……这是在我的成长经历中、我周围的人的成长经历中不能逾越的生命命题，尽管它并不属于考试范畴。

2. 我是谁——自我认知

对于孩子们来说，不知道的不仅仅是在记忆无法追溯的深处里那个我的产生，还有另一个哲学问题——我是谁？正如泰戈尔在《飞鸟集》中写道：你看不见你自己，你看到的只是自己的影子。被集体意识掩埋的我，被本我、自我、超我撕裂的我，面对镜像里熟悉而陌生的我，发问：我是谁？在传统的教育体制中，教师往往引领着孩子们对客观的知识世界进行着深度的探寻，却疏于对主观自我的认知与觉察。所以，认知自我是我在进行新教育课程中一个重要的目标与维度。进行绘本阅读教学时，我经常会发现小故事里蕴藏着的许多深奥的心理学知识。比如，《子儿，吐吐》中小猪对待"吃进肚子里的子儿会在头上长树"这件事的不同反应就揭示着心理学情绪ABC理论——激发事件A只是引发情绪和行为后果C的间接原因，而引起C的直接原因则是个体对激发事件A的认知和评价而产生的信念B。而当故事与自我进行编织时，读故事便成了一个通往心灵之旅的途径，而写绘的过程则成了心理情绪隐秘的表达；依据新教育的道德六图谱进行人物形象分析也是认知自我的方式，《一百条裙子》里的旺达，《鼹鼠的月亮河》里的米加，《夏洛的网》里的主人公坦普尔顿、威尔伯、夏洛，每个人物角色都可以在道德六图谱中找到位置，让孩子们触及人性，认识人性的丰富和不同的道德层次；画自画像，是在学完《你很特别》这个故事后自我审视、自我觉察的又一种方式。孩子们通过介绍自己姓名的不同、爱好的不同、长相的不同、性格特点的不同，发觉自己的与众不同和独一无二；而班级经济课程、班级的评价体制、道德六图谱的印证，则通过外界的评价为自省提供了另一种自我觉察的可能。在不知不觉中，我的教室似乎有了一些改变：教室里不再出现老师声嘶力竭、暴跳如雷的斥责和学生置若罔闻、依然故我的举止，取而代之的是师生间的和睦相处。"你觉得问题在哪里？""你当时怎么想呢？""这个问题你准备怎么解决？"通过这样的交流，我们往往发现另一个隐秘的自我。宽容与等待、信任与改变就在一念之间。

3. 我将成为怎样的人——自我发展

在3年的新教育实验中，我努力提供更多的生命可能性，让孩子们体验到道德价值的更高层次，努力引领孩子们通向更高的道德人格境界。

班级一帮一学习方式已经固化成班级的一种习俗规则。中午午休时间，总会看到孩子们两两互相学习的身影。这种方式不仅优化了班级的学风，也让优秀的孩子有了施展才能的机会，让学习有困难的孩子在小伙伴的监督下有了信心、力量。

班级图书漂流活动让班级里的孩子们多了一份责任感。3年来，我们班的班级图书馆已经积攒了近千册图书，于是我们将图书有序地借阅给其他年级的学生，让图书发挥更大的作用。孩子们不仅热心地给低年段的班级送书、登记、回收、交换，还在书中附上自己的阅读单，分享自己的阅读体会，甚至做起了阅读推广员，给其他班级的孩子宣传读书的好处。这小小的举措带领了学校更多的班级加入阅读，掀起了学校的读书热潮。

孩子们的阅读推广不止于此，他们还与新教育山西绛县的三年级五班的同学们通过鸿雁传书结成了新教育学习共同体，交流班级课程、探讨阅读心得，这些话题也让孩子们有了更多的进取的动力。

雅安地震时，班里的父母们为灾区的孩子们筹集学习用品和书籍，并委托新教育萤火虫成都站送往灾区；班级的孩子们在我的带领下也成立了萤火虫小义工，他们和我一起经常到成都市图书馆开展丰富的阅读活动。

从班级、学校到社区，孩子们将更多的正能量传达了出去，在这种惠及他人的行为中，他们也收获着自信和自强。

正如朱永新老师所说，这一切最终要回归活生生的教室生活，在共同生活中来慢慢地完成。而最终完成的，就是我们的生命本身。事实上，在人的生命中，并不存在着一个可以被切割出来叫作道德的部分。道德，永远是渗透在完整的生命之中的。

在我看来，生命教育不仅是帮助教室里的孩子成长。一个孩子的成长就如同一粒种子，除了老师提供的阳光和雨露，还需要良好的家庭教育的土壤滋养。所以，创办班级的家长学校，培养合格的父母是我教育格局的延伸。我相信，只有让父母的心智成熟，让家庭教育与学校教育保持着同样的频率和节奏，教育的效能才能最大化。

成都武侯实验区（王兮摄）

在我的班级里有这样几项举措：一是通过期末座谈会，对父母进行心理学知识的讲座，我甚至还在班级里尝试开展过团体心理辅导。通过“我比动作你来猜”的游戏，告诉父母：即便是面对同样的表达方式，每个人接收的信息也是不同的，你所表达的“张牙舞爪”，或许在他人眼里便是“翩翩起舞”“姿态优雅”；同一件事情、同一句话在每个人的头脑里可能会产生不同的认知。所以，不要总觉得我理解的道理孩子一定懂，不要总觉得我讲出的话孩子没接纳就是他不听话；在与他人的交往中，也不能从自己出发任意揣度。二是每周三利用新教育萤火虫讲座在班级的QQ群给父母们做培训。一年多来，周三学习似乎已经成了班里父母们的一种习惯。当我提出开展“男生女生课程”时，爸爸妈妈们没有一个人反对！三是进行家庭教育问卷调查和家访。家庭教育问卷调查被我戏称为“纸面上的家访”。作为我们班的原始资料，问卷调查让我清晰地掌握了父母们受教育的背景、教育理念的差异，并且我对他们进行了细致的量化分析。将这些原始数据和孩子们的个性特征进行对比，父母们就很容易接受我的观点：家庭藏书量的多少、家庭阅读氛围的浓厚程度对孩子的阅读兴趣有极大的影响；父母之间的感情是否和睦对孩子的性格养成也有很大的关系；父亲的缺位会导致孩子规矩不足，而母亲的不尽责则让孩子缺乏安全感。当然，根据这样的调查问卷表进行深入的家访时，我就很容易察觉到父母教育的弊端，如有的父母喜欢互相比较，性格暴躁；有些家里老人喜欢帮助孩子打理生活起居，造成孩子的自理能力差。四是推荐阅读书目，开展父母读书会，鼓励父母写读后感，进行自我觉察。我们班级曾经发生过这样一件事，家委会一位妈妈在登记学校选修课报名信息时，发现一个叫伊乐的孩子与户口簿登记的名字不一致，所以把他的名字涂抹掉了，准备问问我。没想到，伊乐的母亲看到这张报名表，没有问清楚缘由便破口大骂，认为家委会从中作梗，不让自己儿子参加选修课！读完《少有人走的路》后，伊乐的妈妈给我打电话，讲了这样一件事，她说：“我曾经想成为一名教师，也考取了师范学校，然而在录取时，我的名字却被涂抹掉了，换上了校长女儿的名字。这么多年，此事如鲠在喉，所以当我看到我孩子的名字被涂抹时，我没有理智了，我想我就是拼死也要捍卫儿子的权利！现在我了解了，是错误的心理地图诱导了我，过去的经历让我产生了不理智举动，我向大家道歉！”

我们班天成的妈妈利用各种机会、各种方式学习，如读书、听讲座、讨论分享、制定活动方案等等。她不仅系统修完了公共心理学相关课程，还自费一万元去北京参加动能教育的培训，并且考取了国家三级心理咨询师的证书。用她自己的话说，“在与孩子共同成长的过程中体会了自身的价值，同时还拓宽了心胸格局，从现在起，我要做一个和善与坚定并行，积极、阳光、正面、快乐，自己幸福并给孩子带去幸福的人”。现在的她不仅解决了自己家庭教育中的很多问题，还协助我梳理、解决其他父母的家庭难题，成了我们班名副其实的家庭心理咨询师。我想，与未知自我这样的相遇，连他们也未曾想到吧。

家庭、社会、学校三者就如同三个同心圆，而对学生在生命课程上的引领不是一个简单的智力游戏，重要的是将这些转化为他们的信念，并以身载道。而实现这样的过程还需要三者互相协调、支撑。所以，重视生命教育，才能让未知的自己有更多的可能。

(作者王兮为四川省成都市石室双楠实验学校教师)

(七) 实践与创新让思维插上科学的翅膀——山东枣庄市市中区科学教育的故事

全民科学素质的提高，有赖于从中小学科学教育抓起。目前中小学科学教育一般指以科学、物理、化学、生物、地理、信息技术等学科内容为基础的科学和技术的教育。它包括五个方面的内容：科学知识、科学观念、科学思维、科学方法、科学精神。作为以科学课程为主导的科学教育的有力补充，枣庄市市中区实验区从2010年起开展了中小学生综合实践与科技创新系列活动，极大地促进了学生科学素质的提高和实验区素质教育的健康发展。

1. 阅读，让兴趣萌发

兴趣是最好的老师，培养学生对科学的兴趣，从阅读开始。根据不同年龄阶段学生的心理特点，选择不同书目推荐学生阅读。比如，小学生阅读刘慈欣的《三体》《时间移民》等科幻小说，观看《走近科学》《是真的吗》等电视节目；中学生阅读爱因斯坦的《相对论》，观看斯坦福大学教授讲解的《探索黑洞》公开课；等等。让他们领略科学的无穷魅力，同时他们也产生了大量的疑问和困惑，因此，他们便逐渐对物理等科学课程产生了浓厚的兴趣。朱永新教授提出，新科学教育的根本目的是形成运用知识的能力、统领知识的智慧和诱导人的创造力量。此智慧就来源于书本，创造就开始于阅读。

2. 实践，让思维升华

综合实践活动属于国家课程的组成部分，是学生必修的实践性学习内容。从2010年起，区教研室和各学校对该课程的开发与建设做了许多尝试，取得了一些成绩，但更多的是为科学教育的落实积累了丰富的实践经验。

全区利用寒暑假分学段开展实践活动。高中各学校开展高一新生暑期综合实践活动。义务教育段的每个年级均开展假期实践活动，活动流程类似于高中，只是开展活动的时间更长，内容更丰富一些。开学之初，学校各班级成立暑期综合实践活动成果评定小组，对上交的作品进行集中评定，并提出相关要求，对探究性学习成果以及社区服务和社会实践活动报告进行整理和改进。9月中旬，各校组织初评。由教务处牵头，整理上交作品，组织通用技术教研组和综合实践教研组等相关教师对成果进行初评，对深度、精度不够的作品提出改进建议，让学生利用中秋假期进行修改。

学校评选后，各校将评选出的优秀“小课题研究、社区服务”等材料送至区教研室，探究性学习成果送至指定学校。区教研室成立评审小组对上交的作品、材料进行评选、指导，对入选作品提出整改意见。各学校依据整改意见认真修改，达到要求后各学校留存，以备省市相关类别评选时选送。区教研室及时将反馈情况以简报形式传达给各高中学校。

我们开展实践活动，就是要学生利用闲暇时光接触自然、感悟生活，手脑并用、开发创造，就是要让阅读在实践中升华，让思维在实践中跳跃。通过实践活动，学生的主体作用得到了充分发挥，学生的独立性、责任心、参与意识等也得到进一步发展。

经过几年的探索，我们硕果累累。高中段，46中依据老城区、老矿区的地理位置特色，全力培养和打造了精品小课题研究，提炼了《枣庄煤矿百年史》等校本课程；9中依据传统地位，进行社区服务的实践摸索，实现了走进社区学生全员参与，社区服务成了9中学生的必修课。义务教育段，中兴小学开发了《百年中兴》《兴雅文化》等校本课程；文化路小学提出并力行的“丝雨行动”“小手拉大手，共创文明城市”等活动已深入市民心中；41中的“百合班级”系列活动已开展60余期，为班级实践活动的开展积累了珍贵的资料，为家校共育提供了宝贵的经验。

3. 创新，让奇迹迸发

为培养学生的创新精神和实践能力，深化课程改革，落实国家中小学生综合评价实施精神，实验区每年春夏之交都要进行中小学生实践与创新技能大赛。2018 年 4 月进行了市中区第九届中小学生实践与创新技能大赛。大赛评选项目包括：

（1）小发明、小制作。

1）作品自行设计、制作，要求具有一定的科学性、创新性和实用性，每件作品制作人不超过 2 个。以小发明为主，小制作作品件数不多于参赛作品总件数的 20%。

2）作品以实物的形式展示，并附以 200 字以内的说明（含作品名称、制作灵感、原理和操作要领等）。活动形式为现场演示、项目答辩或技能测试等。

（2）小课题研究。

1）小课题以研究报告的形式呈现（含图片），内容包括研究背景、研究过程、数据分析、研究结论和实用价值等。要求：其一，研究课题背景清晰、目的明确，研究方法科学，理论依据合理，数据资料真实，研究报告表述完整。其二，符合学生自身生活实际，运用所学知识解决社会生活中的实际问题。其三，研究小组成员分工合理，每件作品申报作者不超过 3 个。

2）每个小课题报送研究报告（含图片、调查表等过程性资料），严禁报送重复研究、抄袭及网络下载的虚假课题。

（3）科幻画。

要求创作的绘画作品能运用绘画语言表达出对宇宙万物（如对未来人类社会生活、社会发展、科学技术等）的遐想。绘画风格及使用的材料不限（油画、国画、水彩画、水粉画、钢笔画、铅笔画、蜡笔画、版画、粘贴画、电脑绘画等均可）。作品尺寸：规格为 4 开大小；要求画面干净、整洁，突出科幻性。该类作品仅限 1～6 年级学生参加，每件作品限报 1 名作者。

（4）创意设计。

创意作品是青少年自主提出的科学假设、奇思妙想或问题解决思路。

作品仅限自然科学领域，要体现独特的想法和创新思维，具有科学性、创新性、可行性。除概念设计图示外，还要附带说明，内容包括创新点、科学原理及应用价值等，每件作品申报作者不超过 2 个。

大赛初期，我们还进行了“头脑风暴”“科学论文”等科技创新项目的评选。大赛的初衷是引导学校对学生的科学素养给予足够重视，落实科学教育的实践化、多样化、科学化。众多学校成立了科技社团，在区级评选期间举办学校科技节，对学生的创新作品进行初评和展览，提高了学生的参与意识和创新能力。经过近 10 年的探索和实践，实验区的创新成果累累，高水平的辅导员队伍、现代化的创新与实践基地不断涌现，学生科学素养不断提高，在各级各类竞赛活动中屡获佳绩。

（1）辅导员队伍建设。

区教研室和各学校一起，根据教师意愿和能力，选拔优秀的科技教师成立辅导员队伍。区教研室定期举行科技辅导员培训工作，培训一般分两个阶段进行：第一阶段由先进单位的科技辅导员做经验介绍，主要介绍该单位在学生科技创新培养方面所做的工作和取得的成绩，以及工作中的困惑等，然后区教研室就科技创新工作的某一方面做专题报告，对下一步科技活动的开展做出工作部署，与部分单位的科技辅导员进行交流。第二阶段为科技创新与实践课堂观摩。与会人员观摩先进单位的科技创新与实践辅导活动，交流活动经验。通过培训活动，全体科技辅导员明确了工作方向，提高了辅导水平，每年有 50 余人次获得市教育局颁发的优秀辅导员荣誉称号，10 余人次获得省级以上优秀辅导员荣誉称号。2016 年，枣庄 16 中科技辅导员孙启洋在全国科技创新大赛作品评选中，获得辅导员系列三等奖。经常性地组织外出学习观摩，可以开阔视野，提升辅导员自身科学素质，从而更好地完成学生的指导工作。每年投入一定的经费用于科技活动，对在省、市创造发明比赛和科技活动中取得好成绩的辅导员给予奖励，以此带动师生积极参与“学科学，用科学”的活动。

（2）创新实践活动基地建设。

积极开展各类实践基地创建工作。近年来，枣庄 16 中在各级科技创新大赛、劳技作品评选、电脑制作等各项实践与创新活动中表现优异，涌现出几位全市知名的科技辅导员与学生。以此为契机，枣庄于 2016 年成功创建了山东省青少年创新实践基地。同时，在市教育局的协助下，区实验小学与中国科学院牵手成立了中科院青少年科技创新基地。按照基地的建设规划，分期分批建设和改造教学楼、实训楼、拓展训练场、男女生宿舍楼、餐厅、礼堂等活动场所，开设素质拓展、电子制作、物理探究、生活化学、礼仪训练、音乐体验、家政实践、布艺、剪纸、摄影、计算机拆装、篆刻、航模、中国书法、生物与环保、折纸、手工编织、家用电工、避险与救护、泥塑、传统体育等涉及科学普及、生活技能、艺术实践和拓展训练活动的项目。基地每学期制订学期教学计划，对全区每所学校学生分期分批集中授课。在基地学习期间，学校实行严格的军事化管理，在开展创新与实践活动的同时让学生体验军营生活的紧张和忙碌。

（3）学生创新成果。

行动就有收获，坚持创造奇迹。近 10 年的努力实践，学生硕果累累。

1）专利获奖。以枣庄 16 中为龙头，枣庄每年申报国家发明专利、实用新型专利 10 余件，然后对申请立项的专利作品进行再加工、再完善，制作标签说明，陈列在指定活动室。在学生中考、高考综合实践的考核中，每年数十名学生依靠专利加分通过重点高中、高校自主招生审核，获得上级部门和家长的肯定。

2）青少年科技创新大赛获奖。在每年的全国青少年科技创新大赛和山东省青少年科技创新大赛中，高初小三个学段均有作品参赛，学生在创意概念、创新发明等项目中屡获佳绩。据此，孙启洋、王伟、韩玉明、冯永四位辅导员获得山东省科协颁发的山东省优秀科技教师荣誉称号，实验区开展的各项活动得到各级科协和教育部门的支持和认可，考入上一级学校的学生得到学校的关注和重点培养。

3）枣庄市中小学生实践与创新技能大赛获奖。通过区教研室选派的评委小组的评选，每年有 60 余件作品被推荐到市教育局参加枣庄市中小学生实践与创新技能大赛。该项评选侧重对中小学生创新精神和实践能力的培养，评选比例向农村学校，特别是偏远地区村小和教学点的作品倾斜。实验区选送的作品在市级评选中屡创佳绩，农村学校学生作品的获奖比例位居全市前列。

4. 反思，让创新持久

成绩不代表永远，反思让创新更加久远。多年的实践，我们也发现了许多问题和发展的瓶颈。

（1）各单位创新与实践活动开展不均衡。

由于资金支持、地理位置、单位领导重视程度等因素的影响，各单位在学生创新能力培养方面发展不均衡。有的学校如枣庄16中已走在全市前列，但还有很大一部分学校根本没有开展相关活动，或者是仅靠完成任务开展活动。这制约了全区科技创新工作的整体推进步伐。

（2）好的项目缺少资金与技术的支持。

近年来，科技辅导员们积极思考，结合本单位实际，提出了一些好的想法，如孟庄中心校的陶艺项目，鑫昌路小学、实验小学的航模项目，光明路小学的七巧板项目，九中的剪纸项目等思路很好，活动开展也有了一定的基础，但发展到了一定的瓶颈期就很难突破，原因一是缺专家指导，二是缺资金赞助。

问题的出现，更增强了我们改革与创造的动力。针对存在的问题，大家群策群力，思路更加清晰，方向更加明确，在坚持好的做法的同时，又有了新的思考。

（1）成立公益性青少年科技创新与实践培养机构。

争取社会、家长及政府的支持，定期开展各项竞赛活动，大幅度提高中小学生创新与实践能力。

（2）深入调研，根据地理位置等单位实际情况确定实践项目。

做好活动开展指导，用好单位相关资金，合理分配资源，加大辅导员培训力度，引进先进经验和做法，提高活动开展的效率和力度。

（3）加大区域性中小学生实践活动基地的建设力度。

发挥榜样学校和榜样教师的示范作用，定期到实践活动基地开展活动、交流经验、传经送宝，促进全区实践与创新活动均衡发展，将创新与实践活动落到实处。

科学教育永远在路上，遇见新教育将是科学教育的又一次涅槃。

（作者冯永，为山东省枣庄市市中区教育局干部。）

三、新教育实验研发卓越课程的案例

研发卓越课程是新教育的“天命”。新教育要成为一个“百年老店”，就必须拥有真正属于自己的完整的课程体系。虽然我们至今还远远没有实现自己的梦想，但是这些年来我们研发了晨诵、每月一事、童话剧等项目，已经进行了“在农历的天空下”等一系列课程的探索，并在全国许多学校广泛开展，深受欢迎。新教育实验区和实验学校自主进行的诸如萧山银河实验小学的“十品性编织润童年”、绛县的“学校仪式”课程探索等，也都取得了很好的成效。新教育实验之所以被广大学校和教师所喜爱，在相当程度上是因为有这样一些不断在检验中成长、修正、朝向卓越的课程。

（一）河南焦作宋新菊老师的小梅花班的恐龙课程

1. 课程准备

9 月，站在夏的尾巴上，不肯把燥热一下子吹散。小梅花们每天来学校时，都会带一瓶水。一个平常日子的平常课间，喝水的孩子突发奇想，把水瓶倒过来摇动起来，形成了水龙卷。他兴奋地和我分享，和身边的小伙伴们分享，分享不经意间的这个珍贵的发现。就是这个偶然的发现，表现出孩子们在科学方面的兴趣。

在这个对世界最有兴趣的童年时光里开启科学课程，希望通过学习科学课程，小梅花们能知道与他们周围常见事物有关的浅显的科学知识，并能将它们应用于日常生活，逐渐养成科学的行为习惯和生活习惯；能了解科学探究的过程和方法，尝试将它们应用于科学探究活动，逐步学会科学地看问题、想问题，保持和发展对周围世界的好奇心与求知欲，形成大胆想象、尊重证据、敢于创新的科学态度。

根据小梅花们的年龄特征，科学课程首先采用了小专题的方式，于是“科学课程之恐龙专题”诞生了。恐龙周课程准备如下：

（1）深入思考、研究低中段科学课的课程标准。

本着符合儿童身心发展规律的原则，采用螺旋上升的趋势推荐课程，最终形成课程体系。

（2）搜集和整理关于恐龙专题的课程资料。

这些资料有中央电视台科教频道关于恐龙的科技纪录片，《追寻恐龙》科普读物，“画恐龙、折恐龙、捏恐龙”的教程、海报的制作……

（3）挑选关于恐龙的科普读物，有效弥补科普知识的不足。

科普读物有《神奇校车之追寻恐龙》《什么是什么：恐龙》《恐龙发掘史回眸》《恐龙时代》等。

（4）联合家委会，进行课程的分工。

由家长承担课程实施的部分内容，教师与家长充分合作，一起设计课程实施方式。

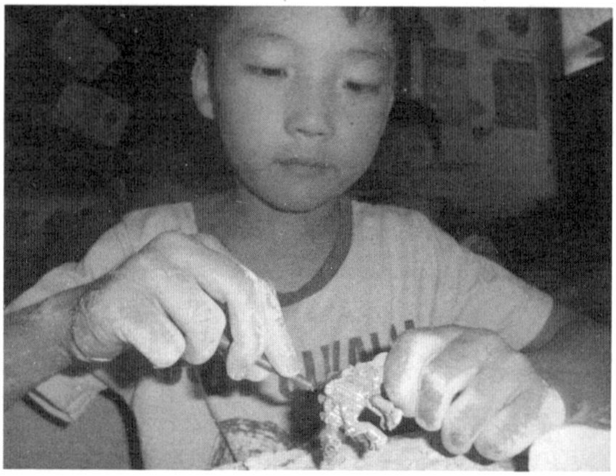

小梅花班恐龙课程图片 1

小梅花班恐龙课程图片 2

2. 课程实施

一个完整的课程，要有开启仪式和告别仪式。因为仪式在新教育课程中有着重要的意义，总是以特别的方式擦亮平凡的日子，将生命的闪亮植入生命的心田。恐龙课程设计了开启仪式和告别仪式，保证了课程的完整性。

科学课程之恐龙周的实施，节奏很鲜明，从一周活动的开启，到一周精彩生活的穿越，到最后大型的告别仪式。

实施环节：恐龙课程开启仪式；恐龙科学探索综合课程（追寻恐龙的种类和灭绝的原因，画恐龙，纸折恐龙，泥塑恐龙，恐龙化石挖掘，义卖恐龙）；恐龙课程告别仪式。

（1）恐龙课程开启仪式。

课程开始前，用短信的方式和家长沟通。“亲爱的梅爸梅妈：结束课程后进行一周的‘恐龙周’，这是一个综合性课程，我们会在《追寻恐龙》中了解恐龙生活的时代、恐龙的种类和灭绝的原因，会走进系列恐龙温情故事，会亲身体验恐龙化石的发掘过程，会亲手制作恐龙，并进行手工制作义卖活动，设想也许很精彩，但我一个人的力量真的很小，需要你们的帮助、鼓励和支持。”短信发出半个小时，我就接到了短信、电话、QQ留言。父母们表达着对课程的理解和支持，更有些父母第一时间就承担了重任。有的父母说：“老师，我会画画，我教孩子们画恐龙吧！”有的父母说：“老师，我刚刚从网上学会了纸折手工技艺，我教孩子们折恐龙吧！”有的父母说：“老师，我听说网上有一种恐龙化石，进行科学课程，这样的尝试不可错过呀！”有的父母说：“老师，我虽然不会干巧活，但布置教室时，我去干吧。”……

课程的容量很大，实施起来一个人的力量确实非常有限，有了家委会父母们的大力支持，就从根本上保证了课程的丰富性和挑战性。大家一道干起来也更有信心了。杨梓尚妈妈主动网购了“恐龙化石模具”，希望能在开启仪式上带给孩子们一个惊喜。

小梅花科学探索之旅就这样在父母、老师的高度认同和共同努力下闪亮开启了。

小梅花班恐龙课程开启仪式的主题是“走进恐龙世界，探寻科学奥秘”。开启仪式上重点思考并充分准备好“这一周我们都做些什么”。

先用一段恐龙的视频直接把孩子们带到那段久远的岁月。然后我们一起穿越时光，来到被遗忘的那片土地上，探寻生命曾经的恢宏和奇迹。

接着用图片的方式，呈现了不同种类的恐龙、不同生活时代的恐龙。课程的丰富性和挑战性，也激起了孩子们走进课程、探寻科学的强烈愿望。之后我把宫西达也的温情恐龙故事《我是霸王龙》讲述给孩子们，用另一种方式叩开了恐龙世界的温情之门。最后布置了接下来我们课程需要大家准备的材料，并在开启仪式上下发了我们网购的恐龙化石挖掘模型。孩子们兴奋得不得了，翘首盼望恐龙周每一天的精彩生活。

(2) 恐龙课程一周精彩生活。

科学教育要回到探究的原点，因为人类天生就有好奇心，天生就有探究自然界的本能，而恐龙是被时间遗忘在久远的土地上的灭绝的庞大的动物。孩子们探究的本能使得他们对恐龙保持持久的关注。教师和父母最重要的是帮助孩子们探究科学的神秘和神奇，帮助孩子们设计科学探究的过程，并在实际的操作中帮助他们形成科学的技能。

小梅花恐龙周生活开始了。

一周的精彩科学生活是从带来自己的恐龙玩具，在教室里和大家交流开始的。玩恐龙可以引起孩子们对探究恐龙世界的向往，也让他们感受到，科学课程不仅好玩，还可以像电影一样好看；好玩好看还让孩子们在无形中探究了神秘的世界，孩子们一开始就兴致勃勃。

科普书《追寻恐龙》是本周的主要教材，跟随它开始追溯那段久远而神秘的土地，走进恐龙世界，了解恐龙生活的时代和环境，了解恐龙的种类，了解恐龙灭绝的原因……

每天大课间观看中央电视台的视频资料——《动物世界——复活的恐龙世界》，中央科教台的视频资料《走近科学——恐龙灭绝的原因》，这样专业的科普视频真的是太珍贵了。就这样，在别的班的孩子疯跑玩闹的时间里，小梅花们的思维在科学的海洋里遨游着。

接下来，我每天坚持带给孩子们一个宫西达也的温情恐龙故事，如《我是霸王龙》《你真好》《你看起来很好吃》《永远永远爱你》等。

每天上午学习恐龙专题科普知识，确立主题；下午动手实践，在实践中探寻真知，进行既定的主题活动，如画恐龙、讲述恐龙特点、纸折恐龙、泥塑恐龙、恐龙化石挖掘、义卖恐龙等。

画恐龙，是由谢雨晨的妈妈承担的。她精心准备课件，分析不同种类的恐龙特征，分析各种恐龙生活的地理环境，亲手教孩子作画，然后加上自己的想象，构建恐龙生活的周围地貌和植被，进行再创造。为了更好地进行引领，我在教室里开辟出固定的创作园地，让小梅花们挥洒自己的创造激情。每一个孩子都有展示的机会和舞台，画好画的每一个小梅花都可以上台来展示自己的作品，讲述自己喜爱的恐龙种类、体表特征、饮食习惯、生活习惯……这样在一画一讲中，孩子们对恐龙的种类特征和生活环境等的认知从起初的浪漫感知一步步细化在自己的脑海里。这种方式达到了精确的训练效果，但没有一点儿训练的痕迹。这样玩科学，真的是太过瘾了。

王尧的妈妈带着小梅花们做了纸折的恐龙。一节课下来，腕龙、梁龙的纸折原理清晰地呈现了出来，也让孩子们再一次温习了恐龙躯体的特征。小梅花们灵巧的小手，又一次创造了奇迹。可爱的黄飞翔一定要折出 3 个后才肯上台展示，因为他认为恐龙的世界里一定要有爸爸妈妈和恐龙宝宝，他坚持说“我决不让他孤单一人”。王尧的妈妈那天在 QQ 空间里的记录如下：“今天，给小梅花班上了一节折纸课，大家都很兴奋，也很认真。每个孩子折的恐龙也都不一样，千奇百怪的，不过每个孩子脸上的笑容都是一样的。只要孩子们高兴，一切努力都是值得的。”

宋昀书的妈妈教大家泥塑恐龙。一块从老家的责任田里挖来的软软的黄河泥，成了我们最好的泥塑原料。小梅花的小手一次次征服了泥土的软和酥，无极限地进行创造，一个个恐龙活灵活现地从小手上诞生了。

挖掘恐龙化石，是所有小梅花翘首盼望的日子。首先，小梅花们跟着《小牛顿科学馆》，详细学习了恐龙化石的形成过程和原因；其次，教师用立体动画的方式呈现了化石的一步步变化和形成过程；最后，小梅花们观看恐龙化石被人类发现和挖掘、托运和整修，到做成化石模型的过程。看着科学家们全身伏地地投入工作，看着考古学家们不畏艰险的野外工作，小梅花们神情凝重地开始了自己的挖掘之旅，心中已经不仅仅是新奇了。

发下化石之后，孩子们在桌子上铺上报纸，开始了科学家、考古学家们的探究之旅。教室里除了挖掘时发出的声音之外，只有小梅花们或急促或平稳的呼吸声。挖掘出来一点闪光时，小梅花的眼角眉梢就呈现出了“发现”“探究”的幸福。一只只小手都白乎乎的，被石灰涂抹得满满的，但小梅花们都无暇顾忌。小梅花们专注、持久地坚持做一件事的品质，此刻毫无疑问地被培养起来了。

的确，整个课程的方式多样、内涵丰富，小梅花们动手和思考的机会也越来越多。我深深地体会到：制作过程对持久性的磨炼，制作过程中温情的流露，制作中小梅花们自己创造的思考……都是对儿童成长中必备品质的修炼。如果以此来判断我们的课程，课程的丰富性和实效性、课程的内涵和外延、课程带给我们的思考和改变，都让我们震撼，真的是“思维改变命运”“科学点亮人生”。

“走进恐龙世界”是本次课程的口号。努力营造恐龙文化，让恐龙文化渗透到骨髓里，流淌在我们的呼吸里，浸润在血肉里，成为生命的一部分。

恐龙周是一定要一起布置教室的。周三下午，王越潼妈妈和飞翔妈妈、王尧妈妈在蘑菇力绘本馆把孩子们折的恐龙用线穿起来，等孩子们放学的时候，又把这些恐龙挂在了教室里。从天花板到地面，从前门到后门，从前黑板到后黑板，加上教室四围的墙壁，全部用小梅花们的不同作品装饰起来，这里俨然是一个真正的恐龙世界了。这种“浸润文化”一直是儿童课程倡导的生活方式。

（3）恐龙课程告别仪式。

激动人心的一周生活很快就要结束了。课程近尾声时，我开始思考课程的结束仪式。这次课程做了大型的结束仪式，不像往常一样在教室里进行，而是在当地最大的龙泉湖公园进行。

结束仪式从制作宣传海报开始，要同时设计电子海报和纸质海报。设计海报的学习是课程的一点额外的奖赏，由宋昀书的妈妈负责教大家如何设计和制作宣传海报，包括海报的主题、海报的配画、海报的色彩、海报制作中字体的要求、制作人和日期的书写等。一张张稚嫩的海报，开始彰显出小梅花们张扬而蓬勃的生命力。

海报制作好了，如何呈现呢？我带着海报制作优秀的几个小梅花来到校长室，和校长沟通海报在学校张贴的位置，向孩子们亲身示范如何进行交际。接着小梅花自己就开始走进每一个年级，展示“小梅花班科学课程之恐龙周告别仪式宣传海报”。

我开始在网上和家委会沟通分工事宜：举行告别仪式的地点需要飞翔妈妈踩点，王尧妈妈负责后勤准备工作，越潼妈妈和居敬妈妈负责现场的秩序和安全，韵书妈妈负责现场的技术指导。

告别仪式分五个流程进行：崔正轩妈妈讲述恐龙故事，小梅花七彩笔画恐龙，小梅花小巧嘴讲恐龙，小梅花小巧手捏恐龙，小梅花义卖恐龙。

崔正轩妈妈从蘑菇力绘本馆里选择了一本小梅花们不太熟悉的恐龙故事作为今天的压轴故事，在现场带给孩子们，只见小梅花们安静地聚拢在崔正轩妈妈的身旁，仰着小脸，聚精会神地跟随着阿姨的讲述走进久远的恐龙时代。接着崔正轩妈妈为了活跃现场的气氛，给小梅花们带来抢答题

“最大和最小的恐龙”“最早的恐龙”“最迟的恐龙”“体型最大的恐龙”“体型最小的恐龙”“牙齿最长的恐龙”“最早被发现的有羽毛的恐龙”……小梅花们提高嗓门抢答着，争先恐后，现场的气氛超好。每个孩子的脸上都洋溢着快乐的笑容。

画恐龙的环节到了，小梅花们拿着自己事先准备的绘图用具，三五成群，开始画恐龙，接着8个人一组，给大家讲述自己画的恐龙的名称、特点等。折恐龙时，小梅花们已经是轻车熟路了。大家进行得非常快，小手飞快地折叠，小嘴和大家交流自己的恐龙信息。最有意思的是捏恐龙。有的同学还带来了陶瓷盘和陶瓷用具。孩子们手中的恐龙是那么栩栩如生。“我的是三角龙”“我的是风神翼龙”“我的是霸王龙”……“妈妈，你别动，泥有点干，现在要洒些水，然后甩泥……”虽然每个学生最后都是满手泥巴，但是当看到自己的作品时，都高兴地笑了。

“我的作品能卖出去吗？会有人买吗？”一听说要去卖恐龙，孩子们争先恐后地跑到了人群里。“阿姨，我的这个恐龙是三角龙，很漂亮，你买一个吧？我买一送一，送我的手工。”“叔叔，你买吗？”……其实我们家长比孩子还担心，如果真的没有人买，多打击孩子们的积极性啊！孩子们却比我们有信心，坚持才能胜利。价格不是重点，只要有人买就行。要么一元钱，实在不行就五角钱也行啊。事情出乎想象。王越潼是第一个卖出去的，并且还是以一元钱的价格出售的。接着是第二个、第三个……孩子们的脸上都乐开了花。

活动一直持续到晚上8点才结束。我们一起为这个圆满结束的科学课程合影留念。临走时，梅爸梅妈高兴地交流道：“活动前我们都很担心，但现在看来，今天的活动应该是圆满结束！”

学生感悟：

小梅花恐龙世界

宋昀书

今天，我们去龙泉湖公园门口集合站队，准备进行我们小梅花班的“恐龙世界活动”。活动的第一项——画恐龙，第二项——折恐龙，第三项——捏恐龙，第四项——卖恐龙。这就是我们的活动。

画恐龙时，我们要先勾出它的边，然后再涂色。我画的是剑龙：一只恐龙在草地上玩耍，它站在那里笑嘻嘻的。我给它加上了绿草、大树。它是食草型恐龙。

第二项折恐龙，是王尧的妈妈教我们折的恐龙。我折的是剑龙，它身上没有刺。折三角龙的是郭庚昕，他是我们班最会折纸、写作业也最快的人。

第三项捏恐龙，是妈妈帮我捏的。妈妈帮我捏了一下恐龙的身体，然后我捏了四个腿，我把它们插了上去。我插、我插、我插，全插进去了。

最后我们去卖恐龙。我卖恐龙的时候开始有好几个人都不要，有人已经买过了，后来有一个阿姨把我的恐龙买了。我卖了一块钱，还买一送一，买泥恐龙送纸恐龙。我卖过恐龙以后又自己奖励自己一个小雪糕，又在心里唱了一首歌，这首歌是“雪糕，雪糕，我爱你，你是我的天使”。

我今天发现我卖恐龙的时候有点害羞，要是我可以给别人讲一下这个泥恐龙的用处，别人就会买下来的。别人是好不容易买了，我也是好不容易卖了。所以今天是大喜日啊！

这就是今天的大喜日——恐龙日。

3. 课程感悟

一周精彩的生活中，可圈可点的地方真的太多了。家委会的通力合作真的是让人感动。杨梓尚的妈妈第一时间帮忙网购“恐龙化石”，谢雨晨家长、王尧家长、宋昀书家长主动承担画恐龙、折恐龙、捏恐龙的课程任务。他们用心的程度从制作精美的课件中就可见一斑，来到教室更是整节课泡在孩子们中间，手把手地教每一笔的画法、每一折的用力、每一刀的力度，一次次对照恐龙的形体特征、饮食习惯、生存环境，告诉小梅花如何修改自己的作品，如何更完美地呈现小梅花自己了解的恐龙。小梅花们时不时和嘉宾、老师辩论，更时不时地向他们投去尊敬、爱戴的目光。教室的第三个角色——父母，真正地走进了小梅花的教育；我们找到了一条通往亲子的最温馨和谐的路，这条路上洒满了小梅花爽朗的笑声。

恐龙周告别仪式是这个课程的重中之重。海报的制作和宣传是小梅花们遭遇到的第一个难题——在教室里挑战恐龙的科普知识，并用自己喜爱的方式表达出来。画恐龙、折恐龙、捏恐龙都没有难倒小梅花，可是海报的制作和宣传却让孩子们望而却步。尤其是我让小梅花走进校长室进行宣传时，大家更是又吐舌头又瞪眼睛。这一次，我先带着小梅花们走进了校长室，让小梅花们看着我是怎样进行这次宣传活动的，然后让他们几个一组，走进各个年级里进行宣传。这种胆量和口才的双重锻炼，着实让他们的综合素质提升了一把。

尤其是最后一个环节——卖恐龙。性格非常外向的小梅花喜爱这样的对外交流的环境，迫不及待地走进人群中开始兜售自己的恐龙。个性内向胆小的小梅花看了妈妈一眼又一眼，还是胆怯地迈不开步子。梅爸梅妈们看着非常着急、心焦，但我们已经事先约定好了，谁也不准发出声音。黄飞翔家条件好，平日里这样的事情做得太少了，一个个成人从他的身边走过，他的心里非常焦灼、难耐，他的妈妈更是担心得不行。其实我们应该感谢身边的每一个人：冷漠不语的，告诉了孩子要学会等待；热情善良的，告诉了孩子要看准时机；懂得教育的，告诉孩子要见机而动……这就是教给孩子一生有用的东西，这就是孩子人生中淘到的第一桶金。这是多么珍贵的成长时机。小梅花们在恐龙周里不仅仅增加了科普知识，锻炼了自己的动手操作能力，进行了海报制作和宣传的实地学习，还淘到了人生的第一桶金。他们在课程中提升了自己的综合能力，而且是在玩中快乐地学习，小梅花们高兴地说："这样的生活我太喜欢了！"

4. 课程反思

这次小梅花科学课程采用小专题的方式，是因为专题研究作为小学生学习科学的典型经历活动，不管前人是否已经做了研究，对小学生而言，只要是他们不知道而又想要知道的科学问题，都可以给他们提供研究机会。由于恐龙早已经从这个世界上消失，探究恐龙之谜反而更具有意义。于是我们小梅花师生共同拟定了"穿越被时间遗忘的土地，走进恐龙世界"专题。在这个专题中，我们历时一周，采用了"学恐龙知识""学画恐龙""纸折恐龙""泥塑恐龙""从化石中挖掘恐龙"等孩子们非常喜爱的方式，将它们整合成丰富的课程资源，让小梅花在玩中学科学，探究久远的时代，揭开灭亡的恐龙帝国的神秘。整个恐龙周结束后，小梅花们对恐龙的喜爱，尤其是对恐龙知识的浪漫感知，明显有了质的提升。

在科学课程之恐龙主题的探究和实践中，我做了这样的思考：

（1）增加科学小专题的厚重性，由学生提出一系列的子课题，再由小组或个人分头去研究，并指导学生将研究过程和研究结果写成报告。

（2）科学课程实施形式多样，比如进行科学幻想、科学制作、科学游戏、科学欣赏、科学竞赛、种植饲养、调查访问、角色扮演……尝试更多的形式，给学生提供更多能直接参与的各种科学探究活动，让他们自己提出问题、解决问题；提供充分的科学探究机会，让他们体验学习科学的乐趣，增长科学探究的能力，获取科学知识，形成尊重事实、善于质疑的科学态度。

(3) 尝试建立家庭实验室，家里的客厅、书房、阳台、厕所……只要有可利用的空间，都有可能成为孩子们的实验室，可以开展各式各样的科学和生活实验。几根吸管、一杯水、锅碗瓢盆，这些日常生活中的常用物品都能成为实验室的器具；爷爷、奶奶、爸爸、妈妈都能成为家庭指导老师和“实验员”。鼓励学生建立家庭实验室，让孩子们都有参加科学研究的机会，这弥补了常规科学课堂在时间和空间上的不足，使孩子们能将课堂上所形成的科学能力、素养延伸到课外。

(以上案例由河南焦作市新教育榜样教师宋新菊提供。)

(二) 山西绛县的“印象山水”课程

中国地大物博，风光秀丽，无山不秀，无水不美。960 万平方千米的土地上崇山峻岭连绵起伏，江河湖泊纵横交错。中国人热爱山水，崇拜山水。山水中有做人的智慧，仁者乐山，智者乐水；山水中有做人的精神，上善若水，海纳百川，高山仰止，厚德载物……山水不仅可以比拟为为人处世的人生态度，山水更是人类永恒的精神家园。

2012 年，山西绛县教育局新教育实验办公室组建印象山水课程工作室，依托共同体之力研发印象山水课程。印象山水课程历时一年，以中国的 34 个省级行政区为单元，选择每省的名山大川为课程脉络，以历代文人墨客的山水题词或诗作为内容，师生吟诵山水诗词，阅读山水故事，学习山水文化，领悟山水精神。

我们确立了课程的理念与目标。了解山水文化，热爱祖国山水；感悟山水精神，汲取做人智慧；穿越山水之间，诗意生活栖居。

我们确定了课程的内容与行程。我们在一年时间内穿越全国 38 座山峰，26 个江河湖泊，山水共计 64 处。春天在南国，冬天在北国。从家乡山西绛县出发，第一学期穿越华北、东北、华东、华中四个地区，第二学期穿越华南、西南、西北、特区。

山水列表如表 7-1 所示：

表 7-1　　山水列表

季节	区域	省/市	山	水
秋	华北	山西省	绛县东华山、绛山、恒山、五台山	绛县沸水、壶口瀑布
		北京市	香山、八达岭长城	
		天津市	盘山	海河
		河北省	狼牙山	北戴河
		内蒙古自治区		呼伦湖
	东北	辽宁省	千山	
		吉林省	长白山	松花湖
		黑龙江省	大兴安岭	镜泊湖
冬	华东	上海市		黄浦江、淀山湖
		江苏省	紫金山	太湖
		浙江省	莫干山	西湖、富春江
		安徽省	黄山	太平湖
		福建省	武夷山	大金湖
		江西省	庐山、井冈山	鄱阳湖
	华中	山东省	泰山	大明湖、趵突泉
		河南省	嵩山	红旗渠
		湖北省	武当山	
		湖南省	衡山	洞庭湖、湘江
春	华南	广东省	七星岩	
		广西壮族自治区	桂林山水	
		海南省	五指山	万泉河
	西南	重庆市		青龙瀑布
		四川省	峨眉山	
		贵州省	梵净山	黄果树瀑布
		云南省	梅里雪山、玉龙雪山	
		西藏自治区	珠穆朗玛峰	
夏	西北	陕西省	华山、骊山	
		甘肃省	崆峒山	月牙泉
		青海省	昆仑山	青海湖
		宁夏回族自治区	六盘山	
		新疆维吾尔自治区	天山	
	港、澳、台地区	香港特别行政区	大帽山	
		澳门特别行政区	东望洋山	
		台湾地区	阿里山	日月潭

我们编写了课程的预案与手册。工作室中来自一线的优秀的语文老师整理精选的内容，根据小学生的年龄特点进行诗词的解读，形成课程的第一手的资料；接着进行第二轮的修订，形成初案；第三轮的完善，形成详案。我们先后组织多次案例研讨，利用集体的力量完善、充实预案，修改、提升课件。我们梳理汇编了《品山读水　诗意栖居》绛县小学印象山水课程预案，分上下两册，按照中国的行政区域划分章节，选择各地典型山水，按照“开启黎明—山水风光—民风民俗—诵读时光—阅读链接”进行呈现，课程预案成为教师实践的“备课手册”。

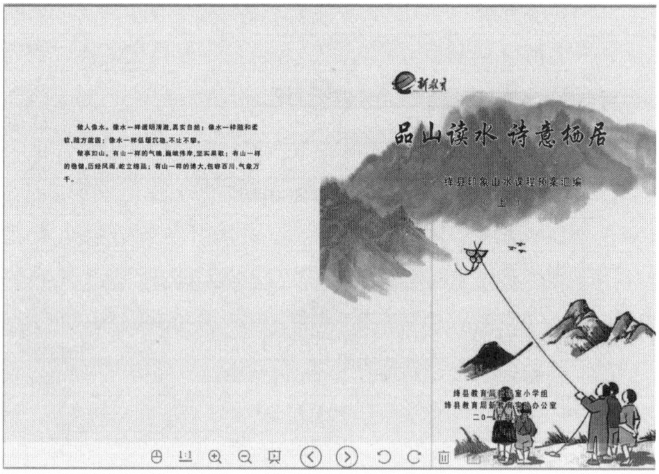

品山读水　诗意栖居——绛县印象山水课程预案汇编（上）

我们进行了课程的实施与穿越。依托工作室中的山水人家教室、徐霞客教室、水仙教室，我们让课程在教室里落地生根。老师们一边行走，一边完善，一边在主题帖中进行课程的叙事记录和反思书写。在实施与穿越中，我们谨记古人所说“宽着期限，紧着课程”“小立课程，大做工夫”。

三间教室一年的穿越是一段丰富的历程、一段综合的书写，这样的丰富与综合我们认为就是“功夫”。

首先是内容的丰富。诵读的诗中既有庐山“横看成岭侧成峰，远近高低各不同”、泰山“会当凌绝顶，一览众山小”这样的古诗词经典，也有壶口瀑布“我站在高山之巅，望黄河滚滚，奔向东南。惊涛澎湃，掀起万丈狂澜；浊流宛转，结成九曲连环”的现代绝唱；既有洞庭湖《望洞庭》这样的单首诗诵读，也有西湖《饮湖上初晴后雨》《晓出净慈寺送林子方》《六月二十七日望湖楼醉书》《春题湖上》《柳梢青》等西湖组诗的诵读。

其次是形式的融合。山水背后的故事、山水的历史、山水在经历几千年风雨后的沧桑不是通过一节短短的晨诵课就能读出味道、读出厚重的。因此，我们将午读、暮省紧密结合：每走过一处山水，师生就晨诵山水诗文，午读山水传说故事，课间担当小百家讲坛坛主与小导游介绍和讲解山水文化，周末和课余时间写绘游记和书写感悟，假期实地走进山水，让每一站的旅程、每一处的山水都深深镌刻在学生的心灵中。此外，民风民俗、民歌民谣也成为课程中令孩子们极为喜欢的一个篇章。

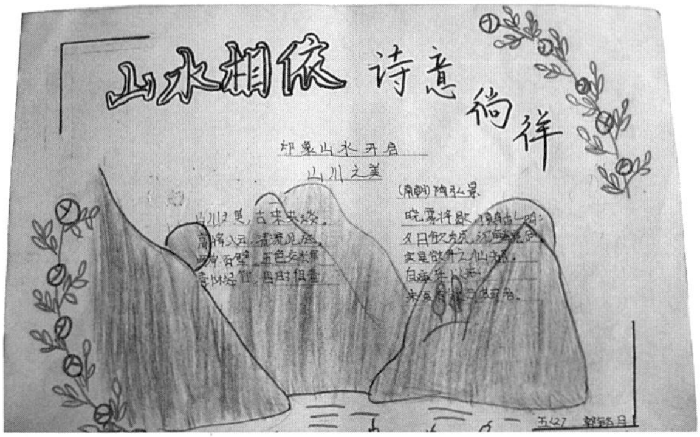

学生绘本 1

学生绘本 2

最后是庆典的升华。课程的穿越是完整的穿越，有开始、有行走、有庆典与告别。开启课程，我们举行温馨浪漫的仪式。伴随着《我爱你中国》

学生绘本 3

的课程主题曲，在《山川之美》这一整个课程开启诗的诵读中，即将到来的美好旅程被一一打开。行进途中，我们定期举行阶段课程交流与庆典，有回顾行走旅程、展现美好足迹的阶段课程庆典，让走过的几处站点、几处山水在孩子们的诵读和呈现中熠熠生辉。还有集中再现某一个行走站点，诗意编织与提升再掀高潮，如《那山　那水　那人》的魅力绛县庆典、《海天之怀　华夏之魂》泰山庆典、《西湖清韵　千年梦回》魅力西湖庆典、《滔滔黄河水　悠悠中华情》魅力黄河庆典等。课程的结束，我们举行课程的告别仪式，欢度山水节，除再现一年的诗意栖居历程外，我们还要晒一晒山水照片，讲一讲照片背后的故事，说一说我们心中的山水，抒一抒穿越山水的情感，展一展师生的成长，画一画我们共同的家园。三间教室一年的穿越也是不断撞击灵魂、诗意栖居的历程，这样的撞击与栖居就是“功夫”。

(以上案例由山西绛县教育局新教育教研室赵晶提供。)

第八章
建设数码社区

建设数码社区是新教育实验十大行动的重要项目。主要是指通过整合校内外网络资源，建设学习型网络社区，让师生利用网络学习与交流，在实践中培养师生的信息意识与信息应用能力。

一、新教育实验建设数码社区的内涵

在新教育实验诞生之初，建设数码社区就是我们提出的五大行动之一。我们清晰地意识到，无论是从现代社会的发展来说，还是从教育自身的发展来说，无论是从新教育实验的发展来说，还是从建设新教育共同体的发展来说，我们都需要加快建设数码社区的步伐。

首先，建设数码社区是适应现代社会发展的需要。现代社会已经进入了所谓的后工业社会——信息社会。信息社会有一个很重要的特点，那就是决定这个社会和影响这个社会进程的最重要的因素是信息。在信息社会里，最能够影响社会进程的人、最富有的人，就是拥有信息的人。在教育领域，毫无疑问也是如此。我们现在还习惯用传统的方式和理念来组织教学，但我们应该看到教育正在发生一场“静悄悄的革命”。

其次，建设数码社区是开展新教育实验本身的需要。在新教育实验启动之前，我们创办了“教育在线”网站。这个网站很快成为新教育人共同的精神家园，也成为新教育实验课题的管理平台。

数码社区的建设非常重要。“社区”这个概念是超越校园的。我们发起新教育实验的一个重要出发点，就是希望能够帮助更多的农村和边远地区学校健康发展，帮助更多的师生成长，构建一个新教育的网络共同体。我们提出，当今社会，谁掌握了网络，谁建设了数码社区，谁就拥有了先机。大家在一条起跑线上，基础再差、再困难、再偏远的学校，只要进入了信息高速公路，只要上了网，所拥有的资源就跟大家是同等的。网络的一个最大特点是平等，网络的平等性和开放性，打破了传统教育资源垄断的局面。因此，在这样的背景下，谁拥有了网络，谁就能拥有信息，谁就能成为教育的主人。“教育在线”的版主“滇南布衣”，就是一个远在云南思茅山沟里的普通的小学教师。他通过一根电话线、一台电脑就把自己和整个现代社会紧密地联系在一起了。你说他土吧，他又那么现代，他的思想和城里的教师没有任何区别；你说他现代吧，他又是那么淳朴。所以说，网络一下子缩小了人与人之间的差距，缩小了学校与学校之间的差距，缩小了区域与区域之间的差距。

建设数码社区的重要任务，首先就是让教师和学生具有更加强烈而自觉的信息意识。因为信息意识是数字化生存和发展的重要基础，是建设数码社区的前提条件。其次，建设数码社区必须培养师生全面而快速地获取信息、查找信息的能力。在网络时代，我们接收的信息多了，重复的信息也就更多了。这个时候，快速而准确地获取信息的能力就显得非常重要。最后，建设数码社区还要培养师生的信息交流能力。在现代社会，人际沟通能力是一项重要的基本能力，而这个能力已经不仅仅是传统社会中面对面的交往的能力，不仅仅是在具体真实场景中交往的能力。在信息社会和虚拟的社区中，交往能力同样重要。

如何开展数码社区建设？我们对实验学校提出了一系列要求。2005 年 4 月，在江苏姜堰召开的数码社区建设现场会上，我曾经提出以下要求：一是要加强对建设数码社区重要性的认识。二是要进一步加大整个数码社区建设的力度。我们要求实验学校抓紧建设学校的主题网站，将其建成一个有特色、有个性的资源网站，建成一个具有地域特色、学校特点、教师个性特征的网站。在这个基础上实现资源共享，如实验学校可以把自己的教案学案、备课资料，甚至课堂在线等资源传上去，让所有的学校共享。须知，重复开发、重复劳动、重复购买是教育资源的巨大浪费。三是要建立新教育的师生电子档案。这个档案可以把教师写的所有东西，学生的所有作品、所有讨论、所有评价以电子档案的形式来存储，成为一个电子的成长记录袋。四是要建立新教育实验的课题管理系统。五是要加强网络安全、网络道德的建设。在数码社区的建设过程中，要让新教育的教师和学生懂得网络安全和网络道德，加强这方面的意识和建设能力。

总之，数码社区的建设是我们整个实验的基础，它是一个很重要的工作平台，同时也是整个教育发展的一个重要方向。怎样去整合、怎样去创造更好的教育资源，是建设数码社区要认真探讨和研究的问题。

二、教育在线网站与建设数码社区

新教育实验是伴随着“教育在线”网站的发展而成长的。“教育在线”网站在汇聚一线教师、传播新教育理念、管理新教育实验等方面发挥了非常重要的作用。

2002年6月18日，“教育在线”网站正式开通，我的博士生李镇西担任总版主。开通之时，我在网站首页上写了这样一段话：

> “教育在线”终于开通了。
>
> 网络是年轻人的世界，而已经不再年轻的我，还是挡不住网络的诱惑。按捺不住的兴奋、对未来发展的希冀以及忐忑不安的彷徨交集于心中。我期盼“教育在线”能凝聚当代中国的教育才俊，为中华民族的伟大复兴，为中国教育的健康发展，献一份绵薄之力。
>
> 我理想的网络是平等的空间。没有话语的霸权，没有烦琐的俗套，只有真情的流露与思想的碰撞。
>
> 我理想的网络是学术的净土。严肃但不失幽默，通俗但绝不恶俗。网络的生存和发展同样需要道德与法律的约束。
>
> 我理想的网络是温馨的家园。每一位会员与访客，每一位版主与嘉宾，都是这个家庭里愉快的成员。这儿没有家长，人人都是别人的服务生，并且永远乐此不疲。
>
> 我理想的网络是教育家的摇篮。在这儿，智慧在研讨中充盈，理想在争论中升华。关注教育，关爱你周围的每个师生，捧一颗真心来交流，带满腔热情再努力。
>
> 我理想的网络是互动的媒体。守一寓草舍，做天下文章。我们有《人民政协报》《教师博览》《新教育》《教师之友》《教育纵横》《教育参考》等的倾情加盟，又有各大出版社的鼎力支持。“教育在线”会成为迸发火花的教育梦工场！

“教育在线”网站一亮相，就受到一线教师的广泛欢迎与好评。不到半年的时间，网站点击数已达22万次，平均日访量达到了1 200次，峰值为2 600次，注册ID 4 506个，主题帖数近万，总帖数已近10万，成为当时全国知名的三大教育社区之一。2004年6月，“教育在线”网站已经拥有了8万名会员，总访问量超过了200万人次。上海《解放日报》发表长篇评论《一个网站的震荡波》，张菊荣等主编的《发生在教育在线的故事》也讲述了许多一线教师在网站成长的感人故事。

我曾总结过“教育在线”网站对我和新教育实验的意义。

第一，“教育在线”网站让我能够直接倾听一线教师的声音。比如，只要有学校违反规定补课、有学校下午放学太晚、有学校侵犯教师权益等情况，我都会在最短的时间收悉到短消息，而我也会以最快的速度去调查处理。

第二，“教育在线”网站让我认识了一大批一线的教师。记得第一次网友聚会，我非常详细地介绍每一个人，这让大家大吃一惊。其实，这些人的敬业精神、教育情怀和才华，早已在我心中留下了深刻的印象。正是他们，打造了“教育在线”网站的辉煌。他们中的许多人，已经成了我的好朋友。

第三，“教育在线”网站让我找到了一些事业上的志同道合者。我经常说，这是一个大家一起做事的时代，任何个体都难以成大事业，“教育在线”这一平台，让我发现了一批真正的教育英雄。我在每年的全国“两会”上提交的提案中，有不少内容就是这些“网友”提供的。

第四，“教育在线”网站让我寻找到教育研究的源头。每天上“教育在线”网站，总能找到一些灵感，总能发现一些话题。它让我知道，教师们最关心什么，最喜欢什么，最讨厌什么；让我知道，他们的生活在发生怎样的变化……这是我思考的出发点，也是我研究的重要依据。

“教育在线”网站对一线教师的成长更是起到了非常重要的作用。在“教育在线”网站成长起来的特级教师高子阳曾经这样说：“‘教育在线’早已是我生命的必需，是我生活的一部分。每天如果不浏览‘教育在线’，生活就好像失去了什么。因为这是一块常来常新的事业园，是一块绿洲，是涌动的生命泉……我感谢‘教育在线’的朋友，我感谢‘教育在线’给予我事业上的力量!”网友“滇南布衣”在云南思茅区的一所乡村小学教书，整个学校只有 12 个学生。但是，网络让他与外面的世界联系起来，他成了小学教育专栏的第一任版主。热情如火、会讲故事的小曼老师成了他的搭档。在他们的精心打造下，小学教育论坛已经成为“教育在线”最美丽的一道风景。管建刚的作文系列、高子阳老师的《金点子改造大课堂》、谈永康老师的《大家一起来说“困惑”，一起来想点子》、徐斌老师（“斌山来客”）的小学数学教学沙龙、张向阳老师的《走进新课程》等，纷纷在这里安家落户；夏青峰、张玉平、盛伟华、溪桥（王文丽）、华章、张宏、陈惠芳等的故事，一个比一个精彩；全国著名的特级教师窦桂梅，也在小学论坛种上了她那芬芳的玫瑰……

记得 2002 年国庆节期间，我们召开了“教育在线”的版主会，“滇南布衣”

及妻子扛着一箱醇香的普洱茶风尘仆仆地赶来，没有看一眼江南风光又匆匆忙忙地赶回去上班。我一直为没有好好与“滇南布衣”交流而后悔，为没有给他的孩子们做点事情而自责。版主笔会以后，“教育在线”掀起了“布衣热”，他成为大家心目中的英雄。同时，一笔笔重似千斤的汇款、一个个情牵万里的包裹相继汇聚到“滇南布衣”的手中，被分发到一个个贫困学生的名下，如潮的爱心通过“教育在线”涌向他的家乡。在“教育在线”周年的时候，“滇南布衣”深情地写道：“网络无疆，真情无限，‘教育在线’是我的第二故乡。在这里，我可以无悔地追寻梦想；在这里，我可以坦然地倾诉情怀；在这里，我可以潇洒地搏浪文海；在这里，我可以惬意地谱写心曲……我愿，我愿与网友们共同打造辉煌，为了共同的梦想——新教育！”

一位武汉的教师网友说：“曾经有一段时间，我的心已经背叛了他（教育）。是‘教育在线’，是新教育挽救了我。对于‘教育在线’，我现在有一种无法割舍的热爱……”

随着微博、微信等新媒体的出现，传统的网站和论坛开始式微，但是“教育在线”网站仍然承担着传播新教育理念与方法、管理实验区校等功能，我们也正在积极思考转型升级的问题。

目前，新教育 App 已可以使用。新教育 App 是新教育团队在移动信息化时代为广大新教育追随者、教育同人提供的一款移动学习及信息和资源获取的平台。新教育 App 总共分为四个板块：首页、消息、课程笔记、“我”。其中首页是对新教育各方面内容和动态的展示，主要包括以下几个模块：

【资源】超星 20 多年积累的资源和新教育优质资源的集合，包括图书馆、推荐书目、优质课程和资讯等内容。

【书香】超星校园阅读系统和海门市暑期共读活动小组，是面向中小学教师和学生的校园阅读平台。

【课程】全国新教育的优质课程分享，包含新生命、新艺术、新智识和新公民课程等，可供教师们学习和使用。

【教室】各个实验区的完美教室、热门教室的展示和评选。

【网师】新教育实验网络师范学院课程学习平台。

【公益】对新教育基金会各项目的开展情况的跟踪报道。

【活动大赛】新教育举办的各项活动，包含各类叙事大赛、年度评选等。

【名师大讲坛】全国新教育教师在论坛内进行交流探讨。

除了以上栏目，新教育 App 每天也会在首页上同步更新朱永新老师、李镇西老师、陈东强院长等新教育名师在微博、微信公众号等其他平台发表的内容，比如，会在“新父母晨诵”“新教育晨诵”“天天喜阅”“新教育小语”等栏目更新内容。新教育年会等新教育的核心会议及项目，都会及时在平台上进行报道，方便各个实验区的教师们阅读。

同时，喜欢创作的教师，也可以利用新教育 App 的专题编辑器自己创作和编辑内容。新教育 App 的编辑器支持编辑目录、图文混排、音视频混排、多种附件格式，一些占内存较大的视频资源等也可以添加组合。

新教育 App 的专题创作，类似于传统的创作出版，但大大缩短了创作周期，而且应用场景十分丰富。这一平台可以进行原创内容的整理，也可以做教学成果的展示、活动的记录等。新教育 App 还有一个最大的优势，就是收藏分享方便。在此平台上创作的专题，包括大家看到的新教育的一些优质的资源，都可以在专题的右上角点击收藏，整理到平台里的知识储存空间——书房，而且通过专题右下角的转发按钮，可将专题分享至平台各处及微信、QQ 好友、微信朋友圈等，方便使用者与他人交流探讨。关于专题创作，电脑端可登录超星网，进入专题创作，手机端则可以在书房模块右上角点击新建专题，进行专题的创作。

新教育以阅读推广为基石，新教育 App 也积极开展各项共读活动和专题创作大赛。除了共读活动外，根据新教育的理念在海门实验区拍摄制作的晨诵、整本书阅读等精品课程也在新教育 App 上进行定期的推送和阅读，供全国所有实验区的教师使用。

除了有丰富的资源和活动，新教育 App 还可以作为日常办公的辅助工具。新教育 App 的消息板块包含通知功能，它可以作为一种高效的办公工具，教师们可以使用通知系统进行带多种附件的通知的发送，而且该通知系统有很精准的数据回馈，方便教师了解通知被接收的具体情况。该系统还支持通知下的直接回复。对教师们日常办公来说，这些都是非常好的辅助功能。在消息里还可建群聊，在群聊里可以进行签到、投票、直播、发放红包等互动，这大大丰富了师生的交流形式。

新教育 App 的笔记功能也是教师们日常办公和教学的得力助手。除了文字笔记外，它还支持语音记录、视频记录，可以帮助教师方便快捷地进行记录。个人云盘也是新教育 App 的一个亮点。教师们可以通过手机、电脑将文件储存在云盘中。这不仅不占用手机的内存，还方便了文件的实时调取。

总的来说，新教育 App 作为移动互联时代一个全新的资源分享和互动平台，主要具备以下两点优势：第一是资源优势，主要包括新教育实验的资源和超星的资源；第二是使用优势，教师们能在上面自己进行资源的创作、线上社区的建设和多种形式的交流互动。

新教育 App 图片

三、新教育网络师范学院与建设数码社区

新教育网络师范学院是新教育实验的重要机构，也是新教育实验建设数码社区的重要实践。2009 年 8 月，新教育研究院在已运行一年的“海拔五千——新教育教师读书会”的基础上，正式成立网络学习共同体——“新教育实验网络师范学院”（简称“新网师”）。“新网师”面向全国招生，为教育工作者提供长期、免费、专业的学术引领。我担任了“新网师”的第一届院长，由新教育理事会委托新教育研究中心负责相关教学工作。

2015 年和 2018 年“新网师”两次换届。2018 年李镇西博士担任了院长，并且聘请郝晓东老师为常务副院长。

新教育网络师范学院

（一）新教育网络师范学院的目标

“新网师”希望通过丰富多样的课程、深入持久的努力，帮助学员达成如下目标：

（1）达到高度的职业认同。消除职业倦怠，热爱教育、热爱生活，懂得积极调适，勤于教育创造。

（2）实现完整的专业发展。养成深度阅读与专业写作能力，准确理解新教育理念，建构合理的知识体系，不断反思和提升自我。

（3）拥有幸福的教育实践。在生活中积极运用新教育的相关理念与课程，进而设计相关课程，成为勇于探索、乐于践行的新教育实验者。

在 2015 年“新网师”的开学典礼上，我做了题为“让梦想飞翔”的致辞：

亲爱的网师学员朋友们，亲爱的老师们，亲爱的同行者们：

大家晚上好！

今天是一个特别值得纪念的日子。

6年前的9月4日，作为新教育网络师范学院的院长，我因为陪同全国人大常委会副委员长严隽琪在贵州山区调研，没有参加当年的开学典礼。

今年的9月2日，在大阅兵前的一天，我们的网师学员也在进行着自己的“阅兵式”，我们在检阅着自己的心灵，检阅着对教育的痴情！

15年来，新教育筚路蓝缕，新教育人风雨兼程。

一些学校放弃了，但更多的学校参与进来；一些人离开了，但更多的人投身进来。

真正的新教育人，从来没有放弃自己的初衷，没有忘记自己的愿景——过一种幸福完整的教育生活。

而我，从未放弃过自己的梦想，一直致力于做一个挑战自我、永远创新、终生成长的新教育人。

为了迎接我们的新学员，我们可爱的李镇西老师、童喜喜老师等一群新教育人，做了大量卓有成效的工作。

从这个学期开始，我们将在保持网师的优良传统的基础上，有三个更加注重——更加注重聘请国内外一流学者与学员对话，更加注重讲师学员之间的平等交流，更加注重线上与线下的结合交融。

特别高兴的是，这一届的网师学员以我们的新教育萤火虫义工、新教育种子计划教师和李镇西老师的团队为主体。

我知道这是一支特别的队伍，是在新教育中成长起来的队伍，是对新教育有着特别情感的队伍。

我相信，大家汇聚在一起，互相激发、互相学习、共同成长，一定能够最快地成为最好的自己。

而我也很高兴，我在和大家这样亲密地同行。能够听到来自一线教师的声音，感受到大家对教育的激情，你们其实都是我的老师，激励、鼓舞着我一路向前！

当然，任何成长都必须落实到行动上。在网师里，行动也就是指我们的学习。

昨天，我刚刚收到哈佛大学“零点项目”创始人的一本新书《为未知而教，为未来而学》。这本书的“副书名”是“什么才是有价值的学习?”。

我想，这其实也是我们的新教育网络师范学院在设计课程的时候首先面对的问题。

一方面，我们将会一如既往地开设“无用之用”的形而上的课程，如哲学、心理学等；另一方面我们也会注重课程与课堂，注重教室里正在发生的事情，注重学校的社会生态。

而且我特别希望大家主动提出意见，向网师提出要求，甚至主动报名担任讲师、开设课程。因为网师是我们每一个人的网师，我们在这里平等地交流，肩并肩地追寻真理。

这里，应该是我们的精神加油站。

2011 年，我曾经对我们的网师寄予了这样的期待：

希望网师能够持续不断地为新教育实验培养人才，能够在网师学员中涌现出一批新教育的榜样教师和完美教室。希望网师能够为中国教师的继续教育乃至师范教育探索出一条新路，为中国教师的自我研修和成长创造出一种新模式。甚至希望，有一天网师学业证明的含金量能超过许多师范大学的研究生文凭，网师学业证明能够成为一名卓越教师的身份证明。

应该说，这样的期待不仅没有改变，而且随着时间的推移，随着时代的发展，实施的路径越来越清晰了。

现在的互联网时代，创生了许多新的学习方式。我们的新教育网师也会用更加先进的技术手段，为网师学员提供更好的服务。

我们正在努力搭建更好更方便的网络学习平台。当然，在此之前我们先在这里学习着……我想，再简陋的学习场所，有了心与心的交流，也是最温馨的港湾。

在这样的一个时代，每天都有新的奇迹出现。我相信，我们的网师、我们的学员，也一定能够创造新的奇迹。

而我，永远是大家的同路人！

我愿意永远和大家一起并肩行走在这条永远创新的教育之路上！

（二）新教育网络师范学院的课程

“新网师”是基于网络的虚拟性、公益性的学习共同体，秉承新教育的公益精神，免费开放。截至 2018 年已经有 600 多名一线教师在“新网师”学习。

“新网师”课程分为必修课程、选修课程以及毕业设计三类。必修课程分为公共必修课程和学科必修课程。其中，公共必修课程为通识课程，包括教育学、心理学、哲学、文学等，适合所有学员；学科必修课程为该学科的经典书籍、课例研讨等，从语文起步，各学科课程将持续丰富完善。现已开设“新教育通识”（朱永新）、“发展心理学”（兰岚）、“文学鉴赏”（余雷）、“家校共育”（蓝玫）、“教育写作”（童喜喜）、“电影课”（李西西）等。选修课程分为中长期课程和短期课程（即新教育网师大讲堂），将视学员需求与特聘专家的情况随机开放。现已开设“班主任管理”（李镇西）、“生命叙事剧”（郭明晓）、“幼小衔接”（胡志远）、“理解数学”（张勇）、“儿童文学”（彭学军）和“文学教育史”（黄耀红）等。学员完成开设的相关课程的学习后，运用所学在自己的班级或岗位上设计并实践一个课程，进行相关的记录和分析，将其作为毕业设计提交给“新网师”专委会进行答辩。

“新网师”的学习方式主要基于“教育在线”网站、QQ 群、微信公众号等网络平台进行学习。资源与作业的收发、主题的即时讨论等，均通过网络文字或语音来完成。授课时间通常安排在 19：00—21：00。不同课程授课时间、课时长度均不相同。

“新网师”所学课程为学员自行选择，并由事务管理处视具体情况调配。每门必修课程 10 学分。每门中长期选修课程 5 学分。新教育网师大学堂课程每学期按 2 学分计算。修满 120 学分毕业。为保证学习品质，每个学期之中，一般学员选择必修课程不得少于 1 门，必修与选修课程一共不得多于 3 门；在校生、全脱产学员选择必修课程不得少于 1 门，必修与选修课程一共不得多于 4 门。全部课程选修完毕并成绩合格，毕业设计通过答辩者，即可毕业。允许未修满学分者直接提交毕业设计，申请破格答辩。所颁发毕业证书，仅具有荣誉性质和证明性质。

（三）新教育网络师范学院的申请

2018 年，新教育实验网络师范学院管理团队进行重组换届。随着新授课平台的启用、一批优秀讲师的加盟、新课程的研发，“新网师”再一次迭代升级，焕发出新的活力与生机。

“新网师”面向所有教育工作者（一线教师、教研员、教育研究者、教育管理者)，包括有志于教育的师范生、有心于家庭教育的父母们招生。招生的条件是：

(1) 真正热爱学习。对未知领域充满兴趣和好奇；将学习视为生命内在之需求，而不是将其视为外在强加的负担；有对终身学习的认识和行动，能耐得住寂寞，啃读书籍，坚持书写；知行合一，将学习与实践结合起来，躬耕课堂，发掘知识的内在魅力，追求知识、社会生活与师生生命的深刻共鸣。

(2) 真正热爱教育。虽然处于平凡的岗位，但教育的理想与激情还没有被世俗与庸常磨灭；从内心深处认同教育职业，并把教育作为此生生命意义之寄托；不仅仅把教书育人作为谋生之职业，而且将教书育人作为毕生追求之事业。

(3) 真正热爱生命。对生命饱含激情，不愿挥霍生命，虚度光阴；渴求生命的内在成长，希望从平凡抵达优秀，从优秀抵达卓越；愿意通过专业学习，获得职业尊严，探寻生命的价值，努力书写自己的生命传奇。

从 2018 年 9 月开始，新教育 App 为“新网师”的官方授课平台，日常交流、信息发布以及授课等都将在新教育 App 上进行。“新网师”建有官方微信公众平台（名称：新网师；微信号：xjywlsfxy），发布“新网师”权威消息，发布相关文章。

新教育实验网络师范学院招生采用申请制。申请人需要提交入学申请表等相关材料。提交链接是 https：//www.wjx.top/jq/14956513.aspx。手机微信扫二维码，也可提交相关材料。2018 年招生二维码如下（每年招生更新二维码）。

“新网师”的微信公众号可通过扫以下二维码获取。

在“新网师”，申请人需要提交学员入学申请表，在“教育在线”网站论坛注册并建立个人专帖，同时提交一份不少于 3 000 字的“个人阅读史”。通过阅读史，大致可以了解一个教师的理论素养与学术视野。这里我们选取山东省日照市岚山区安东卫街道初中宋祥军老师在2018年的网师申请《我的阅读史》，供大家参阅。

因为加入网师的需要，所以回忆起很久以前的日子。夏天的晚上，我喜欢在街头听老人讲故事，那实在是很大的乐趣；而每到赶集的日子，我都会和小伙伴们去“说书”的场子听书，在人缝里窜来窜去，听说书人讲《杨家将》，说《呼家传》，评《三国演义》，在懵懵懂懂中感受英雄的悲壮、战争的惨烈。

再后来上了小学，那是“小人书”鼎盛的时期，无论历史故事还是近现代的战争片段都被改编成了小画册，当时读的可多了，有《鸦片战争》《狼牙山五壮士》《三国演义》《高山下的花环》《林海雪原》等，我最喜欢读的是抗战胜利的故事，最不喜欢我国战争失败的片段，如鸦片战争等。

因为我的父亲喜欢看书，所以家里经常会有几本故事书，像《西游记》等，虽然书的前面和后面都被撕掉了若干页，并且破烂不堪，但是书中的故事仍旧引人入胜。很冷的冬天，我们一家人坐在炕上，父亲经常会给我们读《西游记》，还有其他书中的故事，我们也就伴着故事进入梦乡。

在那时候，我还读了一本叫《青春之歌》的书，很厚，读起来似懂非懂，也没有太深的思想感受。但是这么多年过去了，有些词语仍然印在大脑深处：青年、学生、运动、水枪、监狱、爱情、挣扎、希望……有一些也许是后来加上的，但我认为也是当时的感受。

实际上有一些书我记不住是小学还是初中读的，像郑渊洁的童话《舒克贝塔历险记》，那可是带给我不少的乐趣。而《少年文艺》大多是在初中阶段读的。在初中阶段读的最多的还是武侠小说，像金庸、古龙、梁羽生等作家的书都读过好几本。我读武侠小说最鼎盛的时期是在高中二年级。那时候坐在我前面的哥们是和我一起从理科班跑到文科班的，他的家就住在学校的前面，二层小楼，一个院子，很是富裕，当时他疯狂地迷上了武侠小说，我也跟着他读得不亦乐乎，几乎所有当时能找到的武侠小说读了一个遍（实不可取）。

我在初中、高中阶段还读了不少的诗词，有现代的，那是受了朦胧的诗意的诱惑；有古代的，如李清照的《如梦令》、李煜的《虞美人》、岳飞的《满江红》等，不但读了，而且能够熟练背诵。

在高中毕业那年的暑假期间我读到了一本至今对我影响很深的书——《青年毛泽东》，我永远记住了当时读到的一句话“文明其精神，野蛮其体魄”。

高中以前的记忆是零散的、片段的，因为那时读书笔记做得少。到底从什么时候开始养成读书做笔记的习惯，已经记不清了，似乎上初中的时候就有一些零零散散的记录，但是现在能够找到的只有上“师专”时的几本。当时学习压力不大，读的书相对较多，有中外名著、经典哲学、通俗小说、诗歌散文、报纸杂志、娱乐笑话等。其中《读者》《辽宁青年》《青年科学》三本杂志，我从上高中的时候就开始买了，一直坚持了很长时间，尤以《读者》坚持的时间最长，从高中阶段到工作几年后仍然在买，有很长一段时间是每期必买。这几本杂志中的文章哲理性很强，有哲学的、有励志的，有的重于科学启发、有的倾向道德教化，大多数文章很值得一读，甚至读很多遍。当时读书的渠道主要还是以借为主，有借同学的、借图书馆的，也有到校外卖书的地方以每天几毛钱的代价租的。因为借的多，很多有价值的词句怕忘了，就需要记下来。也许做笔记的习惯就是这样养成的。

参加工作以后，读书的习惯仍然存在，像《水浒传》《三国演义》《西游记》等中国的古典名著就是在这一阶段系统深入阅读的，但是坦诚地说，相当长一段时间，读书很少了。直到 2012 年，我又接了一个新班，我们学校也加入了新教育实验学校的行列，在缔造完美教室的过程中，我又燃起了读书的热情。特别是在参加了“新教育·萧山年会”以后，我对读书产生了一种渴求，我先后读了近一年的《山东教育》杂志、《第 56 号教室的奇迹》等书，做了很多笔记，写了很多反思。

而在 2013 年暑假，读的最多的还是参加“新教育·萧山年会”带回来的三本厚书，《我的阅读观》《中国新教育》《活出中国文化的根本精神——新教育实验年鉴（2011—2012）》。对《我的阅读观》《中国新教育》已经进行了较为细致的阅读，书上写满了笔记和反思，一些章节更是进行了反复阅读，已经让我画的“面目全非”。当然收获之大是难以形容的，它们让我对“新教育”有了更深刻的理解，在一定程度上改变了我的知识构成。

参加“新教育·萧山年会”返回以后，我首先是从《我的阅读观》开始读起的，读着读着，就被书中语言的朴实、精确、大气所吸引，被书中思想的独到、深邃、完整所吸引。书中展现了一颗悲天悯人之心，舒展着一种智者情怀，书中谆谆告诫人们阅读的重要性，娓娓道来读书的魅力，体现了呼吁“全民阅读”的热切渴望，这是出乎我意料的。

在这一段的阅读中我写道：“我正如一头饥渴的牛，在到处乱窜中，忽然撞开一扇门，里面竟是成片的绿草地和清澈的小溪流。”

当我读到《我的阅读观》第 58 页《阅读让教师更智慧》这一篇文章时，心里热乎乎的，眼睛湿漉漉的，原来老师是可以这样被尊重的，是可以被当作一个完整的人，而不仅仅是学校、学生的附生品来尊重的！如果每一个老师都洋溢在这种被尊重的感觉下，内心能不幸福吗？其工作的热情和积极性能不高吗？进而能不带动孩子们去体验教育的幸福和完整吗？我的内心豁然开朗，就像擦掉了表面的一层蒙尘。为此我在“教育在线”网站“新教育闲话吧”专门发帖记述了当时的心情。

同年，我又读了《每个老师都是故事》《做最好的家长：李镇西教养女儿手记》《学生心理健康教育指导》等书，正在阅读的还有《时文选粹》《老子·庄子》《每天学点心理学》等。

非常幸运的是，我在 2015 年加入了新阅读共读群和新阅读书评群等，得以接触更多的好书，并在一群人的共同促进下，听讲座、写书评、交流阅读体会，这样的体验是我从来没有的，仿佛为我打开了另一个世界。2017 年 3 月，我在新阅读共读群分享了 2016 年度阅读报告——《我为阅读打个结》。2016 年读的书主要有《金刚经》《苏东坡传》（电子版）《林清玄散文精选》《萧红精品集》《呼兰河传》《枫树山的奇迹》《妖精的小孩》《一本书读懂道德经》等。更让我骄傲的是，经过 3 年的研究，我主持的山东省“十二五”规划（重点）课题“农村初中开展亲子共读的策略及实效性研究”于 2016 年 6 月顺利结题。2017 年读的书有《蜻蜓眼》《摆渡人》《恰同学少年》《青春奏鸣曲》《红星照耀中国》等，这两年几乎每月都要写一篇书评。

现在正在读的书有《十几岁孩子的正面管教》《学习之道》《精进》等。

以上提到的阅读主要是指读纸质书，“但是仅仅阅读书本和经典是不够的，还需要阅读人类社会，用心去观察和实践，也就是把人类社会作为阅读对象”，这是朱永新教授在《我的阅读观》引言第3页所说的话，是提醒我们要关注生活这本最精彩的书。从自然风光到社会生活，从百姓琐事到国家战略，生活的方方面面，都是一本敞开的书，在这里我们每个人既是读者，又是内容，学习的机会随处都在。

记得有一次和朋友一起用餐，其中一个初次见面的朋友（非教育界的）说出他对自己孩子的教育理念：“学会思考、培养兴趣、掌握方法、养成习惯”。我听后，倍感震惊和惊喜，这不正是我们要追求的学风吗？我反复地念叨，终于把它记在脑子里，后来我就把它们略做整理，确定为我们班级的学风。

后来在假期前一天的周末，和另几个同事聚会时，聊到了卓越课程的开发，提到了对我们学校“优·雅”理念的加强，其中一个同事说可以开发“礼仪教育课”，我觉得很赞，就急忙向老板要了几张空白账单和一只圆珠笔把这几个字记录下来。另外，还聊到了其他方面的话题，比较有价值的我都做了记录，以备在新学期开展教学实验。

读书是现代人学习生活中必不可少的一部分。在网络高速发展的现代社会，通过网络进行学习变得越来越重要、越来越普及。像新教育的网络阵地“教育在线论坛”“新教育网络师范学院”等就是教师在线读书、学习、交流的好天地。

在网络上读文章还有一个好处，那就是我们可以通过链接功能，在读一篇文章的时候，引申出很多相关联的文章，也许会有你意料之外的收获。

其实，很多网站都有这种功能，像360图书馆、百度文库、腾讯QQ等。很早以前就有人说网络是一把双刃剑，就看你有多大的容量，就看你如何取舍，就看你如何去利用。

我们老师要阅读专业类的书籍，要多读书、读好书，还要做好读书笔记，摘抄一些好词好句，及时记录自己的反思和感动，及时抓住阅读中的灵感，养成好的阅读习惯。我坚信读书能够给我们力量，助我们成长，还能让我们的灵魂在书香中得到滋养！

很明显，我的阅读还远远不够，我想读更多的书，更想懂得如何读书，这正是我申请加入网师的原因之一。期待早日入学！

“新网师”是新教育实验通过网络平台培养一线教师与种子教师的创造性探索。这种不以文凭、学历为目标，直面教育教学实际生活的教师培训，取得了很好的效果，也受到了教育界的关注。以下分享一个新教育萤火虫顾舟群的故事。

网络，让我们飞得更高

苏州萤火虫工作站活动（王强摄）

我坚信阅读能够改变一个孩子，一个家庭，一个社区……

2011年11月，我成立了萤火虫阅读会。阅读会秉承着“小小萤火，点亮自己，照亮他人”的信念，通过线上分享、线下活动的方式惠及妇女、儿童，将正确的教育观念、教育方法深入到每家每户。8年来，我带领义工进行线上阅读分享400多次，线下亲子活动300多场。作为一名义工老师，我是怎样利用网络，利用萤火虫QQ群、微信群，利用微信公众号推广亲子阅读的呢?

线上分享——群活跃

124650289，多么熟悉的群号码，7年来我不知道向多少人推荐过这个号码；7年来不断有人进来，也不断有人离去，但是我们始终保持着热情。故事、互动、共读、分享，有序进行。

7年来，在义工们的带领下，我们线上共读了《好妈妈胜过好老师》《喜阅读出好孩子》《爱的教育》《童年的秘密》《打造阅读的环境》《朗读手册》等几十本育儿书籍，一批自身素质较好的父母成长为讲师。

除了义工们的共读外，我还邀请各大出版社的编辑和作家进群给我们进行线上分享。一年多的时间里，我们共邀请了广西师范大学出版社、天星童书、大连出版社、飓风社等十几家出版社及文化公司的编辑，还有葛欣双子姐等亲子作家为我们做好书分享。感谢这些热情的编辑、作家为我们搭建了阅读的桥梁。

每次进行线上分享时，我都会让义工做好海报，发布到群公告里，同时请义工转到自己的朋友圈，分享到微信群。因为海报上有我们 QQ 群的群号，所以想学习的父母自然会申请加入 QQ 群。

每当到了编辑分享好书的时间，义工们就会拿起手机，点赞、互动、提问，把共读场面撑起来。义工们也是乐此不疲，觉得这也是一种学习。

我们一定要给义工们任务，哪怕只是线上互动，否则他们找不到自己存在的价值，也会失去兴趣的。

“这个群真好，让我学到了很多！”不止一位萤火虫父母这样说过。

线下活动——聚力量

1. 开启活动，有影响

在线上分享一段时间后，群里的父母就不断活跃起来，聊教育、聊孩子、聊困惑……彼此之间也开始熟悉起来。于是就有了带孩子从线上走到线下的愿望。我们开始寻找场地，订制旗帜。记得第一期萤火虫亲子读书会是在作家王一梅的园区橄榄湾漂流屋举行的，主题是“萤火虫飞呀飞 我的心追呀追”。接着是母亲节读书会——献给母亲的康乃馨，6 月童心飞扬——儿童节读书会。

每次的亲子读书会，都集才艺展示、诗歌朗诵、绘本故事、童话剧、小品、游戏、手工制作等于一体，丰富多彩的活动内容深深吸引着来自不同学校、不同年龄的孩子和父母们。

“幸福是什么”让孩子们懂得珍惜今天的幸福生活，做一个有责任的人；“阅读是成长的基石”让孩子们体会到阅读的重要性；“快乐你我他 安全记心上”让孩子们知道珍爱生命，安全第一；“爱在重阳、情满人间”让孩子懂得感恩，尊敬老人……

2. 报名推送，有策略

每次活动，我们都会精心准备。义工们一起出主意、想办法，确定活动方案，做到精益求精。接着在公众号做好推送预告，让需要参与活动的父母早早关注起来。这样反复推送几次，会不断有家长在微信群询问什么时候报名。时机成熟时，就选定时间，推出互动吧链接，开启抢报名的模式。就这样，二三十个名额往往一抢而空。有的父母一不小心就错过了，还懊恼不已，此时我会再放几个名额，得到名额的父母自然感激不尽。仍然有些没有名额的父母只能遗憾地告知下次请早一点抢。因为得不到所以才会更加珍惜吧。

不管是抢到还是没抢到的萤火虫们，都愿意把我们的报名链接推送到各自的朋友圈或者各自所在的团队里。

3. 微信点赞，传播快

每次活动进行时，我们会开启微信点赞模式。义工和参会的父母会把活动中孩子表现的照片转发到朋友圈，这也是扩大影响的好办法。

参加完活动的家长抑制不住内心的欣喜与激动，于是在群里发表感想，表示感谢。而负责整理照片的义工会把照片上传到群相册。

活动结束，索菲亚会把活动总结照片推送到公众号，其他义工们接着推送到自己的朋友圈和所在群里。发推送也是义工们的一项任务。

4. 精心设计，无遗憾

线下活动是凝聚力量、扩大影响的好办法。好的活动，参加过活动的父母自然会给我们做宣传，自然会把同事、好友带来。

对于活动的设计我一定要尽可能地做到完美，才推送。每次活动我都亲力亲为，好多人都劝我一定要放手，否则太辛苦了。可是我怕我们的一点点疏忽，就让参与活动的父母、孩子不满意。

记得有一次我们邀请了一个专家做讲座。于是发推送让报名，25 个名额一下就报满了。这也是我最轻松的一次，以为只要带着相机充当摄影者就可以了。可没想到活动不到 40 分钟就草草结束了。

看着匆匆离去的家长，我懊恼不已，其中还有从吴江转了几趟公交车赶来的祺奇一家。9 点的活动他们 6 点就出门了，还要坐 3 个小时的公交回家。为了这半个多小时，他们一家三口要付出大半天的时间。

我们开始在义工微信群检讨自己的疏忽，强调我们的活动一定要让父母、孩子值得赶那么多路、花那么多时间。否则，他们下次再也不会参加了。口碑是最好的宣传。

5. 有序活动，成规律

几年的线下活动，我们已经形成了固定的活动模式。主要分为七大类型。

活动一：小舟老师带你共读一本书系列

这是最受萤火虫父母欢迎的活动，是报名最抢手的活动。一本书一般读一个月，以线上线下相结合的共读方式进行，一般分四步走。第一步：报名购买书籍，发放导读题，引导在家自读第一遍。第二步：发放第二遍导读题，引导深读。第三步：线上微信群共读，主持人说题目，孩子抢答，由我引领点评，分配童话剧角色。第四步：线下整本书主题探讨课（同时表演童话剧）。

仅仅半年多的时间里我们共读了《影之翼》《夏洛的网》《了不起的狐狸爸爸》《星星雨》《德国一群老鼠的童话》《绿野仙踪》等经典书籍。

活动二：慰问弱势群体类

重阳节和春节带孩子们参与敬老活动，让孩子们亲身感受这样一份浓浓的敬老情和亲情。

六一节和圣诞节，慰问博爱学校或儿童福利院，感同身受远比说教更有用！

孩子们在尽情展示自己的才艺后与弱势群体互动、合影，赠送他们礼物。这样的活动也大受欢迎。

活动三：参观体验类

“小小牙医体验”“参观金盛业纸业”“参观昆仑绿建木结构”“参观消防队”……感受企业文化，培养孩子们的动手实践能力。

活动四：节日庆典活动类

5 月母亲节、6 月儿童节、8 月中秋节、9 月重阳节、11 月万圣节、12 月圣诞节等，让孩子们体验传统文化、懂得感恩、具有较高的情商、能力得到锻炼。

由于已经有了固定的模式，也节省了策划的时间，第二年再举行这样的活动时就容易多了。而那些去年参加过活动的孩子，往往会期待第二年的活动，所以第二年的活动一推出去，他们还是会抢着报名，而去年没参加的更是特别想参加，再抢不到又错过了一年。

活动五：野外拓展类活动

我们先后举办了苏州西山明月湾露营、吴中区采香泾露营、苏州三山岛篝火晚会、浙江安吉书香行等大型活动。为什么称为书香行呢？因为这样的活动一般需要两到三天的时间，一般都是一家三口参与，费用自理。我们也会用公益的力量，把活动挂靠在野外拓展部，买好保险，签好免责声明。

活动六：阅读推广类活动

这类活动包括“国际儿童读书日特别分享活动”“21 天阅读计划成果分享及颁奖典礼”“晒书会——文明驿站特别活动”。所谓 21 天阅读计划是在一个寒假推出的，每天鼓励孩子进行课外阅读，拍照发微信朋友圈。写上这样的文字：“新教育萤火虫苏州分站 21 天阅读计划第 1 天，今天我读的是《……》，我为阅读接力，加油！”坚持发布 21 天的孩子可以参加颁奖典礼。我们赠送给每个孩子奖牌和奖品。21 天阅读计划结束后，很多家庭还是坚持阅读着，到现在（截至作者写作此文）已经是第 7 个 21 天阅读了。

活动七：跳蚤义卖奉献类

由于跳蚤义卖类的活动是在室外，因而只要场地联系好了，我们就不限制名额。这样朋友带朋友，报名人数可以扩大到一百多个家庭，所以这样的活动一下子就可以吸引很多新人进群。这样的活动我们往往会和社区、街道或者其他公益组织联合举办，我们还可以获得资金的支持。

后来我们还探索和商场合作举办活动。商场还给我们搭建了舞台，准备了音响设备，增加了孩子才艺展示、商品推介会、小舟老师好书推荐等活动。

多地联盟——影响远

在萤火虫苏州分站这个团队里，有一批扬州妈妈特别引人注目。每次的线上分享她们都热烈参与，扬州叶妈、楚楚、扬妈先后申请成为苏州分站义工。看到我们的一次次活动报道和照片，她们再也忍不住了。于是她们提出邀请，让我带部分家庭去扬州进行联盟，同时指导她们如何进行线下亲子读书会。我们把方案准备好，苏州、扬州两边家庭各自做好准备。扬州叶妈和楚楚负责安排场地、投影、音响等。7 月 5 号，我带着 15 个家庭前往扬州，扬州也招募了 15 个家庭，我们进行了第一次苏扬大联盟。第一次苏扬大联盟取得空前的成功，才艺展示、绘本剧、亲子游戏、阅读分享，很多项目两地友好PK。半天活动下来，孩子与孩子之间，家长与家长之间都成了朋友。我们还一起畅玩了扬州的瘦西湖，然后在笑声中依依挥手惜别，相约下次苏州见。

在接下来的几天时间里，QQ群全是有关这次苏扬大联盟的消息。大家互相晒照片，分享活动感受，说得最多的是再聚一次。于是，8月11日，扬州20个家庭来到苏州和苏州的15个家庭成功进行了第二次苏扬大联盟。这次联盟，苏州的父母们特别热情，在荷韵社区包起了饺子款待扬州家庭。

8月25日，扬州的第一期线下亲子读书会也诞生了。

11月，我们又相约镇江，进行了苏州、扬州、镇江三地大联盟。就这样，萤火之光在镇江点燃。

园区、新区、吴江、昆山、西山、南通、扬州……一切一切的沟通都离不开QQ、微信，离不开互联网，是网络拉进了我们的距离，是网络让我们飞得更高更远。

四、未来学校探索与建设数码社区

从2000年提出建设数码社区的概念开始，新教育一直在思考和探索网络时代的教育变革与学校发展问题。2015年年底，我提出了未来学校的概念，认为未来教育将发生以下变化。

第一，现在的学校（school）将演变为学习中心（learning center）。传统的学校概念将被新的学习中心取代，人们不必每天按时去学校，不必按部就班地学习各门课程。第二，现在教学（teaching）的概念将变为学习（learning）的概念。传统的教师教、学生学的教学活动将变为学习活动。学生的学习活动成为学习中心的主旋律。第三，现在的教师（teacher）将成为成长伙伴（partner）。传统的教师角色变为助教或者成长伙伴。第四，现在的教室（classroom）将成为学习室（learning-room）。传统的教室变成了学生学习的场所。第五，现在的标准化（standardization）教育将变得定制化和个性化（customization and personalization）。传统学校按照统一的标准教学和评价的模式，将变为定制化和个性化。

关于教育变革的问题，有一个著名的“乔布斯之问”：为什么在教育领域信息技术的投入很大，却没有产生像在生产和流通领域那样的效果呢？2011 年 9 月，美国联邦教育部部长邓肯在回应这个问题时认为，原因在于“教育没有发生结构性的改变”。信息技术在教育领域的应用可分为三个阶段：工具与技术的改变，教学模式的改变，最终可能产生的学校形态的改变。

那么，究竟如何在“互联网+”的教育背景下变革学校的形态呢？我认为应该从三个层面来进行。

（一）建立真正以学生为中心的教育社区

我们现在整个教育体系是建立在工业革命的基础上的，它主张大规模，强调效率优先，主张以知识传播为主要目的，这些一直没变化。若这一主张不变，教育的“淘宝”是无法登场的，必须把以知识为中心改为以学生为中心。现在的学校，不管你住在哪里，你都必须早上按时按点到学校来，准时学同样的内容，未来恐怕这个得变。我想未来可能无论你在什么地方，城市还是乡村，你都不用每天按时定点到学校了，没必要了，你可以在家里学习。

中国应该尽早建立在家学习的制度体系。为什么学生不能够在家里学习、在图书馆学习呢？为什么要把不同学习基础、不同学习兴趣、不同学习习惯的人强制性地安排在同一间教室呢？学生完全可以通过网络来学习，通过团队来学习，通过自己来解决学习过程中大部分的问题。一人一张课表，随时调整内容。在未来，无论你在哪所学校，无论你在城市还是乡村，都不必按部就班地学习各门课程。学习是基于个人兴趣和问题解决的需要而进行的自主性学习，是大规模的网络协作学习。学生可能不再需要我们为他提供一个非常完整的知识结构，而是在完成自己最初的知识结构以后，通过自主的学习，建构他们能够满足自己学习的个性化的结构。现在我们给学生设计的这个知识结构太庞大了、太艰深了，造成了大部分学生陪着少部分学生学习的现象。要打破这种模式，国家只需要给一个最基本的要求就可以了。学分、学历、学校未来都不重要，重要的是你学到了什么、分享了什么、建构了什么、创造了什么。

（二）建立国家教育标准和国家教育资源库

首先要建立国家教育标准。为什么呢？因为学习方式的变革，对学习内容会提出更高的要求。不管怎么样，教育越是自由、越是定制、越是个性，就越需要建设高效优质的学习中心，越需要国家力量的整合。教育是什么？教育是文化的选编。教育首先要传播我们这个国家、我们这个民族所崇尚的价值观。国家对这个选择是有责任的，必须建立国家标准。这个国家标准要科学。我们应该让更多的主体来参与制定这样一个标准。这个标准应该更科学、应该更个性、应该有最低限度的要求。

其次是教育资源问题。定了标准以后，提供什么资源？现在网易公开课等很多，许多大学也开设了自己的网络课程，但是我觉得需要国家把全世界最好的教育资源整合在国家教育资源平台上，并且是免费开放；同时尽可能把全国民间教育机构甚至个人开发的各种最优秀的资源进行整合，由国家来收集、政府来采购。现在教育一方面存在投入不足现象，另一方面又存在大量的浪费现象。每个县、每个学校都去建自己的教育平台，都建自己的资源中心，都去开发自己的课件，易造成浪费。这就需要国家组织专业团队，用先进的网络技术把资源整合起来，使"死资源"变成"活资源"，把静态的课程变成动态的课程。

（三）建立基于互联网的教育考试评价制度

什么算好的教育？什么算真正掌握了知识体系？怎样才算是真正有用的人？怎样检验和评价学习的成果？这就需要用评价去推动改革。评价和考试是我们改革发展的风向标，现在我们评价的技术太落后了。中国目前没有几所大学真正具备判断人才水平的能力。我们的评价不是为了改进，而是为了选拔、为了淘汰。这样的一种考试评价机制应有所改变。

未来的评价主要不是为了鉴别，而是为了改进。在学习的早期过程，可以用大数据的概念，自动记录学生的学习过程，并将其作为评价的依据。在记录过程的同时，要发现这个学生的知识点缺陷，及时帮他改进。同时，未来的考试评价会更加重视实际能力而淡化文凭学历。未来的大学也可能出现全新的模式，可以不限制上大学的地点，也不管你在什么地方上大学，只要你能通过严谨而且经过国际认证的评估来证明你自己对某一理论的精通和理解，就可以进入社会找到工作。如果是这样的话，教育会发生什么变化呢？未来学校的竞争将不是学校品牌的竞争，而是课程品牌的竞争。互联网已经提供了这种可能，一个课程可以供 100 万人同时学习，学校的优劣集中体现在课程的优劣。

总之，在这样一个互联网有助于改变一切的时代，一个新的教育世界已经出现在地平线上，我们已经看到了未来学校的曙光。新教育实验在经历了"教育在线”网站、“新网师”等发展阶段以后，会进一步探索新的数码社区模式，为未来教育探路。

五、新教育实验建设数码社区案例

（一）信息技术里的幸福完整生活——江苏泰兴邱玉东老师与教育在线网站的故事

20 世纪 70 年代，我出生于苏中一个普通的生产队。毕业后，我教了 5 年数学，做了 1 年教务，从事了 10 年电教工作，随赛课老师走了不少地方，观摩了大量赛课实况，却始终不能解决我自己的教学问题：信息课堂混乱、设备损坏严重、卫生一塌糊涂。2001 年，国家新一轮课程改革开始，我带着改善课堂的强烈愿望阅读了“新课程改革培训丛书”。或许是我知识基础太过薄弱，这一次的学习和实践几乎没有任何效果。我试着从专业杂志寻求答案，在论坛和 QQ 群与各地老师交流，虽学到了一些硬件管理方法，但机房“脏、乱、坏”的痼疾依旧未能解决。

2012 年 2 月 16 日，我在互联网“偶遇”新教育实验官方网站——“教育在线”。从此，我开始走上了一条不同的路。在网师共同体学习一年，我掌握了“把内容与自身联系”的阅读方法，磨掉了一些为人处世的顾虑，变成了一个日益自信、敢于表达的人。我试着对照佐藤学的《静悄悄的革命》中对课程的要求，创建了“润泽的信息技术教室”，在教室里营造平等、友爱、尊重、互助、放松的家一般的氛围，尽一切可能避免让孩子们产生紧张的行为，用“希望孩子们好”的真爱，温暖孩子们的心。结果是师生关系大为改善，课堂纪律好转，破坏设备和乱扔垃圾的现象大为减少，教育教学管理渐显成效。

这样的改变绝不是自然而然发生的，它首先来源于网师给我个人带来的改变。在一年的学习中，大量的童书阅读引起了我对人生的反思与回顾：《一百条裙子》再现了我少年求学时期的种种不安；《木偶奇遇记》《苹果树上的外婆》《绿野仙踪》抚慰了我童年生活中的失落；《伊索寓言》《世界经典寓言故事印度卷》《中国寓言》帮助我反思个人的人格特征和为人处世方式；《特别的女生萨哈拉》《彼得·潘》教会我如何对待调皮的孩子，增加了我与“捣蛋鬼”相处的信心；《安房直子童话：银孔雀》启发我：新教育之路没有终点，需要一生的求索……任何一个人，唯有活出真正的自己，才可能远离平庸，走向卓越。

2012 年 12 月 20 日，我幸运地与“新教育种子教师项目”结缘，成为一名“种子教师”，并在新教育的路上越走越远。在这个团队中，我有机会接触到新教育课程实践的方方面面，开始摸索着解决课堂问题的真正症结：电脑使用习惯与信息技术课程之间的矛盾。

或许是社会和家庭使用电脑的方式影响了孩子们的习惯，他们打开电脑后首先想到的是“玩游戏、看视频、QQ 聊天以及无目的地浏览互联网”，对电脑的看法也仅停留在这个层面上，这直接导致他们上信息技术课时“心系娱乐”，无法专心学习信息技术课程内容。

“新教育种子教师项目”建立了“以先行者引领成长”的教师成长模式，着重于在个人学习和实践的基础上，用新教育先行者的行动示范引领种子们快速成长。我积极参加了项目组织的网上培训。这样的培训，每一次都会带给我惊喜。孩子们终于在没有强迫、没有威吓、没有吼叫的情况下，怀着友好、热爱的心情感受信息技术的魅力！

“缔造完美教室”的培训，让我看到了完全不同于传统教育的校园生态；“学校集体活动仪式”的培训，让我看到了仪式对生命刻写的重要性，适时合理的仪式，可提高课程的庄重感，使看似平凡的日常教育活动变得深入人心；“整本书共读”的培训告诉我：特定的新教育书籍，能够丰富孩子们的生命，催生多彩的生命花朵。同孩子单独一个人阅读一本书相比，师生、亲子共读长篇童书，不仅可以融洽师生、亲子关系，更能极大促进孩子们精神的成长与成熟；“卓越课程”的培训，使我对课程有了新的认识：我们真正要关注的，不是一堂课，而是整个课程。课程，就是我们穿越这段旅程中的全部意愿、计划、资源、行动、反思、建构下的经验。课程就是“道”，就是被我们用脚走出来的道路。课程，就是通过这条路，走到道路终端。这就是我们思考的课程。

我明白了：对没有“走过”信息技术课程的孩子而言，再好的内容也等于零。怎么把孩子们的注意力从游戏、视频、聊天等吸引到信息技术课程中来？我持续留意种子教师们新教育实践的分享，意识到了阅读课程对孩子们成长的重大作用，我开始带着孩子们用电脑共读《苏菲的杰作》《花婆婆》《犟龟》等世界名著。我被这些小书深深地感染了，孩子们在我充满激情的引导下，也被故事深深地打动。一节节阅读课下来，孩子们慢慢从应试教育的藩篱中苏醒，从“唯成绩论”的舆论氛围中解脱，桀骜不驯的性情有所变化，愿意合作的孩子越来越多。为了让孩子们感受校园教育生活的美好，读完3本书后，我选择在信息技术课前5～10分钟内，和孩子们一起诵读狄金森诗歌。一次次诵读唤醒了孩子们沉睡的生命，他们的心态日益开放，开始以新奇的目光审视信息技术课程，开始以探索者的姿态，潜心学习信息技术课程。孩子们终于在没有强迫、没有威吓、没有吼叫的情况下，怀着友好、热爱的心情感受信息技术的魅力！

我一直期盼的现象出现了：孩子们饱含着欣赏美、创作美、感恩等的情感，全心投入信息技术学习。信息技术课程的参与度、作业质量都有了大幅度的提升。依靠师生共读，激发生命活力，我终于找到了激发美好情感、避免“高分低能”的方法，向解决机房“脏、乱、坏”迈出了极其重要的一步……

然而，好景不长。到了初二下学期，中考的压力骤然增大，孩子们的阅读兴趣开始回落，上课漫不经心，课堂死气沉沉。想到孩子们正处于人生观、世界观形成的重要时期，我试着用《我等待》《写给孩子的哲学启蒙》《失落的一角》《夏洛的网》等与人生、生命有关的书，引导孩子们思考“人到底为什么活着”这样重大的人生问题。习惯于为“读记背默”而读书的孩子们，还不懂得怎样阅读伟大感人的著作。我告诉那些未投入阅读的孩子：真正的阅读不是读文本，也不是读情节；真正的阅读，读的是感情！阅读时要把自己放入书中，投入真挚的感情体验书中的温馨、热烈、失落、沮丧等情感，与作者和角色对话。我告诉孩子们，在阅读中没有成绩好坏之分，凡是认真阅读的孩子都是好孩子。

在这样的疏导下，孩子们慢慢地沉入阅读的美妙境界，开始享受阅读的乐趣。而我也再一次发现了投入阅读的孩子的美好。2013年8月20日，我荣幸地被安排到北京新教育实验学校参加培训。一个个优秀种子教师的成绩，触发了我在教室持续不断地践行新教育思想的愿望。新学期来临，我按照“新教育种子教师项目”的要求，每月书写月度叙事，像翻阅“病历”一样回顾某一个孩子、某一个班级的成长轨迹，一次次完成从实践到理论的提炼，经历了从“懵懂的实践者”到“理性的思考者”的蜕变。

2013 年 11 月，在种子计划项目组的安排下，我又参加了在成都举行的“阅读的力量——第三届新教育国际研讨会”，聆听了国际同行和新教育的榜样们关于阅读的理论和实践的分享，深刻认识到了阅读对师生成长的重大作用。我被济济一堂的新教育阅读者的成长经历所感染，回到学校即向领导介绍新教育的美好，不知不觉间，我打开了一扇与校领导进行沟通的新大门。从此以后，我常用新教育研训心得向校长汇报学习体会。领导两次安排我对全校青年教师举行讲座，介绍我的成长经验。

在这些行动的综合作用下，我开始变得自信、大度、从容起来，对新教育也开始有了不一样的认知。回望这一段新教育的旅程，它不仅解决了教育工作中困扰我多年的“素质养成”问题，让我在教育生活中做得从容不迫、得心应手，还改变了我的人生轨迹，让我与家人、亲朋的相处都得到了改善。我想我可以说：我正在过一种幸福完整的教育生活。

(本案例由江苏省泰兴市西城初级中学教师邱玉东提供。)

（二）在网师中寻找最真的自己——山西忻州郝晓东老师与新教育网络师范学院的故事

时光回溯到 2009 年，那时我已经在高中教书 10 年。几轮高三过后，职业生涯进入了困顿、彷徨期，加之工作单位刚刚变化，职位变化带来的落差感、收入锐减的紧缩感、忙碌琐碎事务的无意义感、专业停滞不前的无力感、前景模糊的迷茫感等等一起袭来，一句话：风雨飘摇中我失去了自己。

很偶然的一个机会，经由朋友介绍看到了《新教育网络师范学院招生简章》，其中几句话瞬间“击中”了我：虽同样身处浮躁的时代，但不肯放弃早已被许多人弃如敝屣的理想，而是始终怀着一颗真诚的心，勇于承担身为教师的责任，在自己或者希望在自己的教室里，守护着最初的纯真愿望；追求真理，求知若渴，愿意亲近那些真正伟大的书籍，尤其是那些能够帮助我们理解教育、理解人性、解决问题的专业书籍，并且甘心承受一次次的“打击”，勇于不断地自我否定，将专业修炼视为终身之事；随后纵身一跃，从此“嫁入王室”。

当时并不知道，这次不经意的选择成了我人生中的关键事件——改变了我的人生走向。

加入网师后，为了提高课堂教学水平，我选择了“构筑理想课堂”课程学习。每日在工作之余解读文本、撰写作业、在线上课。讲师全新的教学思路、专业的学术根基、严谨的课堂讨论深深吸引并启发了我。那时网络还不普及，也没有智能手机，为了提交作业、在线上课，我经常利用到校长办公室“蹭网”。每次上课都是一次“高峰涌现”、一次顿悟、一次提升。每次看到作业通过，都会兴奋很长时间。

2010 年，我开始了人生中一段难忘的时光。受忻州师范学院委派，我独自一人带着 23 名大学生走出太行山，千里迢迢远赴海南岛五指山市黎村苗寨的小学，我的工作从教中学生变为指导大学生开展实习支教。

开启一段清贫而又丰饶、纯粹而激情燃烧的岁月。

远离家乡、家人，在陌生的环境里，新教育网络师范学院对我而言有了新的意义：既是精神家园，也是工作导师。与网师朋友一起学习、交流不仅排除了我独身一人在异地的孤独与寂寞，而且为我指导大学生的教育教学明确了方向、提供了方法。网师学习提升了工作质量，通过指导大学生我将所学的知识“活了出来”。可以说，在网师的学习与我的工作也完全融为了一体。

我一边跟着网师中的各位讲师潜心学习，如饥似渴地吸吮着知识的琼浆玉液，一边深入课堂，将所学的知识运用到指导大学生进行教育教学中来。我每学期要听 60 多节实习支教大学生的课，在网师学习到的课堂教学知识正好运用到工作指导中。理想课堂三境界、文本解读三要素、教材解读三结合、目标确定三维度、课堂板块与节奏、自由与纪律等等，在一次次的研课、评课中，逐渐融入我的知识结构。随着与当地学校交往的加深，我逐渐受邀参与到教育局教研室的一些工作当中，对全市 1 000 余名中小学老师进行了一轮培训，担任五指山市小学语文教学大赛总评委……

随着时间的推移，我在网师中的学习逐渐得到了讲师的认可。当网师教务长询问我有没有信心承担一门课时，我知道单凭我当时的能力还不足以完全胜任讲师的工作，但教是最好的学，我决定挑战自己一把，结合我的指导小学语文课堂的工作，我承担了构筑理想课堂的课程。

之后连续 3 个学期我承担了构筑理想课程的任务，在各位“大咖”讲师的指导下，与全国各地的老师一起打磨、研讨每一篇课文的解读，每一堂课的大问题、交集点、板块等。记得第一次主持《泊船瓜洲》这首诗歌的研讨时，我不仅写了上万字的解读分析，还为了有切实感受，亲自到毛阳小学五年级借班上课，并写了几千字的课堂实录。

与此同时，我陆续选修了存在哲学、诗歌理论、文本解读、苏霍姆林斯基教育学、皮亚杰的心理学等课程。那时，网师每周发一篇“网师一周观察”的文章，网师人形象地称其为“网师班会”。这些文章或围绕某一知识点进行深度剖析、详细阐述，或一针见血地指出网师学员在学习中存在的问题和不足，或发掘网师榜样以激励、鼓舞更多的老师见贤思齐。

受“网师班会”的启发，我开始以写信的方式，将日常教育教学工作中的所见、所闻、所感、所思写出来，以此指导大学生在他们的教室内践行新教育“每月一事”主题活动，开展“晨诵、午读、暮省”课程，举行“月末庆典”仪式，等等。

这些信件，以实习支教带队指导工作为基础，围绕初登讲台教师的教育教学工作，以新教育理念、方法为指导，从成长、阅读、管理、课堂、卓越、爱心等方面探讨了青年教师的生命成长、专业发展、阅读写作、团队精神、工作品质等话题，日积月累，陆陆续续写了十几万字。后来，在朱永新老师的指导和推荐下，我出版了一本专著《给青年教师的四十封信》。

从2011年至今，我先后在新教育网络师范学院承担了网师院刊《啃读者》的编辑任务，撰写《网师一周观察》文章，主持“构筑理想课堂”“教育学经典解读”“儿童的人格教育”等课程，后两门课程的讲义也编辑成《改变教育的十二个关键词：啃读教育经典》，由大象出版社出版。

《改变教育的十二个关键词》

10年来，因网师学习的主要原因，我的工作和生活也发生了巨大的变化：从中学老师转为大学老师，被《教师博览》杂志社聘为“特约作者”，担任中国陶行知研究会理事，陆续在各种报刊发表几十篇文章，在当地中小学建立读书会，指导一线教师的专业发展……

10年过去了，回头来看，新教育网络师范学院是什么？

它不是吸引“教室里失败者”聚拢起来相互取暖、自我安慰的“小火炉”，不是以攀附名家为目的的“名利场”。它指明了方向，但需要你去攀登；它指向专业发展，但前提是职业认同；它朝向卓越，但要以教室为出发点和落脚点；它改变课堂，但慢慢你会感觉，其实影响了人生走向……

在相当长的时间里，我自认为是一只丑小鸭、灰姑娘，丧失了直指苍穹的梦想和锐志，是网师让我发现了自己也有变成白天鹅、公主的可能性；曾经迷恋于各种讲座、徜徉于各种杂志、膜拜于各种教育明星，是网师告诉我没有任何现成的神话能替代穿越书籍的过程；当房子、车子等“硬件”已经具备，困惑于此生的意义何在时，是网师引领我深入哲学，体悟到此生之真谛和归宿。

帕克·帕尔默说：“真正好的教学不能降低到技术层面，真正好的教学来自教师的自身认同与自身完整。”我想，这正是新教育网络师范学院的独特价值，它传授了教育教学的技术，还带领你认识自我，塑造自我，寻找到最真的自己。

(本案例由忻州师范学院教师郝晓东提供。)

第九章
推进每月一事

新教育实验自诞生之初，就高度重视习惯养成问题。21 世纪初叶，我们提出新教育实验的五大核心理念之一，就有“教给学生一生有用的东西”。“有用的东西”自然还包括知识、技能等，但我们强调的“一生有用的东西”，主要是指对人的一生影响最为深远的习惯。其后，新教育以“推进每月一事”项目落实这一理念，在“每月一事”的 12 个习纲主题以及从中分化出来的 36 个习目专题的实施上，已经取得了初步的成效，受益师生的核心习惯已经开始为他们的教育生活增添持久的动力。

一、新教育实验“每月一事”的提出与特点

新教育实验是在知识经济与信息社会的浪潮中应运而生的。新教育诞生之初，即秉承着鲜明的行动哲学和田野精神。在研究新教育的培养目标时，我们希望以更朴素易懂的方式体现“教给学生一生有用的东西”这一理念，决定用“习惯”一词体现这个时代的价值追求，把内在的不可触摸的“素养”变成能够外显、可以培养的“习惯”，变成具体的“每月一事”项目，通过一个个可操作实施的课程，将之体系化、固定化。

“信、望、爱、学、思、恒”的成功六字诀，在 2003 年 7 月的第一次新教育实验年度研讨会上发布，成为我们对知识、技能之外的“有用的东西”所进行的第一次概括，也成为推进习惯养成工作的第一次冲刺。

从 2006 年开始，我们在苏州大学的博士课程上，通过近一年时间的反复讨论，筛选出对一个人学习、工作和生活有着关键作用的最重要的习惯，将我们的探索更为精确细化。

2007 年，我们正式推出了以培养良好习惯为主要目标的新教育“每月一事”项目，开始在海门新教育实验区探索。

2007 年 3 月，海门新教育实验区在三厂小学举行了区域“习惯养成教育”推进会。许新海博士全面解读了《区域好习惯养成教育行动指导纲要》，并就区域推进“每月一事”做了全面部署。

2008 年和 2009 年，又分别在海师附小和三星小学等举行了现场研讨会，总结出一整套相对成熟的“每月一事”行动方案。

2009 年，海门新教育实验区编写的《一生有用的十二个好习惯——新教育实验“每月一事”项目操作手册》，由天津教育出版社正式出版，并在新教育实验区

(校) 内推广使用。该书介绍了项目的 12 个大主题：1 月，吃饭——节约的主题；2 月，走路——规则的主题；3 月，种树——公益的主题；4 月，踏青——自然的主题；5 月，扫地——劳动的主题；6 月，唱歌——艺术的主题；7 月，玩球——健身的主题；8 月，微笑——交往的主题；9 月，阅读——求知的主题；10 月，家书——感恩的主题；11 月，演说——自信的主题；12 月，日记——自省的主题。

近年来，在总结海门和其他实验区经验的基础上，并借鉴国内外核心素养等方面的理论研究成果和实践探索情况，我们对 12 个习纲主题进行了适当调整，并提出了 36 个习目专题，如图 9－1 所示。

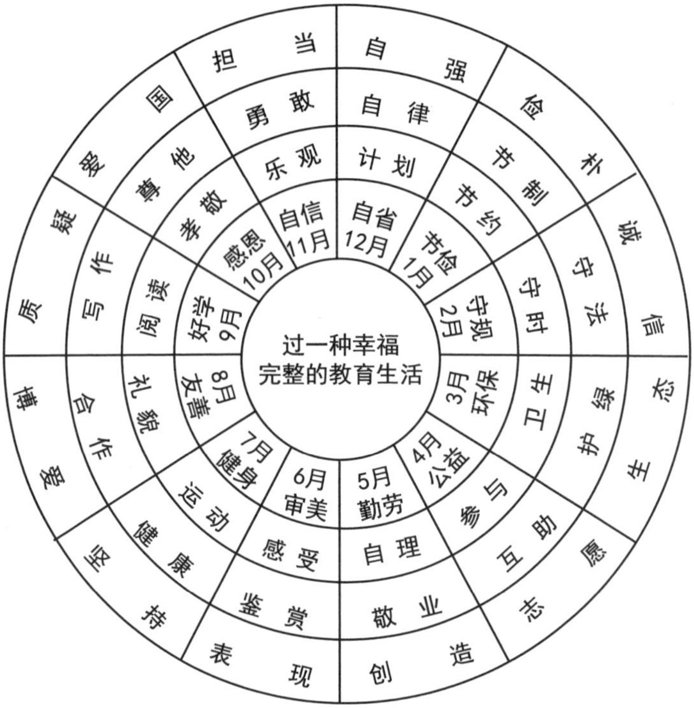

图 9－1　新教育每月一事 12 个习纲主题 36 个习目专题

新教育实验“每月一事”有以下几个特点。

（一）具有独特的教育价值取向

“每月一事”的习惯养成，所养成的不是零碎的杂乱的习惯，而是以习惯为路径，明确指向教育生活的幸福完整，明确指向一个人的人格塑造。“每月一事”的实施，让师生的教育生活从被学科割裂到变得完整，践行“每月一事”的过程本身就是一种幸福的教育生活。“每月一事”所梳理与提炼出的 12 个习纲，是一个“完整的人”所必须具备的素养，这样“完整的人”也就必然会创造并拥有“完整幸福”的生活。从这一价值取向出发，我们在 12 习纲的内容安排上，以自我发展、社会交往和文化学习为维度，不仅直接服务于自然生命的延长、社会生命的拓宽和精神生命的提升，也与国家提出的核心素养结构相呼应。

（二）具有独特的实践行动模式

从理论建构的角度来看，“每月一事”尽管只是一个具体的项目，但也正因其具体，形成了对新教育的宗旨“过一种幸福完整的教育生活”以及五大理念之一的“教给学生一生有用的东西”的具体展开。生活是否幸福，与我们的日常生活和工作密不可分，与我们生活工作中的各种习惯密不可分。一个人从小养成什么样的核心习惯，就意味着他将会成为什么样的人，也直接影响到他人生的幸福。“每月一事”所确立的主题，从每月一事的命名，到习纲主题、目标指向和习目专题的设计，都具有鲜明的操作性与行动性，覆盖了一个学生从小学到大学的教育生活，并为学生的终身学习奠定了坚实基础。

（三）契合家校生活的节奏和儿童生命的节律

家校生活的节奏和儿童生命的节律，是“每月一事”项目的经线和纬线。我们以一年的学习为周期整体设计每个月的主题，包括了寒假、暑假，让家庭、学校教育有机地形成一个整体。比如，1 月份，临近寒假和春节，参加聚会的时间会多起来，就围绕“节俭”的主题，让学生学会节约粮食，不铺张浪费。2 月是寒假，出门的时间多起来，就围绕“守规”的主题，引导学生学习作为一个社会成员应该具有的契约精神和规则意识。9 月是开学的日子，9 月 28 日是孔子诞辰日，也是新教育实验学校的阅读节，就以“好学”为主题，培养学生的阅读习惯。

同时，在设计 12 个习纲时，具体到每一个习惯的设计，按照学生身心发展的内在规律，由浅入深、由简至繁，分为不同发展阶段。例如，“节俭”的主题，在低年段偏重于“节约”，在中年段强调“节制”，在高年段则注重“俭朴”。“勤劳”的主题，在低年段偏重“自理”，在中年段强调“敬业”，在高年段则注重“创造”。“公益”的主题，在低年段偏重“参与”，在中年段强调“互助”，在高年段则注重“志愿”。

因此，在“每月一事”的具体落实过程中，最理想的状态是围绕这 12 个习纲，每个月都通过吻合儿童成长规律的课程，用不同的内容、不同的方式，逐年深入，完整落实到每一学年。但是，具体到各个学校、班级，根据习惯不同、养成习惯的时间不同的原理，各个学校可结合各自的具体情况，在某一段时间里有针对性地强化进行“每月一事”中的某一件事，也完全可行。

这样习纲清晰、主题鲜明、习目完整、经纬交织而成的“每月一事”项目，全方位地覆盖了家庭和学校生活，特别契合教育的各方规律，让习惯在润物无声中悄然养成，让人格在习惯养成中逐步发展，让生活在人格发展中幸福完整。

二、新教育实验“推进每月一事”的内涵与操作

推进每月一事，是新教育实验的十大行动之一，也是新教育实验关于习惯养成的独特创新。“每月一事”虽然不完全等同于习惯养成，但“每月一事”确实是习惯养成的重要方法，是学校德育工作的重要载体，也是缔造完美教室的重要路径。

“每月一事”是一个包含着多种课程的项目，每一个主题都是一个自成一体的小小课程系统。它始终处于动态生成中，不断被执行与落实，也不断被创造、丰富和完善。它根据学生的身心发展特点和家校生活的节律，梳理学校的各种仪式、庆典、主题班会等各种活动，融合学科课程、活动课程等，整合多方相关资源，每月开展一个主题教育活动，通过明确有序的方式培养学生良好的习惯，从把教育生活变得完整而幸福入手，教给学生一生有用的东西，建构学生的人格，帮助学生创造幸福完整的人生。

（一）“每月一事”的主要内涵

“每月一事”的项目，主要从习纲主题、目标指向、习目专题和每月事名四个部分展开。习纲主题，指希望养成的习惯；目标指向，指希望通过习惯养成而形成的品质；习目专题，指按照递进关系把每个习目细化为低、中、高三个层次；每月事名，指以适合年龄阶段的一件小事为起点。就这样，从一件又一件小事出发，螺旋式上升，在生活中反复锤炼，最终养成良好习惯，形成相应的品质，如表 9－1 所示。

表 9-1 每月一事的 12 个习纲主题 36 个习目专题

每月一事	习纲主题	目标指向	习目专题	事名举例
1 月	节俭	讲俭省	节约	1 月，让我们学会吃饭
			节制	1 月，让我们在约定的时间玩游戏
			俭朴	1 月，让我们学会爱惜旧物
2 月	守规	重原则	守时	2 月，让我们按时上学，不迟到
			守法	2 月，让我们不闯红灯
			诚信	2 月，让我们做错事情不说谎
3 月	环保	护环境	卫生	3 月，让我们做个干净的孩子
			护绿	3 月，让我们去种树
			生态	3 月，让我们学会垃圾分类
4 月	公益	做好事	参与	4 月，让我们参加一次公益活动
			互助	4 月，让我们做一件好事
			志愿	4 月，让我们做一回组织活动的志愿者
5 月	勤劳	爱劳动	自理	5 月，让我们学会扫地
			敬业	5 月，让我们认真值日
			创造	5 月，让我们制作模型
6 月	审美	懂艺术	感受	6 月，让我们学唱一首歌
			鉴赏	6 月，让我们欣赏一幅画
			表现	6 月，让我们表演一个节目
7 月	健身	惜生命	运动	7 月，让我们玩球去
			健康	7 月，让我们按健康的作息生活
			坚持	7 月，让我们天天跑步
8 月	友善	会交往	礼貌	8 月，让我们懂得礼貌
			合作	8 月，让我们成为好朋友
			博爱	8 月，让我们走进一个民族（国家）
9 月	好学	乐求知	阅读	9 月，让我们快乐阅读
			写作	9 月，让我们专注思考
			质疑	9 月，让我们挑战大师
10 月	感恩	有爱心	孝敬	10 月，让我们给父母写家书
			尊他	10 月，让我们为师友做件事
			爱国	10 月，我爱祖国的十个理由
11 月	自信	我能行	乐观	11 月，让我们受了委屈不生气
			勇敢	11 月，让我们登台演讲
			担当	11 月，让我们主动挑起一件重任
12 月	自省	善反思	计划	12 月，让我们做好计划
			自律	12 月，让我们记录生活
			自强	12 月，让我们挑战困难

1 月的习纲主题是节俭，它的目标指向是讲俭省，习目低、中、高三个层次分别是节约、节制、俭朴。节俭是积累，让人生奠定着厚积薄发的基础，将世界变成一座富矿。《朱子家训》中说：“一粥一饭，当思来之不易；半丝半缕，恒念物力维艰。”当节俭成为习惯，人就从物质上创造出了聚宝盆。同时，人们都知道，知足常乐；索求无度，自然无法平静，也无法幸福。节俭的人，自身付出的努力多，对外界要求却不高，特别容易知足，也就最能感受幸福。我们可以把“1 月，让我们学会吃饭”“1 月，让我们在约定的时间玩游戏”“1 月，让我们学会爱惜旧物”等作为这个月的事名，从吃饭时珍惜粮食着手，从爱惜身边的物品开始，在这个基础之上，帮助学生养成有节制的生活习惯和俭朴的生活方式，这会让学生受益终身。

2 月的习纲主题是守规，它的目标指向是重原则，习目低、中、高三个层次分别是守时、守法、诚信。我们生活在一个有规则的世界。规则是这个世界能够顺利运行的前提，是人们为了生存和发展而共同制定的契约。规则是权利、责任与义务的统一，也是让我们的生活更加有序、让我们的人生更加和谐的基本保障。生活在社会之中，就要遵守大家共同制定的游戏规则。不遵守规则的人可能会得到一些便宜，但是往往聪明反被聪明误，最后成为被规则抛弃、受规则惩罚的人。从开会约会的“守时”，到日常生活的“守法”，再到社会生活中的“诚信”，规则让我们成为有信用的人、文明的人。如果谁不能守时，谁就是在浪费相关人的生命。如果谁不能守法，谁就会像断线的风筝，获得瞬间的疯狂，马上就会栽到地面上。如果谁不能守信，谁就会消耗自己的声誉，成为被人漠视的对象。所以，“守规”是一个非常重要的习惯。遵守规则的最高境界是慎独，即规则在自己的心中，有人监督的时候遵守，没有人监督的时候也能如此。我们可以把“2 月，让我们按时上学，不迟到”“2 月，让我们不闯红灯”“2 月，让我们做错事情不说谎”等作为 2 月的事名，从这些小事中培养出学生对规则的敬畏和遵守规则的习惯。

3 月的习纲主题是环保，它的目标指向是护环境，习目低、中、高三个层次分别是卫生、护绿、生态。3 月的许多节日都与环境保护相关。如 3 月 5 日的青年志愿者服务日、9 日的保护母亲河日、12 日的中国植树节、21 日的世界森林日、21 日的世界睡眠日、22 日的世界水日、23 日的世界气象日、24 日的世界防治结核病日等。围绕 3 月的主题，我们可以从个人卫生习惯的养成，到保护大自然的习惯，再到珍惜人类的生态系统，了解人与自然共生共长、互相依赖的关系。讲卫生是爱护自己，自己正是世界上独一无二的存在。而这个世界不仅因为丰富多彩而美好，也因为丰富多彩才能运转、才能存在。爱护环境是爱护我们的家园，爱护动物植物就是爱护人类自身。当我们养成环保的习惯时，不仅会用更加平等的目光去看待万事万物，从大自然中获得更多美的享受，而且能够拥有一种更加宁静平和的心境。我们可以把“3 月，让我们做个干净的孩子”“3 月，让我们去种树”“3 月，让我们学会垃圾分类”等作为这个月的事名，帮助学生循序渐进地养成环保的习惯。

4 月的习纲主题是公益，它的目标指向是做好事，习目低、中、高三个层次分别是参与、互助、志愿。公益，简单地说，就是于公有益的事。从乐于参与，到互助合作，到志愿奉献，这种人人为我、我为人人的行动，能够创造出更多的美好，能够让更多的人分享幸福——而幸福的神奇之处正在于，它会因分享而增加。这个主题是我们在研发这次主报告时重新调整的。原来只是在 3 月的主题中含有“公益”的内容，在重新研发的过程中，专家讨论后认为志愿者精神与公益情怀应该单独作为一个重要主题，与环保主题并列。所以，我们把“在春天踏青，与大自然相拥”的主题改为做志愿者。4 月的节日也比较多，除了清明节之外，有 4 月 2 日的国际儿童图书日、4 月 7 日的世界卫生日、4 月 22 日的世界地球日、4 月 23 日的世界图书和版权日（阅读日）、4 月 25 日的全国儿童预防接种宣传日、4 月 30 日的全国交通安全反思日、4 月第四个星期日的世界儿童日等。在这个月可以合理利用和整合节日的教育资源，如通过公益主题的阅读，让教育有更加实际的效果。我们可以把“4 月，让我们参加一次公益活动”“4 月，让我们做一件好事”“4 月，让我们做一回组织活动的志愿者”等作为 4 月的事名，从身边、从此时此刻做起。

5 月的习纲主题是勤劳，它的目标指向是爱劳动，习目低、中、高三个层次分别是自理、敬业、创造。5 月的第一天就是国际劳动节。我们认为，对于每一位深爱自己孩子或学生的父母与教师来说，应该学会让孩子和学生自己的事情自己做，应该让孩子和学生承担必要的劳作。从某种意义上说，剥夺了孩子和学生的劳动权利就等于使他们丧失了成长的机会。而放手让他们参加劳动实践，让他们具有起码的生活自理能力，是对他们最好的爱。正如东汉名士陈蕃的那个经典故事一样：陈蕃少年时自命不凡，一心只想干“大事业”。一天，其友薛勤来访，见他独居的院内脏乱不堪，便对他说：“孺子何不洒扫以待宾客?”他答道：“大丈夫处世，当扫除天下，安事一屋?”薛勤当即反问道：“一屋不扫，何以扫天下?”陈蕃无言以对。任何大事都是由小事积累而成，任何伟大的人都要从会扫地这样的小事做起。曾国藩曾经说：“勤为万德之本、万艺之源。”《周易·易经》说：“天行健，君子以自强不息。”敬业、自强不息，是中华民族的优良美德。在劳动中学会尊重他人、理解他人，在劳动中学会工匠精神、敬业爱岗是自立的必然追求。越是有才能的人，越是能够在劳动中感到至高的欢乐，能够从劳动中获得创造的灵感，能够在劳动中学会主动创造、追求卓越。我们可以用“5 月，让我们学会扫地”“5 月，让我们认真值日”“5 月，让我们制作模型”等作为 5 月的事名，养成热爱劳动的习惯，让生命呈现出最大的价值。

6 月的习纲主题是审美，它的目标指向是懂艺术，习目低、中、高三个层次分别是感受、鉴赏、表现。6 月是属于儿童的，也是属于艺术的。6 月 1 日就是国际儿童节和国际儿童电影节，6 月 30 日是世界青年联欢节，我们选择把艺术主题定在 6 月，通过每年一个月的艺术教育活动，让孩子们学会一两样自己喜欢的乐器，学会几首能够陪伴自己一生的歌曲，更重要的是拥有审美的能力与习惯。我们一直梦想着新教育的每一个孩子身上都洋溢着艺术的气息，不是要求每一个孩子都成为艺术家，而是希望孩子们能够成为一个懂得欣赏艺术、热爱艺术、尊重艺术的人。如果能够让艺术陪伴孩子们一生，他们一定是一个精神生活丰富的人。学会审美，拥有审美的良好习惯，我们的生命就能够绽放出更多的美好。一个人应该尝试亲近各种艺术，从中学习美、感受美。一颗麻木的心灵，对美会视而不见。这样的生命既失去了从世界上收获美的机会，也创造不出美。一颗敏锐的心灵，能够从生活中捕捉美，这就为传播美打下了基础，也成为创造美的前提。我们可以用“6 月，让我们学唱一首歌”“6 月，让我们欣赏一幅画”“6 月，让我们表演一个节目”等作为 6 月的事名，以美装饰我们的生活，以美濡染我们的灵魂，让美的外在与内在完美交融。

7 月的习纲主题是健身，它的目标指向是惜生命，习目低、中、高三个层次分别是运动、健康、坚持。7 月初开始是长长的暑假，如何有效科学地安排?我们建议，让学生每天有 30 分钟到一个小时的运动时间，培养学生的运动习惯、运动兴趣与运动能力。人们越来越习惯于说：健康是 1，其他是 0。的确，没有了健康的 1，后面的 0 都将成空。健身，就是要管理好自己的身体，为经营美好人生奠基。不仅如此，大量的科学研究还证明，身与心密不可分。运动不仅能锻炼身体，还能强化意志。健壮的身体，更容易锻造健全的精神。运动不仅能让人的灵活性、耐久力、速度、毅力得到锻炼，让人变得更加勇敢、机智，还能够增强人的规则意识。集体运动同时还能培养团结合作、集体主义的品质。如果一个人终身都能保持运动的好习惯，对其身心发展会产生重要的影响。我们可以用“7 月，让我们玩球去”“7 月，让我们按健康的作息生活”“7 月，让我们天天跑步”等作为 7 月的事名，开展形式多样的运动健身项目，弘扬坚持不懈等的体育精神。

8 月的习纲主题是友善，它的目标指向是会交往，习目低、中、高三个层次分别是礼貌、合作、博爱。8 月仍然是暑假时间，许多孩子暂时离开校园。他们或者跟着父母去远行度假，或者到亲戚朋友家小住，或者在社区参加各种活动，接触的人更多了。因此，这段时间对于休息在家的学生们来说是学习交往的艺术的最好的机会。人是社会性的动物。与他人的相互理解、相互交流是每个人与生俱来的心理需求。友善，是一个人最美的名片，是一颗心最可亲的介绍信。友善也是一块最肥沃的土地，能够把希望之苗孕育成参天大树。在现代社会中，各行各业的分工越来越细化，心与心的距离也越来越遥远。友善就像胶水，将不同种族、不同国家的人凝聚起来，让世界变得温暖。所以，让学生学会微笑地和别人打招呼，学会主动地帮助别人，学会心理换位和沟通艺术，学会站在对方的立场思考问题，学会尊重别人的习惯、思维、隐私，学会与人合作、共同生活，是这个主题的重要内容。我们用“8 月，让我们懂得礼貌”“8 月，让我们成为好朋友”“8 月，让我们走进一个民族（国家）”等作为 8 月的事名，是因为社会交往能力是人最重要的能力之一，社会交往也是获得幸福感的重要来源。

9 月的习纲主题是好学，它的目标指向是乐求知，习目低、中、高三个层次分别是阅读、写作、质疑。金色的 9 月，是新学期伊始，莘莘学子播撒新希望的时期。营造书香校园，本身也是新教育最重要的行动之一。9 月 28 日，是孔子的诞辰日。代表中华民族文化精神的伟大人物孔子的好学精神一直激励着人们自强不息。在这个月，新一轮的学习成了新一次的播种和耕耘。但是，无论是从书本中还是从生活中学习到的东西，只有经过潜心思考，才可能在自己的生命中扎根，成为给人生源源不绝输送养分的智慧。现代社会是终身学习的社会，阅读是学习最根本的路径之一。我们希望，书香浓浓的 9 月只是一个美丽的起点，接下去在学校生活的每一天，都有“晨诵、午读、暮省”的儿童生活方式，都有儿童阶梯阅读，都有教师专业阅读，都有家庭亲子共读。我们可以把“9 月，让我们快乐阅读”“9 月，让我们专注思考”“9 月，让我们挑战大师”等作为 9 月的事名。当学习成为终身的习惯，成为一个人能够立于不败之地的根本时，幸福就有了一生的保障。

10 月的习纲主题是感恩，它的目标指向是有爱心，习目低、中、高三个层次分别是孝敬、尊他、爱国。刚出生的婴儿毫无生存能力，每个婴儿之所以能够活下来，是因为在生命的早期受到了他人，尤其是家人的友善对待。我们的血管里流淌的是父母、是祖父母、是家族、是这个民族的血液，没有他们就没有我们的存在。除此之外，我们需要感谢的人太多太多。我们每天的衣食住行，都与那些与我们素不相识的工人、农民和许多其他的劳动者息息相关。我们赖以生存的大自然，给我们蓝天白云、给我们河流海洋、给我们鲜花绿荫，让我们享受它的恩惠。我们的学习、工作离不开老师、同学、同事、领导、朋友的帮助，那么多双温暖的手会紧握住我们的手，让我们不那么孤独。而这一切，都需要我们用一颗感恩的心面对，用一颗感恩的心回馈。10 月有许多节日与感恩有关，如 1 日的国庆节、4 日的世界动物日、6 日的国际老人节、13 日的国际教师节，特别是在农历八月和九月之际的中秋节、农历九月的重阳节。无论是以团圆为主题的中秋节，还是以敬老为主题的重阳节，都充满着浓浓的感情。因此，和西方的感恩节在 11 月不同，我们把感恩的主题放在 10 月。学会以恰当的形式感谢父母的养育、感谢老师的教诲、感谢他人的帮助、感谢自然的赐予、感谢社会的关爱、感谢祖国的培育，我们可以用“10 月，让我们给父母写家书”“10 月，让我们为师友做件事”“10 月，我爱祖国的十个理由”等作为 10 月的事名，对他人表达满心的感动，让自己做一个有责任感的人。

11 月的习纲主题是自信，它的目标指向是我能行，习目低、中、高三个层次分别是乐观、勇敢、担当。自信是可以把渺小变成伟大的力量，是能够让普通的生命书写出传奇的魔笔。自信甚至是拯救人的一种力量，能够让人在逆境之下逆风飞扬。一个乐观的人，容易产生自信；一个勇敢的人，容易检验自信；一个有担当的人，容易体现自信。在这些行动中，我们特别推崇演讲。“培养卓越口才”本身就是新教育十大行动之一，我们对于演讲背后的自信，以及自信背后的倾听、乐观、勇敢、担当等品质有着特别的关注。人的表达与沟通能力是非常重要的，是一个人一生最需要的能力之一。有人说，语言的力量能征服世界上最复杂的东西——人的心灵。演讲的重要心理基础是自信、勇敢与担当。一个人的演讲能力，往往与他的自信心紧密联系在一起。敢于大声表达自己意见的人，往往有比较强的自信心。所以，在一定意义上说，锻炼口才的过程，也是增强自信心的过程。我们可以用“11 月，让我们受了委屈不生气”“11 月，让我们登台演讲”“11 月，让我们主动挑起一件重任”等作为 11 月的事名，让自信这轮心灵深处的小太阳发光，养成自信的习惯，让自己的人生路上洒满阳光。

12 月的习纲主题是自省，它的目标指向是善反思，习目低、中、高三个层次分别是计划、自律、自强。有人说，生活不是我们活过的日子，而是我们记住的日子。有人说，未经反思的生活不值一过。无论如何，在一年中的最后一个月，自省应该成为一年结束的必修课。所以，一个人如果能够积极规划和安排自己的时间与生活，那么他（她）一定是一个不甘沉沦的人。一个人如果能够坚持用心地记录自己每天的生活、工作、学习和思想，能够用这些记录来盘点这一年的得失，就一定能够学会倾听自己的声音、学会与自己交流，会形成一个具有深度的内心世界。在古代，作为“备遗忘、录时事、志感想”的日记，就是盘点每一天最有效的形式。盘点本身不仅是记录，也是教育，是反思和自省。一个人如果能够日复一日、年复一年地坚持以写日记等的方式记录生活，就能够养成有始有终、锲而不舍的习惯，就能够拥有很强的韧性与毅力。最好的教育是自我教育，是“不教之教”。一个人如果形成了这样的工作计划以及反思、自律的好习惯，就可以挑战困难、笑对挫折、自立自强。我们可以用“12 月，让我们做好计划”“12 月，让我们记录生活”“12 月，让我们挑战困难”等作为 12 月的事名，让师生学会自省，学会从失败中寻找教训，从成功中总结、反思经验。

（二）“每月一事”的基本模式

在多年探索的基础上，“每月一事”已经形成了比较科学规范的基本路径，每个主题操作一般分五步进行。

一是主题开启，营造情境。主题开启，主要是通过开学典礼、国旗下讲话、重要节日的庆典或者班级的晨会等，宣布每月一事的主题活动月正式开始，使活动本身具有神圣的仪式感。比如，海门市证大小学精心设计课程，于 4 月 30 日在体育馆集中全体师生，隆重举行了“星光币劳动创业”每月一事启动仪式暨“星光银行”“星光拍卖行”“星光创业商店”成立典礼，启动勤劳好习惯的“每月一事”。校长、副校长为“星光银行”的行长、“星光拍卖行”的拍卖师、

“星光创业商店”的营业员授牌，并详细讲解校园劳动项目及认领方式等。

二是深度阅读，强化意义。深度的主题阅读，可以帮助师生更好地理解主题的内涵和文化背景，明了主题的价值意义，启迪智慧、陶冶情操，在精神的引领下自觉地参与“每月一事”。

在这个环节之中，精心挑选阅读的内容，针对每个年级学生的认知特点和阅读水平，选择适宜的内容供所有师生阅读，是主题阅读的关键所在。根据活动的主题，推荐适合不同年级学生的阅读内容。在形式上，幼儿到小学一二年级以童谣、儿歌、短篇故事为主；小学三四年级以诗歌、整本书为主；小学高年级及中学以整本书、古文经典为主。

例如，新教育研究院主编的《新教育晨诵》系列图书，围绕不同的主题选取了适合不同年龄的诗歌、经典篇章，供读者选读。新教育研究院新阅读研究所选编的“中国幼儿基础阅读书目”“中国小学生基础阅读书目”“中国初中生基础阅读书目”“中国高中生基础阅读书目”等系列书目，则为每个年龄段的学生选书提供了参考。

阅读《新教育晨诵》的孩子们（张秀明摄）

同时，新教育研究院新父母研究所还推出了“每月一事”电影课子项目，根据不同习纲和习目共推介了 72 部电影，并以《36 节电影课养成好习惯》为书名出版了一本“每月一事”电影课项目用书。“每月一事”电影课利用电影的移情效果，结合电影、习目、观众这三方进行分析和叩问，着力强化习惯的价值意义，为习惯的内化提供了便捷有力的指导。电影课项目组副组长、江苏省淮安市天津路小学王艳老师在实验过程中，曾于 2014 年举行“宝葫芦的秘密”亲子主题观影活动，全年级的孩子、父母共 800 多人齐聚学校报告厅观赏电影。观影过程中孩子们的激动在预料之中，父母们的反应却出人意料：这群成年人鸦雀无声，神情肃穆，若有所思。电影课结束后，父母们有的当面讨论、有的网络留言，反思自己每天唠叨说教的教育方式。

除了结合晨诵午读外，课内深度共读也是一种行之有效的做法。可以充分利用每周一节的阅读课和社团活动的时间，推进师生共读的实践与尝试。老师与孩子们共读一个故事、一篇文章或者一本书，定时举行主题阅读成果分享会，让书中的精髓融入孩子们的心灵。

在家庭中，亲子共读也可以围绕主题阅读展开。学校通过新父母学校、每周一信、教学开放等形式，向父母推荐相关书籍，建议父母安排时间和孩子一起阅读。在主题阅读的基础上，鼓励学生记录与交流阅读内容。个人博客、班级博客、班刊、校刊、校报等，都可以成为学生心灵交流的最佳平台。

三是实践体验，知行合一。“每月一事”离不开丰富的活动。但必须特别说明的是，所有的活动都并非单一的、碎片化的，而是分别作为不同课程的有机组成部分。这些活动既让课程变得鲜活，也使学生在参与中逐渐体悟和习得，使学生养成良好的习惯。因此，开展“每月一事”的实践活动，要特别注重和强调活动参与的全员性、适切性、反复性和实效性。不仅要为学生的体验创设良好的氛围，而且要让学生在多次的实践体验活动中逐步养成良好的行为习惯，逐渐完成人格建构，使生活幸福完整。

以重庆市长寿区第一实验小学“感恩”主题的综合实践活动为例。该校针对孩子们的身心特点设计了不同的活动。比如，在向孩子们征集行动计划后，总结出每天“四个一”活动：要求孩子们早上离家时跟家人“说一声再见”，见面时“打一声招呼”或“给长辈一个拥抱”，上学放学时自己背书包，每天至少为家里“做一件力所能及的家务事”。比如，每个班开展“算算亲情账”活动，孩子与父母共同回忆并计算孩子从出生到现在的所有开支，计算父母养育孩子付出的劳作，体会父母为其付出的心血。比如，“爱在人间”探访敬老院活动，孩子们在老师和父母的带领下来到敬老院慰问老人，给老人演节目、送慰问品、捶背、打扫卫生等。

四是充分展示，各显其能。主题展示是习惯养成的重要环节。在展示的组织形式上，以开放和民主为原则，根据不同的展示内容，可以是班级展示、年级展示，也可以结合学校的大型活动举行全校性的展示。群体的展示与分享，既可以巩固已形成的习惯，也可以强烈感染习惯尚未养成的孩子。比如，焦作市东环小学专门把展示环节与“每月一赛”活动结合起来，让孩子们认识到比赛的本质是挑战自我、不断提升，而不是彼此之间的恶性竞争。把所有的学校竞赛都与“每月一事”的习纲相结合，12 个月，12 个不同主题的比赛，让每个孩子都能结合自己最擅长的一面，选择属于自己的舞台。而且随着每一年的经验总结，具体的比赛形式和风格还在不断变化。每一个孩子都在比赛中找到了属于自己的舞台，又始终保持新鲜感，不断地挑战自我。

五是反思提升，评价多元。反思是一个人对自我的评定，评价是一个人接受客观的评判。反思与评价，对于实现从“践之以行”向“持之以恒”的转变，克服习惯养成的短期行为，重视习惯养成的自觉性和持久性，把遵守规则内化为学生的自觉行为，把好的习惯真正刻在心里、融入“血液”具有重要的作用。在一个月的“每月一事”结束的时候，师生都要结合主题，写下自己的感悟和反思，也要以多种多样的方式进行互评。许多学校按照自我评价、同伴评价、教师与父母共评的形式，采用“日日反思、周周评比、月月表彰”的方法，提高学生遵守规则的自觉性，并取得了很好的成果。比如，石家庄桥西区采取学生自荐、班级推荐、学校考评相结合的办法，评选“每月一星”。在环保月中表现突出的孩子，由学校颁发“星光奖章”，其他各个月评选出来的“玫瑰使者”“社区志愿者”“种植小能手”等故事和人物，也都分别在学校“星亮谷”里进行展示。

（三）“每月一事”的操作要点

从已有的实施经验来看，要使“每月一事”项目卓有成效，除了在思想上对习惯养成高度重视外，还须建立一整套行之有效的工作机制与操作方法。

一是系统设计和全员参与。“每月一事”虽然是以教室为单元进行的，但如果没有学校的顶层设计和全员参与，就很难取得好的成效。所以，建立校长总负责、德育处和班主任及全员参与的工作机制就非常重要。学校的一把手是“立德树人”的第一责任人，也是习惯养成的第一推动力。在项目的运行过程中，要逐步健全从学校校长（副校长）、年级组长到班主任（父母）、学生的管理体系，上下协调一致，齐抓共管，不留空白。学校层面应该做好全年的行动规划与工作方案，每月的月初（或者上月的月底）就把当月（下月）的主题活动方案发给每个教师，供教师制定具体的班级活动计划和课程教学计划时参考。班主任老师或完美教室团队要围绕“每月一事”项目的主题，设计具体的操作流程与活动方案，科任老师把主题有机渗透到各学科，语文课中的人文因素、数学课上的理性思维、音体美的熏陶感染，都是开展活动的有效途径。同时，通过加强学校与家庭、社会的沟通，充分利用社区教育资源，形成开放多元、内容丰富、形式灵活的“每月一事”格局。各个实验区和实验学校的经验表明，学校更能够整合资源，引领行动，学校层面的引领有助于达到互相学习、彼此借鉴、共同成长的效果。

二是重点突破和螺旋上升。我们提出的“每月一事”，在科学把握儿童身心发展规律和社会交往需求的基础上，没有沿用以往全面铺开、笼统着力的习惯养成模式，而是采取在幼儿园、小学低年段、中年段和高年段，以及初高中年段审慎选择、分步实施、重点培养、螺旋上升的习惯养成教育模式。配合“每月一事”的主题教育活动，力争使12个习纲主题和36个习目专题都能养得住、养得顺、养得牢。

其划分逻辑是：3～6岁幼儿园阶段，主要以生活自理能力和初步同伴交往能力方面的习惯养成为主；6～12岁小学阶段，以初步的阅读学习能力、初步的社会交往能力、自我提高能力方面的习惯养成为主；12～15岁初中阶段，以较高级的学习、全面的社会交往方面的习惯养成为主；15～18岁高中阶段，主要以研究性的学习、深度的社会交往和高雅的自我修炼方面的习惯养成为主。

以幼儿园阶段为例。有一个记者曾经采访一位诺贝尔奖获得者，问他受到的最好的教育是在什么时候，他的回答是在幼儿园。他说，正是在幼儿园，让他学会了分享、学会了玩耍、学会了讲卫生、学会了友爱等等。当然，习惯养成不是一朝一夕的事，习惯的保持更是长久之功。哪怕在幼儿园里已经养成的良好习惯，也还需要在小学、中学阶段继续巩固。

三是明确要求和鼓励创新。“每月一事”的习纲主题、目标指向、习目专题是相对明晰的，在习目专题之下的行为习惯则可以根据不同的年龄发展阶段提出不同的要求，而所选择为出发点的当月之事也可以有不同的选择。以1月为例，其习纲主题是节俭，目标指向是讲俭省，习目专题分别是节约、节制和俭朴。节约包括吃饭不多占、吃饭不滴漏、不随意倒饭、多余饭菜打包、适量点餐等；节制包括不暴饮暴食、在规定的时间看电视和上网、不贪玩、花钱有限度、喝酒能控制等；俭朴包括爱惜物品、不追求名牌、不高消费、不赶时髦等。这些具体的行为习惯，需要学校结合自身工作的侧重点，结合学校的具体情况、班级的具体情况，灵活统筹安排。

如上所述，“每月一事”虽然有明确的主题与专题，但具体操作并不是千篇一律、固定不变的。推进“每月一事”项目时，要在坚持新教育核心理念和卓越课程基本要求的前提下，以12习纲主题36习目专题的习惯养成为目标，鼓励大胆创新，因校而异、因地而异、因月而异。例如，海门实验小学就建构了“十个学会”技能课程，即学会整理房间、学会做五种菜、学会游泳、学会写一手好字、学会一项球类运动、学会一项艺术特长、学会办电子报、学会表演、学会主持、学会小发明。其中前6个是必修项目，后4个是选修项目，也可以用其他特色技能替代。2014年，该校又根据江苏省文明办的要求，启动了“八礼四仪”教育，即通过入学式、成长式、青春式、成人式的四种仪式，从仪表、仪式、言谈、待人、行走、观赏、游览、餐饮八个生活细节入手培养学生的文明素养。“八礼四仪”基本涵盖了学生生活的各个领域，易懂、易学、易做。

“每月一事”，不是仅仅每月做一件事，而是一年12个月，每个月选择一个主题，彼此关联，形成一个完整的体系，形成符合儿童生命律动的一个教育生态系统。其实质是以12个习惯为经，以知识技能为纬，在科学的编织中，让我们的教育因此幸福而完整。它是对生活一串串足迹的综合梳理，是对生命一段段旅程的整体观照，更是对人格的一次次用心建构，对幸福完整生活的一天天真诚践行。

三、新教育实验“推进每月一事”案例

“每月一事”项目的特色主要体现在：主题的选择立足于学生一生有用的最重要的习惯，直指孩子的核心素养；主题的内容都是从一件小事展开，在具体落实中，要求在更高的层面不断丰富完善；主题的活动要通过广泛的主题阅读、主题实践、主题研究、主题随笔，甚至聆听、口才、网络等路径，把公民教育、生命教育、艺术教育、智识教育贯穿其中，这就是新教育“每月一事”的特色。

（一）每月一事一习惯，一生一世享不完——江苏省海门实验学校附属小学的探索

"每月一事"活动（海门实验区摄）

江苏省海门市海门实验学校根据具体情况确定的"每月一事"的内容及实施的途径颇有典型意义。

主题：环保

1月，"环保卫士在行动"

1月，我们开展了"环保卫士在行动"环保主题的每月一事活动。

美丽的校园里活跃着一群小白鸽——卫生监督小记者，他们举着相机，记录下日常生活的小镜头，以同伴的文明行为来宣传环保。每一个孩子都参与到"把垃圾送回家"的行动中；教室里，随手弯腰保清洁；过道里，不丢垃圾成风尚。各班开展的"大手拉小手，文明路上一起走"的活动，更是将家长带入其中。公园、小区里留下了孩子和父母共创绿色环境的身影。低年段孩子用塑料袋、纸盒、饮料瓶等废弃物品上演了一场别具一格的"环保时装秀"；高年级学生设计"节水方案"，撰写"怎样裁剪更节省"的研究报告，将环保意识变为主动探索，在心中种下一粒"绿色文明"的种子，树立起一份建设美好家园的责任。

主题：好学

2 月，开启新年第一课

2 月，我们开展了“走近生肖课程”好学主题的每月一事活动。

生肖课程，我们每年都以新年第一课的形式开启。为了上好 2016 年的新年第一课，我们以年级为单位编制了涉及各个学科的《金猴闹新春》每月一事手册。这是一份综合性的寒假作业，要家长参与、要网上搜集、要配套阅读、要设计吉祥物等。老师们从“猴年唱歌谣、猴之最猜猜猜、吉祥物大推荐、猴文化万花筒、猴故事展示会、畅想猴年新目标”六大板块出发，精心设计新年第一课。所以，“猴年说猴”，同学们格外投入，不仅感受了“猴文化”的丰富多彩、生肖文化的无穷魅力，还为新学期的学习增添了更多美好的情感和快乐。

主题：公益

3 月，阳光爱心公益行

3 月，我们开展了“爱心传递”公益主题的每月一事活动。

2014 年 3 月，通过网上寻找，我们决定在陕西西乡县西河小学开展阳光公益活动。那是一所村小，学校在山上，条件十分艰苦，师生不足 100 人，很多孩子都是留守儿童，寄宿在学校。我们签订了《两校三年合作协议》，组织学生献爱心捐款，为他们买课桌、建阅览室、做校服、添置食堂餐具等。2014 年，我们第一次去，去了 11 位师生，以后每年都组织孩子们去，让我们的孩子去山区同他们一起学习、一起生活，深度体验。后来我们把陕西的师生请到我们的学校，他们度过了美好的一周时光。

我们以陕西为支点，把爱洒向身边的人，从一次专项爱心活动拓展到日常的爱心行动，多方面地奉献爱心。

主题：勤劳

4 月，“过了一把种田瘾”

4 月，我们开展了“过了一把种田瘾”勤劳主题的每月一事活动。

提前一年，学校就经过精心规划在操场北侧建立了阳光农园——田园课程基地。用板砖把基地平均分割成 42 份，每班承包一小块田，鱼趣园、月亮河、童梦园……一个个富有童趣的班级农园名称应运而生。带着美好的憧憬，一年多来，各班利用课余时间亲子携手，播下一颗颗希望的种子。“责任田”里很快就呈现出一派热闹非凡的景象：除草、耕地、播种、收获……孩子们干得热火朝天，有了长辈们的帮忙指点，小家伙们干得更起劲了。每个孩子都在农耕园里过了一把“种田瘾”。

更重要的是，他们在田间地头体验到了耕种的艰辛和丰收的喜悦，感受到了生命中流淌的绿意。

主题：审美

5 月，“我的舞台我做主”

5 月，我们开展了“我的舞台我做主”审美主题的每月一事活动。

我们精心策划了“阳光星 SHOW”校园艺术节活动，有“实附好声音、小小贝多芬、美丽的舞者、小小书法家、小小泥塑家、呼啦圈高手、魔方快手”等 13 个项目的比赛，为每一个学生都提供了一个大展身手的机会。课余时间，全体学生投入丰富多彩的排练过程中。5 月中旬，“阳光星 SHOW”舞台开始了为期一周的晋级赛，孩子们纷纷走上舞台，大胆地展示自我。

历时一个月的“阳光星 SHOW”大赛，极大地丰富了校园生活，不仅为学生展现“六个一”中的“一手好才艺”提供了广阔的舞台，而且培养了学生的审美情趣和能力。

主题：节俭

6 月，“美食一条街开张了”

6 月，我们开展了“美食一条街开张了”节俭主题的每月一事活动。

我们利用车棚搭建临时摊位，向学生开放。为了申请到一个摊位，孩子们绞尽脑汁，创新美食品种。为了吸引顾客，孩子们精心制作宣传海报，组建营销小组，学习推销策略。

美食一条街开张了！小营业员们摆上各种美食，有模有样地吆喝，小顾客们手拿零花钱精心挑选价廉物美的食品，不断地讨价还价，场面非常火爆！

孩子们在真实的体验中学会合理使用零花钱，收获了合作与交往的快乐。

主题：健身

7 月，“我们一起动起来”

7 月，我们开展了“我们一起动起来”健身主题的每月一事活动。

炎炎七月，正是游泳的好时节。游泳就是实践我校阳光学生“六好”之一“一副好身体”的重要抓手。在学校的策划、推动下，几乎每个学生都跳进泳池，享受水的乐趣和游的快乐。游泳不仅是一项技能，更是一项求生的本领，这项活动得到了家长的支持与拥护。20 天之后，学生都摘掉了游泳圈，在泳池里自由地畅游。学校组织评价时，学生会游泳，就获颁“池中鱼”奖章；参加游泳比赛获奖，就获颁“江之鲤”奖章；坚持周周游泳，就获颁“海之豚”奖章。

除此之外，学生积极参与的健身项目还有乒乓球、网球、足球、篮球、健美操、武术等。通过这样的健身主题月活动，学生的健身意识得到了明显的增强，运动技能得到了显著的提高，身体素质得到了切实的发展。

主题：自省

8 月，在自省中走向美好

俗话说：“最困难的事情就是认识自己。”8 月，我们开展了“自省”主题的每月一事活动。

低年段亲子共读《神奇猜猜：我是时间的小管家》，通过写绘形式的“我的一日生活”记录单，督促自己合理、有规律地安排一天中的各个时间段。

中、高年级除了制订每天的学习、生活计划，反省自己的不足，还开展一些特色活动。中年级开展“30 元挑战自我”活动。30 元零花钱，必须一个月后才能花完，不提前，能达到要求的，就说明他（她）是一个有计划、能自律的孩子。

高年级以“审视的眼睛”为主题，开展“做最好的自己”活动，用文字、漫画、视频等方式，记录生活中发现的“自律榜样”或“反面典型”，并对照自身行为进行自我反省。

主题：守规

9 月，让我们遵守规则

9 月，当暑热褪去，我们的校园又一次迎来了一群活泼的小生命——

一年级的小朋友。在欢迎孩子们的入学仪式上，我们全校开启了为期一个月的循规主题的“每月一事”。

在这一个月里，一年级的孩子们在各科老师的带领下，开展新生循规主题活动——“排好队来走好路”“营养用餐安静睡”“认真听讲我最行”“争做卫生小天使”“快乐课间十分钟”“文明礼仪记心间”……一年级的老师结合背儿歌、听故事、看绘本、做游戏、比赛等内容，把规训的要求融入这些有趣的内容，让学生对规训充满期待，感觉每项要求都那么具体、那么有意思。

一年级的老师遵循小学生身心发展规律，运用趣味化的语言细心讲解，让孩子们乐于接受规训的内容。规训时，老师们尽量避免用“不要”“不许”这些生硬的字眼命令孩子。集合排队时发现孩子在队伍中说话，老师会亲切地提醒“关上小喇叭”；课堂上要求孩子手脚不要乱动，老师会告诉孩子：“我是身体的小司令，我能管住小手和小脚。”然后用“哪个小司令管不住呢?”来提醒孩子纠正。富有趣味的语言让孩子的规训活动变得生动起来。

这一个月里，从举手回答问题，到课堂认真听讲、专心作业；从细嚼慢咽、安静用餐，到队列整齐、靠右行进……一年级老师齐心合力，细心讲解，言传身教，让孩子们真正走进课堂，尽快适应小学生活。

这一个月里，其他年级也开展相应的“循规”主题活动，或重温“规训儿歌”，或着重“薄弱环节”，或“互帮互助，共同进步”，或排演礼仪情景剧，每个班级还建立了积分储蓄卡和成长记录册，让学生自己动手设计并谱写自己的成长之路。我们紧密结合《小学生守则》《小学生日常行为规范》的内容，分学段帮助学生制订自我管理、评价目标，然后精心设计成班级展示牌，一二年级采用登山、赛跑、比一比谁最棒的活动形式，中高年级学生采用摘星等形式，丰富活动内容。月底学校开展“文明礼仪学生”评比活动，表彰活动中表现突出的孩子，为大家树立学习的榜样。

生动有趣的活动，让孩子们一举手、一投足都充满了积极向上的力量，在潜移默化中养成了良好的习惯。

主题：自信

10 月，“亮出自信的风采”

10 月，我们学校围绕“亮出自信的风采”每月一事主题，开展了丰富多彩的活动。在“我是小小读书郎”的评比活动中，班级里推选出的优秀“读书郎”参加了年级层面的演讲比赛，小选手们自信满满、绘声绘色地介绍着自己最喜爱的一本课外书。尔后，年级“读书郎”参加学校的总决赛，当面对评委老师的提问时，小选手们沉着应付，对答如流，展示着自己自信美丽的风采。学校还举行了“阳光讲坛”，在班级里，孩子们人人充分准备，个个上台展示，他们面带微笑、胸有成竹，赢得了同学的阵阵掌声。每周一和周五的中午是学校“阳光大讲坛”的开放时间，各班脱颖而出的学生就是“阳光大讲坛”的主角，可以面向全校展示自己的口才。每到这个时间，二楼阶梯教室内就座无虚席，主讲者自信大方，聆听者专心致志。学校搭建的这一平台让孩子们尽情释放，他们在这里闪光、在这里成长。

主题：感恩

11月，穿行在成长礼的行动中

11月，我们开展了“让我们见证成长”感恩主题的每月一事活动。

学校举行了隆重的10岁生日启动仪式，师生共同种下茁壮的生命之树。这一个月中开展了一系列活动：“主题阅读”；讲述成长照片背后的故事，了解“我从哪里来”；动手种植植物，观察植物每一天的变化；和父母“书信传情”，算算“亲情账本”；学唱手语《感恩歌》和英文《生日歌》；参与“保护蛋娃”“小鬼当家”的主题活动。各班还建立了梦想家园，孩子们贴上各自的心愿。最后，在学校报告厅分四个篇章举行隆重的10岁庆典。全体家长、老师见证了这一神圣的时刻。

穿行在这样的行动中，孩子们学会了感恩，懂得了责任，体验到了爱与被爱的幸福。

主题：友善

12月，“走进消防特训营”

12月，我们开展了“走进消防特训营”友善主题的每月一事活动。

我们学校与海门消防大队是近邻，这是一种很好的地理资源。我们成立了海门市阳光少年消防警校，举行了隆重的开班仪式，自编了校本消防课本，开设了消防知识学习和消防实践演练的课程内容。我们学生同消防大队官兵在校园、消防大队、社区进行互动、学习、交流、宣传。这样的每月一事主题活动，不仅让消防安全意识深深扎根在孩子们的心中，也让孩子们明白了高效的合作来自伙伴间的友善、关爱与良好的沟通。

总之，通过每月一事的活动，我们将抽象的道理转化成具体的行动指南，为学生创设了一个“时时受教育，处处受感染”的环境，学生在小事中收获了习惯，学会了做人。

在每月一事的推进过程中，我们坚持了以下五个原则：

1. 整体性

德育工作中“5＋2＝0”的比喻，值得大家深思。习惯养成教育一定是一项系统工程，具有全方位和全过程的整体性特征。“家校合作共育”作为新教育的十大行动之一，自然也要在我们的习惯养成教育中发挥应有的作用。离开了家庭和社会教育力量的配合、补充，好的习惯既难以养成，又容易消解。

2. 主体性

习惯是教育者“培养”出来的，也是外部环境“熏陶”出来的，更是个体自我“养成”的。殊不知，一味地外在“培养”只能导致习惯中途夭折。新教育视野下的习惯养成教育则立足于生命自觉的“自我养成”和“主动养成”。

3. 活动性

习惯教育实质上是一种有组织的教育活动。“纸上得来终觉浅，绝知此事要躬行。”习惯不是说教出来的，而是在活动中生成的。只有亲身经历了体验过程的习惯，才是受教育者主动选择、积极内化的牢固的习惯。

4. 生活性

习惯的内容，要以学生的现实生活为主要来源。习惯的评价，必须应用到真实的社会交往活动中，以检验其稳固性、适宜性。

5. 融合性

养成教育的内容要和学科知识的教学建立有机的联系，从而体现出教育的融合性。

总之，新教育视野下的习惯养成教育，是一种整体性、主体性、活动性、生活性、融合性相结合的习惯教育。

为保证每月一事实施的效果，我们认为，完美的规划是前提，扎实的行走是关键。所以，我们一定要做足、做精、做细最关键的行走环节。我们一般采取如下的行走方式：用环境去熏陶、用阅读去洗涤、用课堂去渗透、用行动去体验、用心灵去书写、用艺术去表达、用量化去强化。

虽说教师是每月一事推进过程中学生习惯养成的第一主体和直接责任人，但是我们必须注意到，一个人习惯的养成，学校教育只能起到一部分作用。教师不能过分夸大自己的作用，也不能忽视其他教育因素的影响，尤其是父母的习惯会明显影响孩子习惯的养成。

在高考一卷定终身的现实背景下，分数固然重要，但分数只能代表一个人暂时的成败。那些在名牌学校里只会考试的“光环学生”，如果缺乏人生长跑中一生有用的好习惯和核心素养，他的生命肯定不会有持续的精彩。“拿什么让孩子有力地支撑漫长的人生之旅？”其实，教育对一个人的影响和改变是有限的，能够陪伴其左右和终生的就唯有“习惯”的力量。

可谓是：每月一事一习惯，一生一世享不完。

(以上案例由江苏海门实验区卞惠石校长提供。)

（二）用“好习惯”打败“坏习惯”——山东诸城市府前街小学姜蕾老师的故事

好习惯让孩子一辈子都享受不完它的利息，坏习惯让孩子一辈子都偿还不尽它的债务。小学一年级，是孩子成长的重要节点。这个年龄的孩子正处于对老师和父母的崇拜阶段，是良好习惯养成的黄金时期。

诸城市府前街小学　劳动习惯（姜蕾摄）诸城市府前街小学　动手实践习惯（姜蕾摄）

2015年，结束了在北京两年的访问学习，回到可爱的家乡诸城，我拥有了一间一年级“红月亮”教室。孩子是小月亮，父母和老师是大月亮。我们心中有一个美丽愿景：希望红月亮家族的每一位成员，穿越小学六年的岁月，能够养成良好的生活习惯、学习习惯和行为习惯，成为身心健康、精神丰盈、富有爱心、勇于挑战不可能的人。

我们以推进每月一事项目为路径，开启了新教育一年级的生活。

开学几天后，校长领着一个孩子走进了红月亮教室。这是一个胖乎乎的可爱的小男孩，我拉住他的小手欢迎他。这时，我看到站在校长后面的小美老师（我的搭档），对着我又摆手又摇头，我不明白她要表达什么意思。校长离开以后，小美老师把我拉到教室外面，着急地对我说："花儿老师，您这两年不在学校，不了解这个孩子的情况。这个孩子叫宇宇，他已经上过一年一年级了；他在教室里大小便，还把大便涂抹在教室的墙壁上；上课趴在桌子底下捣乱，让老师没法上课；他还经常打班里的同学……大家都不喜欢他。他来到我们教室，我们可怎么办呢？"

我对宇宇的问题深感痛心。作为老师，我们和每一个孩子的遭遇，都是一种天命！我暗下决心，不但要无条件地接纳宇宇，更要通过良好习惯的养成，陪伴他不断成长。

健康的饮食习惯，打败身体上的顽疾

我从小美老师的叙述中关注到一个重要信息：宇宇可能会在教室大小便！而这可能就是大家都不喜欢他的重要原因。于是我对小月亮们说："花儿老师喜欢跟你们说悄悄话，也喜欢你们对我说悄悄话。"我一边在教室里随意走动，一边时不时地俯身跟几个孩子悄悄地说："你今天笑得这么开心，我好喜欢你呀！""你今天晨诵的声音真好听！"……当我不着痕迹地走到宇宇面前时，我对他悄悄地说："在红月亮教室里，课堂上可以随时出去上厕所。你今天的衣服真干净，弄脏了的话可就不漂亮了。"我对他微笑，他只是愣愣地看着我，没有给我回应。但在上课的时候，他去了两次厕所，没有出现在教室大小便的情况。

放学后，我把来接孩子的宇宇妈妈请到红月亮教室。妈妈一进教室就不停地问我："老师，孩子是不是又闯祸了？我一天都在等您的电话，但您一直没给我打电话，我真是很担心孩子在学校的情况。"看到妈妈这样紧张，我赶紧安慰她："宇宇妈妈，我知道您担心的是什么。我请您来，一是想告诉您，宇宇今天在学校里并没有出现您担心的状况；二是想了解一下宇宇的真实情况，请您如实地告诉我。"妈妈低着头，没吭声。

我也是一位妈妈，理解妈妈想保护孩子的心思，谁愿意让老师认识孩子的第一天，就给孩子贴上标签呢？我诚恳地对妈妈说，孩子的很多行为，都是因为习惯不好而造成的，如果只停留在制止不当行动的层面，往往不能解决问题，只有找到行为背后的原因，才能从根本上解决问题。

我的话得到了妈妈的认同，她开始敞开心扉和我交流。

我引导宇宇妈妈思考：宇宇是从什么时候开始出现大小便不能自控的状况？

这个时间点是很重要的，如果是从小就如此，可能是身体发育不良造成的；如果是在成长过程中突然出现这种情况，则可能是在这期间发生了突发事件，引发了这一问题。

宇宇妈妈认真地想了一会儿，说："是5岁那年开始的。他爸爸一年四季都喜欢喝放在冰箱里的冷饮，宇宇也跟着喝。有一次他不知喝了什么东西，就拉肚子住院了。从那以后，孩子吃饭、喝水都要凉的，热的连碰也不碰了。只要一吃不好，就会拉肚子，跑厕所都来不及，在家里也经常拉在裤子里。"

对于这个年龄段的孩子，他们的行为、习惯主要以模仿的方式习得，父母、老师的习惯对孩子的习惯养成有直接的影响，所以当我们面对孩子时，一言一行都应当慎而又慎！

我和妈妈一起分析，孩子拉裤子不是行为习惯的问题，因为孩子自己也难以控制。宇宇的这种情况是由不健康的饮食习惯造成的，只有养成健康的饮食习惯，才能从根源上解决身体的问题。我建议宇宇妈妈以后给孩子喝温水、吃温热的饭。慢慢适应了以后，就坚持给孩子喝热水、吃热饭。我们约定，每天放学的时候见一次面，相互交流一下孩子的情况。当然，这个过程当中还有一个关键人物，那就是宇宇爸爸，我建议他给孩子树立一个良好的榜样，他答应试试看。

养成健康的饮食习惯，宇宇慢慢适应了喝热水、吃热饭，他不仅再没有拉裤子里，而且上课去厕所的次数也少了，有时下课去一次厕所后，上课一次也不用去了。宇宇在红月亮教室生活了一年的时间，因为养成了健康的饮食习惯，他再也没有在教室里出现大小便失禁的现象。

健康的饮食习惯，已经打败了困扰宇宇几年的身体上的顽疾，让他能够轻松自如地面对新环境和新生活。

良好的阅读习惯，打破错误的心理模式

我们在为宇宇感到高兴的同时，也继续陪伴他养成其他的良好习惯。

宇宇刚到红月亮教室的前两天，很拘谨，他意识到自己比其他的小月亮大，有点孤独。但随着时间的推移，他克服了自己最烦恼的大小便问题后，便开始用种种方式表现自己。他上课经常爬到桌子上躺着；下课去学校新建教学楼的工地上抓泥巴，扔到学校墙壁悬挂的作品上；用木棍去捅校园动物角的小鸽子……在小伙伴们的惊呼声中，他仿佛很享受这种被大家关注的感觉。

我深入思考：孩子为什么会有这样的表现呢？我阅读了《发现孩子》《故事知道怎么办》《正面管教》《你的七岁孩子》《喜阅读出好孩子》等书，明白了宇宇是在用这种方式找到自己在新班集体的存在感。我想到了宇宇曾经把大便涂抹在教室墙壁上的行为。当大家对他随地大小便的行为表示讨厌的时候，他变本加厉，让自己的行为变得更加让人讨厌。从儿童心理学的角度分析，这其实是他的一种自我保护措施，为了对抗大家对他的不认可，他就以这种方式来反击不喜欢他的人，从而达到不被他人伤害、以自己独有的方式进行自我保护的目的。

现在，他来到这个新的班级，面对比他小一岁的刚入学的“小不点们”，他用违反校园规则的行动来引起新同伴的关注甚至崇拜。因为一年级刚入学的孩子很多是非观念还没有建立起来，所以当“小月亮们”看到宇宇对校园很熟悉、能做他们想做却不敢做的事情时，有的男孩子开始追随宇宇：宇宇抓来的泥巴，他们也一起玩；宇宇去拔种植园的花生，他们也跟着一起拔；宇宇还带着这群小男孩去原来的班级门口起哄……

要想打破宇宇这种错误的心理模式，必须帮他建立起正确的心理模式，用好习惯来打败坏习惯。新教育认为，每一个生命都是一粒神奇的种子，而阅读能够唤醒这粒种子蕴藏的美好与神奇。我决定先从培养阅读习惯入手，用美好的故事来滋养孩子的心灵。

我约宇宇父母当面交流，说宇宇是一个善良的孩子，他很想得到大家的认可，只是因为没有养成良好的习惯，还没找到引起大家关注的正确方式，希望他爸爸妈妈能够积极参与，一起帮宇宇养成良好的习惯。他妈妈很着急地问：“那应该怎样养成好习惯呢？”我把自己的计划告诉了他们，我们统一了思想，开始家校共读之旅。

每天放学以后，我会单独给宇宇讲一个《贝贝熊》的绘本故事，请妈妈也来参加共读。共读了两个周以后，妈妈对我说："花儿老师，我跟您说实话，我从来没有给孩子讲过故事。现在我已经跟您学会怎样讲故事了，以后就由我来给他讲故事吧。"我非常开心，因为我一直在等这句话。我相信朱老师说过的一句话："父母好好学习，孩子天天向上！"妈妈由天天来听故事，到主动给孩子讲故事，这不正是好好学习的表现吗？

我请宇宇妈妈每天晚上和孩子共读一个《贝贝熊》的故事，不仅是因为宇宇喜欢贝贝熊，更重要的是因为这一系列有 80 多个故事，如《礼貌待人》《受人冷落》《恶作剧》《新朋友》等，每个故事讲述一个孩子生活中会遭遇的问题。我相信角色自居的力量，它能让孩子在故事中找到自己成长的镜像，我相信宇宇会复制故事中角色的生活模式，在生活中逐渐建立起自己的生活模式。

宇宇妈妈经常在放学接孩子的时候兴奋地告诉我宇宇的进步：宇宇今天给妈妈倒了一杯水；宇宇回家当小老师，教爸爸读儿歌；宇宇开始尝试着自己读故事。我鼓励宇宇妈妈把宇宇的变化用日记的形式记录下来，并经常把这些进步读给宇宇听，增强宇宇的自信心。宇宇妈妈很愉快地接受了这个甜蜜的任务。

宇宇因为已经上过一年级，所以他的识字量远远超出了其他小月亮，再加上和他妈妈每天共读，他很快就养成了阅读的好习惯，不但把每天阅读的照片在班级群里分享，还成了班里的故事大王，他经常给大家讲故事。他的绘声绘色、眉飞色舞吸引了众多小伙伴，许多小伙伴课间围在他身边听故事。他用阅读和讲故事的方式，再次成为大家追随的对象，只是这一次，他不再是小霸王，而成了美好事物的象征。

宇宇的成长，就像萤火虫的亮光，在他的带动下，小月亮们纷纷加入坚持每日阅读的行动。

阅读的力量改变着孩子，也改变着父母。父母委员会成立了"红月亮童书基金"，为孩子们采购了 300 多本精选绘本，建立"红月亮童书角"；每个家庭配备一套《新教育的一年级》作为家校共读书；父母参考"中国小学生基础阅读书目"与每个孩子的阅读能力和阅读兴趣，为孩子们充实了家庭小书柜。这一切都为孩子们的阅读提供了保障。父母和孩子坚持每晚共读一个故事，周末积极参加新教育萤火虫的亲子阅读活动，假期里一起挑战海量阅读计划。全班 56 位小月亮，有 48 位小月亮完成了每日阅读计划，连除夕和正月初一都没间断。孩子们的阅读记录见证着他们惊人的阅读量。

在家长和学校老师的陪伴下，阅读已经成了孩子们生活中不能缺少的重要部分。大月亮们在班级群里交流——

睿泽妈妈说：我们家的小月亮，看书时间不受任何限制：刷牙、洗脚、拉臭臭……无时无刻，毫不夸张地说，只有你想不到，没有他做不到！

煜宇爸爸说：是啊，我家的小月亮只要打开书，他的自动屏蔽模式就开启了，世界就与他无关了。

在阅读中，宇宇和小月亮们的精神生命一步步变得丰盈！

心怀感恩，成就幸福的新孩子

宇宇的阅读习惯已经养成，但要真正成为一个身心健康、精神丰盈、富有爱心的好孩子，不仅需要在阅读中明理，还需要在活动中实践，这样才能养成好习惯，并让好习惯成为伴随终生的优秀品质。

10 月的感恩课程，我们红月亮教室的每位小月亮都在自己的小花盆里播下种子，每天给小种子浇水、松土，用心呵护它们生长。有一次我发现宇宇不但细心照顾自己的小种子，还悄悄地给其他同学的小种子浇水，我郑重其事地表扬了他，小伙伴们也对他表示感谢，这个天不怕、地不怕的小家伙第一次脸红了。一粒爱的种子已经在宇宇心中发芽。

3 月公益课程，宇宇到公园里种下了四棵小树，前三棵分别是爸爸树、妈妈树、宇宇树。宇宇说，第四棵是朋友树，希望自己的好朋友越来越多。

5 月劳动课程，宇宇捧来了一个带有可爱卡通图案小书包。原来，这是他花了周末两天的时间，用小机器亲手缝制的“新父母接力日记漂流专用包”。红月亮教室的大月亮们每天都在写新父母接力日记，几个日记本传来传去，已经变得破旧，宇宇就想到了动手做一个小书包专门盛放接力日记本。连老师都没想到的事情，宇宇不但想到了，还做到了。这让我感动不已，我把这个特殊的小书包在全班进行了展示，小月亮们把称赞的大拇指和热情的拥抱送给了宇宇；我还专门把这件事写成了班级日志，以《今天是个特别的日子》为标题在班级 QQ 群里发布，大月亮们也对宇宇的爱心行为赞叹不已！

得到大家认可的宇宇，越来越主动地做更多的事情：他为同学们分发学习用品，每天早早到校打扫卫生，把自己培育的火龙果的小苗苗分发给同学和老师们……

宇宇和妈妈还把自家的农场奉献出来，作为新教育萤火虫诸城分站的亲子活动基地。我们经常在他家的农场里举行野外读书会，宇宇开心地把农场里的各种水果和小伙伴一起分享。看到宇宇灿烂的笑脸，我非常感慨：心怀感恩，宇宇已经慢慢成为一个幸福的新孩子。

让行为成为习惯，让习惯成为品格，遵守规则、热心公益的宇宇成了班级里备受欢迎的、散发温暖光芒的“小月亮哥哥”。

从宇宇身上我认识到：在阅读中学习规则，在行动中得到自我价值的实现，在集体生活中找到归属感，让孩子的身体和心灵得到和谐发展，真善美得到全面培育。只有给所有孩子无限的可能，他们才能够真正过上一种幸福完整的教育生活。

今年六一，我们红月亮家族全员参与，以宇宇为原型，一起改编并演出了生命叙事剧《乱挠痒痒的章鱼》。故事结尾的这段话是送给宇宇的，也是送给每一个人的：从此以后，小章鱼利用自己的特长帮助了很多有需要的人，他再也不是那只惹人烦的小章鱼了，而成了大家心中的小榜样！其实，我们每个人身上都蕴藏着巨大的潜能，都有属于自己的闪光点，让我们一起努力养成良好的习惯，点亮自己，照亮他人，一起做幸福的新孩子！

潍坊教科院的拍摄组来到红月亮教室，花了一天的时间来拍摄宇宇的成长故事。拍摄结束，导演跟我说：我拍过许多故事，但孩子转变如此大的成长故事，还是第一次！看到他竖起的大拇指，我为宇宇的成长感到自豪！我深信行为形成习惯、习惯形成品格，只要生命被唤醒，就能挑战不可能、创造生命的奇迹！

现在，每次我外出学习，宇宇总是要追着我跑出好远，一遍遍地说再见。宇宇的成长之旅才刚刚开始，他对老师还有太多的依赖。但我坚信，好习惯是火，点燃希望之灯；好习惯是灯，照亮前行的路；好习惯是路，带着我们过上幸福完整的教育生活！

（以上案例由山东诸城市府前街小学姜蕾老师提供。）

第十章
家校合作共育

父母是孩子的第一任老师，家庭是儿童永远的学校。

新教育实验认为，没有学生父母的发展，就没有学生的成长。未来社会的健康发展取决于未来一代的精神风貌，良好精神风貌的形成来自教育，并且很大程度上取决于家庭中父母的教育，家庭教育对人的成长则起着奠基性的、终身性的作用。为此，如何提高广大父母的家庭教育水平，促进家庭教育与学校教育的合作共育，自然成为新教育实验的一个重要组成方面。

一、新教育实验的家庭教育主张

新教育实验关于家庭教育的基本主张，主要体现在新教育的父母观、儿童观、家庭观等方面。具体来说，主要有以下观点。

（一）父母是孩子的第一任老师

父母是孩子最初的世界，是孩子的第一任老师，也是最长久的老师。父母影响孩子一生的发展。法国教育家福禄贝尔说过："推动摇篮的手就是推动地球的手。"梁启超先生也说："故治天下之大本二，曰：正人心，广人才。而二者之本，必自蒙养始；蒙养之本，必自母教始；母教之本，必自妇学始。故妇学实天下存亡强弱之大原也。"现在社会普遍关注的焦点是学校教育，父母更多考虑的也是学校教育，其实他们自己才是真正的教育基础，才是决定孩子命运的关键。殊不知，教育孩子才是人的成年阶段最具挑战性、最复杂的工作，才是人类社会最重要的任务。

很多父母认为他们的任务就是让孩子吃好、穿好、身体健康，教育是学校的事情。事实上，无论孩子在哪里，总是离不开父母的影响和教育。父母在餐桌上的每一句话孩子都看在眼里、记在心里。父母不教育孩子，孩子会变坏；父母用错误的方法教育孩子，孩子则可能变得更坏。通常，孩子成为优秀人才的背后，总能找到温馨和谐的家庭影子。同样，一个人形成不健全的人格，也可从其家庭中找到因素。

大部分父母都没有接受过科学的训练、科学的育儿知识的培训，所以他们很容易犯错误。好父母不应把教育孩子看成是枯燥的责任和义务，而应把教育孩子当作自己的一种乐趣、一种享受、一种富足。只有能够享受教育的人，才会演绎教育的精彩。

（二）童年是人生最关键的阶段

人的性格、思维和语言的基础，都在学龄前和学龄初期形成。正如苏霍姆林斯基在《育人三部曲》中所说：“童年是人生最重要的时期，这不是对未来生活的准备时期，而是真正的、灿烂的、独特的、不可重现的一种生活。所以，今天的幼儿将成为什么样的人，起决定作用的是如何度过童年，童年时代有谁携手领路，周围世界中有哪些东西进入了他的头脑和心灵。”

孩子在 5 岁前，家庭教育有特别重要的意义。托尔斯泰曾经说：“孩子自出生到 5 岁的这段年龄期内，在他的智慧、情感、意志和性格诸方面从周围世界中所摄取的，要比他从 5 岁到一生终了所摄取的多许多倍。”

（三）家庭教育是最薄弱的环节

英国学者赫胥黎说：“欲造伟大之国民，必自家庭教育始。”但在我国，家庭的教育价值远远没有被认识到。

蒙台梭利曾经告诫我们：无知地对待儿童比无知地对待成人更可怕。在成长发育的过程中，儿童如果没有得到适当的照顾，长大成人后就会报复社会。无知地对待儿童，会在他们心中产生巨大的障碍，进而形成一种阻碍发展的力量。因为儿童是弱小的、被动接受的、没有选择的、无法抵抗的，而成人是有意识的、有选择能力的、可以抵御的。所以无知地对待儿童比无知地对待成人后果要可怕得多。

没有驾照不能开车，违规要罚款。然而，做父母却不要任何培训，也不需要合格证就可以“自行其道”。家庭教育之路上充满着无证驾驶的“司机”。实际上，做父母比开车要复杂一百倍、一千倍。一个孩子的方方面面，从生理、心理到养育方式，从知识的学习到人格的养成，是一门大学问。但是，我们不需要接受任何培训就可以做父母，就可以对孩子发号施令。我们无法统计，有多少家庭、多少父母是不熟悉教育常识、没有做父母的“执照”就匆匆上路的，但这样的父母在生活中经常可以看到。如果一个国家的国土上到处充斥着这样的“司机”，这个国家一定是危险的。

（四）家校合作是最有效的教育

家校合作共育是指通过家校互动、亲子共读、新父母学校、家校合作委员会等形式，强化家校共育机制，建立新型的家校合作方式，让父母更多地参与学校生活，与孩子共同成长，使家庭教育与学校教育协同互补、互相促进，最终实现家庭、学校教育的协调发展。

家校合作有利于发挥家庭的教育功能，有利于建立现代学校制度，有利于提升教育教学质量，有利于提高学校教育满意度，有利于形成良好的师生关系，有利于构建和谐家庭关系，有利于父母孩子共同成长。

父母委员会的建立是建设依法办学、自主管理、民主监督、社会参与的现代学校制度的重要内容，是发挥父母在教育改革发展中的积极作用的有效途径，也是构建学校、家庭、社会密切配合的育人体系的重要机构。

从许多家校合作的范例中，可以看到父母参与学校管理事务带来的巨大力量。家校合作让部分父母从学校的发展阻力变成动力，从与学校对立变得与学校友好，改变了学校的生态，形成了一种正能量。

（五）与孩子一起成长

家庭教育最关键、最重要的方法与路径，就是学会与孩子一起成长。父母好好学习，孩子天天向上。没有父母的成长，永远也不会有孩子高质量的成长。

长期以来，我们都把成长看成是孩子的事情。其实不然，成长是父母与孩子共同的事情，是父母与孩子必须共同面对的问题。

首先，成长是人生重要的使命。长期以来，我们往往把成长看成是一个阶段性的任务，把成长视为仅仅在学校里才能完成的任务。一旦离开学校，就可以不再阅读、不再学习、不再成长了。其实，这也是我们教育的最大失败，因为成长本身也是一种习惯、一种能力。生命不息，成长不止，这才是一个人生命最美的姿态。成长，仍然是每个父母重要的使命。儿童的许多问题其实是由成人造成的。善于教育的成人，往往是善于向儿童学习的人。

其次，父母是孩子成长的楷模。孩子是最伟大的观察家，他们一直在观察着成人的行为，考量着父母的举动。所以，父母应该努力成长，并且成为孩子的成长榜样。

最后，一起成长才能更好成长。一个人走可以走得很快，一群人走才能走得更远。其实，家庭成员的成长也是如此。父母仅仅满足于自己的成长是不够的，甚至仅仅用自身的成长故事、成长榜样影响孩子也是不够的。成长有一个生命的成长场。父母与孩子一起阅读，与孩子一起锻炼健身，与孩子一起郊游走进大自然，与孩子一起参观博物馆，不仅能够拓宽孩子的视野、增强孩子的体质，自己也会收获满满。

父母与孩子在成长的过程中完全是互动的关系。父母的成长会带动孩子的成长，孩子的成长也会促进父母的成长。过去我们说，强将手下无弱兵，其实优秀的父母也更容易培养出优秀的孩子。反过来，优秀的孩子也会推动父母成为更优秀的父母。

父母如何与孩子一起成长呢？

父母与孩子一起成长，父母应该是主要方面。所以，父母如何真正具有与孩子一起成长的自觉意识，如何在自我成长、自我发展的同时带动孩子一起成长，是需要用心思考、努力探索的。

首先，理想是成长之魂。有追求才会有动力。家庭教育中，如何才能让孩子有梦想、有追求？关键是用理想点燃理想，用激情引发激情。“希望孩子有追求，首先父母得有追求。”父母不能只做知识的传播者，不能只做特长的培训者，而要做孩子精神成长的引领者。好的家庭教育，要给孩子宽阔的心胸，要给孩子强大的精神力量。

其次，阅读是成长之基。一个人的精神发育史就是他的阅读史。从个体的角度来说，阅读可以拓展我们生命的宽度、厚度、广度、深度，甚至能延长我们生命的长度。腹有诗书气自华，阅读可以改变我们的气质，从而使我们变得从容和美丽。阅读能够提升我们人生的品位，让我们在最短的时间里享受到最美好的精神成果。阅读是成长最重要的基石。优秀的父母一定是善于阅读、勤于学习的父母。优秀的父母，不仅自己要阅读，而且要努力打造一个“书香门第”，为孩子创造一个良好的阅读氛围，建设一个美好的精神家园。

再次，习惯是成长之本。养成良好习惯在个体成长过程中具有特别重要的作用。心理学家发现，每个人在成长中都会养成无数的习惯，这些习惯在人的日常生活中常与其他有意识控制的行为并存，渗透在一个人的思维、语言、行为等各种活动过程中，形成了一个人对外部世界的基本反应。从某种意义上说，一个人的习惯是怎样的，就意味着其生活方式和生活状态是怎样的。习惯好，则事半功倍。习惯不好，则事倍功半。良好习惯的养成能够让人们习得正确的学习方法和生活方式，形成卓越的能力和高尚的德性，从而拥有幸福完整的人生。孩子要养成良好的习惯，父母自己首先要有良好的习惯，用好习惯培养好习惯，是最有效的教育。

最后，敬业是成长之道。作为一个成年人，最主要的工作体验、生活经验都是在职业场所发生的。敬业，是一种态度、一种精神，也是一种习惯、一种能力。竭尽全力做好每一件事，就是一种敬业精神。敬业不仅仅体现在职场，也体现在日常生活的方方面面。有不少新教育教师，用自己对新教育事业的激情、对生活的热爱、对学习的坚持影响着孩子。因为对于孩子来说，最应该敬的“业”，就是学习。孩子是最热情的观察者，最伟大的观察家，特别容易被成人的行为所吸引，进而去模仿他们。用自己的敬业精神为孩子做人生楷模，是好父母的必修课。

（六）家校合作需要智慧爱

爱是教育的底色。教育离不开爱，这是古今中外教育家经常阐发的基本原理。夏丏尊先生曾经说过：“教育之没有情感，没有爱，如同池塘没有水一样。没有水，就不成其池塘，没有爱就没有教育。”但是，在现实生活中，尤其是在家庭教育中，我们经常在“爱”的名义下做许多反教育的事情，用所谓的“爱”摧毁了孩子的尊严、自由与发展。这就是缺乏智慧的爱导致。

第一，智慧爱是有底线、讲规矩、守原则的爱。智慧爱的反面是溺爱。溺爱最大的特点是不讲规矩、没有底线、缺乏原则。比如，许多家庭对孩子的任何购物要求都尽量满足，不考虑此物孩子究竟是否需要，家庭经济状况是否允许，购买难度有多大。

第二，智慧爱是尊重孩子的个性，给孩子充分的自由成长空间的爱。生命，是大自然最神奇的创造。生命的成长，是宇宙间最神秘的过程。帮助生命，就是要按照生命成长的节律，在需要的时候给予及时的协助和指导。帮助生命，就是不要把我们的意志强加给孩子。帮助，就是帮忙与协助，所有活动的主体都是孩子。我们只有成为孩子的伙伴和朋友，才能够真正地走进孩子，才能够真正地帮忙和协助孩子。许多家庭经常用爱孩子的名义包办、代替孩子能够做的所有事情，这其实已经剥夺了孩子成长的权利。成长与发展的权利，孩子最重要的权利。

第三，智慧爱是陪伴孩子一起成长，用自己的成长引领孩子成长。许多父母以为，给孩子的爱，就是让他们吃好穿好，让他们有好的玩具。其实，在一个物质条件非常优裕的时代，孩子们已经很少为温饱担忧了。相反，一个个“小胖墩”的出现，从另外一方面反映了我们过分重视儿童的物质生活。的确，我们的父母和老师为孩子身体的考虑远远超出了为孩子心灵的考量，对身体需求的满足远远超出了对心智与人格上需求的满足。正如蒙台梭利说的那样，儿童的需求并非只是身体的需求，孩子的心灵发展同样重要。在一定意义上讲，心智与人格的发展更加重要也更加崇高。因为真正的贫困是精神的贫困，愚昧比营养不足更可怕、更致命。所以，智慧爱不是简单地满足孩子身体的需要，更要满足孩子心灵的需要。其中，陪伴孩子就显得非常重要。

第四，智慧爱是扬长避短，而不是补短弃长之爱。人的复杂性和珍贵性就在于他的独特性，每个人都是一个独特的世界。所以，教育的最高目标，就是帮助每个人发现他自己，成为他自己。所以，不要轻易把你的孩子与别人的孩子做比较，更不要把你孩子的缺点与别人孩子的优点做比较。要相信，你的孩子就是一个与众不同的艺术品！与其努力改正孩子的缺点，不如尽可能培养孩子的优点。孩子优点形成的过程，就是克服他们自身缺点的过程。孩子身上的“潜意识心智”，不仅是他们智慧形成的基础，也是他们道德形成的基石。这种“道德的力量”，帮助孩子们形成诸如纯真、勇敢、自信的品质，同时也让说谎、害羞、恐惧、破坏等不良的品质消失得无影无踪。眼睛里充满了美好，阴暗的东西就自然没有生存空间。

第五，智慧爱是理性之爱、鼓励之爱，而不是以暴力、控制方式表达的爱。许多人迫不及待地在孩子身上打上自己的烙印，迫不及待地想让孩子实现自己未曾实现的梦想。因此，他们希望孩子对父母言听计从，希望孩子按照父母的设计、父母的安排去生活。因此，所谓的“乖乖孩”就成为父母眼中的宝贝疙瘩，集万千宠爱于一身；而对不听话的孩子，父母轻则训斥谩骂，重则拳打脚踢。溺爱的另外一种表现形式就变成了暴力与控制。

理性之爱是有节制的爱。现在的父母，教育上总体呈现出“过度化”的倾向。父母们往往在“爱”的名义下，没有节制地把各种东西塞给孩子。其实，正如吃多了把胃塞满了，孩子就会消化不良一样，精神上的过分营养，也会造成孩子消化不良。父母们应该有节制地关心孩子，尽可能让孩子自主学习，学习他们感兴趣的东西。如此，他们才能真正地沐浴在智慧的阳光之下。

爱应该与智慧同行，爱才有深邃隽永的价值。智慧应该与爱同行，智慧才有生命的温度。让爱与智慧同行，这不仅是父母与教师成长的不二法门，也是我们在任何教育活动中都必须做出的选择。

二、新教育实验家校合作共育的实践探索

新教育实验从一开始就非常注重“家校合作共育”的问题。在 2000 年出版的《我的教育理想》一书就提出，理想的父母应该努力配合学校、社区进行全方位、多层次的教育，从而使孩子快乐、健康成长。

（一）从第一所新父母学校到新家庭教育研究院

2004 年 3 月 28 日，“莫愁新父母学校”在苏州工业园区娄葑第二中心小学正式挂牌成立。

2004 年 4 月 24 日，在昆山玉峰实验学校举行的新教育研究中心会议，决定把“优化家校合作”作为“6＋1”的项目正式纳入新教育的行动计划，家校合作开始成为新教育的重要行动。

2005 年 3 月，玉峰实验学校的《玉峰新父母校报》正式印发。同时，由福建教育出版社正式出版的《与理想同行——“新教育实验”指导手册》（2005 年第一版）和 2006 年全国教育科学“十五”规划教育部重点课题“新教育理论的实践及推广研究”结题报告，都详细介绍了新教育实验“优化家校合作”的行动。

2007 年 7 月，新教育运城年会正式提出“共读、共写、共同生活”的理念。一些新教育的榜样教师在年会上讲述了自己在家校合作共育方面的故事。

可以说此后，家校合作共育作为一种打开校门、融合力量、共同推进教育发展的举措，成为新教育实验的底色之一，贯穿在新教育历年的年会主报告中，也是促使十大行动中其他行动更为有效地开展的一种工具。新教育的营造书香校园，其实就包括了亲子共读、书香家庭与书香社区等内容。师生共写随笔，则包含了师生、亲子、师亲等的互相交流。父母进课堂，本身也是聆听窗外声音的重要内容。培养卓越口才、构筑理想课堂、建设数码社区、推进每月一事、缔造完美教室等也都与家校合作有着密切的关系。例如，我们在“习惯养成第二天性”的主报告中就明确提出，家庭是培养孩子良好行为习惯的最重要的场所。早期的行为习惯养成训练，对人一生具有重要的作用。“教师、父母与孩子一起成长，共同养成良好习惯，形成同频共振的氛围，是习惯养成的重要原则”。

2011 年 11 月，新教育成立了“亲子共读研究中心”，把父母与孩子的共同

阅读作为新父母成长的重要内容、每天早晨的“新父母晨诵”等项目已经有了上亿次的点击阅读量。2012 年，该中心更名为新父母研究所，全面开展新父母晨诵、新父母学校、父母书目选编、亲子共读等项目。新父母研究所自成立以来，秉承“点亮自己，照亮他人”的萤火虫公益精神，现有义工 496 人，在全国 30 多个省市建有 56 个萤火虫工作站，汇聚了 4 万多位父母开展萤火虫亲子共读。

2012 年，在新教育宁波国际高峰论坛上，家校合作共育正式成为新教育实验的十大行动之一。新教育实验开始了家校合作共育探索的新时期。

2015 年，新教育研究院与全通公司联合成立了新家庭教育研究院。研究院自成立以来，先后组织力量编写了《中国家庭教育蓝皮书》、《这样爱你刚刚好》（从胎儿时期到大学阶段，每年一本，共 20 册），与中国教育电视台合作评选了 2016 年度中国好父母，协助中国教育学会家庭教育专业委员会组织召开了 2015 年和 2016 年家庭教育国际论坛与 2016 年和 2017 年全国家校合作经验交流会，组织了近百场新父母大讲堂等学术与公益活动。

《中国家庭教育蓝皮书（2016）》

《这样爱你刚刚好》

从 2016 年开始，以海门新教育实验区为代表的有关实验区和实验学校，举行了多个以家校合作共育为主题的新教育开放周，开始书写深化家校合作共育的新篇章。

在家校合作共育的理论研究方面，新教育也做了不少有益的探索。继 2000 年《我的教育理想》一书中提出了理想父母的标准以后，我先后发表了《教育从家庭开始》《与孩子一起成长》《家校合作的三种模式探讨》《家校携手教育不愁》等文章，并且主持选编了“中国父母基础阅读书目”，为中国父母的成长提供了第一个系统的书目。新教育研究院院长李镇西先后出版了《做最好的家长》《陪你走过 0—6 岁》等关于家庭教育的著作。新家庭教育研究院院长孙云晓先后出版了《亲子关系：决定孩子一生的幸福密码》《五元家教法：好父母的必修课》《向孩子学习：一种睿智的教育视角》《好好做父亲：男人最有价值的投资》等著作，并且发表了《新家庭教育宣言》《新家庭教育十大愿景》等理论文章。新家庭教育研究院的理事长童喜喜出版了《喜阅读出好孩子》《新教育的一年级》等著作，前者对亲子共读等问题进行了探讨，后者则全面讲述了新教育实验学校在幼小衔接阶段父母的故事。新家庭教育研究院副院长蓝玫先后出版了《家校之间有个娃》低年段版和中年段版，洪明研究院出版了《合育论》。新教育榜样教师顾舟群的《改变，从习惯开始》、郭明晓的《各就各位准备飞》和常丽华的《教室，在书信中飞翔》等著作，以师生家校通信的方式，记录了家校合作共育的故事。

（二）新教育实验家校合作共育的原则

过一种幸福完整的教育生活，是新教育实验的宗旨。幸福和完整是家校合作共育的根本朝向。

幸福，不仅仅是教育的目标，更是人类的终极目标。发展经济也好、生态建设也好，最重要的是为了让人获得幸福感。幸福教育是幸福人生的基础。新教育实验的理想，就是让每个人能够真正快乐、自主学习，让每一个人能够真正地享受学习生活、享受教育生活，让每个人能够发现自己的潜能与天赋，让每个人在和伟大事物邂逅的过程中发现自我、成就自我，成为最好的自己。教育本来就是增进幸福的重要途径。挑战未知、合作学习，本来应该就是非常幸福的。所以，家庭、学校和社区，都应该努力创造让孩子幸福成长、快乐学习的环境，让教师和父母能够体验职业尊严和责任使命的环境。

教育还有一个很重要的使命，就是帮助人成为他自己。现在的教育，就是用统一的考试、统一的大纲、统一的评价，把所有的短板补齐了，所有的人变成一样了，而不是扬每个人的长。其实，真正的教育应该扬长避短。人什么时候最幸福？发现自己的才华，找到值得自己为之付出一生努力的追求，能够痴迷一件事情，实现自己的梦想。一个人只有在这些时候，才是最幸福和快乐的。这就是新教育所说的完整和幸福。所以，新教育实验提出应该让我们的家庭和学校，让我们的社区成为汇聚美好事物的中心，让所有的人在学习与成长的过程中能够找到自己、发现自己、成为自己。

当然，新教育所说的完整，内涵是丰富的。从培养的目标来看，包括自然生命、社会生命和精神生命的完整，即身心灵的完整；从教育的主体来看，应该包括家庭、学校和社会的完整。只有这样，教育才能够真正形成合力。

2017 家校合作经验交流会议（卢丽娟摄）

2018 家校合作经验交流会议（卢宇摄）

在坚持“过一种幸福完整的教育生活”的根本朝向的前提下，家校合作共育应该遵循以下基本原则。

1. 目标一致原则

家庭、学校、社区的教育目标应是一致的。尽管三者是不同的社会单元，在社会生活中分别扮演着不同的角色，发挥着各自的独特作用，但在家校合作共育中，它们具有明确而共同的目标，那就是更好地促进青少年儿童身心健康、全面、个性化的发展，实现教师、父母与孩子的共同成长，让家庭、学校、社区的所有人能够“过一种幸福完整的教育生活”。

目标一致性原则，是家校合作共育最坚实的基础，也是最大的共识，为扫除行动中的一切阻碍铺平了道路。坚持这个原则，才可能让家庭、学校和社区保持一致，并肩前行，而不是互相掣肘。

2. 地位平等原则

家庭、学校、社区在合作共育的过程中是平等的主体。

家校合作共育必须建立在平等互信的基础之上。家庭、学校、社区是“伙伴”关系，共同承担儿童成长的责任。青少年儿童在家庭是父母的孩子，在学校是老师的学生，在社区是未成年人。家庭、学校、社区三方共同承担教育的责任，地位也是完全平等的，不存在谁“依附”于谁的问题。任何一方都不能够凌驾于其他各方之上，也不能够成为其他各方的附庸。学校不能压制家庭、漠视社区，家庭和社区也不能挟持学校。必须在保障各方的独立性的前提下，在互相平等的过程之中，家校合作共育才能走上良性循环，才能同频共振。

在操作的过程中，如何才能实现平等、尊重？最好的办法是三方共同参与规则的制订，保障理念的统一性、决策的公开性。因此，在组织家委会等各种家校共育机构时，在吸纳成员时要特别注意以教育理念、服务态度、领导能力、奉献精神等综合素质为考量来吸纳成员，而不能只吸纳单一类型的父母，尤其不能仅以家庭环境的优劣、父母的社会地位等来吸纳成员。同时，在决策的过程中，要公平、公正、公开，才能赢得多方支持，减少其他没有参与决策的学生父母的疑虑，让所制定的决策更快更好地得到大家的支持和落实，从而实现教育共同体成员的多赢。

3. 尊重儿童原则

在家校合作共育所制定的各项制度、拟订的各种计划中，参与的无论是家庭、学校还是社区，无论是成人还是儿童，都必须保证各自的权利，由此才可能达到真正的理想的结果。

在这一点上，必须特别强调儿童一方的权利保障。1989 年 11 月 20 日第 44 届联合国大会第 25 号决议通过了《儿童权利公约》(Convention on the Rights of the Child)，中国于 1990 年 8 月 29 日成为其第 105 个签约国。确保儿童权利是家校合作共育中的应有之义。只有在决策中确保权利均衡，让儿童代表能够为自身代言，才能在实践中保障儿童的权利，让所有的儿童在平等参与中，得到真正的教育，获得更大的成长。

4. 机构开放原则

家庭、学校和社区彼此敞开大门，尤其是作为合作主导方的学校，要向家庭和社区开放，这是家校合作共育的最重要的条件。

家校合作共育的开放性，意味着在家校共育的过程之中，一个家庭也向其他的家庭敞开家门。这种家庭之间的互相交往，让好的家庭变成更多家庭的典范，其价值和意义不亚于学校和家庭之间产生的交往互动。这样的交往，意味着传统之中关着门的家庭教育，因为家校合作共育而投进了一抹阳光。

开放性，意味着家校共同体面向社会，吸纳更多社会力量的参与。因为无论是各类公益机构的支持，还是各种教育项目的合作，都是促进教育的有生力量。

5. 方法多样原则

家校合作共育的方法多种多样，没有固定模式。

家校合作共育的方式和方法应该也可以做到丰富多彩，只需要多动一点脑筋，就可以让家校合作共育和学校平时的日常教育教学完全融为一体。它可以无声无息地融入绝大多数的日常教学环节，并不需要额外占用时间、投入精力。只有这样科学、简便、高效的家校合作共育的方法，才能保障在日常工作之中坚持家校共育的可能；也只有这样的家校合作共育的方法，才能在工作中取得良好的效果，从而让家庭和学校都增进互相合作的信心。

6. 长期坚持原则

家校合作共育不是权宜之计，不是暴风骤雨，而是需要长时间在立体化的教育生态中始终如一地坚持，这可能是家校合作共育最大的难点。缺乏相对的系统性和完整性，缺乏行动的长期坚持，就会让家校的工作虽投入了精力，却难以见到成效。

家庭毕竟不是学校，社区也不是一个专门的教育机构。因此，无论是从时间和精力，还是从人员的素养和能力来说，家庭和社区对学校教育的参与都很难得到真正的保障。父母和社区人员也不是学生，在对父母的管理和社区角色作用的发挥上，学校也不可能做到像对学生一样，能够有章有法，能够强制执行。正因如此，我们特别需要强调坚持常态化、制度化地构建和运作家校合作共育的长期性机制。

为此，必须制订长期有效、可操作性的工作计划，明确具体的负责人员。通过工作计划，科学梳理和合理规划家校合作共育的重要内容，确保计划周密、分工明确、责任到人和有效督查，避免在家校合作共育机制运作过程中失去整体的完整，错过对关键内容的推动。更须防止工作中头痛医头、脚痛医脚，遇到问题就紧锣密鼓、山雨欲来风满楼，一旦问题过去就随随便便，甚至将问题抛在一边的现象。

7. 多方共赢原则

在家校合作共育中，受益的不仅仅是学生，还有父母、教师、学校和社区的其他相关人员。

家校合作共育收获的是一个共生多赢的硕果。对父母来说，家校合作共育应该促进多方的共同成长，尤其是让父母和孩子因共同成长而愉悦，家庭生活因此而幸福完整；对教师来说，家校合作共育赢得父母的支持，能让日常教学工作减少许多阻力，增添许多动力，从而让教师的教育生活幸福完整；对社区等相关人员来说，家校合作共育能融洽社群关系，让社区等相关人员在对教育的投入中获得更为丰富的职业认同感，更为积极的人生意义感。如若只考虑家庭或学校、社区之某一方面的利益，合作就无法长久维系，就会变成相互拆台、互相挑剔。

8. *跨界协调原则*

家庭、学校和社区，有着各自的功能定位。所以，从传统的观点来看，家校合作共育是典型的“跨界”行动。教师“走出”学校，父母和社区“迈进”学校，都是去做“分外的事”。因此，家校合作共育有着特殊的困难，尤其是持续性的难度，要远远大于体制内的组织行动。工作中必须特别注意明晰家校合作共育的边界。遵守边界的跨界，到位而不越位，是做好家校合作共育工作的基本原则。

遵循跨界协调原则要注意以下三点：

一是参与成员尽可能多边。家校合作的行动者包含教师、父母等。为了达成一致行动，理应建立跨界行动的协调机构，并将其作为多方互动的组织纽带，其成员应该由学校管理者、教师、父母和社区成员等构成。

二是决策过程尽可能公开。跨界组织的决策机制应该是公开的，以便在代表各自利益的多边组织中，家庭和学校、社区可以均衡地分配资源、协调利益关系，从而使行动一致，确保目标的达成。如果校长或学校仅仅通过非正式的沟通（幕后协商）来实施主导，那就不利于跨界协调的可持续和制度化。

三是共育内容尽可能均衡。以前，学校开展家校合作共育大都是单向的学校对家庭教育的指导，而较少有家庭、社区对学校教育活动的参与，更少有对学校决策的参与。家校合作共育的跨界行动，要均衡开展就不可偏颇学校或家庭、社区某一方。

家校合作共育旨在构建覆盖学生生活的全方位、立体化的教育网络，在发挥学校教育主体和主导作用的同时，充分利用家庭和社区的资源更好地加强学校建设。事实上，学校教育是一种主导性的教育文化，家庭教育也是孩子成长期不可或缺、无可替代的特色文化，学校和家庭所在的社区则构成了学校教育与家庭教育赖以存在和有效发挥作用的环境文化。学校、家庭和社区之间的文化差异是显而易见的，学校、家庭、社区之间的合作，可以有效弥合其间的差异，最大化地实现教育功能。

从目前的情况来看，明晰家校合作共育的边界，关键还是进一步认识家庭、学校、社区在教育问题上的任务、使命和特点，扬长避短，发挥优势。要充分认识到家校合作共育不是纯技术层面的简单模仿，也不是独立于学校整体工作之外的附加题，更不是减轻教师工作量的手段。特别是要尊重家庭教育的规律与特点、尊重父母的主体地位与责任、尊重儿童的权利、尊重家庭的传统与个性（孙云晓），不要把家庭变成学校，也不要把家庭变成学校的附庸，而是要让家庭更像家庭。

（三）新教育实验家校合作共育的途径与方法

1. 加强制度建设

制度是做好一件事情的重要保障。在家校合作共育的推进上，制度建设分为两大类：一是学习掌握国家的相关政策、法律、规章制度，二是制定和完善本机构的相关规章制度。

新教育实验区、校认真学习各种法律法规文件，根据各地实际，积极主动争取妇联、关工委以及教育、文化、卫生、文明办等各个部门的支持，争取最大的政策空间。同时，也要在政策法规的框架下，完善自己的家校合作共育制度，依法依规开展工作。

四川省宜宾市人民路小学从 2015 年起就制定规章制度，请学校家委会参与学校学期计划的制订工作，参与学校大型活动的决策。它们把家校合作共育工作视为全新的基石，让学校真正实现了自我提升、自我超越。如今，家校合作不仅在教育界备受认可，其影响力还向全社会蔓延。

2. 积极搭建平台

家校合作共育需要一定的平台和载体。我们日常中最常见的平台和载体就是“家长委员会”和“家长学校”。这些年以来，无论是从机构的名称、实际发挥的作用，还是从未来发展的趋势来看，新教育都在进一步拓展家校合作共育的平台。

从具体概念来说，在家庭教育的理论研究与实践探索中，新教育比较主张尽可能用“父母”代替“家长”，用“家校合作委员会”代替“家长委员会”，用“新父母学校”代替“家长学校”。

为什么要变“家长”为“父母”呢？首先，对外而言，在国际交流中，“家长”一词缺乏相应的概念。在英文中，“家长”的概念勉强可以翻译为“the head of a family”“patriarch”“the parent or guardian of a child”“genearch”“householder”。但是我们一般使用的“家长”概念，其实说的就是父母。其次，对内而言，“家长”是一个封建传统的概念，这个称谓已经不适应现代民主社会的需要。在现实生活中，“家长制”依旧在很大程度上根深蒂固地存在于不少家庭之中。如今我们身处后喻文化时代，许多父母的知识已经落后于孩子。如果仍然采用“家长制”的管理方式，不仅对孩子的成长起不到正面的作用，也不利于父母自身的学习与成长，更不利于建设和谐平等、相互尊重的新型家庭关系的要求。

所以，我们建议在新教育人的话语体系中，尽可能不用“家长”这个概念。

从搭建平台的具体方法上，新教育人已经做过许多探索。

（1）建立家校合作委员会。

家校合作委员会，在我国的最初形态是家长委员会。1988 年颁布的《中学德育大纲》首次明确提出家长委员会的建设问题，并将家长委员会与家访等其他形式并列，作为家校合作的重要平台。

在国际上，家校合作的组织很多，如父母教师协会（Parent-Teacher Association，PTA）、合作伙伴行动小组（Action Team for Partnerships，ATP）、校务委员会（School Council，SC）、学校发展小组（School Improvement Team，SIT）、父母教师组织（Parent-Teacher Organization，PTO）、家庭学校协会（Home-School Association，HSA）等，也有类似我国的家长委员会的、属于父母自己的组织，如父母委员会等。

新教育的家校合作委员会有几个重要的特点。

第一，从名称来看，新教育用家校合作委员会代替家长委员会，同样可以简称为“家委会”，但是内涵不完全一样。

第二，从参与主体来看，新教育的家委会要体现合作与共育，必须有家庭、学校、社区的代表参与，而不是单一的父母参与的“父母（家长）委员会”。这样才能真正全面反映各方的利益诉求，全面改进各方工作，建立良好的家校合作共育的生态环境。

第三，从领导构架来看，学校领导和教师不得担任新教育家委会的主要负责人，家委会领导需要由三方推选的代表协商选举产生。建议由父母或者社区中热心教育、有号召力、乐于奉献的人士担任。

第四，新教育学校的家委会分班级、年级、学校三个层次。班级、年级的家委会主任，原则上为上一级家委会成员。在条件成熟的时候，学校家委会主任参与区域家委会或者全国家委会，形成从班级、年级、学校到乡镇、县市、省和全国的家校合作共育体系。

(2) 建立新父母学校。

新教育的新父母学校一般有以下几个特点：

第一，从名称来看，虽然目前在国家有关文件中仍然被称为家长学校，但我们建议新教育学校尽可能用“新父母学校”代替“家长学校”，可以简称为“父母学校”。

第二，新父母学校，应严格遵守国家法律法规的相关规定，贯彻国家教育方针，组织学生父母接受系统、专业的家庭教育培训，从而提高其教育素养，使之成为家校合作共育的有力支点，让师生及学生父母共同营造良好的育人环境，都能“过一种幸福完整的教育生活”。

第三，新父母学校是接受所在学校及其家校合作委员会的监督管理，接受上级教育主管部门和妇女联合会共同指导的非正式社会组织，由本校教师和教育界及社会各界专家担任讲师，培训本校的学生父母。

第四，新父母学校实行校长负责制。校长由举办学校校长兼任或者由举办学校推荐，负责主持各项工作，副校长原则上由举办校分管副校长和其家校合作委员会主任担任，协助校长分管课程设置、实施、检查、反馈、评价、宣传等具体工作。

第五，各级教育行政部门可以建立新父母学校的总校，指导新父母学校的工作。江苏海安县教育局就建立了具有 20 个编制的家长学校总校。

(3) 建立新父母俱乐部。

与新父母学校通常以学校为主导成立，职能上侧重学习成长不同，新父母俱乐部通常以父母为主导成立，职能上侧重寓教于乐的活动。

比如山东省威海市沈阳路小学新父母俱乐部，它举办的活动既有规定动作又有自选动作。规定动作包括：一年级走进福利院，二年级走进哈工大威海分校，三年级走进图书馆，四年级走进气象台，五年级走进工厂。自选动作则丰富多彩，有春游、秋游、钓鱼、登山、乒乓球、品茶、放风筝、走进刘公岛、周末爱心义卖、沙滩游戏、海边游乐会、走进福利院、敬老院、大众报业、聋哑学校、气象台、博物馆等。

(4) 建立新教育亲子活动机构——萤火虫工作站。

这是一个立足阅读、推动教育，立足教室、影响社区、辐射社会的公益项目。一般情况下，这一工作站由热心教育公益、具备较高的阅读水平和阅读推广素养的教师担任站长，负责阅读指导等教育内容的把关和引领，以及工作站整体的工作调度；由具有爱心和活动能力的父母担任副站长，在站长的指导下，承担组织事务等各项日常工作。

新教育萤火虫项目为父母们提供亲子阅读指导，研讨各类家校教育问题，从个体、从小事做起，以亲子阅读为突破口，以融洽家校关系为切入点，以教育反哺社会，以个体汇聚群体，以每天早晨的“新父母晨诵”、每天晚上的“天天喜阅”、每周三晚上的“萤火虫亲子共读全国讲座”、每月一次的“萤火共读”、各分站自行不定期举办的网络共读及线下活动等等为主要内容，诸多栏目齐头并进，取得了良好的效果。

自 2011 年 11 月 23 日起，项目启动的社区图书馆是萤火虫工作站活动的重要场所。比如，河南焦作、内蒙古宁城、山东青岛、浙江温州、陕西西安等诸多萤火虫分站，都应当地图书馆之邀，成为驻扎在图书馆中的阅读推广团队，由图书馆常年免费提供场地和各类支持。

3. 共读共写共赏

阅读是成长之基。新教育实验“共读、共写、共同生活”的理念，本身就体现了家校合作共育的理想。新教育认为，只有共同阅读，才能拥有共同的理想与愿景、共同的语言和密码、共同的价值和追求。推动亲子师生共读共写共赏，也是新教育实验的一个重要特色。

(1) 共读。

新教育的共读，指的是家校共同阅读一本书，通过父母、学生、教师等多方研讨和交流，建起一座学校和家庭之间的桥梁。

阅读是成长之基。绛县实验区的新父母学校在推动家校共读、亲子共读、师生共读方面有着非常好的经验。他们以阅读为经线、以家教为纬线，以心灵唤醒心灵、以阅读影响阅读，因读而聚、因爱而行、因智而强，共同编织起一张亲子共读、师生共读的网。他们的经验有以下七条：

一是专业引领的团队。无论是榜样教师还是父母，都需要有一定经验的阅读推广人起引领和带头作用，这样才能保证阅读的品质。二是坚持常态化的唤醒。根据不同时间确定每月的阅读主题，让阅读成为生活方式。活动有丰富固定的流程。三是作品经典。共读作品无论是传统经典还是全新创作，都应该具有相当的品质，好读又耐读。四是平等真诚的氛围。无论是每次活动的组织筹备，还是阅读研讨交流，都能在报名吧和微信群发起，没有行政命令，没有班主任、科任老师的身份，从组织者到参与者都只有一个身份——新父母，彼此之间坦诚相待、认真交流。五是凝聚力量的作品。每次活动都用诗歌点燃与凝聚，共读的好书都经过精心选择。六是身边榜样的激励。他们注意发现身边最优秀的父母读者，使他们成为接地气的“共读代言人”，为阅读鼓掌欢呼。七是知行合一。围绕阅读图书，积极拓展相关活动，把所学运用到生活中，再从生活中提炼问题，开始新的阅读之旅。

(2) 共写。

新教育的共写，是优秀的新教育实验教师开展家校共育的绝招。它需要投入的精力较多，但取得的效果也很好，对教师来说还会有额外的奖赏。许多新教育榜样教师都因为坚持共写而出版了自己的著作，如郭明晓出版了《各就各位准备飞》，顾舟群出版了《改变，从习惯开始》等等。郭明晓从 2009 年开始就给父母写信，每天给父母发送短信。她总结了家校通信的两点必要性：第一，大部分父母需要具有专业知识的教师的引领，才能少走弯路。第二，父母们需要在一个共同体之中成长。“共读、共写、共同生活”会形成一种相互激励的力量，让父母坚持不懈地深度卷入教育。

这种日常生活中的共写式叙事，是以多种方式邀请、吸引所有父母、教师、学生参与共同书写。一般来说，共写分为三种：家校信、家校便签、随笔（日记）接龙。

家校信，通常每周一封。由教师总结日常教育生活，把全班集中表现的、需要得到关注的问题在周末向全班父母进行介绍，父母们回复后，双方及时沟通。

家校便签，不定期写作，基本上每天一次。教师把每天突发的事情用便签的方式和父母进行交流，内容一定要自然真诚、富有意义。

随笔（日记）接龙，可以自行约定时间。由学生记录，父母和老师跟随其后分别写下对话或点评。

以上的共写，可以与学生的作业结合，利用作业本进行，也可以利用网络社群进行。江苏徐州新沂实验区王智慧老师就通过叙事的模式成功地把所有孩子的父母深度卷入教育，取得了非常好的教育效果。2017 年寒假，她带领全班父母书写“生命叙事”，讲述自己和孩子以及整个家庭在进入太阳花班以后的改变与收获，仅仅 19 天的时间，就收到了 88 篇来稿，有 113 000 多字。王老师把这些文字结集出版，定名为《晒太阳》。这些父母，有上班族也有专职父母，有大企业老板也有个体商贩，有大学毕业也有小学二年级没有念完的，有亲生父母也有继父继母，无论是哪种类型、哪个层面，一年来的进步让他们自己都非常惊讶。王智慧老师说，主动参与是他们的姿态，阅读学习是他们的秘密武器，交流分享是他们互相传递能量的主阵地，陪伴是他们的第一快乐，成长是他们的最大骄傲，改变是他们全家的福气。

王智慧老师的家庭教育

王智慧老师的《晒太阳》

（3）共赏。

新教育的共赏，指的是父母、孩子与教师共同欣赏一部影视作品，以优秀的影片为主。尤其在家庭或社区中，共赏特别简便易行，值得推荐。影片时间长短合适，主题相对集中，共赏的各方能够在有效的时间之内，取得最好的家校共育效果。

在新教育电影课项目研究中我们发现，电影是对人生思考的浓缩，人们特别容易被电影震撼，从而打开自己的心扉。共赏特别适合向忙碌的父母们推荐。

新教育种子教师、淮安市天津路小学王艳老师利用 QQ 群开展线上“每周一部好电影”、每学期一次以年级为单位的“亲子电影课”，赢得了全年级父母的喜爱。她以电影为纽带开展家校共育工作，让学校教育延伸到家庭，让家庭连接着学校，在家校的双向连接之中，自然而然地使教育效果最大化。

4. 畅通交流渠道

家校之间坦率而又真诚的交流、充分而又对称的信息分享、经常性的联系，是良好的家校合作关系的基础。家校沟通的渠道主要有：

(1) 家校读物。

沟通交流需要媒介和载体，需要精心策划、用心编写、精致印刷的各种读物，如《家校合作指导手册》《家校通讯》以及校刊校报、年鉴年报等，这些既是家校指导的重要方法，又是家校沟通的重要阵地。

比如《家校合作指导手册》，是新生父母走进学校的第一本入门书。在新生接到入学通知书的同时，父母们也应该有一本关于学校介绍和家校合作共育知识介绍的简要读本。每学期开始，也可以专门印制一本指导手册。《家校合作指导手册》一般包括如下内容：新生注册注意事项，给父母的访校邀请信，家委会机构及其产生的办法，学校重大活动日历，学校设施的介绍（如图书馆、医疗室、餐厅、体育场等），学校特别项目的介绍（如乐队、合唱团、体操队、美术班等），与家庭和儿童有关的社区服务机构的介绍，与不同年级有关的活动，家庭教育的相关要点与建议，孩子所在班级班主任和科任教师的简介及联系电话，等等。

又如《家校通讯》，作为由学校、家庭、社区共同参与的报纸或者刊物，其具体名称可以由各个学校确定，也可以与校报、校刊合而为一。《家校通讯》应该全面反映家庭、学校、社区的各种信息，讲述学校或者家庭、社区的教育故事，报道优秀的父母、教师、学生的事迹，刊发师生、父母和社区相关人员的文章，转摘专家关于教育尤其是家庭教育的重要观点、文章。《家校通讯》的编委会组成应该包括家庭、学校和社区的代表，主编由学校或者家委会聘请，相对于《家校合作指导手册》而言，《家校通讯》在信息的及时交流方面有更多的优势。

再如“假期作业”。有的学校如昆山市玉峰实验学校编印的《三健成长作业》也属于家校合作出版物。这个作业是在每年寒暑假编写的家校合作“套餐”，包括亲子共读、亲子观影、亲子运动、亲子厨房、亲子旅游、亲子种植、亲子公益等内容，让学生与父母等共同完成，是一种家校合作共育的“作业套餐”，让学生实现“心健、体健、行健，会休息、会自学、会实践”的目标，过一个“绚烂的假期”。

(2) 微信群、QQ 群。

无论是手机短信、QQ 群、微信，还是家校通等，其及时性、互动性和便利性等特点，为家校沟通提供了技术支撑。许多新教育实验的教师也能够利用这些“利器”做好自己与学生父母的交流。

比如，北京中学余国志老师，在300天的时间内，坚持每天与一位学生的父母微信对话，文字已近10万。现在，许多新教育实验学校都建立了基于网络平台的家校社共育新机制。学校、家庭、社会，教师、父母、学生都能够通过网络、短信、QQ群、微信等多种平台，便捷及时地实现信息资源的交互与数据共享，形成了学校、家庭、社会立体的“爱的朋友圈”。

(3) 家校互访。

家校互访，就是家校双方深入彼此的教育现场，包括家访与校访两种形式。

家访，曾经是家校交流最行之有效的做法。信息时代到来之后，我们一度用电话、网络代替了家访，或者以把父母请进学校交流，代替教师走进家门交流。如今许多有识之士已经发现了取消家访的弊端。人们发现，许多用语言难以说明白的事情，一旦到了孩子家中，看一看孩子日常的生活环境，观察一下家庭成员之间的交流方式，一言一行、一举一动，就能够捕捉到问题的根源。所以，家访，就是让教师深入家庭教育现场，是一项无可替代的重要工作。

为了使家访更有成效，应该注意以下问题：第一，家访的目的是全面了解学生的生活环境，与学生的父母沟通感情，建立信任关系。第二，每次家访最好事先与学生父母约定，不做“不速之客”，以免使父母因教师的突然来访而感到不自在或者因父母不在家而使教师“扑空”。第三，家访一定要围绕事先确定的目的进行，并且进行必要的准备。无目的、无准备的家访往往难以取得真正的成效。第四，不要把家访搞成“告状”。第五，要对学生家庭和父母的相关情况保密，在家访一开始就申明保密的原则。对于一些不愿意透露家庭情况的父母，也不要强行家访，可以约谈在学校或者住所附近见面交流，或者通过电话、邮件等进行家访。

校访，主要通过学校开放日进行。在开放日或者和父母约定的时间，让学生父母走进校园，深入学校教育现场。父母可以在开放日中随时随地推开任何一间教室的大门，到任何一间教室里去观察学校生活的细节，到食堂、图书馆等场所直观地了解教师和孩子教学与生活的方方面面。

家校互访能增进彼此的了解和信任，为其他工作的顺利开展奠定了坚实的基础。在具体操作中，还可以与其他家校共育活动相结合，以期取得更好的效果。

(4) 家校叙事。

家校叙事是指家庭和学校通过教育叙事的书写，让家校共育中的各方共同回顾、总结自己的教育生活，从自身的经验教训中提炼出进一步成长的心得，不断挑战自我，提出新的目标，攀上新的高度。

在具体做法上，一种是特殊日子进行的庆典式叙事。比如，在读书节、期末典礼等活动中，对家校共育中的优秀人物与事迹进行叙事性的展示和表彰。这样的叙事能够集中呈现一个阶段的思考，并能借助仪式的特性，给人留下鲜明、鲜活的记忆。另一种是前面提到的日常生活中的共写式叙事。

5. 共享多方资源

家校合作共育的优势，就是能够实现家庭、学校、社区资源的共享、互补，把有关各方的资源进行多种组合，为学生成长提供更加宽广的空间与可能。

在资源共享上，家庭、父母成为教育中的人力资源、社会资源乃至补充部分的财力资源。

学校资源作为社区的文化中心和社会的文明引擎，也需要进一步加大对社区的开放力度。比如，学校的图书馆，应该不仅仅是为教师和学生准备的，同样应该对社区居民和父母开放。学校图书馆的建设应该同时考虑配置家庭和社区可以阅读的书目。学校的体育场地、设施，也可以向社区居民和学生父母开放。学校的教室在假期和节日可以向社区居民和父母开放，为他们的终身学习提供便利。这样，学校就可以成为真正的学习中心，成为社区的文化中心。

社区教育资源也应该向家庭和学校开放，如社区图书馆、文化馆、体育中心、青少年活动中心等公共文化设施如何配合学校与家庭的教育需要开展活动，社区的有关机关、团体、企事业单位如何发挥自己的优势，主动为学校和家庭做好服务，也是家校合作共育需要探索的重要课题。例如，苏州工业园区探索统筹协调各类社会资源单位，开展“扶苗行动计划”，构建了家庭教育区域框架体系。山东滨州新教育实验区的市逸夫小学，积极争取社会支持，加强社会教育资源开发，校内校外统筹，发挥各方力量，合力打造了一批社会实践教育基地。

社区不同职业、不同岗位的人员，也是非常重要的教育资源。家校合作的共享资源包括：

(1) 家校合作共育资源室。

家校合作共育资源室是为家庭、学校和社区开展家校合作共育建设的资源中心。

资源中心应该包括关于教育、心理、青少年儿童发展、家庭教育、父母成长、家校合作、学科教学等方面的书刊。可以考虑配置新教育研究院选编的“中国幼儿、小学生、初中生、高中生基础阅读书目”和父母书目、教师书目等家校合作共育的图书，以及《中国教育报》《父母课堂》等报刊资料和相应的影视资料。

资源中心可以为学校和家庭开展游戏提供资源。比如，父母和教师可以从书籍、杂志、报纸等中搜集游戏、活动，经过改编，使它们适应家庭或者学校的需求，成为孩子们能玩的教学游戏。然后将它们分类置于资料盒中，便于使用。父母和教师们可以制作供阅读、拼写、计算用的游戏板（卡）。

资源中心可以为学校教育教学提供资源，可以鼓励教师和父母按照不同年级和学科提供相应的资源。比如，有经验的父母和教师可以根据学生的年龄层次和不同的学习科目，即数学、语文、艺术、音乐、自然科学等，从有关书籍、报刊中挑选、整理有用的文章，将它们分类以方便教师和他们的助手在课堂上使用，或者方便父母在指导孩子家庭学习时使用。

资源中心一般建在学校，与家委会的办公机构或者父母活动中心合而为一，也可以建在社区或者企业中。

资源中心可以由学校主导建立，也可以由家委会主导建立。建在哪里或者谁来建设，家校合作共育资源中心的关键，都是共同参与、共同建设，实现新教育家校合作共育的共享、共生、共赢的目标。

（2）共建学校社团。

三百六十行，行行出状元。每一位父母都是一个课程的资源。在新教育学校，父母已经成为学校教育中不可或缺的宝贵资源。比如，贵阳云岩实验区贵阳市第十中学的父母，为学生免费开设了篆刻、扎染、合唱、电脑美术、橡皮章、书法、绘画等社团，还帮助学校成立了“学生长笛乐团”，由家委会管理。

（3）新父母课堂。

新父母课堂，是共享家庭教育资源最重要的形式之一。新父母课堂可以与学科融合，不同学科、兴趣、特长的父母，可以成为教师的助教；可以与阅读结合，成为“故事爸爸”“故事妈妈”开展阅读活动的载体；可以让有特长的学生父母走上讲台，给孩子们传授相关的知识和技能。这样的新父母课堂为父母展现自己的才华搭建了一个舞台，也为学校丰富特色课程资源提供了多样化的途径。

新父母课堂可以成为班级举办“聆听窗外声音”行动时最简便、最经济的做法。父母资源就是专家资源。在新父母课堂中举办讲座，请优秀的父母现身说法，讲给其他父母或者孩子听。

在新父母课堂的工作开展中，必须注意：并非一般意义上的名人父母、精英父母，才有必要进课堂。例如，成都市武侯实验中学是一个以失地农民和进城务工人员子弟为主要生源的涉农学校，这个学校有一个百家讲坛，经常在升旗仪式上请来自各行各业的父母们给孩子们做演讲，以他们的人生故事激励孩子们。有一所乡村的新教育实验学校，把当农民的爸爸请进了学校、请入了课堂。农民爸爸在课堂上讲述自己如何种地，不仅帮助孩子们了解了种地的知识，而且让孩子们更加理解了农民父母的不易。这位爸爸有了这次经历之后，增进了对教师、对教学的理解，从那以后更加关注家庭教育，更加积极地投入家校合作共育。

在许多新教育学校，父母进课堂已经成为学校一道美丽的风景线。例如，河南省滑县新教育实验区新城小学，把一至六年级每周一下午第一节课，作为父母授课的固定时间。每周以年级为单位提前统计、上报课程内容与上课时间，优秀资源还可以在全校范围内交流。讲课的内容和形式丰富多样，既满足了学生们的求知欲望，也让学生从中学会了感恩、分享、坚强、宽容、奉献……这些课程深受学生喜爱，大大提高了家校合作共育的实效性。

（4）父母志愿者。

父母志愿者也是共享家庭教育资源的重要形式。在新教育学校，各种形式的志愿者、义工非常多，如威海高新区新教育实验区的沈阳路小学《家长义工活动实施方案》实施以来，学校先后成立了“新父母安全护卫队”“新父母公益队”“新父母监督员”“家长义工流动岗”“新父母授课志愿团”等，每逢学校举行重大活动，总能看到父母义工们忙碌的身影。

（5）社区大讲堂。

社区不同职业、不同岗位的人员也是非常重要的教育资源。社区大讲堂可以根据学校教育的需求，邀请交通警察、消防员等不同职业的人员，以讲座等方式推进，灵活简便。

（6）社会实践基地。

社区中不同单位、不同机构的硬件，也可以成为重要的教育资源。学校应该探索、统筹、协调各类社会资源单位，积极争取社会支持，加强社会教育资源的开发，进行校内校外统筹，发挥各方力量，合力打造一批社会实践教育基地。

这样的社会实践基地可以成为学生的第二课堂，可以成为教师的第二讲台，可以成为父母的第二客厅，也可以成为本单位职工的第二舞台，从而让社会资源更充分、更稳定地发挥效用。

例如，河南省滑县新教育实验区新城小学就邀请社区交警走进课堂，开展法制安全纪律教育，结合近年来发生在中小学生身上的交通事故典型案例，紧扣学生们的日常出行方式，细致地讲解道路交通基本常识。

6. 发挥榜样示范引领作用

按照新教育实验的生命叙事理论，每个人都是自己生命故事的主人翁，也是自己生命故事的作者。能否把自己的生命写成一部伟大的传奇，在很大程度上取决于我们能否为自己寻找人生的榜样。

在家校合作共育的过程中，家庭、学校、社区都要主动为孩子和成年人寻找人生的榜样。一旦孩子与伟大的人物相遇，就有可能为自己的生命找到原型，从而确立起人生的志向。而父母、教师等也可以与那些伟大的灵魂相遇，与孩子一起汲取成长的力量。

当然同样不可忽视的是，父母、教师也应该自我反思，不断地提升自己，努力为孩子和学生做好人生的榜样。孩子是最伟大的观察家，他们一直在观察着成人的行为，考量着父母和教师的言行。以习惯养成为例，父母要让孩子养成良好的习惯，自己首先要有良好的习惯，用好习惯培养好习惯，这才是最有效的教育。父母通宵达旦打扑克、搓麻将，却让孩子按时作息；父母自己看电视，却让孩子阅读；父母自己邋里邋遢，却让孩子讲卫生；父母自己自私小气，却让孩子与人分享……任何说一套做一套的教育，都效果甚微，甚至是无效的教育。

发挥榜样示范和引领作用，其实就是要求家校合作共育的多方父母、教师学会与孩子一起成长，在为孩子做榜样的过程中提升自己、完善自己、成就自己。

（1）发现榜样。

生活中并不缺少美，缺少的是发现美的眼睛。家校合作共育也需要及时发现先进的典型。一方面，我们要注意身边的榜样，这样的榜样往往亲切，容易产生共鸣，也容易学习、借鉴。另一方面，我们也要关注其他单位、其他区域，甚至其他国家与地区的榜样。这就需要我们注意观察、学习，关注各种媒体关于家校合作共育的报道，学会收集先进典型的案例。

（2）表彰榜样。

发现榜样以后，就要通过举办各种奖励和表彰活动，对在家校合作共育工作中表现优异的人和事进行物质与精神的激励，从而鼓励榜样继续成长、激励大家向榜样看齐。

在具体操作中，要注意规则的公平公正，注意精神激励与物质激励的结合，否则表彰失去意义，反而会对工作造成副作用。

(3) 言说榜样。

对于在家校合作共育中成绩优异的个人和单位，仅仅依靠激励与表彰是不够的，更应该及时总结他们的经验，讲述他们的故事。身边的榜样以及他们的故事是最能够打动人的。

通过各种方式，如举行报告会、经验分享会等，围绕家校合作共育中出现的相关榜样人物进行学习和交流，也能起到榜样的模范带头作用，并且对实施的条件要求不高，是一种树立榜样的有效做法。

最后需要特别强调的是，虽然新教育十分强调家校合作共育，但是所有新教育实验区、实验学校的教育工作者们，无论是校长还是教师，都要做好准备，懂得如何在缺乏一方家庭支持的情况下整合各种资源，坚守教育理想。每一位校长和教师都要有这样一份舍我其谁的担当：在一个孩子看似已经令人绝望的时候，在父母已经放弃孩子的时候坚持不放弃，让教育帮助孩子看到希望，让学校成为孩子的精神家园而不只是传授知识的地方。这才是新教育人的使命，才是家校合作共育的方向。家校合作，并不仅仅是与孩子父母合作。如果父母缺位了，我们还可以动员孩子的其他亲人、伙伴、社区的干部和好心人，关心孩子，共同教育和帮助孩子。

三、新教育实验家校合作共育案例

多年来，全国各地的新教育实验区和实验学校在家校合作方面进行了许多卓有成效的探索。这里选取两个典型案例做简要介绍。

（一）江苏海门区域推进家校合作共育的实践

2005 年 9 月，海门教育以区域整体的形式加入了“新教育实验”。多年来，新教育让一个县级市在全省甚至全国声名鹊起。海门家庭教育在新教育实验这一宏大架构中，也扮演着非常重要的角色。

1. 家庭教育日——共同生活的节日

2007 年 1 月 6 日，海门举办了第一届家庭教育日活动，鲜明传达了

“共同编织美好生活”的理念，把“构建和谐社会，与孩子共同成长”作为活动主题，倡导“父母与孩子共同生活”的教育新主张。全市 25 所中小学、幼儿园加入“新父母学校”实验校。活动汇聚了目前国内家庭教育方面最为活跃的一批著名专家学者，吸引了近万名父母到场聆听。

2008 年 1 月 5 日，第二届家庭教育日，主题是“教给孩子一生有用的好习惯”。全市学校分别开展了“孩子成长故事”征文评比、“千名教师家访日”等活动。活动当天，全市各中小学校还举行了专题的习惯养成沙龙活动，所有的学生家长都走进学校，教师与父母们坐在一起畅所欲言，就孩子习惯养成问题展开充分的探讨和交流，在认识和实践上达成了更多的默契和共识，家校凝聚力进一步增强。

2009 年 1 月 3 日，第三届家庭教育日，主题是“亲子共读，共同成长”。全市开展了“书香家庭”海选活动，评选出了 100 家中小学生“书香家庭”，积极倡导和谐的亲子共读氛围。著名儿童教育专家彭懿以“图画书，幸福的种子”为题，为全市幼儿家长做亲子共读培训；南京大学教育专家组成的家庭教育辅导团以“亲子共读”为主题，在全市各中小学校开展了巡回演讲。

2010 年 1 月 9 日，第四届家庭教育日，主题是“学会学习，共同成长”。全市百名模范父母受到表彰，活动还组织了家庭教育论文比赛。中国青少年研究会的孙云晓副会长、江苏省教育科学研究院幼儿教育研究所尹坚勤所长分别做了专题讲座。

2011 年 1 月 8 日，第五届家庭教育日，主题是“共同展示，携手成长”，向全社会倡导父母要与孩子共同读书、共同运动、共同劳动、共同表演、共同开展科技制作活动等，共同创造美好生活，并举办了全市家庭达人秀电视大赛。

2012 年 1 月 7 日，第六届家庭教育日，主题是“共同游戏，阳光成长”。这一天，孩子们与父母们亲密无间，全市所有学校开展了形式多样、丰富多彩的亲子游戏现场大赛。双方在游戏中放松了心情，缩短了他们之间的心理距离，欢笑与快乐贯穿整个节日。

2013 年 1 月 22 日，第七届家庭教育日，主题是“关爱心灵，阳光成长”，把活动的重点指向了孩子们的心灵，制作了《未成年人心理健康的维护》专题片，组织万名父母共同观看，为参加“海门星心驿站”的志愿者们颁发了奖，唤起更多的社会力量共同行动，为孩子们的心灵健康成长贡献力量。

2014 年 1 月 4 日至 1 月 11 日，第八届家庭教育日将时间拉长，变成了家庭教育周，主题是“文明礼仪，从我做起”。全市家长们一起观看了家庭礼仪教育宣传片，海门市德胜小学的学生在现场进行了礼仪校本课程展示。中国青少年研究会副秘书长曹萍女士、陈一筠老师为全市 5 000 名家长做了讲座。

海门市第八届家庭教育日活动启动仪式（海门市教育局提供）

2015 年 1 月 16 日，第九届家庭教育日活动，主题是“文明礼仪进万家”。全市组织父母志愿者围绕家庭文明礼仪教育开展了 9 场沙龙活动。父母们通过分享彼此家庭教育中礼仪养成教育的点滴故事，相互启发、相互学习，从而营造了家庭文明礼仪的良好氛围，让更多的家庭知礼、守礼。

2016 年 1 月 12 日，第十届家庭教育日活动，主题是“我爱我家，相伴成长”。全市教师代表和父母代表观看了“家庭教育日”10 年回顾展，纷纷感慨：相信只有坚持，才能见证奇迹。

10 年的家庭教育日里，不仅市级层面举办大型活动，进行高位引领，而且各学校也都围绕主题开展个性化的活动，上下联动，掀起热潮。家庭教育日活动不仅仅是一日活动，而是以一日活动主题引领全市学校全年的父母学校活动，由此形成层层递进、步步深入的推进模式。在10年中，先后有30多位著名专家参加了活动，省内外有20多个团队来海门考察，新华社、《中国青年报》等30多家重要媒体对此进行报道，产生了巨大的社会反响，海门也因此被评为“全国家庭教育工作先进市”。著名专家尚秀云曾经在全国政协会议上建议借鉴海门做法，设立“全民家庭教育日”。

家庭教育日活动是新教育实验的创新实践，活动用学校的理念来影响和带动家庭教育，使两者之间形成良好的互动关系，达到同频共振、同向发力的效果。同时，在历届家庭教育日活动中，家庭教育领域有权威、有影响的专家的现身说法起到了很好的引领和示范作用。更重要的是一年又一年的坚持，已让家庭教育日不仅仅是节日，而且是一座引领方向的灯塔，是一段辛苦而甜蜜、风景美不胜收的跋涉。

2. 新父母学校——家庭育儿的课堂

课堂是学生求知、学习的地方。在海门，还有另外一个课堂专门为父母而设，它的名字就叫“新父母学校”。目前，走进海门的每所学校，都建设有属于这所学校的“新父母学校”，这些学校已成为推进家庭教育工作的坚实阵地。每所学校都定期开展多种形式的培训活动，以此来提升学生家长的素质，帮助他们掌握科学的育儿方法，引导他们与学校合力承担起教育下一代的责任。截至2016年，全市已创建成海门市模范父母学校80多所、南通市模范家长学校16所。

海门市东洲中学注册成立了“海门市东洲家庭教育指导中心”。该中心以“全心全意为家庭教育服务”为宗旨，开展非营利性的家庭教育指导、培训、交流、咨询等系列活动。该中心聘请了18位专家组成家庭教育培训团，每学期开展两次大规模的家庭教育培训和指导，每周免费为需要咨询的父母们提供咨询和帮助。该中心不仅把科学合理的家庭教育方法带给学生家长，还坚持实践的持续性和研究家育的科学性、时代性、合理性，服务于家庭教育、服务于学生的成长。所以，父母们将该校称为“父母的进步营”。

海门市证大小学是全市最小的学校，也建有自己的父母学校，并且经常评出“星光家长”。学校将这些“星光家长”的育子心得张贴在新父母学

海门市新父母学校总校家庭教育巡讲活动（海门市教育局提供）

海门市新父母学校讲坛（海门市教育局提供）

校的宣传展板上，给父母们提供分享、交流的平台。

孩子的成长有困惑，父母的教育同样有困惑。千差万别、性格各异的家庭所遇到的矛盾和困惑也是充满个性和特点的。世界上没有万能的办法解决所有的问题。针对个性化、特殊化的家庭教育中的问题，父母们都能在新父母学校里得到咨询和帮助。在这里，他们看到了同龄人的成功心得，得到了专业的指导。新父母学校的课堂，不让每一个家庭受到冷落，不让每一位父母在孩子的成长过程中落伍。

3. 父母志愿者——开放共享的资源

海门以整体推进家校委员会建设为切入点和突破口，坚持家校沟通和合作，全面激发父母参与学校管理的热情，家校互动，产生 1+1>2 的最大效果。为让更多的父母参与学校的管理，全市各所学校充分发掘和利用父母资源，组建了一支支把学校事情当成自己事情做的家长志愿者队伍。

海门市东洲小学在家校委员会建设上，重视制度建设，创造性地开发了“义工妈妈”课程。主要有：

“故事妈妈”进校园。每周五的校本阅读课都要求“故事妈妈”“故事爸爸”，甚至是“故事奶奶”“故事爷爷”来到教室给孩子们讲故事。家校委员会还组织了不同职业的家长进校园。家校委员会请医生妈妈来讲“牙齿的故事”，请警察爸爸讲“真正的男子汉”，请开书店的父母讲“书的味道”。

亲子出游课程。学校和家校委员会联合制订了小学阶段孩子们的 100 种不同的游历计划，开发了“了解家乡”“跟着书本游祖国”等出游课程。学校将父母志愿者建立到了班级层面，使越来越多的父母参与出游课程。

社区心理课程。学校还与时俱进地构建了数码社区心理课程。父母和孩子共建班级博客、班级 QQ 群、微信等平台，由义工妈妈担任数码社区的版主，对孩子的问题先进行研究，然后再与孩子们耐心聊天，为他们指点迷津、排疑解惑。同时，学校还借助网络平台定期召开“家教沙龙”，与家长共同分享经验、共同进步。

父母志愿者协会。海门市东洲幼儿园在家校委员会的组织和协调下，成立了“海门市东洲幼儿园父母志愿者协会”。它的运行规则是：父母志愿者协会设常委会，家校委员会全体成员、学校领导任常委，父母志愿者为组员。父母志愿者必须按照常委们的安排，每学年要为该园的孩子做一件实事。从此，孩子们外出远足、春游都有父母志愿者的身影，家长护学岗更是成了这所幼儿园独特的一道风景。

以前，在该幼儿园门口常会出现这样的一种情景：幼儿园前面是一条通往市场的主要路道，人流量很多，车辆行驶无序，家长一乱停车就会立即使交通瘫痪。现在，父母志愿者协会的成员组成了一支交通执勤队伍，每天清晨都站在幼儿园门口，车一停，立即开车门，接上孩子，父母无须停车。父母们也自觉地立即开车离开。一辆辆车按顺序停下后立即离开，交通畅通无阻。放学时，父母志愿者们还会指挥父母们有序停车，将一个个孩子送至车内。几年来，在家校委员会的统筹协调下，父母志愿者协会的志愿者越来越多，在保护孩子的安全上真正做到了学校和父母的无缝对接。在市教育局的倡导下，全市幼儿园都建立了父母志愿者协会。

父母进课堂。海门市实验学校附属小学设立了年级家校委员会，组成成员必须有六个条件，分别是有正气、有意愿、有爱心、有主张、有能力、有时间。摒弃了原先的有实力、有地位的条件取向。学校在各个年级中广泛发动，让父母们根据这六个条件自主报名，然后学校经过认真挑选，最后确定人员。学校还充分发挥家校委员会的作用，确定了“家校携手，促进学校社团建设”的目标，充分挖掘和利用年级父母们独一无二的才艺资源，通过丰富多彩的班级社团活动，促进学生阳光健康成长。因为父母的参与，他们学校增设了插花艺术、烘焙课堂、科技小制作、魔术等社团。之后学校又开辟了一块园地，在父母志愿者的帮助下，开设了种植课程。这些都弥补了学校教师资源的不足，培养了学生多方面的才能，更受到了学生、父母们的热烈欢迎。

以四年级的烘焙课为例。甜品是孩子们的最爱，而吃上无添加的放心甜品是每个妈妈最希望的事情。实验附小的年级委员会的父母们为孩子们上的一堂堂“直流口水”的烘焙课，锻炼了孩子们的动手能力，培养了孩子们的生活热情。

父母是教育的资源。给父母搭建展示价值的舞台，实现家校资源互补、互动，可以弥补学校教育的某些不足。同时，以各种方式让学生的父母参与学校教育，父母们对学校的管理和日常生活就有了更多直接和实际的了解，他们就会以另外一种视角观察和体验学校的教育教学活动，久而久之，就会把学校的事当作自己的事，把班级的事当作自己的事，不仅出智出力，还会设身处地地替学校着想，提出他们自己的想法，对学校教育做出某种程度的弥补和提升，这也是对学校管理的延伸。

4. 亲子活动——沟通心灵的桥梁

亲子共读蔚然成风。亲子共读这一行为“从科学上说，就是用最温暖、最温馨、最不着痕迹的办法，让孩子掌握‘阅读’这种人生最重要的学习武器”。孩子和成人通常生活在两个不同的世界里。大家共读一本书，实际上就是在两个世界之间架设交流沟通的桥梁，就是“创造并拥有共同的语言与密码”。这无论对孩子还是成人，都是非常重要的。所以，通过历年来对“父母与孩子共读”的倡导，通过全市开展的多种亲子阅读比赛、书香家庭海选活动等，海门的亲子共读已成为一道独特的风景。

期末庆典美丽绽放。学期期末，海门每个学校、每个班级都会洋溢着孩子、教师、父母们的欢声笑语。每个孩子在父母面前充分展现自我，父母们在老师们的精心策划中看到了孩子的点点进步。精彩的庆典、共同参与的庆典，串起了一学期来每个美好的日子，勾起了师生、父母幸福和难忘的回忆，这份幸福转化为满满的信任与感动，将学校和家庭的共育之心连得越来越紧密。

仪式教育盛大典礼。在跨进幼儿园的第一天、在系上红领巾的那一刻、在10岁的那一年、在18岁的新起点上……这些重大时刻，无不是孩子们成长的重要节点；在这些时候，给孩子们留下些什么，让父母见证孩子成长的足迹，显得特别有意义。全市每个小学的10岁成长礼、每个初中的青春仪式、每个高中的18岁成人仪式，都给海门的父母与孩子们留下了难忘的瞬间！

海门教育局局长许新海这样说：“我们所办的学校不仅要成为师生的乐园，更要成为父母们学习成长的殿堂，让父母在培育孩子的过程中再次成长！”相信海门的家校共育之路在一次次精心的活动中、在一次次睿智的创举中会越走越宽、越走越长！

(以上案例由江苏省海门市教育局陈昕婷提供。)

（二）内蒙古赤峰市宁城县天义第三实验小学的家校合作故事

这所学校原名天北小学，坐落在素有“千年古都、山水宁城”之称的内蒙古赤峰市宁城县县城，是一所地处塞外小镇的农村学校。从2011年开始加盟新教育实验，短短几年，学校由原来的1 400人的村办小学，变成现在拥有教学班44个、学生2 743人、教职工149人的县级学校。

几年来，学校努力探索有效的家校合作之路，逐渐实现家校之间的信念一致、行动一致，为学生的健康成长搭建了一个精彩的舞台。

1. 引领父母走进课程，倾听心灵低吟浅唱

2011年9月，以“晨诵、午读、暮省”为核心内容的儿童阶梯阅读课

程率先在学校安家落户。为了让孩子们读到整本的优秀童书，学校按新教育推荐的目录，为孩子们购置了第一批图书。晨诵的诗意、整本书共读的精彩，很快就使师生沉醉其中。正当学校为此欣慰的时候，有老师反映好多孩子的课外书带回家里被父母限制阅读了，父母担心阅读课外书会影响孩子的学习成绩，孩子们的情绪特别低落。如何让父母了解和感知这门课程的美好呢？

2011 年 11 月，学校邀请父母代表参加的，以晨诵、午读展示课为主的培训活动，就这样诞生了。在五（3）班朱宏雁老师的晨诵课上，当老师把《我是一只小蝴蝶》作为生日赠诗，送给过生日的任小萌时，老师把她的爸爸邀请到台前，师生满含深情的吟诵让这位淳朴的父亲潸然泪下，自己孩子正经历的美好彻底感动了到场的父母们。在四（2）班陈立坤老师执教的《一百条裙子》整本书共读推进课上，书中旺达的遭遇，让在场的父母目睹了孩子与书中鲜活的人物对话所产生的教育效果，这是平日的空洞说教无法达到的。听课结束后，父母们争相上台言说对此门课程的感受和认识。学校也借此机会向父母宣传读书、写作的重要性，让父母了解孩子读课外书的重要性，并鼓励父母参与孩子读书的过程，这使一些文化素质较高的父母率先行动起来。

为了让父母更全面系统地了解学校教育，知道学校在做什么，也为了记录学校师生生命成长所走过的心路历程，2012 年 3 月，在“教育在线”论坛网站上，学校以“蒲公英的种子”命名，先后建起学校实验主题帖，以及“静听花开的声音”教师教育随笔等数十个记录学校成长的专题帖。40 个班级分别以各具特色的名字建起班级主题成长帖，跟踪、记录孩子丰富多彩的校园生活和师生、父母的成长足迹。各班详细向父母介绍登录的方法，以在线交流的方式，让父母参与班级生活，与孩子、老师共同成长。这样，父母们也能及时提出自己的建议，使家校达成共识，携手共同行动。具有学校特色的网上数码社区也在家校携手下初步形成了，并逐渐成为引领师生、父母成长的精神家园。

2. 带动父母深度参与，共享诗意教育生活

2013 年 8 月，学校邀请新父母研究所所长童喜喜老师为全校师生、父母做题为“喜阅”的亲子共读讲座。这是一场直抵孩子与父母心灵的对话，听得孩子两眼放光，听得父母跃跃欲试。一个儿童作家的阅读成长经历，

开始在父母和孩子心中由美好的愿望转化为阅读的力量。买书、读书不再是老师和孩子们的事，父母开始自愿参与进来。一年级子涵的妈妈就是从那时起开始为班级买书、送书的，源源爸爸也是从那时起，和孩子一起踏入书香之旅的。《不一样的卡梅拉》《小鬼喜当家》《法布尔昆虫记》等童书开始大量进入这个家庭。每天一小时的共读时光，成为源源和爸爸妈妈最幸福的时刻。而书籍的熏染，也让这个孩子的谈吐、举止有了很大的改变。源源的变化，给了其他父母紧跟榜样前行，进行共读的力量；而亲子共读的快乐，又是父母们不断自觉追寻的幸福。像这样以读书为乐的家庭越来越多，全校亲子共读已蔚然成风。

听读绘说是新教育的特色课程，是孩子们开启智慧、享受阅读与写作的魔法棒。为了让一二年级的父母参与孩子的学习，与孩子共写，学校听读绘说项目组鼓励老师们在班级主题帖展示学生的作品、用校讯通等与父母沟通共写的方式方法、在家校沟通会上表彰共写的榜样父母，用多种方式鼓励并引导父母参与孩子的听读绘说，与孩子们共写。一年级的孩子不会写话，就先画画表达，再口头把自己画的内容讲给爸爸妈妈听，由父母记录，共同完成写绘作品。许多学习成绩不理想的孩子，在听读绘说中表现出来的创造力与想象力，让父母眼前一亮，他们开始相信自己的孩子是最棒的。因此，孩子们在与父母的共读共写中快速成长起来。二年级时，老师们在每次写绘作品后加进“爸爸（妈妈）的话”，父母们欣然响应，于是听读绘说就成了孩子、父母、老师心灵对话与成长的平台。

以中国传统节日和二十四节气为主题的综合实践活动是学校中、高年级的一门特色课程。孩子们在老师的引导下，根据自己确立的主题搜集了大量的资料进行阅读，再根据节日特点、习俗等设计农历游的方案，和父母们一起走进生活。父母们不仅是孩子们农历游的参与者，而且是孩子的引导者、“资助”者。他们以自己力所能及的方式，陪伴着孩子们走进年货市场、走进田间地头、走进亲朋好友家中，和孩子共同感受浓浓的年味，共同观察一草一木的变化，共同交流美好情感。因为有父母的深度参与，孩子们的一篇篇游记精彩纷呈，孩子们创造了一个个“共读、共写、共同生活”的奇迹。

“晨诵、午读、暮省”“共读、共写、共同生活”，因为有家校合作共建，因为有父母的深度参与，才创造了教育生活的奇迹，才创造了新教育的奇迹。

3. 引进公益共读项目，搭建家校共读心桥

为了对父母进行系统的亲子共读和家庭教育方法的指导，2013 年 9 月，学校引进萤火虫共读公益项目，以“新教育萤火之光”为名，组建学校父母共读 QQ 群。校长以萤火虫义工的身份持续转播新教育萤火虫总站每天早晚的新父母诵读、每周三的萤火虫公益讲座，让全校父母因持续的阅读而使自己的生活方式发生改变。

2014 年 10 月 21 日，学校迎来了“新孩子乡村阅读公益行”活动的主办人童喜喜老师，他为 4 700 多名师生、父母做了近两个小时的讲座，题为“共读共行新孩子”。父母们不仅被喜喜老师忘我的公益情怀深深感动，更被喜喜老师亲子共读和口头作文的高水平所吸引。从此以后，亲子共读和口头作文就成了我校学生的日常生活，也成为我校一道亮丽的风景。看，我们的父母们就经常在萤火虫分站和班级 QQ 群里无比得意地炫耀自己的幸福生活。

“新孩子乡村阅读公益行”第二阶段启动仪式（薛晓哲摄）

“新孩子乡村阅读公益行”项目捐赠的 10 万元童书，从遥远的南昌抵达塞外宁城后，为了让孩子们尽快读到这些书，老师和父母们自发地加班加点进行录入上架工作。一位主动来参加此次工作的保洁阿姨一边整理图

书，一边讲述自己和孩子在家共读的故事，她自豪地夸耀着孩子已经爱上了阅读，她那一脸的幸福感更是让我们浑身充满了力量。

放假那天，也是领书回家阅读的日子，父母、孩子早早地在图书室前排队等候借书，那着急而又耐心的等待，让我们这些为此付出的人心醉。而在10天前，学校早已把拟好的《寒假伴书香 悦读助成长——亲子共读倡议书》发至每位父母手中，并在“教育在线”论坛网站建起了专门记录寒假“书香家庭、亲子共读”感悟的专题帖。寒假里，孩子、父母的共读感悟不断上传，老师们抓住难得的时机进行点评，把假期亲子阅读引向深入。

开学后，有的班级还评出了书香家庭，以促进亲子共读的持续发展。如今，学校里喜欢读书的不再只是孩子、老师，还有父母，读书不但开阔了视野，更让老师和父母成为亲密的合作伙伴，让家校结为真正的发展共同体。

2014年1月21日，学校的父母线上共读的机构“新教育萤火之光”正式更名为“萤火虫宁城分站”。学校开始由服务本校父母，变成了服务全县乃至赤峰地区的父母，与更多的父母一起共读，努力通过阅读改变更多的家庭。学校承担萤火虫义工的老师和父母，以更加勤勉的态度，高质量地完成了自己主动承担的工作。分站的父母们也主动开始策划自己的共读活动，开始共读《亲爱的安德烈》《喜阅读出好孩子》《好妈妈胜过好老师》等书籍。

为了让更多的家庭有效利用“新孩子乡村阅读公益行”项目捐赠的图书，学校成立了“萤火虫读书俱乐部”和“萤火虫家庭读书会”。父母不仅从物质上为开展家庭读书会活动提供保障，更用自己的成长让家庭读书活动不断走向深入。

（以上案例和照片由新教育萤火虫宁城分站站长、内蒙古赤峰市宁城县天义第三实验小学副书记李秀云提供。）

第十一章
新教育学校文化建设

一、新教育实验关于学校文化的理解

二、学校文化建设的误区

三、新教育学校文化的使命

四、新教育学校文化的表征

五、新教育学校文化建设中校长的角色

六、新教育实验学校文化建设案例

从世界范围来看，缺失文化的教育已将儿童带入了一个他们倍感陌生、抽象、片面和异己的地带。精神的失落带来的是精神世界的浮躁、迷误、幽暗甚至荒芜，这种情况下教出来的孩子可能是一些有知识没灵魂、有技艺没根底、有智力没情怀的“怪物”。而解决这一危机的关键，就是真正地让学校重新发现生命的意义、文化的价值。

新教育实验认为，学校是有生命的，是由充满灵性的人所汇聚的。“教育”“文化”“生命”这三个词在本质上意义相同。讨论学校文化，就是寻找一种培育年轻生命、塑造未来社会的最佳途径，让学校真正拥有灵魂。

一、新教育实验关于学校文化的理解

文化是一个众说纷纭的概念。中国传统意义上“文化”，就是指“以文化之”，以文明教化之，是相对于武力与法律而言的精神层面的改变人、润泽人的途径与方法。

对于个体来说，文化就是指通过人的行为表现出来的人的习惯、信念等精神气质。文化构成了一个人的基本风貌、基本特质，是一个人有别于其他个体的特点。也正是在这个意义上，康德、怀特等哲学家认为，文化是一种精神性的符号体系。

对于群体来说，文化就是指一个群体、组织在长久的共同生活中形成的生活方式，包括他们的思想、理念、行为、习俗、禁忌、传说、建筑、制度、一切作品……这个群体整体的一切活动，都将是这个方式的某种体现。

教育本来就是一种文化活动。学校文化具有文化的一般特质，又具有自身的规定性。它是一种特殊的组织文化，是学校精神的活生生的体现，是学校进而也是学生与教师生存与发展的根本之道。

彼得森指出：“学校文化是一组规范、价值和信念、典礼和仪式、象征和事迹，这些因素构成了一所学校不同于其他学校的个性，正是这些不成文的因素随着时间的流逝促使教师、管理者、家长和学生一起工作，一起解决问题，共同迎接挑战和面对失败。”据此，我们认为，学校文化是学校组织成员的精神皈依，是他们认同的信念、观念、语言、礼仪和神话的聚合体。它决定着人们的使命担当、价值追求和发展目标，同时显现在学校的一切教育行为（学校的节日、仪式、庆典、教学，以及各种具体的行为规则等）、各种物质载体（建筑、

logo、色彩、绿化、教室、课桌、座椅、装饰、校服、网站甚至校徽、纸杯等）和全部的符号体系（校训、校歌、校徽、学校吉祥物，以及校风、教风、学风的语言表达）之中。

二、学校文化建设的误区

（一）人类文化危机与学校文化缺失

我们之所以关注文化，不仅是出于新教育自身理论建设的需要，也是出于在全球化语境中文化的貌似繁荣而实质缺失的大背景下，新教育人的一种文化自觉。

在科技日益发达、人民生活水平日益提高的同时，人性的异化和精神的危机已经成为新的社会问题。物欲横流、价值幻灭、理性俗化、灵魂枯萎、情感沉沦、信仰丧失、精神荒芜……这些都表明，文化危机是人类危机中最可怕的危机，会从根基上影响人类生活的力量，导致人类精神世界坍塌。

与文化的问题相似，形形色色的教育教学变革虽然创造和提供了令人炫目的新知识、新技术、新工具、新方法和一些似是而非的新观念等，但同样没有为教育灌注深刻而恒久的、能令学校世界中所有的个人安身立命的文化精神。

（二）学校文化建设的形式主义

在一些学校，我们还看到了一些虚假的、停留在口头和纸面上的“学校文化”。它主要表现为物表化、文本化和标语化。

（1）物表化。

我们看到，许多学校的建筑豪华现代、富丽堂皇。但是，如果学校的走廊、墙壁、庭院、塔亭、钟楼、绿化等，没有真正成为“文化”的标识，没有真正成为师生生命和记忆的组成部分，没有具备深刻的文化内涵和教育意蕴，它们就只是一个建筑、一个图案、一处景物或者只是一种装饰或摆设。

（2）文本化。

我们还看到，许多学校在应付各种检查的时候能够拿出完完整整的台账、制度文本。但是，如果这些制度只停留在文本层面，只是供检查参观之用，只是纸上谈兵，没有真正地成为规范学校成员行动的力量，它们也只是没有灵魂的台账、纸张。

(3) 标语化。

我们也看到，许多学校努力让每一堵墙壁能够“说话”，墙壁写满了各种标语口号，令人眼花缭乱。但是，如果这些标语只是挂在嘴上、贴在墙上、印在宣传册上，没有成为师生的自觉追求，甚至行动方向与标语内涵南辕北辙，就只能是游离于学校文化的外在之物。

这样就形成了当前学校文化中存在的一种怪现象：有些学校总是向你介绍一套高尚、圣洁、似乎也有条有理的学校教育理念。但这些理念并没有成为这所学校据此而存在、而生活的根本，那些理念从来就没有成为校长和教师、学生真正的信仰。在这些学校，往往是应试利益高于心灵发育，功利目的大于理想追求。

还有一种值得注意的现象：有些学校虽然并不是言行不一、有两套话语体系，而且也在努力地通过一个个具体的社团、课程、活动来追求“文化”。在这样的学校里，我们可以看到各种兴趣小组，各种艺术、体育、科技的活动。但是，我们难以分辨出什么是它们所真正追求的。在它们的追求中，表现出了一种缺乏统领性和一以贯之的内在精神与文化理想。

所以，在文化危机的时代，在学校文化荒废的时代，如何坚守文化精神，如何建设真正意义上的学校文化，是摆在我们新教育人面前的一个非常重要的命题。

（三）拯救之路：学校的文化自觉

学校文化的好与坏，与学校是否具有文化自觉有很大的关系。我们认为，那种能够促进教师与学生的生命在学校中舒展、成长的文化，就可以称为是好的文化。反之，那种压抑个体生命，并使整体生命也处于平庸的文化氛围，就是坏的学校文化。

缺乏文化自觉的学校永远沉湎于学校的事务怪圈、技术操作、规章制约、任务完成，而具有文化自觉的学校，则清楚地知道自己在秉承什么，知道自己应该把一种怎样的理念贯彻到学校的方方面面，知道自己应该用一种怎样的理念去影响全体师生的生活。

三、新教育学校文化的使命

一般来说，致力于学校文化建设的校长和教师都知道，确立学校文化的核心理念，是学校文化建设中最为困难的一件事。核心理念的确定，或者容易偏颇、浅陋，不久之后可能被斥为不合时宜、目光短浅；或者容易缺乏个性，没有自己的特色，最后被抛弃。

所以，确立作为学校文化的核心理念，确立作为学校文化之魂的使命、愿景和价值观，乃是新教育实验学校文化思考及建设的第一要义。

（一）“过一种幸福完整的教育生活”：新教育学校文化之魂

新教育其实就是一种新文化。

对新教育实验而言，个体生命和共同体生命的良好状态，是一个绝对的原点。而倡导“过一种幸福完整的教育生活”，就是为了能够最大限度地实现这种良好的生命状态。我们把它作为新教育实验学校的立校之魂、兴校之本、强校之基。为此，新教育也努力为自己树立起一个绝对的标尺。一切其他的因素，都要以此为尺度，并从这里得到澄清与阐明。而这个标尺，就是作为新教育共同体成员必须共同遵守的学校使命。

2006 年 7 月，在新教育的北京会议上，我们正式提出了“过一种幸福完整的教育生活”的主张。我们认为，儿童的学习不应该只是“为将来的工作与生活做准备”，教育本该是生活的基本方式，儿童今天在学校里所接受的教育，在为长远的人生与社会理想服务的同时，本应该是幸福的。而今天教育生活是否幸福，将影响今后的生活质量和幸福指数。

强调“过一种幸福完整的教育生活”，不仅仅有对教育终极意义的思考与追求，更有我们对当下某些教育问题的担忧与不满。应试教育是单向度的、片面的、唯分数的教育，其中最大的问题是缺乏作为人的教育，把人作为应试的机器，忽视了人的幸福感和完整性。

强调“过一种幸福完整的教育生活”，是因为教育生活的主体是人，而人的生活“是一个整体，一个总体”。人有多种需要，即生存的需要、安全的需要、交往的需要、创造的需要、成就的需要等。随着人的需要不断发展，还会不断产生新的需要。只有满足这些需要，人才能够有幸福感可言。教育是实现人的多种需要的重要途径。

在“幸福”后面加上“完整”二字，主要指的是教育要促进受教育者身心灵的完整。我们认为，过于偏重静态学科知识而忽略心灵与身体的教育是不完整的；即便在智育中，割裂的学科、分裂的知识本身也已经不再是完整的。新教育实验试图通过自己的努力，实现人的“全面和谐的成长”。

（二）“信”：新教育实验学校的文化认同

我们坚信，新教育提出的“过一种幸福完整的教育生活”“促进个体生命和共同体生命的良好状态”，是经得起时间考验的，是能够指导日常教育教学和教研生活的。而认同这个核心理念，坚守这个精神，把它作为学校的共同使命，是新教育共同体成员必须坚守的方向。

对教育的信任、信心、信念、信仰，是新教育的根本概念，也是新教育文化的基本特征。一旦我们的教师拥有了这样的“信”，他们就能够书写自己生命的传奇；一旦我们的校长和师生拥有了这样的“信”，他们就能够真正让学校拥有灵魂。

这种“信”的建立过程，其实也就是学校文化的形成过程。而这种“信”一旦形成，成为学校血脉的一部分，就会影响到学校生活的所有方面。而所有学校内生活的个体的一切行为，都与这个文化整体保持着一种张力：或者遵循它，或者对抗它，或者在与之对话，进行着一种不易被察觉的改写。

（三）用新教育精神践行新教育学校的文化使命

2006 年，在新教育的海门会议上，我们正式提出了新教育人必须遵循的四种精神，即执着坚守的理想主义、深入现场的田野意识、共同生活的合作态度和悲天悯人的公益情怀。我们提出，新教育人是一群为了理想而活着的纯粹的人，是为了帮助他人不断地走向崇高从而也让自己不断走向崇高的人。

我们要求所有的新教育人，努力用新教育精神践行新教育的学校文化使命，以执着的理想、合作的态度，扎根于田野，做一番公益的事业；要求所有的新教育教师，努力成为一个所教学科的虔诚的“传教士”、一个卓越课程的开发者、一个完美教室与完美校园的缔造者。

（四）月映千川：新教育学校文化的共性与个性

在明确了把“过一种幸福完整的教育生活”作为学校的使命以后，如何在坚持一种真理性的文化愿景和价值观之下，打造属于自身特色、彰显个性生命的学校文化，就成了我们需要思考的一个问题。

这同时也是一个哲学问题。佛教和儒家都喜欢用一个比喻“月映千川”，意思是说，月亮是只有一个，但是河流却有无数条。同一个月亮映在不同的河流上，会呈现出不同的风景。但明月毕竟还是这一轮明月，只是哪一处风景是完全相同的呢？

如果说“过一种幸福完整的教育生活”是这一轮高悬的明月的话，那么，每一所学校就是一条河流。问题在于：这一轮明月在照亮具体一条河流的时候，它将呈现出怎样独特的教育风景呢？

四、新教育学校文化的表征

文化建设的关键是“一以贯之”，即新教育文化之魂，要在学校的每个细微领域，如物质载体、制度规范、行为方式、符号表达等方面体现出来，时时处处浸润新教育文化的精神。换而言之，要通过学校的日常生活，努力把新教育之魂“活出来”。

（一）使命、愿景、价值观：新教育学校文化的核心

走进校园，首先看到的虽然不是使命、愿景、价值观，但是，它们却是一所学校最根本的东西。学校的一切，都是建立在使命、愿景和价值观的基础之上的。

使命，就是学校的责任，或者学校为什么而存在。

愿景，就是学校的蓝图，或者学校在未来较长的时间里，要抵达哪里，成为什么。

价值观，就是学校对好坏、善恶、美丑、成败、是非的一种基本价值信仰和评价标准，对事物的意义、重要性的总评价和总看法。把学校中的许多价值做一个清理，排一下顺序，确立一个优先原则，就是学校的价值观体系。

一所学校的使命、愿景和价值观，体现了新教育学校文化的理想追求和精神境界，往往是学校长期追寻、苦苦思索，经由充分的酝酿讨论，然后由文本固定下来的。

包含使命、愿景、价值观的文件，应该是一个学校的“基本法”，是指导全校师生行为的“根本大法”。这个基本法是一所学校不可以轻易更动的。从某种意义上讲，更换了一个学校的使命、愿景、价值观，也就是更换了一所学校。

对一所具体的新教育实验学校而言，认同并且自觉践行新教育实验的文化

使命“过一种幸福完整的教育生活”，应该是加盟新教育的前提条件。加入之后需要不断加深对这一使命的解读、对话，从信任走向信仰。

在明确了使命以后，描绘愿景是建设新教育学校文化的关键。一般而言，一个好的新教育学校的愿景，必须具有前瞻性，体现学校未来的发展目标；具有清晰性，有明确的发展方向，如麦当劳的“成为全世界每一个社区的最佳雇主”，盛大致力于做“网上迪士尼”，长江商学院要成为“中国CEO的‘西点军校’”，等等，这些都是人们耳熟能详的“愿景”；具有激励性，让学校师生员工能够激情澎湃，愿意为之全力以赴。

如果说愿景描述的是我们要抵达哪里、成为什么，那么价值观要描述的就是如何抵达，靠什么来实现愿景和使命，它回答的是我们为什么只能这样做而不能那样做，哪些事情可以做，哪些事情坚决不能做。价值观是为实现使命、愿景而提炼出来，倡导、指导师生员工共同行为的准则。

（二）校风、校训：新教育学校文化的精神之窗

学校的校风、校训，是学校文化的精神性的纲领，是学校使命、愿景、价值观的一种诗意化、简约化表达。

一所学校的文化有两种来源：一种是学校优秀的历史积淀，另一种是学校有意识的追求。从这个意义上来看，我们所说的“校风”（学校风气），其实是从历史积淀下的文化的实然状态来说的；而我们所说的“校训”，其实是从学校应该朝向的理想境界，即学校文化的应然境界来说的。

校训应该是学校提出的对全校成员具有规范、警策与导向作用的行动口号。一个好的校训，不仅能够体现一所学校的办学传统，也能够反映这所学校的价值追求。所以，它往往是我们打开一所学校历史文化之门的钥匙，是我们眺望一所学校精神家园的窗户。一个好的校训，同时能够成为师生共同遵守的基本行为准则与道德规范，成为激励师生积极向上的力量源泉。

我们都非常熟悉许多著名学校的校训。比如，清华大学的“自强不息，厚德载物”，复旦大学的“博学而笃志，切问而近思”，南京大学的“诚朴雄伟，励学敦行”，北京林业大学的“养青松正气，法竹梅风骨”，北京舞蹈学院的“文舞相融，德艺双馨”，南开中学的“允公允能，日新月异”，郑州正始中学的“人生正始，伟业我待”，等等。

那么，一个好的新教育实验学校，应该具有怎样的校训（及其所象征的学

校使命、愿景、价值观）呢？我们认为，它应该具备以下几点：

第一，它应该从一个特定的角度，阐释“过一种幸福完整的教育生活”的新教育理念。或者说，它至少是和这个理念不相违背的。那种只要分数，认为有分数就有一切，另外的所有追求都无足轻重的教育观点，那种为了明天的幸福可以牺牲今天的快乐的教育观点，以及体现这些观点的格言，显然是与新教育实验的宗旨背道而驰的。

第二，它应该与中国文化的精神内涵相一致，尤其是与儒家自强不息、仁心充溢的精神高度一致。我们应该相信，我们的教育思考和教育叙事，是在这片土地上的教育思考和教育叙事；我们所用的语言和精神资源，首先是属于这片土地的。只要我们还守在这片精神文化的土地上，我们就必须从中汲取积极向上的能量，把它作为我们安身立命的根据。

第三，它应该具有独特的个性。一个好的校训，是完全地属于学校自己的，甚至是只属于学校自己的——它越是只属于自己，也就越能够启迪其他学校，越能够完美地实现其教育理念。我曾经读书的东吴大学（现苏州大学），把“养天地正气，法古今完人”作为校训，以及本节开头引用的一些其他校训，都彰显了这些学校独特的文化历史、文化成就和文化个性。

第四，它应该富有诗意，言简意远。好的校训总是一种较诗意、较含蓄的表述，总是可以不断地阐发，不会停留在这个时代的局限里。同时，好的校训要有充分的想象空间和展开余地，不能只是关注某一个细微局部。譬如说，它可能用“端正”作为校训，因为“端正”作为一个尚未被阐发的价值，可以渗透到学校的一切生活中，但是如果把“字要写端正”作为学校的校训，就显得狭隘了。

第五，它应该有向上的力量。校训最好是一种积极、高远的表达，具有精神引领的作用。它要具备激励人生出浩然之气，从而意识到生命的尊严，进而去为之努力的作用。

校风、校训往往是格言式的，具有高度概括性与抽象性，所以能够被无尽地阐发，但它们也因此而显得抽象、单调，尤其对学生而言，有时似乎只是一个没有生机的教条。因此，校风、校训应该与特殊的学校文化象征物、学校文化的榜样人物完美地结合在一起，成为一组可触、可摸，任何人都可以理解、感受到的文化表述。校风、校训揭示出文化象征物、历史榜样的精神内涵；文化象征物和历史榜样则演绎出校风、校训的具体精神，让它们不再抽象、不再单调。

（三）制度：新教育学校文化的“契约”

为了保证学校的使命、愿景、价值观落到实处，需要制定一个规范和激励学校全体成员的制度。

制度是硬文化，文化是软制度。制度是文化的体现者和守护者，只有学校管理制度清楚地意识到自己是文化的守护者，学校文化才能得以保护、发展，而制度也同样会受到文化整体的保护与滋养。

我们主张，学校的制度规范，应该是学校管理者和师生共同遵守的“契约”，而不能把校长的意志强加给师生。制度规范一旦定好，就必须共同执行，没有例外。

在制度的具体运作过程中，新教育实验遵循的是“底线＋榜样”的管理原则。所谓底线，就是基本的要求。而管理的秘诀正在于，它总是表扬从这个底线中涌现出来的优秀者。这些优秀者，这些最大程度超越底线的人，就是我们新教育实验所说的“榜样”。新教育永不表扬达到了底线的人与事，它甚至极少直接批评没达到底线的人与事，因为它不会将目光与精力耗费在消极的因素上，而是毫不吝惜言辞与诚意，去表扬榜样、言说榜样——当然，是呈现榜样的故事、榜样的细节，而不是笼统地说某某某是榜样。

“底线＋榜样”是一个不可分割的联合体，彼此依存、相互促进。如果没有底线，没有最起码、最基本的要求，就没有基本的环境与氛围，也很难产生真正的榜样。即使出现了个别榜样，也会感到孤掌难鸣、孤立无援，甚至是墙里开花墙外香，不利于榜样自身的成长与发展。同样，如果没有榜样，只抓底线，就有可能导致新教育实验失去方向，难以持久，甚至堕入形式主义。

底线一定要有检查与奖惩，否则就会流于形式。榜样一定要有扶持与展示，否则就会失去动力。底线一定要保证所有的人都能够做到，要求太高就会负担太重，失去底线的意义，最后也保不住底线的最低要求。同时，一定要关注榜样，倾听榜样的声音，让榜样及时言说，让榜样及时引路，不能让榜样孤立无援。从新教育实验区的经验来看，一个有效的方法是，将榜样组织起来，形成区域新教育实验的核心团队。一线的榜样教师以及有榜样潜质的教师，与教研室联合行动，并与研究中心始终保持一定的联络，在合宜的情况下，将会爆发出巨大的能量。

（四）师生行为：新教育学校文化的气质

一个学校有没有文化，通过教师与学生的一举手一投足，通过教师与学生的各种行为表现，可以看出一个大概。

学校行为主要由两个相互关联、不可分割的领域也即教师的教育行为和学生的学习行为构成，它们在日常道德实践、课堂教学、课外阅读、社团活动、社区与野外活动等时空中展开。

（1）新教育学校的行为文化，体现在师生的道德水准上。

新教育，首先是心教育。美好的心灵是幸福完整的人生的前提，培育具有崇高道德的文化人是新教育的最高使命。我们倡导“师生与人类崇高精神对话”，倡导“理想的德育”，就体现了我们的一种文化担当。

（2）新教育学校的行为文化，体现在课堂的境界上。

课堂是学校最重要的场所，教与学是师生最日常的活动。课程不是简单的一堂课，而是一段旅程，是教师带领学生一起去“吻醒”知识，把那些美好的事物真正切入教师和学生生命的过程。

新教育为什么要倡导“理想课堂”？就是为了不让课堂这个传承文化的重要殿堂失去“理想”；就是要“超越知识，走向智慧，激发创造，健全人格，为学生将来拥有终生幸福的精神生活打下坚实的知识基础”；就是要“使教学活动走出分数的误区，培养学生的科学精神和人文情怀，使学生成为人类文明之火的传薪者”；就是要“使学生关注窗外的世界，校外的天空”，获得心灵的“解放”；就是要让课堂“充满活力、情趣与智慧”，实现“知识、生活与生命的深刻共鸣”。在这个意义上说，“理想课堂”其实就是“文化课堂”。

我们认为，一群生活在同一个教室里的人，应该是一群有着共同梦想，遵守能够实现那个共同梦想的卓越标准的同志。他们彼此为对方的生命祝福，彼此为生命中偶然的相遇而珍惜珍重，彼此做出承诺，共同创造一个完美的教室，共同书写一段生命的传奇。

（3）新教育学校的行为文化，体现在师生的阅读生活上。

一所学校有没有文化，首先看它有没有阅读。教育，首先就在于构建真正意义上的阅读生活。目前，新教育实验已经形成了区域行政推广（江苏省海门市教育局等）、民间推广（新教育研究院“毛虫与蝴蝶”等）、学校推广（深圳南山央校“天堂鸟书林”等）、网络推广（“教育在线”）、班级推广（常丽华等

“十佳教室”）等阅读推广模式。

阅读改变人生，提炼人的精神气质与文化品位。新教育的“营造书香校园”，实际上倡导的就是一种“文化阅读”，进而打造一种学校的“阅读文化”！

（4）新教育学校的行为文化，体现在教师的行为方式上。

学校是学习的地方，是由教师作为指导者和监督者，年轻人学习人类发展进程中积淀下来的人类知识的地方。所以，最终决定一所学校之卓越的，主要不是这所学校的人际关系有多亲密，而是这所学校在人格与知识的学习以及创造上，也就是说通过人格与知识的学习和创造，生活于其中的学生最终有多优秀，工作于其间的教师又有多卓越。

新教育人曾形象地把学校生活比喻成一个汇聚在伟大事物的篝火旁边的一种特殊生活，在其中熊熊燃烧着的，应该是那人类在漫长历史进程中积淀下来的知识。而生活于学校中的人，应该是那沉睡了的知识的复活者和新的知识的创造者。所以，在理想的新教育学校文化中，教师应该成为某一门或者几门学科的“疯狂”的热爱者，成为所教学科的虔诚的“传教士”。

（5）新教育学校的行为文化，体现在教师的教研活动上。

有人说：“平庸的教研造成教师的平庸，卓越的教研成就教师的卓越。”这话说得很简洁，说出了一所学校的教研氛围对身处其中的每一位教师的影响。这种氛围就是一所学校的学校文化在教研生活中的体现。

如果一个教师只满足于按机械的程式把课上好，按考试标准把知识传授完，按社会流行的方式进行教研活动，心不在焉地总结三个优点两个不足，他（她）就会丧失研究的兴趣，进而丧失终身求知、终身学习的原动力。而如果一所学校的教研活动是平庸的、走过场的，甚至是死气沉沉或者装模作样的，它就不可能拥有真正优秀的教师文化。

所以，在新教育倡导的教师文化中，教研活动应当被视为教育教学活动的真正源泉而得到高度重视，日常的教研生活应当像教师们的节日一样被热情地对待，而全校教师在每个学期中，将共同研读优秀的文学、教育学、心理学、管理学等方面的著作，不同的学科共同体还将共同研读相关的本体性知识方面的专著，每一个学科都始终能够追踪着本学科的研究前沿……除了少数滥竽充数的人，身居其中的每一个人都致力于成为终身学习者，整个团队呈现出卓越的学习型组织的面貌。

当然，学生文化共同体和教师文化共同体在很多时候并非是各自独立的，而是彼此交叉、相互渗透、不可分割的。它们又事实上结成一个充满生命活力和张力的师生文化共同体。“教学相长”的古老信条在新教育的文化共同体中获得了新的意蕴。在这里，学生永远是自我发展的主体，而且是“成人之父”“教师之师”。教师不单单是学生成长的引领者、指导者，同时也是永怀童心的学习者、探索者。

是学生对自我发展的渴望，让教师充满创造的欲望；是学生的学习过程，让教师不断审视内心，提升自我；是学生的热情参与，让教师对课程开发充满信心和期待；最终，是学生的巨大进步，让教师看到了创造的喜悦和教育的意义，从而坚定了执着前行的勇气和信念。所以，这个过程是师生共同体验和相互扶持的过程，是师生对知识共同探索、质疑和分享的过程，是师生生命共同完美的过程，更是师生对教育真实诠释的过程。

（五）仪式、节日与庆典：新教育学校文化的“节气”

仪式、节日和庆典，是学校文化传统的活标本，也是学校生命中最值得关注的重要时刻。

在新教育学校，仪式、节日和庆典往往是这样一种时刻：它通过包孕性强、极富意味的、有象征意义的程序和形式，使有意义的事情或者伟大的事物能够拥有一种伟大的时刻，获得神圣、庄严与尊重。

通过仪式、节日和庆典，学校的文化、愿景被一次次强化、确认，学校形成了新教育学校文化特有的“节气”。像农历的二十四个节气对于农民的耕作意义一样，仪式、节日、庆典对学校师生的生活也具有特别的价值，通过它们，师生被联结在一个共同体中，凝聚成一股向上的力量，学校的日常生活也因此被赋予了意义和目的。

所以，如何对待教育生活中的那些重大日子，如开学典礼、开学日、毕业典礼以及那些标志着自己学校独特文化的特殊日子，将是一所学校的文化是否成熟的标志。

在苏霍姆林斯基的帕夫雷什中学，我就看到了许多作为“我们的传统”的节日、庆典、仪式，如“首次铃声节”、“最后铃声节”、母亲节、女孩节、歌节、花节、鸟节、无名英雄纪念日、堆砌雪城的冬节、首捆庄稼节、新粮面包节……所有这些节日，都是在漫长的历史中逐步创造并且固定下来的。我想，孩子们在毕业之后，无论走到哪里，永远也不会忘记在这所学校里度过的那些激动人心的时刻，以及那些触动过他们灵魂的因素。

现在，在越来越多的新教育实验班级中，我们能够读到那种真正的心灵息息相通、生命彼此在庄重的仪式中相互镌刻出诗意的仪式——新教育实验特有的生日故事、生日赠诗。而且，许多新教育实验学校和新教育实验班级已经拥有了自己的节日，如“旺达节”“榴花节”“犟龟节”等。

在教育生涯中，最隆重的节日就是毕业典礼。毕业，对于一个成长中的生命是具有特别的意义的，它是一段旅程的结束，又是一段新的旅程的开始。所以，古今中外，毕业典礼都被作为学生生命成长的重要里程来对待。

（六）建筑：新教育学校文化的物质载体

学校首先是一个器物化的环境。它的自然、设施、技术、建筑等并不是外在于人的，相反，都打上了人的意志的烙印，折射着人的价值追求、审美趣味、思想方式，彰显出特定的文化意味。校园的一草一木、一池一塔、一砖一石、一器一物，莫不浸润着人的情致，莫不濡染着人的品格。这就是文化的力量。所以，我们说，改善学校的环境设施，提高教育的现代技术水平，自然无可厚非；但仅仅如此还远远不够，还应当在学校的这些器物世界里灌注一种精神的、人文的气息。只有这样，它才不是一堆外在的、冰冷的、陌生的物质，才能成为学校的精神象征，焕发出无与伦比的教育魅力。

我们不妨以学校建筑为例。

丘吉尔曾经说过：“我们先是建造我们的房子，然后是我们的房子塑造我们。”学校的建筑传统，不仅是学校记忆的一个组成部分，也是学校教育的主要组成部分。

有时候，最好的教育，往往曾经发生在某棵大树之下、某间临时帐篷之中，或者在几间最朴素的土房里。在学校发展的历程中，我们应该尽可能保留这些记忆。我在主持苏州教育工作期间，曾遇到过苏州中学如何扩建的问题。苏州中学是一个千年府学，有些遗址是文物，当然不会轻易拆除。但是那些红色的四五十年代建设的小楼，要不要保存？我坚持，学校应该保留这些建筑——尽管拆除它们，建设更加现代、更加宽敞的教学楼，无论从视觉效果还是从经济效益上都会更好；但是从学校的历史记忆、从学校的文化自觉来看，保存可能更有意义。钱穆、钱伟长、胡绳、叶圣陶、孙起孟、陆文夫、吕叔湘等文化名家以及 30 多位院士，都曾经在这些教室里学习、工作过。

新教育实验学校（杜涛摄）

我们对贵州石门坎有着特殊的感情。这里曾经创造过中国教育的奇迹。100多年前，英国传教士柏格理等人和中国的汉族、苗族等知识分子，在原来最贫困、最落后的苗区共同创造了教育的传奇。他们创造了苗文，编制了中国本土的教材，建设了游泳池和足球场，建立了足球队，把体育和卫生带进了这个落后的山寨。几十年中，这个连鸟兽也难以到达的山区，走出了大学生，走出了博士生……

在贵州石门坎民族中学，我们看到，这里的每一棵树、每一幢楼、每一间房，甚至已经倒塌的土墙，都成了文化本身，成了神奇故事的活的见证。我们新教育团队应邀到这里工作了一段时间，我们也非常希望能够延续那个伟大的传统。

在浙江春晖中学，我们看到了一间普普通通的老房子。这间房子有什么价值呢？它是夏丏尊先生在白马湖教书时为自己筑居的。在那里，一些美丽的散文和同样美丽的教育思想曾经诞生过。请问，有哪幢大楼能够比它拥有的价值更高？

所以，我们的学校究竟想要怎样的建筑？去追逐时髦与潮流吗？可是时髦与潮流永远比建筑走得更快。如果一幢朴素的建筑，那里有我们曾经发生过的故事，有我们普通老师创造的动人的故事流传，有我们的英雄甚至伟大的人物曾经在那里栖息，那么它就是最美丽的、最值得保留的。

作为一所具体的新教育学校，它在物质层面的文化建设应该如何进行呢？

第一，它应该处处散发着文化的气息。学校建筑确实应该是美的，但更应该是有文化的。学校的教学楼、行政楼、食堂、庭园和道路等，都可以用具有文化意蕴的名字来命名。这些命名，要体现学校的文化追求、历史传统，与校训、学校愿景、价值观有内在的逻辑。它应该体现我们社会主流的优秀文化，最好同时还体现传统文化。就像我们在杭州萧山银河小学所看到的那样。学校的七幢楼宇名以北斗七星命名，七颗星连缀成北斗，连同天文台，体现学校“让每一颗星星在银河中闪光”的愿景。

第二，它应该具有鲜明的个性。学校建筑是在属于自己的土地上“长”出来的。建筑设计师们应该定下心来，设计一些只属于一所学校的建筑。许多农村的学校，不去寻求田园学校的境界，反而学起城市学校，搞起了水泥森林。所以，在学校建筑文化上，不能千校一面。

第三，它应该是由师生们共同完成的。学校是师生们共同生活的地方，它的设计、它的装饰，甚至它的部分建造，都应该把师生的智慧与劳作融入其中。这本身就是一个教育的过程，是学校生活中的大事、有意义与价值的事。现在许多学校把所有美工、装饰全部外包给装潢公司。我们踏进这样的学校，表面看起来这学校很有文化，也很美，其实这里没有生机、没有活力。而真正美妙的教育场所，是师生们亲自创造的。一棵树、一棵草、一堵墙壁的粉刷、一个标志的设计，都应是师生漫长生活的结果。

第四，它应该体现对生命的尊重。新教育让生命自由舒展的基本追求，应该体现在包括学校建筑在内的方方面面。所以，我们主张小学校园要有儿童化取向，符合儿童的认知特点和规律，体现对儿童生命的尊重。比如，一些学校把校训物化为一个孩子易于接受的形象。“力求进步”，在石家庄的一个学校里被物化成“脚丫”；而海门通源小学则以卡通形象“源源”作为学校大小活动的一个标志。再比如，学校黑板的使用应以最后一排同学能看到的地方为书写的下限，学校一些作品的悬挂高度，下框最好与本年级一般学生的视线一致，等等。这些对生命的尊重，其实都是新教育倡导的学校文化。

（七）故事：新教育学校文化的英雄叙事

文化，最终是以两种方式凝固起来的：文化中的英雄叙事和神圣性的建筑。故事和建筑，往往成为文化超越时间的见证。

一所学校中，谁是大家心目中的英雄？也就是说，在本校所有曾经生活过的人之中，谁是教师心目中的英雄？谁是学生心目中的英雄？换句话说，一所学校应树立怎样的英雄和榜样？这个问题将是对学校文化真正的回复。因为这是新教育学校文化的一个方向性问题，也是最根本性的问题，在一定程度上体现了学校的核心价值观。

有些学校，可能什么都有，但就是没有真正的新教育英雄、新教育榜样、新教育故事。这也是我想追问所有实验学校的问题：你的学校有自己的新教育英雄吗？你的学校有自己的新教育榜样吗？你的学校有属于自己的新教育故事吗？我始终认为，从某种意义上来说，这是所有新教育实验学校，在学校文化建设中最应该努力的方向。

五、新教育学校文化建设中校长的角色

一个好校长，就是一所好学校。

校长是学校文化建设的领魂之人。从某种意义上说，一个校长往往决定着一个学校的基本形象和办学品质。我们看到，一些校长陷于琐碎的行政事务，而无暇问学致思，同时又掌握话语霸权，深陷“权力即知识”的迷误之中。从某种意义上讲，这些校长与文化无涉：不读书、不沉思、不探索，无信念、无学养、无情调。在新教育学校组织的框架里，我们应该致力于新型校长的角色塑造，向人们展现全新的学校领导形象——文化型的校长，展现全新的学校管理模式——文化管理。

（一）校长应当有强烈的文化使命意识

优秀的校长能够认识学校的传统、资源，清晰地意识到学校的文化使命，能够把自己的梦想交给团队，让大家来决定它、培养它、哺育它、拥有它、共享它，让它成为师生的共同愿景与价值观，成为师生自觉追求的理想。

新教育学校的校长应该记住：也许，这个学校的愿景、价值观最初确实肇

始于你，但是你要把它奉献出来，让它成为超越自己的精神力量，而让自己成为它忠实的践行者、严格的守护者，并且让所有的师生都认同它和践行它，这样才能够把一个人的灵感，最终化为学校的文化力量。

在明确了学校的愿景、价值观以后，如何带领学校走向卓越？美国企业管理的畅销书《从优秀到卓越》讨论的就是这样一个问题。这本书勾勒出的那些能够让企业从优秀到卓越的“第五级管理人”，可以被视为对新教育学校文化理念中校长角色的一种理想描绘：

> 比起表演的马，他们更像拉犁的牛。
>
> 当成绩优秀时，他们把成功归于别的因素，归于那些优秀的老师，而非他们自己。当情况不佳时，他们看着镜子责备自己，承担所有的责任。
>
> 他们表现出令人折服的谦虚，回避公众的恭维，从不自吹自擂。
>
> 他们冷静镇定，主要靠崇高的标准而不靠鼓舞人心的个人魅力来调动员工的积极性。
>
> 他们雄心勃勃，想把团队带到前所未有的境界，但从来不把个人的利益，尤其是自己的知名度放在第一位。
>
> 他们致力于发现和培养人才，努力为团队将来取得更大的成绩做好准备。

我们认为，这就是在新教育实验学校文化建设的过程中理想的校长角色：关注使命和愿景而不是首先考虑自己的利益得失，谦逊的个性与坚强的意志，寻找比自己更加优秀的人才，推功揽过，敢于承担责任，等等。

（二）校长应当是特立独行的教育家

文化型的校长应该代表学校和文明社会的良知，不惜为此而饱经艰辛、饱尝孤寂、饱受委屈。文化型的校长应该超然物外，淡泊名利，敬畏神圣，崇尚人道，捍卫真理，刚正不阿，热爱公正与和平，并积极地传播它们。文化型的校长应该保持独立思考的精神，坚持真理，敢于对貌似合理的现状进行质疑与批判。校长的独立精神、批判意识对学校文化品格的塑造至关重要。它也是成就教育家的条件之一。

（三）校长应当是行走大地的思想者

校长应当是思想者，有对教育未来乃至人类未来的终极关怀，是精神家园和教育乌托邦的守望者。思想不同于一般的思维，哲理不同于一般的道理，智慧不同于一般的智力。真正的思想就像诺瓦利斯说的那样，是“怀着乡愁的冲动去寻找家园”，因此它永难割舍乌托邦的情愫。当然，校长的思想不是纯粹理性的形上思辨，不是关在书斋式的抽象玄想和空洞观念，应当自觉地把自己的哲学思考融入教育实践，转变为教师的具体行动，成为学校“文明的活的灵魂”。所以，新教育倡导“只要行动，就有收获”，倡导做扎根田野的“农夫”。

（四）校长应当恪守“文化管理”之道

校长个人单纯具有上述的文化品格和气质是远远不够的，他应当把这种品格和气质融入学校的管理之中，这就是“文化管理”。

文化管理，要把“文化兴校”作为学校管理的第一原理。主张学校应当通过“文化植根”（哲学）、“文化塑形”（环境）、“文化育人”（学生）、“文化强师”（教师）、“文化立信”（领导）等方面，将文化的精神、理念、模式和方式渗透到学校管理的所有领域。

文化管理，主张一种整合的管理，它强调现代与传统、科学与人文、东方与西方管理精髓的整合，倡导应变的管理、创新的管理、整体的管理、和谐的管理。

文化管理，反对任何急功近利的文化建设观念与做法，强调学校文化建设的过程性、渐进性和历史性。正如荷兰文化学家皮尔森所说的那样：“‘文化’不是一个名词，而是一个动词。”文化是一个潜移默化、由外而内的恒久过程，它最终表现为经典的东西活化在日常生活中，理性的东西凝结在感性中，历史的东西融会在心理中，社会的东西内蕴于个体中。学校、教师和学生的文化品位、文化气质或文化涵养就这样建构起来了。

文化管理，鼓励创新。学校文化建设的最大目的，在于文化的创造，即价值、精神的创造。这有两层意思，一是主张“月映千川”“一花一世界”式的多元创造。新教育学校文化建设以缔造“幸福完整的教育生活”为核心价值，同时竭力倡导每个地域、每所学校、每个教师根据自身的历史和现状，创造风格独特的学校文化，体现新教育学校文化的“具体的多样统一”。二是主张不主故常、推陈出新的自我超越。新教育本身绝不是一个封闭自足的体系，它以开放的胸襟悦纳所有先进的理念、模式和方法，进行整合创新，同时不断开拓未知的疆域，获得新的发现、新的领悟、新的建树。我们相信，只有这样，新教育的学校文化才能保持它绵延不绝、生生不息的活力。

六、新教育实验学校文化建设案例

（一）昆山市娄江实验学校以文化立校

昆山市娄江实验学校创建于2010年9月，是一所教育局直属公办九年一贯制学校，拥有4 000多名师生。办学以来，坚持“过一种幸福完整的教育生活”的核心理念，以文化立校、以课程育人，“时时灌溉，常令润泽”，处处教育、时时教育、人人教育；学校成为一个学习共同体、发展共同体、“过一种幸福完整的教育生活”的生活共同体。

昆山市娄江实验学校（储昌楼摄）

“过一种幸福完整的教育生活”融合在学校的文化建构中。我们以“教育润泽人生”为办学宗旨，以办一所“新教育好学校”为办学目标，用文化的自觉，努力打造“映月千川”的学校文化景观。在建设特色文化的实践中，坚持以人为本，为学生提供适切的教育，努力把教育与人的需要、发展、尊严、价值、幸福有机联系起来，形成独特的文化思想、完备的文化体系、丰富的文化内涵、卓越的文化成就，使文化建设深入师生内心，渗透课堂，影响家长、社会，不断积淀、丰富和张扬特色文化，形成鲜明的校园文化风格。通过开展“文化植根”“文化塑形”“文化育人”“文化强师”“文化立品”等方面的学校文化实验，将“新教育好学校”文化的精神、理念渗透到学校建设的各个领域，让学校环境、教育行为的细微处浸润文化精神，凝练生命精华。

“过一种幸福完整的教育生活”还融会在学校课程建设中。我们围绕核心素养十八条，以“生命、生活、科学、艺术、国学、国际”六个关键词组建了“娄江课程”，把原有的学校文化景观、专用教室装备等教育教学设施，重新进行功能定位，形成“一带一路一中心”，组合成一个个课程群纳入学校课程体系。“一带”是由通道文化、廊道文化、楼道文化等组构而成的上善娄江学校文化带。比如，中华文明带、世界文明带、传统文化带、乡风乡情带、核心价值观带、综合素养带等。“一路”则是各个通道、各个廊道、各个楼道所呈现的各具特色的主题文化路。比如，一楼大通道的昆山乡情文化主题，二楼大通道的道德文化教育主题，三楼大通道的中华文明世界文明主题，还有一楼廊道的法律法规文化主题，科技楼道的科技教育主题。我们挖掘几个专用教室的功能潜力，将这几个专用教室建成具有学校特色的课程中心，即“一中心”。生物标本室升级到生态教育的范畴，作为生命课程教育的基地教室，命名为生态教育中心；历史教室定位于中华文化教育中心；地理教室定位于世界文明教育中心；书画教室定位于国学文化教育中心，向苏州市文明办及教育局申请挂牌成立的“德善书院娄江学堂”，成为学校重要的德文化教育基地；陶艺教室定位于生活教育中心，成为娄江六艺的课程基地；烹饪教室定位于家政课程中心，纳入生活课程体系。这样，学校处处是课堂，处处是课程中心。

在建设课程中，我们把特别的爱给了特别的孩子们。娄江致力于“每一滴都最美”，尊重每一个生命，激发每一个孩子的潜力。娄江的办学高度，不仅培养出全市中考第一名的学生，更体现出对每一个特殊生的因材施教，让每一个孩子的教育生活幸福完整，让每一个孩子成为最好的自己。2016 年，学校以“九年制特教生资源教室课程建设”申报

“苏州市初中课程基地”，一举成功，推动了娄江的课程建设，打造了娄江融合教育的品牌。围绕残疾学生的需求、特点，我们将保育、康复与教育相结合，优化与重组校内教育资源，建立了“资源教室”资源区；建立了校内各学科协作团队，对专业康复课程等采取了购买社会服务、聘请专业康复机构专家等多种方式；建立了医教结合、残联等主体部门参与的专业保障机制，形成了符合残疾儿童身心特征和需求的个别化教育方案。资源教室正是娄江“过一种幸福完整的教育生活”理念的鲜活写照。

“过一种幸福完整的教育生活”更融入每一天的教育生活中。学生在校的五天充满了“歌声与微笑”；学生在家的双休日，与家人们一起享受“书香与自然风”。这样的七天，是幸福完整的七天。

歌声与微笑的校园，每个孩子都有自己属意的社团，从学科类到兴趣类，从才艺类到公益类，从校门里到校门外，孩子们有班级的荣耀，还有社团的荣光。每天都有为了孩子们的全面发展而研究开发的特色课程，从响彻娄江赋的国学中心，到歌声飞扬的综艺中心，到陶泥飞溅的陶艺中心，到菜香气扑面而来的家政中心，总有一节特色课叩响孩子那根潜能的琴弦，让孩子找到知音，让孩子沉醉其中、乐在其中。在娄江，语、数、外是学习，生活技艺也是学习。每个月都有属于孩子们的节日，从亲子节、阅读节、运动节、书画节、演讲节、发明节、舞蹈节直到合唱节，学校里总是洋溢着节日的快乐，孩子们总是享受着节日里的愉悦与欢欣。在娄江，过节就是教育，上学就是过节。

书香与自然风的家庭，有亲子共读的场景，共读一份报、共读一本书，直至众多家庭会聚一起，组织起班级读书会、邻里读书会，让共读共写成为娄江学生家庭的常态，让书香环绕着娄江学子。书香与自然风的家庭，有亲子共游的场景，共一次骑行、共一次乡间体验式劳作、共一次社会公益性服务，让孩子们亲近大自然，让孩子们走进大社会，让双休日变成家庭生活教育修行日，让清风善行伴随着娄江学子。

“歌声与微笑＋书香与自然风”已经成为娄江幸福完整的七天教育生活的标志，成为家校同心、家校合作的一个典范，正在让“过一种幸福完整的教育生活”的梦想鲜花开遍昆山。

(本案例由昆山市娄江实验学校校长储昌楼提供。)

（二）河南省修武县第二实验中学薛志芳校长的办学理念

我一向认为，一所学校真正核心的东西一定是由岁月淘洗出来的；而一个校长最本质、最内在的教育理念也一定是慢慢地生发、逐步地丰满，及至于渐渐地明晰、成熟和完整。但是，校长于学校发展、于师生进步，其责任、其使命、其智慧、其能量自然也是毋庸置疑的，因为他就是原点，他就是第一推动力。所以，陶行知先生才说："校长是一个学校的灵魂，学校的好坏和校长最有关系，一个好校长就是一所好学校。"所以，朱永新老师也说："校长的深度决定着学校的高度。一所学校的成就绝对不可能超过校长所期望达到的目标。"

一、每天进步一点点

我们是一所年轻的学校，成立于 2008 年 7 月，由一所旧学校更名改建而成，建校至今刚开启第 11 年。老学校给我们留下了九年级两个教学班 56 名学生，八年级四个教学班不足 100 人。当年我们招生六个班 360 名学生，以后便是八轨、十轨，直至 2018 年的 30 个教学班，1 800 余名在校生，102 位在职教职工。

客观地说，老学校各方面基础都很薄弱，而所谓的新学校也就是把校名换了换。校门外是一条臭水河。走进校园，东边小操场荒草连天，中间教学楼陈旧破烂，西北角还是一派热火朝天的工地——那是我们这所新学校唯一的新东西……新的领导班子、新的教师队伍刚刚组建。在县城这片教育的丛林里，家长和社会都还不怎么信任我们，于是学区范围内的学生纷纷托关系、找朋友、寻门路往外转；而且在整整的第一年里我们还是三个单位同处一个校园：县进修学校、县教研室和我们这个学校……

可是说真心话，条件虽然很差，但在我们看来，3～5 年将是这个学校发展的黄金时期——一是新学校，没什么负担；二是新团队，天然地有一种向上生长的内在动力和务求卓越的强大愿望；三是在我们的内心里，我们不想把这个学校办成一个一般意义上的普通学校，更不甘心过一种很庸常、没感觉、无意义的教育生活。所以，我们在建校伊始就鲜明地提出了我们的校训——"每天进步一点点"，努力在成长中成熟、在完善中完美、在超越中卓越、在突破中突出！

按照我们的理解，“每天进步一点点”，就是我们希望学校发展和师生成长达到这样一种状态：大家每天在校园要有一点新感觉、教育生活有一些新亮点、行为习惯有一些新改进、专业研修有一点新高度、教学质量有一点新挑战、对个人和学校的未来有一些新期待……焦作市教育局白战海副局长曾把我们这种务实态度、探索精神和创新力量概括为“一点点精神”。他说：这“一点点”是一种永恒的坚持与坚守，是一种瓜熟蒂落、水到渠成的自然结果，是一种可喜的、惊人的、由量变到质变的过程。这“一点点”的力量是大力量，“一点点”的智慧是大智慧，“一点点”的精神是大精神，“一点点”的境界是大境界！

秉持这个想法，几年来，我们经历了一个由“头脑风暴”到“精雕细刻”的艰难历程，每学期都有新创意、新动作，一直在做加法，总想精益求精，从一门课程——“天天成长课”的研发，到一种模式——“学生自主达标课堂”的打造，再到“阅读课”“海棠诗会”“‘四棵柳’读书沙龙”“相约第五节”“国旗下经典诵读”“名家有约”“成长的仪式”“家校链接”等极具校本特色的新教育实验“八大行动”的开发和实施，一直到近几年的“理想课堂”“课程开发”“教师专业发展”“校园新生活”“学生新评价”“校园新文化”“家校新合作”“缔造完美教室”等8大项目组、28个子项目的整体推进，涉及全体师生员工，涵盖整个校园生活……整个学校充满了生机与活力，所有人的力量和智慧都被开发了出来，师生们在不断地创造着和感受着很多美好和伟大的事物。而且也就是在这个过程中，学校脱茧化蝶，师生脱胎换骨，我们第二实验中学完成了她的完美转身，昔日的丑小鸭也渐渐显露出了白天鹅的绰约风姿、卓越潜质！

二、真诚地朝向每一个生命

俯视当下的教育，我们要在现实和理想之间求生存、图发展、提境界，要努力去做心中的真教育和好教育。有一个话题我们都绕不过，那就是——分数。

但是，我们觉得，真正的理想主义者应该有这样的智慧。

一是要努力给孩子们一个最好的分数——因为对于很多的学生和家长来说，分数真的是一个不能无视的高利害的东西。二是要努力做到，我们

修武县第二实验中学（范军涛摄）

达成分数的路径、手段、措施和办法等是人道的、科学的、优质的、高效的、理想的、魅力的。我们觉得，很多所谓的“好学校”其实就只是做到了这个层面——当然，能够做到这个层面也是相当不容易的。三是我们觉得，除分数之外，还应该给予孩子们更多的东西，如生活、活动、体验、感悟、创造、自主、锻炼、休闲、娱乐、修养、穿越、积淀等等。也就是说，作为专业的教育者，我们能不能做出更好的教育？我们认为，这是一所真正的“好学校”与一般意义上的“好学校”的根本区别，这也是我们日常所谓的“应试教育”与“素质教育”之间真正的分水岭与试金石！

譬如课堂。

从2008年秋至2009年春，我们依据新教育“理想课堂”的核心元素，在吸收江苏洋思中学、东庐中学、山东杜郎口中学等学校教改模式精华的基础上，融合我校师生的积极探索，创建了一种教学模式——“学生自主达标课堂”。其基本做法是：以教师深钻细研教材为基础，以“教学案”为载体，以学生自主学习为前提，以小组活动为中心，学生当堂学习交流，当堂落实巩固，当堂训练达标，真正把课堂、把时间、把学生在课堂上的训练、体验、穿越、感悟、思考、研究、创新等还给学生。其基本操作流程为：“自主学习”—“合作交流”—“成果展示”—“反馈矫正”—“达标检测”。

是的，经典不能复制，但我们可以学习、揣摩乃至创生出我们自己的东西来。我觉得“理想课堂”构筑也是这样。所以，作为一种有益的探索，我们“学生自主达标课堂”教学模式在实际操作时其实有这样三大关键点：

一是“教学案”的研发需要团队。如果没有教师的集体备课，不靠团队的智慧和力量，不仅不能保障“教学案”的质量，而且也会出现大量的重复性劳动。二是“主持人”（小组长）的培育务必精准。“主持人”肩负着组织者、展示者、引领者、协调者、监督者等诸多角色——这也就是我们的“主持人”必须要综合素质高，而且必须要全员培训、适时轮换的原因所在。三是必须厘清教师角色定位。模式如果在熟练操作了以后，课堂上的学习时间、组织落实等几乎全放给学生了，那么，我们的教师干什么？教师在这样的课堂里还有什么存在价值？

所以，我们这样的课堂，每一位教师都必须全心参与进去，每一名学生都必须全力参与进去，每一个生命都必须真正在场。这样，课堂才能成为师生成长的半亩方塘，学校才会成为师生生命勃发的生动现场！

…………

也正是在这样的一些思考和探索的基础之上，我们提出了学校发展的愿景：

真诚地朝向每一个生命，“过一种幸福完整的教育生活”，真正让校园成为润泽师生心灵、壮阔师生情怀、蓬勃师生精神、卓越师生人生的乐园！

三、成为美好事物的中心

了解我们的人都知道，我们这些年都在做新教育。

了解我们的人还都知道，我们一直追求的管理文化是：成为美好事物的中心！

作为新教育人，我们总想办出一所品质纯正和品位个性的学校，总想给师生一种别样的、有意义的校园生活，总想让我们的生命在这块土地上自由、丰盈、快乐地生长。作为九年义务教育的出口，我们虽然升学压力也很大、学习任务也很重、时间也很紧……但是，还是豪情满怀地踏上了这样一条可能艰辛但绝对值得投入的创业之旅。

请看我们为师生编织的校园生活：

周一升国旗，我们要做安全演练、国旗下主题演讲；之后，全校师生在国旗下诵读“国旗下经典诵读120首”——我们配套有《国旗下经典诵读120首》六册读本，用诗歌开启一周的生活；然后是各班每天一节的特色课程——“天天成长课”；在“完美教室”里，大家还会穿越诸如“语文晨诵”“生日课程”等一些班本的，抑或是各学科教师精心研发、适时提供的各类课程；孩子们的课堂是我们研发的“理想课堂”的一种教学模式——“学生自主达标课堂”；课间十分钟，轮播音乐老师研发的“经典歌曲90首”——配套有《经典歌曲90首》三册；大课间，有体育教研组开发的“兔子舞”“跑跑操”“太极拳”等运动课程；午后第一节，有英语教研组研发的“每周一支英文歌”——配套有精选的《英文歌曲60首》；下午第五节，那是我们雷打不动的“阅读课”；还有每周一次的“电影课程”“青春音乐秀”，一月一次的“名家有约”……

我们一直认为，好学校应该有好课程，好学校就应该成为一个好的生态园。从某种角度说，课程决定了一个学校的品质和品位，也决定着校园里的人——师生生命的长宽高，乃至他们的当下和未来。

也基于此，我们才敢于在力所能及的范围内，一点点去想，一点点去做……而在这个过程中，我们总有很多意外的收获和想不到的感动：老师们的生命被一次次点燃，由里到外地、真真切切地体验到了一种职业的幸福感、专业的自尊感、事业的成就感，我们的学生在这些本土化、校本化、师本化、生本化、班本化的课程穿越中逐渐外显出一种绚丽、一种厚实乃至一种极致。而我们——也能够在立定现实的当儿，有了一份左右顾盼的闲暇与惊喜：

——教育原来可以如此美丽，校园原来可以如此幸福！

2013年12月25日，焦作市中小学“校本课程”开发现场会在我校隆重召开，全市150余名校长和教师参加了活动；2015年6月，我校“‘天天成长课’的课程开发与研究”课题实验，荣获2015年河南省教科研成果一等奖；2015年11月15日，我本人登上“研发卓越课程——2015新教育国际高峰论坛”做典型发言……

四、在这里，唯一不能拒绝的，是成长

我相信，时光在流逝，生命在渐渐老去的同时，一定会刻下一道道永

不磨灭的年轮，也一定在积淀着一份份的厚重和美好。所以，每个学年结束后，我都要把这些人生轨迹和教育生活汇聚起来——这就构成了我成长的一套套的小数据。

其中，我的 2016 是这样的：

(1) 读书 105 本。

(2) 使用听课记录本 16 本。

(3) 撰写博文 86 篇。

(4) 发表文章 13 篇。

(5) 外出参加高端学习 7 次。

(6) 发送“每日一语”365 条。

(7) 印发“每周一文”54 篇。

(8) 为老师们赠送书籍 18 种。

(9) 撰写学校大事记 25 208 字。

(10) 参加“河南教师读书会”线下活动 3 次。

(11) 外出讲学 17 场。

(12) 获得首届“全国新教育实验智慧校长”等个人奖项若干。

…………

是的，生命有多种姿态，而我宁要向上生长。

关于专业的成长和生命的修炼，我不仅自己身体力行、持之以恒，而且也始终把教师发展放在第一位，想方设法、千方百计、不遗余力地促使教师们提高和进步：

一是狠抓读书提升——这是最经济的成长方式。我们成立有“‘四棵柳’读书沙龙”，日常还有“每日一语”“每周一文”“每期一书”等“三个一”阅读工程。二是狠抓写作反思——这是最个人的成长方式。每月教师必须向学校圈子提交一篇“教育叙事”，学校教案检查的重点就看教后反思。三是狠抓课题研究——这是最规范的成长方式。但是，我们强调课题研究必须要为课堂、课程、课改服务。四是狠抓校本培训——这是最实惠的成长方式。因为大家可以现场交流、直接互动。五是组织外出学习——这是最直观的成长方式。真的，每一次的外出学习，都有一种开天眼的感觉，而我们学校每逢重大的改革或提升之际也都常常伴随着一次或数次深度的大规模的外出学习。六是做好“共同体”——这是最智慧的一种成长方式。用朱永新老师的话说，这是“站在集体的肩膀上飞翔”。七是狠抓听课研课——这是最高效的一种成长方式。因为我们只需走进隔壁伙伴们的课堂！八是狠抓课程开发——这是最幸福的成长方式。因为课程研发最终研发的都是我们自己——我们的胸怀和积淀、我们的智慧和能量、我们生命的信念和极限！

…………

教育是生命的互动，成长是生命的自觉。所以，我觉得，“生命就应该浪费在美好的事物上”（台湾黑松汽水广告词）。真的，我不相信不用付出的优秀，也不相信未经努力的卓越。因此，我真诚地希望老师们都能够胸怀梦想、行有坚持，我也一直在执着地提醒大家借由这一条条于我们较为契合的路径，踏上征程，渐至专业发展乃至生命成长的佳境！

结语：我一直在思考，学校是什么？一个学校能够给我们带来些什么？……

我知道，最终，我们都活在一些理念里。是的，我也知道，我们总是期待着、总在追寻着美好的事物。但是，如果没有，那么我们就去创造它。

——加油，我们！

附录：

河南省修武县第二实验中学核心文化

办学理念：创生美好　深度成长

校　　训：每天进步一点点

愿　　景：真诚地朝向每一个生命，“过一种幸福完整的教育生活”，真正让校园成为润泽师生心灵、壮阔师生情怀、蓬勃师生精神、卓越师生人生的乐园！

教师气质：精神贵族　业界精英　公民标杆

学生形象：精英素质　乡土情怀　内外兼修　知行合一

校　　风：激情　团队　极致　行动

教　　风：赤诚的爱　深度的思　精细的研　智慧的做

学　　风：向下扎根　向上生长　为自己开花　为世界结果

管理文化：成为美好事物的中心

校园生活：读出教育人生新境界，攀越生命历程新高度，奏响校园生活新乐章！

工作准则：在成长中成熟，在完善中完美，在超越中卓越，在突破中突出！

（本案例由河南省修武县第二实验中学校长薛志芳提供。）

第十二章
新教育实验助推区域教育发展

一、新教育实验区的形成与发展

二、新教育实验区域推进的实践与探索

三、新教育实验助推区域教育发展案例

新教育实验是民间的教育改革探索，没有任何行政力量的介入。它依靠的是共同的理想和追求、共同的情感和信念。但既然参加了新教育实验的共同体，就要遵守和服从共同体的行动准则。所以，新教育共同体该如何践行新教育实验的理念、项目与课程，新教育实验区该如何管理，如何让新教育不断走向卓越，就成为新教育实验的一个重要课题。

一、新教育实验区的形成与发展

（一）新教育实验区的形式与发展历程

2002 年，第一所新教育实验学校在江苏昆山正式挂牌。随着新教育实验的理念和行动被越来越多的学校所认同，越来越多的学校加入了新教育实验。2004 年，江苏姜堰和河北石家庄桥西区率先以政府推动的方式，区域整体参与了新教育实验。2006 年，在浙江嘉兴秀洲区召开了第一次新教育实验区工作会议，我在会议上做了题为“新教育实验区的 10 个关键词”的工作报告，把领导、组织构架、实验骨干、实验方案、活动开展、经费保障、分享交流、宣传、展示和评价，作为新教育实验区管理的重要问题。2006 年，全国已经拥有 503 所实验学校，其中实验区占了 359 所，新教育实验区的实验学校大大超过了非实验区的学校的数量。此后，我们把依托实验区发展和管理作为新教育实验推广的主要模式，并且先后在浙江萧山、山西绛县、河南焦作、安徽霍邱、甘肃庆阳、新疆奎屯、湖北随县等地分别召开新教育实验区的工作会议，现场考察新教育实验区的实践探索。截至 2016 年 6 月，全国现有新教育地市级实验区 9 个、县级实验区 111 个、实验学校 2 928 所、师生 320 多万名。

在 2009 年绛县举行的新教育实验区工作会议上，我们明确提出，在新教育实验区域推进的过程中，首先，也是最主要的经验，就是用新教育的理念、思想和行动来改造和构建实验区的日常教育教学。新教育实验不是离开日常教育教学生活之外、叠床架屋的行动与课程，新教育实验应该成为日常教育教学生活的组成部分，成为课程体系的有机组成部分。衡量新教育实验的成效，关键是看新教育是否已经成了区域教育不可分割的血肉部分，是否真正扎根在教师的心中、物化在教育生活中、落实在课程中、体现在行动中。其中，课程是关键。把新教育的行动、思想和理念课程化，对于实验区的建设和发展是很重要的，新教育不进入课程是没有生命力的。现在，新教育的“晨诵、午读、暮省”，新教育的生命教育课程，新教育的完美教室，新教育的理想课堂，新教育的每月一事，新教育的家校合作共育，等等，已经成为许多实验区的日常教育内容。

与此同时，我们对有效推进实验区的建设提出了遵守实验规程、规范新教育用语、积累实验资料、关注新教育实验动态、遵循“底线＋榜样”模式等要求。在这次实验区工作会议上，我们颁布了实验区管理规程的试用手册。

全国新教育实验区工作绛县现场会（李玉佩摄）

2010 年，我们在焦作实验区工作会议上提出了“做真新教育，真做新教育”。2010 年，我们在安徽霍邱召开了新教育实验区工作会议，我做了题为“站在十年的新起点上”的发言，就“如何看、如何干”的问题与大家交流了看法。从 2012 年开始，每年的新教育实验区工作会议，我们都尽可能安排在经济相对欠发达的农村地区与边远地区，以更好地推动农村和边远地区的新教育实验区工作。

（二）新教育实验区的管理与评价指标

2015 年 7 月，新教育研究院新考试评价研究所研发了《新教育实验区（校）发展指导性评估框架》，在实验区试行。发展指导性评估框架由二级指标、评估要点以及要点分值构成。一级指标分为三大部分，分别为新教育实验的组织管理（20%）、新教育实验的主要项目（50%）及新教育实验的阶段成果(30%)。二级指标中，组织管理部分重点考虑了新教育实验的基础保障要素，主要项目部分重点考虑了新教育重大研究成果与十大行动，阶段成果部分重点考虑了新教育的四大改变。评分要点中，本框架希望能够充分反映实验区在新教育各项目的实践经验、研究成果或研究思路。

一是关于新教育实验的组织管理，主要包括：

(1) 组织领导。

成立有主要领导、分管领导或科室主任负责的实验工作领导组。能够及时、定期或不定期研究与解决实验中的问题和困难。

(2) 队伍建设。

成立各个实验项目专业工作室，或名师工作室，或各实验项目实施小组。建立切合实际的新教育实验推广基本制度与较好的运行机制。

(3) 行动计划。

实验有行动计划或实施方案。年初有工作计划，年中有回顾小结，年终有工作总结。方案切实可行。

(4) 资金支持。

有专项资金支持新教育实验行动计划的落实，或能够及时解决新教育实验中的资金需求。有必要的用于实验的办公场所、办公器材，或较好的办公条件。

(5) 课题管理。

能够按照新教育实验课题的管理办法与规范管理实验课题；能够按照新教育课题管理部门的要求，及时、认真、准确地传达与报送相关信息。注重实验资料的收集、整理、保管和使用工作，建立新教育实验档案资料室，实验资料齐全。

(6) 项目管理。

新教育实验的每个项目都有符合本地实际的本实验区或实验校确定的实验管理底线要求和管理办法。在课程研发和课程实施上有思路、有成效。

(7) 榜样教师。

重视榜样教师的作用。有自己的榜样教师。区域或学校能够为榜样教师的成长不断提供条件或创造机会。

(8) 示范学校。

新教育实验区有自己的重点实验学校。新教育实验校有自己的实验班级。

实验重点明确，区（校）政策倾斜，措施得力，成效显著。

(9) 教师培训。

能够扎实有效、持续不断地组织开展区域教师培训和校本教研活动。注重校本教研的专业引领、同伴互助和自我反思。通过教师培训、校本教研的过程资料，可以感受和考察教师培训和校本教研的实效。

(10) 开放活动。

能够因地制宜、与时俱进、勇于探索，积极参与新教育举办的年会、实验区会议以及国际论坛等其他实验区新教育开放周活动。能够定期与不定期地积极举办面向本地或更大范围的新教育开放周活动，开放周活动有特色、效果好。

二是关于新教育实验的主要项目，主要包括：

(1) 学校文化建设。

1) 学校理念文化建设（教育哲学、核心价值观、愿景使命、学校形象定位、办学目标、校训、校风、教风、学风、学校精神、管理理念、校长寄语、教师誓词、学生誓词等）。2) 学校视觉文化建设（校徽、标准字、标准色、校旗、校服、办公用品、指示标牌等）。3) 学校环境文化建设（校园干净整洁、清新明亮、生机盎然，规划科学、布局合理、场所俱全，格局优雅、设计独特、书香浓郁）。4) 学校行为文化建设（规章制度建设、专题活动组织、校报校刊等）。5) 新教育实验氛围的营造（新教育实验的话语系统、主要内容、主要成果等通识的普及情况）。

(2) 教师专业发展。

1) 教师专业阅读的情况（阅读的数量与质量）。2) 教师专业写作的情况（写作的数量与质量）。3) 教师专业交往及专业发展共同体建设的情况。4) 教师的职业认同与精神状态。

(3) 营造书香校园。

1) 学校图书基础建设情况（图书室建设，图书的质量与数量，书目的选择符合学生的兴趣和需要、体现出阶梯性阅读的特点，新阅读研究所推荐书目的使用情况）。2) 新教育儿童课程开设情况（“晨诵、午读、暮省”，听读绘说，阅读质量和数量）。3) 阅读活动组织情况（阅读推进的方法与措施，读书节、师生共读、新父母亲子共读情况）。4) 阅读环境的建设（学校创设浓郁的阅读氛围，整合丰富的阅读资源，开展多彩的读书活动）。

(4) 研发卓越课程。

1) 在新教育卓越课程理念引领下，以国家课程、地方课程、校本课程为基础，教师对教材进行二次开发和新的整合创造，通过课程的创新使教室成为汇聚美好事物的中心。2) 在课程实施过程中带领学生经历体验、合作探究，建立知识与世界、与自我的内在联系，将所有与知识的邂逅转化为智慧，从而使师生生命更加丰盈。3) 以生命课程为基础，以公民教育课程、艺术教育课程、智识教育课程为主干，并以“特色教育课程”为必要补充，每间教室里的每个老师，因地制宜，利用自己的地方资源和个体生命特质，成为卓越课程的研发者。

(5) 缔造完美教室。

1) 具有完美的班级“价值体系”，以班级文化构建为总体目标，健全班级价值系统。2) 完美教室建设情况（班级文化、班级课程、班名班徽、班训班歌等）。3) 师生家长共读共写共同生活，拥有共同的语言与密码。愿景、文化、课程等融合在一间教室里，师生汇聚在伟大事物的周围，穿越在伟大事物之中，吻醒故事和经典，编织诗意的生活，教室里的每一个日子、每一个生命都朝向卓越与创造。

(6) 构筑理想课堂。

1) 新教育理想课堂实践中课堂的参与度、亲和度、整合度、自由度、练习度、拓展度。2) 新教育理想课堂三重境界的建设情况：有效教学框架的运用与落实；发现知识伟大魅力的行动与探索；实现师生知识、生活、生命深刻共鸣的水平与境界。

(7) 师生共写随笔。

1) 教师能不间断地书写教学日记、教学案例、教育故事，记录反思师生的日常教育、学习生活，促进教师的专业发展和学生的自主成长。2) 师生共写随笔，通过随笔与学生进行心灵、灵魂间的互动，抓住每一次机会，师生共同编织有意义的人生。3) 写作与师生的生活生命连为一体，成为师生家校教育教学、反思交流的重要手段。师生、亲子之间通过相互书写，加之言语沟通与交流，将彼此的生命编织在一起，书写独一无二的生命传奇。

(8) 推进每月一事。

1) 主题的选择立足于学生一生有用的最重要的习惯。2) 主题的内容都是从一件非常具体的小事展开，在具体落实中，针对不同年级学生的特点，体现年级特点的螺旋式上升，在更高的层面上不断丰富完善。3) 主题的活动要通过广泛的主题阅读、主题实践、主题研究、主题随笔等多种路径，把公民教育、生命教育贯穿其中。学校结合自身特点，对每月一事活动进行创造性的探索与尝试。

(9) 建设数码社区。

1) 区校三通两平台建设：校校通、班班通、人人通以及教育教学管理平台、教育教学资源平台建设情况。2) 加强校内外网络资源的整合，建设学习型网络社区，让师生利用网络进行学习与交流。3) 利用网络进行实验、课题研究。4) 教师利用网络开设博客，建立自己的专业成长档案或学科专业工作室，积极与更多的同行分享、交流、探讨。

(10) 聆听窗外声音。

1) 通过开展学校报告会、参加社区活动、参加公益活动等形式，了解社会，关注真实的社会生活。2) 充分利用社区教育资源进行学习，引导教师与学生热爱生活、关注社会。3) 整合社区和学校的资源，激发教师和学生形成多元价值观。4) 积极参加各项培训及实验区或全国范围内的新教育开放周活动，聆听窗外声音，提升自我素质。

(11) 培养卓越口才。

1) 抓住教育教学、日常生活中的任何机会，以形式多样的活动为依托，使教师和学生愿说、敢说、会说，帮他们树立自信心，提高表达能力和沟通能力。2) 注重教师与学生倾听能力的培养，善于通过聆听获得更多知识和信息，使他们成为一个受欢迎的人。

(12) 家校合作共育。

1) 学校定期举办由父母、学生参加的各种活动，拉近父母与学生、学校的距离，营造适合青少年和谐健康发展的成长环境。2) 积极参与新教育新父母研究所开展的各种新教育实验项目活动。3) 向父母推荐家教书刊，组织活动，积极构建学习型家庭、学习型文明社区。4) 积极实施学校与家庭携手、共同促进学生成长的教育行为，着力营造互动、沟通、协调、一致的家校和谐关系，形成同向、同步的教育合力作用，有效促进学生的道德品质、行为习惯等诸方面健康发展。

三是关于新教育实验的阶段成果，主要包括：

(1) 学生发展。

1) 学生学业成绩：其一，在实验推动下，学校学生总体成绩有较大提高，且好于同水平的非实验校；其二，学生学业成绩呈现逐年上升的趋势；其三，学生人均阅读数量与阅读能力有较大提高，且显著高于同类水平的非实验校；其四，学生的写作能力有较大提高，且显著高于同类水平的非实验校；其五，学生的口头表达能力有较大提高，且显著高于同类水平的非实验校。2）学生综合发展成绩：其一，学生拥有积极向上的精神风貌，快乐自信，落落大方，充满求知欲；其二，全体学生对学校的归属感、在校期间的幸福感有较大提高，且显著高于同类水平的非实验校；其三，学生的文体成绩有较大提高，且显著高于同类水平的非实验校；其四，学生的创新思想和创新能力有较大提高，且显著高于同类水平的非实验校；其五，学生的交流合作意识有较大提高，且显著高于同类水平的非实验校。

（2）教师成长。

1）教师队伍建设成绩：其一，在实验的推动下，全体教师对职业的认同感极大提升，教师工作积极性大大提高，工作热情高涨；其二，全体教师的幸福感、生活意义感、生命价值感有较大提高，且显著高于同类水平非实验校；其三，教师之间合作意识、协同意识有较大提高，且显著高于同类水平的非实验校；其四，榜样教师的数量逐年增加；其五，榜样教师在带动教师队伍建设方面发挥积极的作用。2）教师专业发展成绩：其一，教师人均阅读数量与阅读能力有较大提高，且显著高于同类水平的非实验校；其二，教师人均写作数量与写作水平有较大提高，且显著高于同类水平的非实验校；其三，教师教研数量及水平有较大提高，且显著高于同类水平的非实验校。

（3）学校成绩。

1）学术建设成绩：有学校实验项目论文发表，实验成果汇编成册或公开出版；与实验有关的教研活动持续开展，且数量有逐年上升的趋势；与实验相关的教研活动取得良好的效果，并有相应的文件、录像等资料备查。2）文化建设成绩：校园文化建设在陶冶学生情操、规范学生行为、培养学生文化意识、学生集体协作意识和精神，以及健康的个性特点方面取得显著的效果。3）管理建设成绩：在实验的推动下，学校建立了一支民主、高效的管理团队；学校的管理水平有较大的提升，并呈现良性发展的趋势。

（4）实验影响。

1）参与意识：学校全体教职员工对新教育实验的知晓程度较高，且对新教育实验理念有较高的认同感；学校教职员工乐于为实验做出贡献者较多，并在实际行动中有较为积极的表现。学习新教育、宣传新教育、践行新教育已经成为大家的自觉行动。2）社会评价：实验开展情况得到区级及以上实验专刊、媒体网络的报道；家长对学校的赞誉较实验前有较大的提升，入学率显著提高。社区管理者对学校的支持度、满意度有了大幅提升。3）部门反映：上级教育主管部门对新教育的认同度、满意度和支持度大幅提升。4）同行影响：新教育实验引起教育同行的关注，新教育实验成果赢得教育同行的好评。新教育实验校应邀向其他学校介绍、宣传本校实验做法、成果、经验，发挥了辐射、示范作用。

这个框架是在新教育实验区（校）大量实践的基础上形成的。该指标框架定位命名为《新教育实验区（校）发展指导性指标框架》，其意在于通过本指标框架中所列的指标项及评估要点，一方面引导新教育实验区（校）在开展新教育实验时能以自查的方式更好地开展本（区）校的新教育实验活动；另一方面也为新教育实验（区）校的管理者们指导和帮助实验区（校）发展时提供参考信息。

2018 年新教育第十八届研讨会颁发智慧校长奖（杜涛摄）

2017 年 1 月，新考试评价研究所对方案进行了细化和提升，研发出《新教育实验学校评价系统(试行版)》，进一步推进实验区校的自评、自查、自我提高。

二、新教育实验区域推进的实践与探索

近 20 年来，新教育人追寻理想、不懈探索、积极创造，形成了新教育实验区域推进的有效路径。主要有以下做法：

（一）理想召唤，将共同愿景作为新教育实验的发动机

新教育实验，从一开始就高举起理想主义的旗帜。新教育理想有两种表述方式。从学术的意义上看，新教育实验有两大愿景：第一，努力成为中国素质教育的一面旗帜；第二，全力打造植根本土的新教育学派。从核心追求上看，新教育的理想是帮助师生“过一种幸福完整的教育生活”。新教育实验区大多是被新教育理想所吸引和鼓舞，深度参与了新教育实验，汇聚到实现新教育理想的洪流之中。

（二）创新机制，将完整架构作为新教育实验的推进器

全国新教育实验区可以分为行政推动型和学校联盟型两种。行政推动型的实验区一般都明确把新教育实验纳入日常教育管理工作。不少教育局在每年对全市中小学、幼儿园的考核方案中，都把新教育实验作为绩效考核内容及权重，有力保障了新教育实验在各学校的实施底线，调动了基层学校推进新教育实验的积极性。

海门实验区总结了区域推进新教育的机制：思想引领，教育行政、研修、培训、督导等部门整体联动，市局、集团、学校三级全员参与。比如，教育局基教科承担行政协调的工作，中小学教师研修中心承担实验项目研究推进的工作，在书香校园、理想课堂、卓越课程、完美教室等方面持续跟进研究，引领新教育实验项目向纵深推进，新教育教师培训中心承担实验教师和实验项目培训，促进新教育在区域层面广泛推进。完整架构实验推进机制，确保了实验项目在市局、集团、学校三级的逐层传递、层级互动，从而使区域的每一所实验学校得到有效推进。

（三）凸显行动，将实验项目作为新教育实验的主抓手

新教育实验是以营造书香校园、培养卓越口才等十大行动为途径的教育改革实验。行动项目是新教育实验的主抓手。尽管各个实验区的工作力度与推进重点有所不同，但是在十大行动的推进方面有一些共同的做法，主要是：营造书香校园，让每一个师生丰富精神的底色；推进习惯养成，让每一个学生形成良好的素养；构筑理想课堂，让每一节课焕发生命的活力；探索共同体建设，让每一位教师获得成长的平台；践行文化立魂，让每一所学校怀有独特的气质；

缔造完美教室，让每一间教室成为幸福的源泉；研发卓越课程，让每一位学生享受适切的课程；家校合作共育，让每一位父母掌握科学的家教之道；等等。此外，新教育“晨诵、午读、暮省”的儿童生活方式，新教育教师成长的模式，在实验区也得到广泛的开展。

（四）搭建平台，将研修活动作为新教育实验的催化剂

丰富多彩的研修活动是新教育实验的重要推手。各新教育学校师生在活动中展示实验成果、交流实践经验、分享成长智慧。区域新教育研修活动大致分四类：一是常态性活动。新教育实验已融入了各所学校的日常教育教学研修活动。二是专题性活动。教育行政部门和学校层面经常举行专题性的新教育实验研讨与展示活动，如完美教室研讨、卓越课程展示、入学仪式、期末庆典等。三是课题研究活动。通过申请新教育实验总课题组的课题，以及申请区域教育科学的课题，引领新教育实验向纵深发展。四是开放周活动。不少实验区，如江苏海门、河南焦作、河北石家庄、河南洛阳高新区、辽宁皇姑等先后面向全国举行新教育开放周活动，围绕新教育年会的主题或项目重点进行展示性研讨活动，发挥了实验的辐射功能。

（五）榜样引领，将卓越典型作为新教育实验的风向标

呈现榜样、言说榜样，让榜样引领大家向前走，是实验区推进新教育事业发展的重要策略。经过近 20 年的新教育历程，各实验区培育了一批新教育榜样学校、榜样校长、榜样教师。讲述他们的故事、弘扬他们的精神，既能够培育榜样，又能够发挥榜样的引领与激励作用。新教育实验的年会每年都评选新教育的年度榜样教师、完美教室、卓越课程，2016 年开始评选智慧校长，这些都起到了很好的促进作用。

（本节内容参考了《中国教育学刊》2015 年第 5 期的许新海博士的文章。）

三、新教育实验助推区域教育发展案例

从 2005 年确定新教育实验区域推进的模式以来，新教育实验区以每年 10 个左右的速度发展，极大地改变了区域教育生态，提升了区域教育品质。以江苏海门为例，10 多年的新教育历程，真正改变了教师的行走方式与学生的生存

状态，海门新教育人实现了生命的拔节，海门教育质量也获得了持续的攀升。2012 年暑假，海门市海选出的 18 名“读书达人”参加了央视科教频道《读书》栏目组海选活动，陈舒琦、曹安东、虞锦雯、顾人豪 4 位同学闯入全国 30 强，进入 CCTV 总决赛，陈舒琦、顾人豪 2 位同学晋级全国十强；2014 年，海门中学倪梓强在国际《最强大脑》争霸赛终极对决中为国夺冠；东洲小学连续多年获世界机器人冠军；海南小学足球队勇夺全国校园足球亚军；实验小学校园剧喜获全国一等奖；海门实验区连续多年在全省义务教育阶段教学质量检测以及中高考中，成绩居全省前列。全国各地的教育同行纷至沓来，每年都有 2 万余名外地新教育同人来海门参观、学习、培训。《中国教育报》、《人民教育》、中央电视台、《新华日报》，以及中国网、人民网、光明网等媒体纷纷报道海门区域新教育实验的成功经验。海门新教育已经成为展示海门实力和魅力的一张靓丽的名片。以下是一些新教育实验助推区域教育发展的案例。

（一）日照新教育：全面提升区域教育品质

2010 年 7 月，第四次全国教育工作会议召开，中共中央、国务院印发《国家中长期教育改革和发展规划纲要（2010—2020 年）》。山东省日照市先后出台了实施意见。如何从日照实际出发，全面贯彻落实教育规划纲要，推进教育改革与发展，是日照教育人反复研究的。一个天作之缘，让日照与新教育有了一次美好的相遇，最终日照市加入了新教育实验。

2010 年 6 月，朱永新教授应邀在日照市金海岸小学做了题为“让师生过一种幸福完整的教育生活”的报告，在日照这座“日出初光先照”的滨海新城播下了新教育的种子；7 月，日照市人民政府徐清副市长、市教育局张传若局长带队参加了在石家庄桥西举行的第十届全国新教育年会，亲历新教育盛典。新教育的理念、思想、行动犹如一场“及时雨”，为日照教育提供了崭新的路径和方法。12 月，日照市正式启动新教育实验，第一批 48 所实验学校加盟新教育实验。从此，日照和新教育深度结缘。2011 年 6 月 7 日，全国新教育研究院正式批准日照市为新教育实验区，日照市成为山东省首个整体加入新教育实验的地级市。2016 年 4 月，日照市教育重点工作推进会议做出了“深化新教育工作”的决定，开启了日照新教育的新航程。

日照市之所以加入新教育，有这样几个原因：一是新教育是一项发端于当代中国的综合性、全方位的教育改革行动，涉及教育的方方面面；二是新教育有一套内容完备、兼容并蓄、动态生成的理论体系，其理念契合国家的教育方针、政策和教育规律；三是新教育在朱永新教授的引领下，聚集了一大批教育教学专家。他们执着于中国的教育改革，致力于树立中国本土的教育品牌，让大家学习有榜样、竞争有对象，感召力强；四是新教育是草根教育，容易入门，崇尚行动，能显著改变教师的行走方式和学生的生存状态，让师生“过一种幸福完整的教育生活”。

由于日照是采用区域推动方式、全市整体加入新教育实验的，所以目前全市所有各级各类学校（幼儿园）均为新教育实验学校（幼儿园）。截至2018年年底，全市共有各级各类学校405所，在校生378 008人，教职工27 349人。其中，小学293所，在校生199 325人，教职工10 949人；初中79所（含九年一贯制学校21所），在校生99 512人，教职工9 498人；普通高中16所，在校生50 921人，教职工4 808人；中等职业学校11所（含民办学校1所），在校生27 230人，教职工1 865人；特殊教育学校6所，在校生1 020人，教职工229人。共有幼儿园710所，在园人数100 607人，教职工10 352人。

在新教育专家的悉心指导下，日照实验区经过了引进、吸收、深化、再创新等环节，着力推动新教育实验的本土化、学术化、特色化和品牌化，全市教育事业得到科学健康的发展。目前，日照教育整体发展水平已跃居全省前列。

我们坚持把新教育作为推动日照教育改革发展的有效载体和平台，历经先期加入、后期跟进和全面推开三个阶段，规定动作扎实开展，自选动作创新高效，形成了新教育实验的“日照高地”，为全国新教育实验的蓬勃发展发挥了独特的作用。

一是学习先行，做好新教育理念的宣传推介工作。理念是行动的先导。2010年12月，我们购买了《新教育》等“新教育文库”实验用书11种、1 350余册，发放到首批实验学校。实验校的骨干教师认真研读，并组织开展研讨交流活动，深入了解新教育实验的理念和观点、方法和步骤。这批“宝典”对日照新教育实验起到了重要的引领作用。

实验过程中，我们坚持深入学习、创新运用，逐渐达成了如下共识：因地制宜做新教育，解决日照当下的教育问题，实现新教育的优质化、特色化发展；做有文化的新教育，关注共同体中所有人的成长，让每个人感受到成长的快乐和力量；做有温度的新教育，让新教育成为一份温馨的礼物，让共同体中的每位成员感受到它的温度，而不是一种负担；做有影响的新教育，让新教育渗透到社会的方方面面，让大家享受和悦纳新教育，从而全方位推进新教育实验。

二是坚持行动，在创新实践中提升教育质量。“行动就有收获，坚持创造奇迹。”从日照教育的客观需求出发，我们注重在结合上做文章，探索、提出了“36字工作方针”，即行政推动、制度规范、榜样引领、培训提升、活动推进、网络分享、中心辐射、项目带动、宣传促进，推动新教育实验各项工作的扎实开展。

(1) 以行政为手段，强力推进新教育的实施。

实施新教育，促进教育均衡发展，全面实施素质教育，是我们的战略选择。实验之初，我们就以行政为手段强力推进，从市到区县、乡镇、学校都成立了主要领导任组长的新教育领导小组，形成了上下联动、齐抓共管，全方位、立体化的运行机制。

(2) 以制度促规范，促进新教育的科学发展。

新教育作为一项教育改革行动，有着自己的规律和发展模式，只有熟知并遵循规律，才能取得较高成效。我们建立健全了规章制度，促进实验管理的科学化、规范化和制度化，形成了“优质发展、全面进步”的良好局面。

(3) 以榜样促带动，引领新教育的推广发展。

“榜样＋底线”是新教育的铁律。我们以实验先进区为学习榜样，组织实验学校和骨干团队外出取经寻宝，共派出30批次、1 600余人次。同时，重视培养自己身边的榜样。通过定期举办“榜样言说”“榜样展示”等活动，为实验学校搭建展示交流的平台，为实验教师创造共享幸福、相伴前行的机会。

(4) 以培训促提升，提高实践新教育的能力。

充分利用各类榜样等优势资源，通过专题讲座、公开课、讲师团、开放周等活动，组织跟进式培训、订单式培训、专题培训和跟班蹲点式培训，开展新教育理论与实践培训，提升了实验区实施新教育的能力。

(5) 以活动促推进，搭建新教育的交流学习平台。

每学期举行学校、教师、学生、家长参与的各种新教育活动，全方位展示新教育的阶段性研究成果，推动新教育实验广泛、深入实施，还与社会形成良性互动，有效宣传了新教育。

(6) 以网络为平台，打造共同的精神家园和成长摇篮。

信息技术是新教育得以深度开展的桥梁和通道。我市陆续开通新教育网页、微信，在市教育局官方网站设立“新教育”专栏，发挥了积极的宣传作用。加强各类数字化学习资源的整合应用，实现优质资源共建共享。

(7) 以项目促突破，促进新教育“点上深化、面上推广”。

日照实验区把“十大行动”分解为11个项目，制定了《关于组建新教育实验相关项目研究中心的方案》，在中小学成立11个项目研究中心，集中优势资源，力求在点上突破，及时总结经验予以推广，形成了具有日照特色的新教育发展模式。

(8) 以中心促辐射，推动新教育的优质均衡发展。

制定了《新教育联盟发展管理办法》，组建了涵盖所有实验学校的26个发展共同体，形成联盟捆绑式发展机制。通过开展“联校研修”“资源共享”“开放交流”等活动，充分发挥典型学校的榜样作用，带动周边学校协调发展，共同奏响新教育的交响乐。

(9) 以媒体为媒介，营造良好的实验氛围。

通过本地全媒体平台，如《日照日报·文教周刊》新教育专栏、日照电视台《日照新闻》《社会零距离》、日照广播电台《阳光校园·新教育在线》《日照市新教育简报》、“向着明亮那方”微信公众平台等，广泛宣传新教育实验带来的可喜变化，形成了“报纸上有字、广播里有声、电视上有影”的宣传格局。共发表文章300余篇，播出节目50余期，系列报道10期。

进入2016年，随着“十二五”圆满收官和“十三五”胜利开启，日照新教育也站在了一个新的历史起点。为贯彻落实“五大发展理念”和“提高教育质量”战略要求，提升教育现代化水平，日照市教育局决定紧紧围绕立德树人的根本任务，全面实施素质教育，坚持市域统筹、行政推动、区域一体化发展策略，加强新教育与教育综合改革的深度融合，在全市深化新教育工作。

为将这一策略落到实处，张传若局长以敏锐的理论自觉和可贵的创新精神，创造性地提出了“建立新制度、打造新校长、建设新校园、培养新教师、研发新课程、构建新课堂、引领新父母、实施新评价、培育新学生”等“九新”项目，亲自担任全市深化新教育工作领导小组组长，开创了日照新教育工作的新理论、新路径、新局面。

自2010年以来，日照新教育实验从播种到扎根、成长、开花、结果，师生的精神面貌发生了根本性的变化，“过一种幸福完整的教育生活”成为现实，赢得了社会各界的良好口碑。日照实验区连续5年被评为全国优秀实验区、示范区，连续4年在全国工作会议上做典型发言；《新教育实验让日照孩子“幸福学习”》被选为2011年度全市“十大民生新闻”；《实施“十大行动”，实现“五大改变”，我市全面开展新教育实验》被评为2013年度全市机关工作创新成果一等奖。全市有全国新教育实验优秀学校80所、示范学校3所、先进个人198名，全国“十佳教室”3个、提名奖3个，全国“十大课程”3个、提名奖5个。2013年、2014年，日照两次承办全国新教育实验开放周活动。2014年11月，日照高质量承办第四届新教育国际高峰论坛，与世界教育实现了零距离对接。2015年8月，日照举办了第二届全国新教育种子教师培训。日照新教育已经成为日照教育和日照市的又一张靓丽名片。

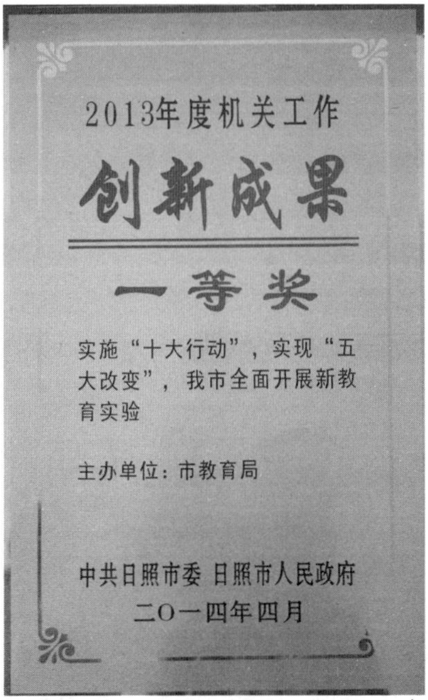

创新成果一等奖（日照教育局提供）

《新教育实验让日照孩子“幸福学习”》当选日照市2011年度十大民生新闻（日照教育局提供）

日光照耀，沐浴幸福；不忘初心，全新启程。日照实验区将准确把握新教育的理念和内涵，把新教育与教育综合改革深度融合，积极践行新教育“十大行动”，创新推进日照“九新”项目研究工作，为进一步提升教育品质，打造日照新教育品牌，向着明亮那方扬帆远航。

(以上案例由新教育实验区山东日照教育局提供。)

(二) 随县新教育：为乡村教育的美好探路

随县是炎帝神农故里，编钟古乐之乡，历史文化悠久。每年的农历四月二十六日（传说中的炎帝诞辰日），湖北省政府会在随县举办一场盛大的纪念活动；随州市教育局和随县教育局每隔一年举办一届中小学编钟文化艺术节和炎帝文化艺术节，以传承文化。随县于2009年重新恢复建县，新县城还没有建设到位，截至2016年还没有一所城区学校，全县108所中小学全部分布在农村。因此，乡村教育是随县的主要底色，这在全国县级区域中是很少见的。这一特质，是随县教育不能回避的发展烙印。随县一直在努力追寻一条适合乡村教育发展的全新路径。

随县新教育“点亮心灯”系列主题沙龙活动（沈春艳摄）

2009年秋冬之际，随县与新教育结缘于山西绛县，之后一直在默默地跟近和走进新教育。2011年春，随县整体推进新教育实验；同年9月，在东胜新教育年会上，随县正式成为新教育实验区。随后，随县一直在探索乡村特质与新教育的深度融合。实践证明，这是随县最科学的选择，为乡村教育的发展注入了蓬勃的生机和活力。当前，新教育实验已成为随县教育最强有力的武器，它在悄无声息地改变着随县教育，改变着乡村教育的状态，改变着学校发展的范式，改变着师生生命成长的样态。

1. 用新教育实验滋养乡村儿童

留守儿童是乡村儿童的特殊群体。关爱留守儿童是乡村教育的重要课题。大量农村人口流向城市，追寻更有质量的生活，这是社会发展的动力和人的心理需要。但是，外出打工的父母将孩子留在农村，形成农村特殊的群体——留守儿童。这一社会现象导致这些家庭的家庭教育缺失，必将影响这些孩子的成长。

随县把新教育行动与留守儿童的教育相融合，破解乡村教育留守儿童教育问题这一重要命题。我们举行留守孩子"晨诵、午读、暮省"分享会，用新教育的诗歌力量来感染留守孩子，用新教育的书籍来熏陶和滋养留守孩子，用交流和分享的快乐来缓解孩子内心对父母的思念，破解孩子内心由于对亲情过度渴望而产生的负面情绪，实现情绪的迁移，使孩子的内心变得更加强大，更能适应独立的生活。

组织留守儿童在传统节假日开展听读绘说活动。引导孩子们读感恩父母的诗，读思念亲人、思念故乡的文章，在此基础上帮他们画出心中浓浓的思念，使这种情绪能得到宣泄、排解，让他们的内心不再焦虑和忧郁。我们还阶段性地举行留守儿童厨艺比赛，让做饭成为推行每月一事最重要的核心组成部分。在此过程中，孩子们学会了珍惜，珍惜粮食、珍惜展示交流的机会、珍惜竞赛的紧张与快乐，因而产生了一种巨大的成就感。这种感觉将激励孩子们取得成功，激励孩子们按照自己的兴趣和意愿去追寻事物最为本质的魅力，去发展自己，成为一种全新的成长动力。这对于教育至关重要。那种成就感、成功的体验，就是教育发生并产生动力的根本原因。在不知不觉中，教育发生了。新街镇中心学校的留守孩子霍莉莉，参与了"我的一本课外书"活动，并最终登上中央电视台，跻身全国18强。这些都是随县营造书香校园、评选"神农故里书香少年"、举行"点亮心灯”系列主题阅读等活动结出的美好硕果。

组建新父母委员会，实现家校合作共育是滋养乡村孩子的重要路径。建立父母授课制、倡导亲子共读、召开家庭教育分享会等，让教育从学校延伸到家庭，改变曾经无意识的家庭教育，形成有组织形式和教育内容的有意识的家庭教育，使新教育家校合作共育的行动占据部分家庭教育缺失的真空地带，滋养乡村儿童。

2. 用新教育实验弘扬乡村文化

随县下辖18个镇场，乡村文化是随县教育中最本质的核心之一。乡村教育的发展并不是要消灭乡村，磨灭其痕迹，而是要将乡村文化中与新时代价值观念相契合的部分进行抢救性的弘扬。随县新教育特别注重挖掘乡村文化，并使乡村文化与教育相融合，实现乡村文化的教育资源化，用乡村文化来丰富教育的形态，用教育来传承和弘扬乡村文化，让教育与乡村文化深度融合，实现教育与乡村文化的联袂，使文化发挥出应该发挥的力量。我们把乡村文化与新教育行动相结合，研发了炎帝文化课程，建造了炎帝文化苑，建设了炎帝文化传承基地学校，并联合炎帝故里风景区管委会，在炎帝景区管委会设置爱国主义教育基地。将地域文化与乡村特质、农耕文明实现深度融合。益阳大鼓是随县万和镇最有名的非物质文化遗产，其唱腔和衬字有特别的韵味，益阳小学是益阳大鼓的文化传承基地学校。蔡秀芬老师是益阳大鼓的传承人，她培育了一群群孩子，自己编创益阳大鼓歌词，和着固定的唱腔，培养孩子的卓越口才和艺术素养，实现新教育艺术“成人之美”的理念。

除此之外，随县还先后创建了花鼓戏基地传承学校、编钟基地传承学校，把极富地域特色的板凳龙、民间传统游艺项目抖空竹等纳入随县校园体艺项目。艺术“成人之美”，成为乡村新教育的一个重要组成部分，促进和发展了乡村文化教育。同时，还通过教育传承这些处在遗忘边缘的乡村传统文化曲艺，把乡村传统文化研发成卓越课程，用卓越课程研发来传承乡村乡土文化。随县先后研发了炎帝文化课程、种子课程、石头拼画课程、成长仪式课程、乡村少儿传统游戏课程、农耕体验课程等。每一门卓越课程的背后，都是乡土文化的呈现和传承。炎帝是农耕文化的根，种子、农耕是乡村赖以生存的基础，种子是农作物的生命精华，农耕是农业发展的技能基础。乡村少儿传统游戏是乡村孩子在长期的实践活动中创作和发展的一种乡村文化。成长仪式课程更是随县民俗文化的体现。

随县以新教育的行动实现这些具有乡村味、乡土味的文化与教育的联袂，是突显乡村教育特色，提升乡村教育品质的重要途径。

3. 用新教育实验唤醒乡村教师

专业阅读、专业写作、专业交往，是新教育实验教师的“吉祥三宝”。随县组织了专业阅读沙龙，搭建专业写作平台，构筑专业成长讲堂，组建专业成长共同体为教师交往提供平台。专业阅读是教师专业成长的精神试金石，我们让教师站在专业的高度，成为专业的精神贵族，俯瞰自己的专业。

阅读是通向理想远方的必不可少的滋养和积淀。随县组织“点亮心灯”系列主题阅读沙龙活动，不定期地实行共读一本书，如以阅读《新教育》来探寻构筑理想课堂的三重境界，并拓展延伸，实现课堂教学改革的交流、分享和碰撞。这是阅读构筑理想课堂专业理论的实践和应用。以构筑理想课堂为框架，交流展示随县的快乐课堂、智慧课堂和高效课堂在小学、初中、高中三个不同学段的理想课堂模式，评选出立体合作课堂、健康课堂等课堂模式。这是随县出台《课堂教学改革指导意见》、设定课堂效率年和举办理想课堂教学风采展等所呈现的理想课堂样态，追寻着知识、生活和生命的深刻共鸣。

实现阅读分享，共读征文，这是阅读的碰撞和思想的交流。随县组建了随县教育梦薪火种子团队，倡导每天阅读万字书，写作千字文，交流百字言。全县分协作区举办了炎帝教育讲堂，搭建专业阅读、专业写作、专业交往的网络平台。新教育追梦人、随县新教育薪火种子团队等 QQ 群、微信圈，微博、博客的写作、交流平台，激励和唤醒了一批种子教师，使他们在专业成长的路上走得更远，在专业阅读路上走得更深入、更扎实，走得更幸福、更完整。同时，随县以榜样示范来引领乡村教师专业成长。随县 57 岁的王从伦老师被新教育唤醒和点燃，引导阳光班的孩子，每学期读书 600 万字以上，其研发的卓越课程“石头拼画”，是乡村教育卓越课程研发的一面旗帜。缔造完美教室四叶草班的支咏梅老师，其阳光善举在四叶草班得到温馨的传递。带领一所学校进行新教育实验，实现别样幸福的王珺校长，还有追梦班的刘金超老师、萤火虫班的张程老师等，执着新教育，追寻幸福完整的教育生活。在路上再出发，他们始终不改初心。先后有多名教师出版了自己的专著和文集，也有多名教师在全国、全省获奖。《中国教师报》《湖北教育》《教育名家》先后对此做了专题报道。

4. 用新教育实验提升乡村学校品位

新教育倡导“文化为学校立魂”的理念。富有内涵的校园文化建设是学校软实力的体现，也是随县新教育实验的“三驾马车”（学校德育、课堂教学、校园文化）之一。用阅读为文化植根，让文化为学校立魂。在德育创新项目、课堂模式评选、校园文化营造等方面走内涵发展的融合之路是随县新教育实验的“文化密码”。在随县教育与新教育的融合中提升随县教育的品质，提升学校的品位。

一是以校园文化建设融合“营造书香校园”“缔造完美教室”，为师生的精神培植输入养料。“书香”成了校园的底色，“教室”成了孩子向往的乐园，校园充满了魅力。二是以课堂教学改革融合“构筑理想课堂”“研发卓越课程”，为师生的生命成长书写传奇。课堂从“教”中心向“学”中心转变，冲破束缚学生个性的藩篱；教师从“实践者”向“研发者”转变，课程为学生生命成长注入“活水”，校园充满活力。三是以学校德育项目融合“推行每月一事”“家校合作共育”，为师生的幸福生活植入根基。孩子在“知行合一”中内化行为习惯，健康、和谐地发展，为其成长为“完整”意义上的“人”奠基。同时，结合家庭教育、联合社会力量，开展系列主题活动，实现教育功能的放大与递增，以校园和谐促进社会和谐。

厉山三中提倡“和”文化，和美、和睦、和气、和谐……“立体合作”课堂模式是“教”与“学”的和谐，“穿越一本书”是阅读“身”与“心”的和谐。

尚市二中的“阳光”文化，阳光课堂、阳光教室、农耕课程……生命的阳光照耀着学校文化的每一个角落。

净明小学的“和雅”文化，追寻着乡村学校艺术教育的“和谐、雅致”。

尚市镇小的“本真”文化，在师生的“本真”、课堂的“本真”、课程的“本真”中实现教育的“本真”。

殷店东坡中学的“墨香”文化，“认认真真写字，堂堂正正做人”，把书法与育人高度融合，在传承书法的同时，从汉字的形体和结构中培育做人的“方正”和“严谨”，从汉字的线条中培植做人的“洒脱”和“豁达”，从汉字的章法中培养做人的“灵动”和“气韵”。

草店镇小学“在尝试中享受”的主题文化，重在激发生命成长中探求未知领域的“好奇心”和“求知欲”。“尝试”是行为的探求，带有目标性；“享受”是精神的愉悦，带着人文性。

随着新教育实验的深入推进，随县各学校更加突出了“书香”的底色，更好体现了乡村地域文化的特质。2013年，随县义务教育均衡发展通过省级评估。2014年，随县又以较高分数顺利通过了国家认定。领导专家给出了惊人的一致评价：“随县教育软件强于硬件，内涵优于办学条件!”2015年，《中国教师报》以《108所农村学校的“新生态”》为题对随县新教育进行了报道。《教育名家》在2015年第10期以“纪实”的方式再现了随县区域整体深入推进新教育实验的情况。2015年，在随州市的教育综合测评中，初中的前30名学校随县占了23名，前10名随县占了7名。2016年，《湖北教育》在《本刊视点》中详细解读了乡村教育发展的“随县实践”。随县的案例表明，新教育对于改变乡村教育的面貌大有可为。

(以上案例由新教育实验区随县新教育工作室张华涛、李周维提供。)

◎ 参考文献

1. 新教育研究院. 过一种幸福完整的教育生活——新教育实验年鉴 2006—2007. 北京：文化艺术出版社，2011.

2. 新教育研究院. 共同共写共同生活：新教育实验年鉴 2007—2008. 天津：天津教育出版社，2009.

3. 新教育研究院. 知识、生活与生命共鸣：新教育实验年鉴 2008—2009. 北京：文化艺术出版社，2010.

4. 新教育研究院. 书写教师生命的传奇：新教育实验年鉴 2009—2010. 天津：天津教育出版社，2011.

5. 新教育研究院. 文化，为学校立魂：新教育实验年鉴 2010—2011. 北京：文化艺术出版社，2012.

6. 新教育研究院. 活出中国文化的根本精神：新教育实验年鉴 2011—2012. 北京：文化艺术出版社，2013.

7. 新教育研究院. 缔造完美教室：新教育实验年鉴 2012—2013. 桂林：漓江出版社，2014.

8. 新教育研究院. 研发卓越课程：新教育实验年鉴 2013—2014. 桂林：漓江出版社，2016.

9. 傅东缨. 极目新教育. 北京：人民文学出版社，2018.

10. 许新海. 变革的力量：海门区域教育生态的蜕变. 北京：中国人民大学出版社，2018.

11. 叶仁敏. 行动的力量：新教育实验实证研究. 北京：北京大学出版社，2017.

12. 张荣伟. 从哪里来，到哪里去：新教育实验本体论. 福州：福建教育出版社，2017.

13. 张荣伟. 当代基础教育改革. 福州：福建教育出版社，2009.

14. 朱永新. 新教育之梦：我的教育理想. 北京：人民教育出版社，2004.

15. 朱永新. 过一种幸福完整的教育生活：朱永新教育讲演录. 上海：华东师范大学出版社，2008.

16. 朱永新. 新教育. 桂林：漓江出版社，2014.

17. 朱永新. 新教育年度主报告. 武汉：湖北教育出版社，2014.

18. 朱永新，冯建军，袁卫星. 新生命教育. 太原：山西教育出版社，2017.

19. 朱永新. 新教育实验：为中国教育探路. 北京：中国人民大学出版社，2017.

20. 朱永新，许新海，童喜喜. 新教育晨诵系列. 合肥：安徽少年儿童出版社，2016.

21. 朱永新，王林. 中国人阅读书目（一）：中国幼儿基础阅读书目·导赏手册. 北京：中国人民大学出版社，2014.

22. 朱永新，王林. 中国人阅读书目（二）：中国小学生基础阅读书目·导赏手册. 北京：中国人民大学出版社，2014.

23. 朱永新，李希贵. 中国人阅读书目（三）：中国初中生基础阅读书目·导赏手册. 北京：中国人民大学出版社，2014.

24. 朱永新，李希贵. 中国人阅读书目（四）：中国高中生基础阅读书目·导赏手册. 北京：中国人民大学出版社，2014.

25. 朱永新. 中国人阅读书目（六）：中国教师基础阅读书目·导赏手册. 太原：山西教育出版社，2016.

26. 朱永新. 中国人阅读书目（七）：中国父母基础阅读书目·导赏手册. 太原：山西教育出版社，2016.

27. 朱永新. 我的阅读观. 北京：中国人民大学出版社，2012.

28. 朱永新. 写在新教育边上. 北京：中国人民大学出版社，2012.

29. 朱永新. 新教育讲演录. 北京：中国人民大学出版社，2012.

30. 朱永新. 新教育对话录. 北京：中国人民大学出版社，2012.

31. 朱永新. 走在新教育路上. 北京：中国人民大学出版社，2012.

32. 朱永新，赵民主. 他们都在看：中国企业家基础阅读书目·导赏手册. 桂林：广西师范大学出版社，2014.

33. 朱永新. 致教师. 武汉：长江文艺出版社，2015.

34. 朱永新. 朱永新说教育. 青岛：青岛出版社，2017.

35. 许新海. 教育生活的救赎. 太原：山西教育出版社，2010.

36. 许新海. 做新教育的行者. 福州：福建教育出版社，2014.

37. 许新海. 守望新教育. 武汉：湖北教育出版社，2015.

38. 许新海. 养成一生有用的好习惯：新教育实验“每月一事”操作手册. 武汉：湖北教育出版社，2016.

39. 许新海. 教育行者的坚持. 太原：山西教育出版社，2017.

40. 童喜喜. 那些新教育的花儿. 福州：福建教育出版社，2011.

41. 童喜喜. 新教育的一年级（1～12 月）. 南昌：二十一世纪出版社，2014.

42. 童喜喜. 这一群有种的教师. 武汉：湖北教育出版社，2014.

43. 童喜喜. 喜阅读出好孩子. 武汉：湖北教育出版社，2014.

44. 童喜喜. 新父母孕育新世界. 武汉：湖南教育出版社，2017.

45. 童喜喜. 十八年新生. 武汉：湖北教育出版社，2017.

46. 童喜喜. 智慧行动创造幸福教育：新教育实验十大行动理论与技巧. 太原：山西教育出版社，2018.

47. 常丽华. 在农历的天空下. 天津：天津教育出版社，2009.

48. 常丽华. 24 节气诵读古诗词. 北京：文化艺术出版社，2011.

49. 常丽华. 24 节气诵读古诗词：新教育实验晨诵项目“农历的天空下”课程实践. 桂林：漓江出版社，2014.

50. 常丽华. 教室，在书信中飞翔. 北京：教育科学出版社，2012.

51. 朱雪晴. 走，我们去找好教育. 武汉：湖北教育出版社，2016.

52. 顾舟群. 改变，从习惯开始. 北京：教育科学出版社，2012.

53. 郭明晓. 我是大西洋来的飓风：一个新教育教师的生命叙事. 武汉：湖北教育出版社，2014.

54. 郭明晓. 各就各位准备飞. 海口：南海出版社，2014.

55. 张硕果. 中学学校仪式设计 16 例. 北京：中国轻工业出版社，2014.

56. 李亚敏，刘娟. 缔造完美教室：小学班本课程的开发与实践. 北京：中国轻工业出版社，2014.

57. 侯长缨. 勇气，在课程中绽放. 海口：南海出版社，2014.

58. 吴樱花. 孩子，我看着你长大. 武汉：湖北教育出版社，2014.

59. 苏静. 不一样的诗词课. 北京：中华书局，2013.

60. 苏静. 新教育的古诗课. 太原：山西教育出版社，2017.

61. 海门新教育研究中心. 一间可以长大的教室. 南京：南京大学出版社，2012.

62. 俞玉萍. 完美教室：中国百合班的故事. 南京：南京大学出版社，2012.

63. 张悦. 知识、生活与生命的共鸣：新教育语文课堂. 福州：福建教育出版社，2012.

64. 张悦. 新教育语文课堂：哲学的解释. 太原：山西教育出版社，2016.

65. 李镇西. 让梦想开花：我和“新教育实验”. 太原：山西教育出版社，2017.

66. 李镇西. 李镇西校长手记：好的管理莫过于示范. 武汉：长江文艺出版社，2017.

67. 李镇西. 自己培养自己. 上海：华东师范大学出版社，2017.

68. 卢志文. 今天我们怎样做教育. 北京：文化艺术出版社，2011.

69. 储昌楼. 教育点亮人生. 武汉：湖北教育出版社，2016.

70. 李庆明. 教育的可能. 桂林：漓江出版社，2014.

71. 张荣伟. 新中国教育实验改革. 天津：天津教育出版社，2010.

72. 张荣伟. 我们需要怎样的教育：中国基础教育改革概论. 北京：教育科学出版社，2012.

73. 张荣伟. 电影教你当老师：60 部中外电影的教育意蕴. 福州：福建教育出版社，2015.

74. 张荣伟. 电影教你当父母：60 部中外电影的教育意义. 武汉：湖北教育出版社，2017.

75. 蓝玫. 家校之间有个娃. 武汉：湖北教育出版社，2014.

76. 孙云晓. 向孩子学习：一种睿智的教育视角. 南京：江苏教育出版社，2016.

77. 孙云晓. 孩子，你有无限可能. 杭州：浙江文艺出版社，2017.

78. 朱永新，孙云晓，刘秀英. 这样爱你刚刚好，我的一年级孩子. 长沙：湖南教育出版社，2017.

79. 孙健通，董高峰. 享受教育. 太原：山西教育出版社，2018.

80. 李西西. 36 节电影课养成好习惯：新教育“每月一事”电影课项目用书. 太原：山西教育出版社，2016.

81. 陈铁梅. 百幅名画欣赏. 太原：山西教育出版社，2018.

82. 郭丽萍. 一间小教室，十个大行动. 太原：山西教育出版社，2016.

附录 1

新教育实验的社会评价

19 年以来，新教育实验不仅改变了许多教师与学生的行走方式和生存状态，甚至改变了许多人的命运，受到了社会各界的广泛关注和积极评价。

一、中国专家学者评论新教育实验

我希望新教育实验的理想和梦想能在中华大地上早日实现。

——中国教育学会原会长、全国比较教育研究会理事长、北京师范大学终身教授，顾明远

新教育实验推动了中国教育行动的研究，推动了一种中国教育风格的研究，它如一条鲇鱼，必将搅动中国教育这一缸水！

教育家既要勇于把握规律，更要勇于探索规律。朱永新先生正是有着这种教育家的担当，这种担当就是高度的责任感，面对矛盾敢于迎难而上，这种担当体现着胸怀、勇气和格调。他是当代中国教育的一位迎难而上、奋力的拼搏者。

——联合国教科文组织协会世界联合会副主席、亚太地区联合国教科文组织协会联合会荣誉主席、国家教育咨询委员会委员、国家总督学顾问、中国教育学会原副会长，陶西平

朱永新倡导的新教育实验，是目前中国规模最大、参与人数最多、效果最为显著的一次民间教育科研实验。新教育实验富有成效的成就，在极大程度上解决了教育职业倦怠、理论实践脱节、应试教育与素质教育矛盾等问题，形成了完美教室、卓越课程、理想课堂等一系列扎扎实实的成果。朱永新因此也成了自陶行知以后知行合一的著名的教育家。

——武汉大学原校长、著名教育改革家，刘道玉

心教育、新教育的主张与实践令人耳目一新。从事教育工作的人多矣，这样有头脑、有心灵、有创意、有理论、有实践、有文采的教育家我所知有限，朱永新先生是其中一个。他的不无理想主义的教育观感动了我。

——中国文化部原部长、著名作家，王蒙

他（朱永新教授）是一位具有理想主义情怀和行动能力，知行合一、坚持不懈的杰出教育家。我长期在中国为文化发展和文化遗产保护而工作。作为朱永新个人成长和新教育志业发展的见证者，我特别能够对他的艰辛与执着感同身受。我也多次邀请他到我工作的天津大学进行讲演，聆听他对于教育的真知灼见。他每一次精彩的演讲，都受到我校大学师生们的热烈欢迎与高度认同。

——中国民间文艺家协会原主席、联合国教科文民间艺术国际组织（IOV）副主席，冯骥才

在中国教育史上，谈论教育的人多若繁星，但能够把教育理念赋予行动的人，寥若晨星。自晏阳初之后，中国几十年来，既缺乏真正的教育理论，更无人把理论用于实践，再通过实践不断修正和提升。可以毫不夸张地说，近 70 年来，朱永新先生，是通过不断实践丰富教育理论，又通过教育理论不断指导实践，在两方面都取得了丰硕成果的第一人。毫无疑问，如果站在历史的角度看，朱永新先生必将成为新中国在教育领域有影响的重要人物。他的眼光，已经越过了对于教育的功利追求，远达历史深处中国对于未来真正人才的需求；他的格局，也早已超越对于世俗名利的角逐，而转向对于内心深处最真实价值的探索。诚然，他浑身散发着激情和斗志，但这种激情和斗志，已经远离个人得失，其焦点是大时代中中国教育的走向和对于孩子们的真心热爱，是内心深处对于中国教育现状的深深忧虑和对未来教育变革的拳拳期盼。

——北京新东方教育科技（集团）有限公司董事长，俞敏洪

新教育实验一直倡导“上天入地”的教育科研。因为，只有理论才能够真正地影响政策，且可以付诸实践，即“入地”的时候，才算找到了自己的生长点，才真正富有生命力。新教育团队这 10 多年来的探索，是开拓性的、创造性的，他们已经贡献了很多，还将会有更大的贡献。

——中央教科所原所长、中国陶行知研究会会长，朱小蔓

10 多年来，新教育实验在朱永新教授的带领下，取得了丰硕的成果，产生了良好的社会效益，为我国教育事业做出了应有贡献，也因此成了推动中国教

育事业发展的一支重要民间力量。新教育实验的成功经验为国家制定教育政策提供了最有益、最宝贵的积累。自2000年开始至今，新教育实验团队已遍及我国大部分省市，积累了丰富的经验，创造了很多好的方法，而且还凝练出了比较深邃的可操作、可复制、可推广、可持续的行动指南，我们找不出理由不去支持新教育实验。

——教育部基础教育司一司原司长、教师工作司原司长、北京外国语大学教授、教育学博士，王定华

新教育实验具有实践性。新教育的实践有别于学院派的研究、行政化的实验，反映出了第三条道路：通过自下而上的参与来唤醒教师的参与。

——国家教育咨询委员会委员、21世纪教育发展研究院院长，杨东平

"新教育"对教师来说，是大家都能参与、大家都有希望、大家都可以不同程度地享受教育的快乐与幸福的教育，因为朱永新先生追寻的是属于大众的"新教育"。

——中国教育学会原副会长、江苏省情境教育研究所所长，李吉林

与长于坐而论道的学院派不同，新教育实验的最大特点在于注重行动。新教育不仅是先进理念与实践的结合、与师生实际的结合，更是教育理想从书斋走向现实的成功产物。他所做的是真正意义上的教育创新，是能够植入学校、深入教师和学生内心，能够唤起教育者和学习者创新热情的那份真诚和实在，这在现代中国教育界是最需要的，也是最缺乏的。

——中国人民大学教育学院教授、教育学博士，程方平

在我看来，以个人的心血和才智推动教育的发展与创新，其成就之宏大，其影响之深远，莫过于朱永新。

——中国教育学会家庭教育专业委员会常务副理事长，孙云晓

朱永新博士影响了这个时代的中国教育理念，这是毫无疑问的。通过他发起的"新教育实验"，通过他在美国麦克劳-希尔（McGraw-Hill）等出版机构出版的16卷本的教育文集，中国教育界围绕"新教育实验"，就"中国教育应当

怎样改革”展开了广泛的争论。在这个过程中，朱永新博士在一定程度上担当了中国教育界“思想动员者”的角色。

——非虚构类作品畅销书作家、美国国务院“国际访问者领导计划”访问学者（IVLP），章敬平

如果让我给新教育的社会功能做一个定位，我认为，新教育是在给一个“病人”——中国教育，做一次准确的基因修复。大家从事的，是一项注定要走进历史的、伟大的、关系中国教育成败的基因修复工程。

——著名作家、华严集团董事局主席，徐锋

“新教育实验”至少在三个方面做出了独特贡献：一是构建了一套以“大众诗性话语”为主要特征的教育改革理论，二是独创了一种以“五大观点·十大行动·四大改变”为实践逻辑的教育改革模式，三是凝聚了一批富有公益情怀和“教育共同体”意识的理想主义者。

——福建师范大学教育学系主任、教育学博士，张荣伟

新教育这些年努力追求和实现对每一个人的尊重，尊重每一个人的存在、自由、选择和心愿，于理想和实践中自觉播下了人本种子，开出了绚丽的人本之花。人本、全面、公正作为深层意义和价值，贯穿了新教育的所有思想、行动和实践。

——北京市公众教育科学研究院原院长，张勇

习惯了卢梭的《爱弥儿》的法国人，应该很难想象，在中国要想实施教育领域的新经验，是多么的困难。不光有千年以上的传统教育模式的压力，更有因为各种激烈竞争而造成的当今被人广为接受的功利主义思想。教育领域一些僵化的模式，已使多少中小学教师叹息不已。作为一位坚定的人道主义者，朱永新先生的教育理念和经验围绕着一个核心：幸福。需要一种大智慧和一种高效率的完美结合，才能让他的梦想得以实现。有时候，连他自己都会说自己的梦想是“理想化的”，甚至是“乌托邦的”。然而，如果说，乌托邦是一种乌有之乡，那么，朱永新先生的学校，却找到了坚实的土地，四处开花。因此，他的经验非常值得卢梭的继承人——法国人关注。

——北京大学教授、法兰西学院外籍终身通讯院士，董强

二、国外教育专家学者评论新教育

新教育完全是自发的、自下而上的民间的活动，它是具有中国特色的儿童发展关键期的素质教育的行动研究。新教育这个内容里面有理想、有激情、有诗意、有行动。四个改变、五个理念、六个学理、十个行动，都具有中国特色。

——美国马萨诸塞州大学波士顿分校教育领导学系系主任，严文蕃

我们面临着21世纪的问题，解决上述问题的可能性孕育在进行教育革新的新教育中。

——日本著名教育家，佐藤学

他是一个“引领变革者”（leading change maker），是因为他在中国所从事的正是“引领教育机制产生变革、创造美好未来”的“具远见（be future-oriented）、富创新精神（be innovative）、具改革能力（be transformable）、具可持续性”（be sustainable）的伟大事业。

——美国迈阿密大学原亚洲、亚美学科部主任，黄全愈

橘红，是智慧的颜色，是了不起的颜色，也是新教育的颜色！

——新加坡作家、画家、法兰西艺术研究院驻外院士，陈瑞献

我深信在中国，充满生命力的新教育方式与世界上最悠久、优良传统的相遇，将会诞生新的事物。

——澳大利亚教育家、亚洲地区华德福教育总协调人，本杰明·切瑞

新教育可能还不是大橡树，但随着一位又一位老师在教室里实践和发展新教育的理念，一片茂盛的橡树林也是指日可待的事。

——美国德州工科大学教育学院终身教授，威廉·蓝云

这一实践（新教育实验）虽不是轰轰烈烈的，却是承前启后、脚踏实地的改革，正在推动社会发展。我非常赞赏朱永新教授那种脚踏实地的、一步一个脚印的、呕心沥血的教育改革者的精神。

——日本早稻田大学教师教育研究所研究员、徐福文化国际交流中心（日本）理事长、东京大学教育学博士，王智新

新教育的理念，是通过倡导阅读，开拓学生的思想和视野，从而改变中国教育。新教育实验反对单方面的知识灌输，提出让孩子多读书，师生共写随笔，体现教育的快乐和本真。该运动以新教育理念为核心，以互联网和“教育在线”网站为沟通平台，在短短数年中便吸引了几百所中小学加盟。在新教育实验团队和他们的数百所加盟学校的共同努力下，这项实验运动正在成为中国教育改革的引领者之一。

——日本学习院大学教授诹访哲郎《沸腾的中国教育改革》（日文版）

三、媒体眼中的新教育实验

新教育实验受到了中国媒体的广泛关注。中央电视台、《人民日报》、《中国青年报》、《新华日报》、《解放日报》、人民网、《新民晚报》、《南风窗》、《经济观察报》等100多家媒体对新教育进行了大量报道，总字数超过1 000万字。

对于新教育教师成长的实效与神奇，你不能不心悦诚服。一位普普通通、平平凡凡的老师加入了新教育，他（她）就会变得信心满满、激情满满，智慧多多、幸福多多，乐此不疲、乐而忘返……

——《人民教育》原总编辑、《未来教育家》总编辑，刘堂江

新教育实验，我认为应该说是素质教育的一个具体模式，一个成功的模式，一个有效的模式。

——教育部关心下一代委员会常务副主任、《人民教育》原总编辑，傅国亮

新教育实验是一面旗帜，它用理想的方式向当下的中国教育说“不”；新教育实验是一种追求，它在力所能及的范围内营造中国教育的“桃花源”；新教育实验是一种自觉，它用行动告诉人们，中国教育到了返璞归真的时候了。

——《江苏教育》主编，张俊平

和批评相比，对转型中的中国社会、中国教育而言，建设的价值要优于破坏的价值，这个社会更需要心怀理想、执着践行的建设者。

——《人民政协报·教育在线》主编，贺春兰

“‘生于毫末’的新教育实验虽然尚未成就‘合抱之木’，却已成为当今中国

教育改革的一枝奇葩。”

——《中国教育报》2004 年 2 月

这是一群新教育实验的执着理想主义者。他们背着行囊，穿行在中国最落后的教育版图上，并把这当作人生的追求。你可以把他们比作一小滴水，虽然事实上并不能解渴，但还是给饥渴的西部教育带来了一泓清泉。我们可以看到，他们是如何在现实与实验之间，亲手铺开新教育实验的理想版图的。

——《外滩画报》2004 年 5 月

该实验（新教育实验）有望在另外一重意义上，成为继希望工程之后的“新希望工程”——原先的希望工程是一项增添书桌的工程，侧重于物质。“新希望工程”是一项有了书桌后塑造一个什么样人的工程，注重于精神。可以断定的是，作为一场对抗教育异化的实验，理想主义者试图从源头上救赎中国教育危机的努力，起码可以被视作以“人的教育”为旨要的“新希望工程”的剪彩仪式。

——《南风窗》2004 年 5 月

新教育实验是教育理想的兑现，也是教育理想的实践。而理想主义者的言说，则是新教育实验中一道独特的风景。他在新教育实验的田园里诗意地劳作、耕耘、栖居，用梦演绎和言说一个精彩而伟大的教育事业。

——《中国教育报》2004 年 6 月

新教育实验无限相信学生与老师的潜力，教给学生一生有用的东西，是富有理想色彩的理念。

——中央电视台 2004 年 6 月

作为一项综合性、整体性、长期性的改革实验，新教育的出发点就在于进行“教育共同体及其生活世界改造”。真正的教育是一种回归，回归人类的理想，回归人的发展本身。教育就是为了理想，为了人的和谐发展，为了唤醒潜藏在人们心中的认知和创造爱与美的能力。新教育的实质其实是一种人性教育，以个人发展需要为标准的教育价值观。当代社会问题产生的根源表示，缓解和改善问题的途径与方法只能是进行“第二次人性革命”，人文教育无疑可以帮助我们实现这一改变。

——《21 世纪经济报道》2004 年 12 月

一个名为新教育的民间教育实验，一个名为“教育在线”的普通网站，浓缩了他多年的教育理想，并将它与成千上万教师的心紧密相连。

——中国教育电视台 2005 年 8 月

“让孩子心中有梦想，脸上有笑容，学到终身受益的东西”，这是朱永新倡导的“新教育实验”的目的。……过一种完整幸福的教育生活——朱永新和他的追随者都在为这个理想倾情付出。

——《人民日报》2006 年 8 月

“一样的学生，一样的学校，但是教师的精神状态发生了变化。”这是采访中记者听到的最多的一句话。在“教育在线”首页上，顶栏红色的大标题就写着“共建教师的精神家园”。而“教育在线”也确实成了教师的“学习化社区”。即使在午夜或清晨时段，讨论室里依然人头攒动。在这个简单的“舞台”上，经验丰富的教师在网上授课，热情的网民为边陲学校捐书，大量教师在论坛上进行智慧碰撞。“教育在线”已经成为中国最大的教育论坛和网络教师培训学院，成为中国教师的精神家园。

——《光明日报》2006 年 12 月

相对于以分数为主要导向的应试教育，新教育注重与人类的崇高精神对话，强调一个人的精神发育史就是他的阅读史，并且通过晨诵、午读、暮省的儿童生活方式，让学生拥有一个博爱而敏感的心灵，重塑他们精神世界的蓝图。

——中央电视台 2007 年 11 月

从某种意义上说，朱永新他们的“实验”既是一种理想主义色彩极浓的行动，也是一种带有几许悲壮色彩的“抗衡”。新教育人不满足于坐而论道，而是高举着理想之旗，在行动力困乏的当下，仍然要义无反顾地“蹒跚前行”，做些实实在在的事情，最起码，对当下的中国知识分子群体无疑是一面镜子式的昭示。

——《中华儿女》2010 年 3 月刊

朱永新教授所倡导和推动的新教育实验，是近年来民间教育改革中最为生动活泼、最为持久深入、最有影响和成效显著的力量。我目睹了它发生、成长的完整过程，因而可以细心体味它的品质和价值。最吸引我的，当是它的平民教育价值，以及行胜于知的探索精神。它是从解决中国教育的实际问题出发的，而不是源自学术化的教学实验、为满足学科建设或课题的需要。它是面向农村、面向基层、面向大多数普通学校的，而不是面向少数重点学校、满足它们锦上添花的需要。它是面向普通教师的，明确地将教师的专业发展、专业成长作为主轴，从而抓住了提升教育质量、改善教育品质的核心。

——《新京报》2010年6月

只要行动，就有收获；只要坚持；就有奇迹。这是新教育实验一直推崇的信条。而反观当前，在中国“灰霾”遍布的教育星空中，我们更多的是抱怨、批判，而缺少建设和行动。新教育实验人就是这样一批行动者、实践者、建设者，也是一群“擦星星”的人。因为总得有人去“擦星星”。擦亮星星，就是点燃希望。

——《中国教师报》2010年7月

事实证明，那些早期具有榜样意义的“企业蝴蝶”所呈现的状态，影响甚至决定了民营企业今天的历史空间及政策维度。所以，站在中国教育前所未有的变革机遇和成长节点上，同样可以说，新教育实验的成败，将在很大意义上影响甚至决定中国教育乃至中国社会未来的格局——也许历史终会证明，这个说法并不夸张。

——《校长》2012年第2期

和新教育携手十年，初心未改。从一个人的行走，到一个团队的成长，从民间草根，到行政参与，从自发到自觉，我用自己的坚持、坚定、坚韧、坚守让新教育在焦作深深地扎下了根，从关注一间教室，到改变一所学校，再到影响一个地市的教育，在焦作，新教育由一粒种子变为一树硕果。我的足迹也遍布了三十多个实验区，辛苦着，也幸福着。我也曾不断地追问自己，此行目的何在？我想，应该是让每一个与我相遇的孩子因我而幸福，让每一个与我相遇的老师因我而成长，能够深度参与他人生命的成长，付出，欣赏，喝彩，和他们一起看见未来。

——《教师月刊》2014年第11期

从一个人的念想开始，到实验区遍布全国各地，参与师生逾200余万。15年来，新教育实验在中国大地上掀起的波澜和磅礴，令人瞩目。她不求名利，扎根田野，深入基层，成为推动中国教育改革的一支重要力量，书就了浓墨重彩的一笔。特别是通过提升教师专业素养，新教育改变了许多教师的职业生涯和生命状态，进而改进了当地的教育生态。

——《中国教师报》2015 年 6 月

新教育的教师成长，有一个最显著的特点：不是教师独处“象牙之塔”里闭门修炼，而是教师与学生一起在日常的教育生活中共同成长。师生共同“晨诵，开启生命的黎明”；师生共同“暮省，做最好的自己”；师生“珍惜相遇，许下共同愿景”；师生“共读共写，点亮彼此生命”……不仅是教师与学生共同成长，甚至是教师与学生、家长一起参与教育生活，共同成长。共同成长，符合教师成长的基本规律，这是最科学、最有效的教师成长途径。

——《未来教育家》2015 年第 6 期

一个一个孩子，一名一名教师，一所一所学校，用一个个故事践行着新教育的目标。16 年来，新教育实验从生发于学术的纸质梦想，到个体的行动探索，进而有了 3 000 所实验学校，实验影响遍及全国。一群教育人的理想，生根，发芽，与中国 3 000 所学校的教育现实紧紧缠绕着，逐渐茁壮……

——《中国教育报》2016 年 11 月

在中国的西南大省——四川，有这样一个区域，它是地震灾后重建区，也是教育薄弱区。当北川遭遇新教育，北川由此教育重获新生，焕发出勃勃生机。(《让羌乡孩子过“幸福完整的教育生活”》)

——《绵阳日报》2017 年 4 月

最好的缘分就是“越靠近，越想靠近”。因为那场美的相遇，2003 年，姜堰正式成为全国第一个新教育实验区。到现在，姜堰的不少新教育人手中依然珍藏着朱老师的《我的教育理想》，它如“信物”一般见证了姜堰与新教育妙不可言的缘分。

——《江苏教育报》2017 年 5 月

新教育的一系列关键因子和系列行动，让教育的理想主义扎扎实实地落在大地上，让素质教育在整体推进中有突破，在突破中整体向前，行程中一直闪耀着素质教育之光。

——《中国教育报》2018 年 9 月

四、一线教育工作者评价新教育实验

新教育实验催生师生的激情和智慧，实验后我们得知：学生每天都有进步，教师每天都在成长。

——第一所新教育实验学校江苏苏州昆山玉峰实验学校原校长，周建华

新教育为我们全校师生的教育生活涂抹上幸福的色彩！

——江苏常州市清英外国语学校校长，奚亚英

新教育实验，以理想的教育实现教育的理想，让教师和学生享受教育的快乐，享受诗意的人生！

——江苏省苏州市第一中学副校长、著名特级教师，王开东

这一路，这些曾经的陌生人，这些可爱可敬的教育精灵，他们的思想，他们的激情，深深感染着我及同伴。教育是美丽的，教师的生活应该是幸福的。有人说这是传说。可爱的新教育毛虫们，用她们真实的经历告诉我，这不是传说。

——安徽省五河县实验二小校长，王羽

我走进了“教育在线”，走进了新教育实验，在键盘上敲打着自己的教育生命。点点滴滴的思考，日日夜夜的奋笔，“我的文档”里随笔一篇篇地多起来，“教育在线”里帖子一个个地增加起来。看着自己的教学实践和思想一次次地被凝固成文字，我从中找到了感觉，一种越写越提高的感觉，一种实现了自我价值的感觉，一种成功的感觉，更是一种幸福的感觉……教育随笔使我相信，我的未来不是梦。

——昆山玉峰实验学校教师，吴樱花

接触新教育，走进新教育，我们就过上了一种全新的幸福完整的教育生活。从晨诵，到午读，再到暮省，没有了往日的埋怨，没有了今日的唠叨，没有了以后的忧虑，只有对现在教育生活的把握。一切繁杂，我们都让它归于平静；一切匆忙，我们都让它归于安宁。静静地做着一份让自己沉醉的教育工作，是我们现在最大的幸福。

——河南焦作功勋教师、语文特级教师，常瑞霞

新教育实验，是对生命、自由等的充分尊重和肯定，是对教育真善美的追求。它跳动着时代的脉搏，播下了人本种子，在广阔的土地上已经开出了绚丽的人本之花。

——四川省宜宾市人民路小学副校长，牟正香

每一个班都会毕业，但并不是每一个班都有故事。我要用新教育实验，把一堆琐碎的日子，铸造成伟大的人生，让自己带的每一个班，都成为一部生命的大片。

——四川省成都市武侯实验中学教师，蒋长玲

新教育是一系列美好事物的相遇，它让课程变得有生命、有温度！心由情动，行随心发，点燃每一个人的生命热情。

——河南省洛阳市高新区孙旗屯小学教师，张丽培

新教育实验追求教育的本质，直面现实，不媚俗，不功利，在现实与理想间进行调和，以全球视野探寻中国教育的中庸之道，引导新教育人走向明亮那方。

——陕西省安康市汉滨区培新小学校长，程怀泉

新教育改变了教师的行走方式，通过阅读写作实现了自我成长。让我感受最深的就是新教育让校园充满了书香气息，孩子们增加了阅读量，丰富了学习生活。

——安徽省六安市霍邱县户胡中心小学教师，张凯平

新教育实验给老师们带来了不一样的教学形式，给学生学习带来了不一样的学习感受，教师寓教于乐，学生轻松学习。收效不同凡响，值得推广。

——湖南省浏阳市古港中学，戴伦富

新教育以师为本，注重老师的发展和成长，关注老师的幸福。以生为本，关注学生的全面发展，让学生幸福地成长。新教育是有生命、有活力的教育！

——山东省邹平县梁邹小学教师，高军

新教育实验极大地促进了各实验区（校）师生的生命成长和学校发展，促进了区域教育的优质、均衡发展。我们海门市就是其中的一个比较典型的代表。

——江苏省海门市教育局局长、教育学博士，许新海

可以说，新教育实验是迄今为止我们所看到的最具实践性、操作性、具有强大生命力的素质教育的践行方式，也是我们一直在寻找而一直没能找到的一种卓有成效的推进素质教育的途径。

——河南焦作师专党委书记、河南焦作市教育局原局长，张丙辰

五、父母和学生对新教育的评价

短短一年多的时间，我和妈妈共读了《夏洛的网》《人鸦》《特别的女生萨哈拉》《德国一群老鼠的童话》等几十本书。在和妈妈共同阅读这些书的过程中，我变得更加快乐，渴望读更多更好的童书、名人传记、科普书等。我和妈妈之间也增进了交流，妈妈在教育我的时候不再像以前那样总是呵斥、打骂，而是有了更多的耐心。

——河南焦作焦东路小学六（2）班学生，董振辕

新教育实验，以“人”为本，用诗歌开启智慧，用阅读滋养人生，用每月一事引导孩子走向卓越，助推父母共同成长，让孩子真正享受幸福完整的教育生活。

——河南省三门峡市第六小学五（3）班黄柯妍的母亲

新教育是对孩子身心的一种解放，是在浓郁的书香氛围中改变孩子的学习状态，是一种让家长深度参与学校教育教学、与学校合力教育孩子的教育。

——四川省宜宾市人民路小学二（22）班侯雨彤的母亲，王丹

新教育丰富多彩的活动，给了我展示的机会，让我体验到了学习的快乐，也找到了自信。遇见新教育，我是幸福的新孩子！

——山东省诸城市实验小学三（3）班，刘逸萱

在新教育的感召下，我努力学习怎么做好新父母，和孩子通过共读、共悟、共同生活，一起健康快乐地成长。亲爱的新教育父母们，让我们一起向着明亮那方，继续携手前行！

——山东省诸城市府前街小学红月亮教室郑天睿的母亲

走近新教育，发现文字的美好，发现诗歌的美好，发现生命的美好，发现世界都是美好的。

——四川省成都市武侯实验中学初二（11）班，何沁琪

作为一名普通家长，我虽然对新教育的认知并不多，但最近两年我从直观上清晰地感受到了孩子的变化和学校的改变：孩子放学回家常常会和我们聊起参与各种活动的收获，言语中充满自信；班级开展的“每月一事”让我们之前

十分欠缺的习惯培养变得轻松简单了；每天的晨诵、午读、暮省不但让孩子学有所得，还让我们整个家充满了书香；回家路上、饭桌旁、睡觉前总有聊不完的关于各种书籍的话题。这所有的改变都让我很欣喜、很感动！

——河南省洛阳市高新区孙旗屯小学赵佳莹的母亲

新教育实验，让学生父母深度参与家校共育成为一种享受，让共同成长成为现实；让学生接受全面教育成为一种享受，让快乐教育成为现实。

——陕西省安康市汉滨区培新小学三（2）班陈叔谭的父亲

新教育让我的孩子明白了学习原来可以不枯燥，让他对学习有了更多的兴趣，对我们帮助很大！

——安徽省六安市霍邱县户胡镇中心小学五（1）班李先锋的父亲

新教育实验让孩子们享受着教育的快乐和快乐的学习，更让孩子们享受诗情画意的人生，这种教育方式恰到好处，值得所有老师们借鉴。

——湖南省浏阳市古港中学唐莹莹的父亲

新教育很好玩，我读过童喜喜写的《新教育的一年级》，书中的孩子很快乐、很幸福！

——山东省邹平县梁邹小学三（11）班学生，宋欣泽

我有一间盛满幸福的魔力教室，这是我们的完美教室。教室里有丰富多彩的课程，有我和同学共同的梦想。生活在这样的教室，我感觉每天都是幸福的，都是快乐的。

——山东省诸城市实验小学三（3）班，孟媛

附录 2

了解和加入新教育实验的指南

新教育实验，是由全国政协常委、副秘书长，民进中央副主席朱永新教授发起的一个民间教育改革行动，是全国教育科学“十五”“十一五”规划教育部重点课题，中国教育学会“十二五”“十三五”规划重点课题。新教育实验是一个以教师成长为起点，以营造书香校园等十大行动为途径，以帮助新教育共同体成员“过一种幸福完整的教育生活”为目的的教育实验。新教育研究院是新教育实验的管理机构，全面支持、协调和推动新教育工作。本届院长由全国著名教育专家、特级教师李镇西博士担任。

新教育的主要理念和价值取向是：过一种幸福完整的教育生活；为了一切的人，为了人的一切；让师生与人类的崇高精神对话；教给学生一生有用的东西；无限相信学生与教师的潜力；强调个性发展，注重特色教育；只要行动就有收获，只有坚持才有奇迹；一个人的阅读史就是一个人的精神发育史；实现知识、生活与生命的深刻共鸣；等等。

新教育实验注重四大改变：改变教师的行走方式，改变学生的生存状态，改变学校的发展模式，改变教育的科研范式。新教育实验倡导十大行动：营造书香校园，师生共写随笔，聆听窗外声音，培养卓越口才，构筑理想课堂，建设数码社区，缔造完美教室，研发卓越课程，开展每月一事，家校合作共育。新教育实验每年围绕一个行动主题，深入开展实验研究，已经取得了一系列重要成果，出版新教育研究著作一百余种。

新教育的儿童课程即儿童生活方式“晨诵、午读、暮省”和教师专业发展“吉祥三宝”、缔造完美教室等已在全国各地广为流传，生根、开花、结果。

新教育实验自 2000 年以来，自强不息，勤奋耕耘，不懈努力，新教育研究院已经在江苏昆山、江苏张家港、江苏宝应、四川成都、吉林长春、清华大学、山西运城、江苏海门、河北石家庄、浙江萧山、浙江苍南、山东临淄、内蒙古鄂尔多斯、江苏苏州、四川金堂、山东诸城、江苏南京、四川成都等地举办了

18 届新教育实验年度研讨会。在浙江宁波、江苏常州、四川武侯、山东日照、河南郑州、浙江温州、江苏海门、福建厦门举办了 8 届新教育国际高峰论坛。在四川北川、湖北随县、新疆奎屯、甘肃庆阳、安徽霍邱、山西绛县、河南焦作、浙江萧山、浙江嘉兴、江苏如东等地举办了 10 次新教育实验区工作会议。在北京国家图书馆举办了 3 届全国领读者大会。在全国各地实验学校举办过数百次的新教育专题研讨会和开放周活动。

与此同时，新教育研究院下属机构新教育研究中心、新阅读研究所、新家庭教育研究院（新父母研究所）、新艺术教育研究院、新科学教育研究所、新评价与考试研究所、新生命教育研究所、新教育网络师范学院、新教育培训中心即教师成长学院、新职业教育研究所、新教育发展中心、新教育研学中心、新学年等也应运而生，各显身手。其中，新教育研究中心各十大行动等重大课题研究，新家庭、新生命、新科学、新艺术研究；新教育新阅读研究所选编的“中国人的精神之幼儿、小学、初中、高中、企业家基础阅读书目”、学科阅读研究项目；新教育教师成长学即新教育培训中心和网络师范学院的教师培训公益项目；新教育研学中心“一道研学，一道共读”项目……都已经取得许多重要成果，深受社会各界广泛好评，公益组织热心参与者遍布全国各地。

相信种子，相信岁月。近 20 年来，新教育人以其务实的探索、公益的情怀获得了广泛的赞誉。它点燃了许多一线教师的教育激情，让一间间教室面貌一新，让师生“过一种幸福完整的教育生活”，被新教育人称为“新教育、行教育、心教育、星教育、幸教育、信教育”，被新闻媒体誉为“新希望工程”“心灵的教育”“中国教育改革一道靓丽的风景”“未来素质教育的一面旗帜”。2014 年，新教育实验入围卡塔尔基金会评选的“世界教育创新奖”十五个项目之一。2015 年，被《中国教育报》评为全国教育改革创新特别奖。2017 年，获得江苏省教学成果奖特等奖。2018 年，获得国家级教学成果奖一等奖。

截至 2018 年，全国新教育实验现有地市级实验区 13 个、县级实验区 142 个、实验学校 4 148 所，共有 470 多万师生参与新教育实验。新教育实验以行动悄然改变着中国教育，参与者越来越多，影响越来越大，成为推动中国教育改革进程的一支重要的民间力量。

一、怎样成为新教育实验学校

新教育实验旨在以教师成长为起点，以营造书香校园等十大行动为途径，帮助新教育共同体成员“过一种幸福完整的教育生活”。

随着新教育实验的蓬勃发展，截至 2018 年，全国已有 142 个县级实验区、4 148 所实验学校。全国各地越来越多的区域、学校、教师希望加入新教育实验。为了及时回复各位朋友的关心咨询，让大家更加清楚地了解新教育实验和如何加入新教育实验，我们在此做一个简要的说明。

（一）前期了解

我们在与很多学校的领导以及一些要求参与实验的教师的接触中，了解到他们中的很多人并不十分了解新教育实验的情况。因此，我们希望这些区域或学校能够先学习了解，知道新教育实验是什么、为什么、有什么、怎么样、怎么做。

了解的途径：一是阅读朱永新的作品、专著、演讲、博客、微博，二是阅读“新教育文库”——“通识书系”“新萤火虫书系”“蒲公英书系”，三是关注新教育 App、官方网站、论坛、微博、微信平台，四是关注新教育研究中心、网师学院、新父母研究所、新阅读研究所、新教育基金会等各网络平台，五是订阅新教育研究院《教育·读写生活》杂志，六是关注和加入“守望新教育”微信平台，七是关注新教育研究院许新海、卢志文、李镇西、童喜喜等新教育人媒体平台，八是关注新教育实验的相关报道。

（二）实验考察

1. 参加新教育实验学校、实验区的开放周现场观摩

对新教育有了基本的了解后，有意加入的区域、学校和老师，可到新教育先进实验区、校观摩。新教育研究院和全国各地的新教育实验区和新教育实验学校，每年都会举办不同形式的对外开放周活动。

2. 到新教育研究院新教育培训中心、新教育教师成长学院、新教育家园随校跟班学习考察

3. 参加新教育各种专题研讨会，进行深入了解

有关新教育开放周及对外观摩的通知会在“教育在线”论坛及时公布，欢迎随时关注新教育各媒体论坛的有关新教育活动的信息。

（三）参与加盟

在对新教育实验有了深入的了解后，请根据区域、学校、个人的实际情况，决定是否愿意和能否参与实验（包括实验个体教师参与实验的情况）。

参加新教育实验的实验区、校在申请加盟新教育实验后，必须组织实验区、

校的骨干教师、校长等到新教育教师成长学院进行培训；或邀请、安排新教育专家组、讲师团到实验区、校开展新教育实验通识和专题培训。培训的主要内容有新教育重要理念、实验历程、十大行动、专项课程、推进策略、管理办法等。

参与新教育实验有两种途径：

一种途径是先行动，再正式加盟。另一种途径是先正式申请、加盟，再开展具体的实验。

采取前一种途径，可以直接在相关的网络平台开始实验，记录实验过程，通报实验动态，加强互动交流。在此过程中，保持与新教育研究院的密切联系；或者在学校默默地做实验，在取得阶段性成果后，递交实验成果。

采取后一种途径，实验学校的申请审批一般分为两个阶段，即实验加盟校阶段和实验挂牌校阶段。有意向加入新教育实验的学校，填写新教育实验加盟校实验申请表，将表提交给新教育研究院课题管理中心备案，经过研究院审核考察确认后，即被视为参与实验。申请加入的实验区，须提交正式的申请报告、实验行动方案等相关材料。

新加入新教育实验区、校的加入签约、授牌仪式，一般在每年 7 月份第二个双休日即新教育年会期间举行。

对于加盟学校，新教育研究院将定期寄发实验简报和其他实验材料，并按规定分别参加实验的年度会议，实验区会议，加盟学校自愿选择参加新教育国际论坛以及各种培训和研讨会等。

新教育研究院根据实验加盟校的实验效果和实验积极性，择优审批确定实验加盟校为实验挂牌学校，由新教育研究院免费颁牌，并予以公布。新教育每年将开展多项的评比奖励活动。

加盟的详细情况及申请表格下载，可与新教育办公室主任杜涛等联系咨询（联系方式附后），也可前往新教育 App 滚动专栏“关于新教育”部分，查看“加盟新教育指南”中的《新教育实验区、实验学校及实验个体管理规程》，加以了解。

（四）课题申报

新教育研究院、新教育基金会、新教育学术委员会、陶行知新教育研究分会、新教育各专业研究机构，每年都要进行一到两次实验课题的子课题申报或招标，欢迎志同道合者积极参与。

（五）实验推进

新教育实验是一项重视行动、重视田野研究的实验，希望实验区（校）、教师能够扎实推进新教育实验的项目研究，把新教育实验作为一种文化自觉，作为一种生活方式，同时，做好推广工作，让更多的学校与老师加入新教育实验。

相信种子，相信岁月。我们会一起在新教育的行动中共同成长，改变我们身边的教育现实，实现我们的教育理想！

联系人：

新教育研究院办公室主任杜涛（15250107111）

新教育培训中心培训科长李兵（13901479592）

新教育研究院常务副院长陈东强（13834710832）

二、新教育研究院对实验区校的要求

实验区在发展过程中，需要不断创新、丰富与完善，形成新教育实验区域推进范式，对各实验区每个年度需要做的工作做一个底线式的要求。这个底线式的要求概括起来可以这样表述：建立一个核心团队、组织两次现场研讨活动、确定三项研究重点、做好四篇文章。

（一）建立一个核心团队

治兵先选将，谋事先谋人。一个区域启动新教育实验，必须首先建立一个核心团队，明确组织和推动新教育实验的责任人。有的实验区专门建立了新教育办公室、新教育研究中心等机构，有的由基教科，或教研室，或教科室具体负责。无论哪一种方式，新教育实验的推动都要有明确具体的职能部门、责任人，以此为落实新教育各项工作的核心。

（二）组织两次现场研讨活动

丰富多彩的活动是新教育实验的重要推手。强调组织现场活动，是因为新教育不能纸上谈兵、坐而论道，要到学校里去、到教室里去、到课堂里去、到师生生活的生动现场去感受新教育、研究新教育、推动新教育。这种现场研讨活动每学期至少组织一次，每年两次。

会议是新教育实验发展的重要形式。新教育一直借助重大会议统一思想，交流经验，表彰先进，壮大规模，滚动发展。新教育的重大会议有实验区工作会议、新教育年会和国际高峰论坛。实验区工作会议主要研讨实验区发展的策略，新教育年会主要进行新教育实验年度研究项目的深度研讨，国际高峰论坛是新教育与国际教育对话的平台。我们希望各实验区积极申报承办实验区工作会议、新教育年会和国际高峰论坛，借助重大会议的承办，提升区域新教育实验的品质，扩大区域新教育实验的影响，也为全国新教育做出贡献。最近几年，新教育又推出了一种新型的会议形式——新教育开放周。暂时没有机会承办实验区工作会议、新教育年会和国际高峰论坛的实验区，要积极承办跨区域的新教育开放周，推动全国新教育共同体内的资源流动、经验共享。

（三）确定三项研究重点

每个年度，各实验区都要根据区域教育发展的现状和全国新教育推进的进程，至少确定三个项目作为新教育实验研究的重点。其中，必须有一个项目回应每年新教育年会的主题。从 2007 年始，新教育实验每年聚焦一个项目，展开深入研究，先后研究了营造书香校园、构筑理想课堂、教师专业发展、学校文化建设、中国文化传承、缔造完美教室、研发卓越课程、新艺术教育、新生命教育、推进每月一事等项目，形成了丰硕的研究成果——每年的年会主报告。各实验区、实验学校的田野研究保证了年会主报告的实践品质。各实验区、实验学校典型的研究成果还会在年会专业引领版块以叙事的方式呈现，这是对年会、对新教育的积极贡献。每个实验区都应跟进年会的主题展开深入的研究。

（四）做好四篇文章

文章是写出来的，更是做出来的。做文章，首先要做工作。这四篇文章是：

一个年度计划：每年年初，或者前一年年底，都要对一年的新教育实验进行总体的谋划，明确目标，理清思路，确定重点，对主要工作做出时序安排。

一个考核方案：每年都要根据区域新教育实验的推进情况，对实验学校的考核方案做出修订和完善。

一个研究课题：新教育实验在最初的时候是以课题研究的方式推动的，现在还应该以课题研究的方式推动新教育实验的深入发展，提高新教育实验的科研含量和学术品质。新教育实验是一个大课题，每一个行动项目都可以成为一个独立的课题，展开深入的研究。新教育实验是民间的，有时难以得到比较多的关注。新教育实验的课题化也能帮助实验工作，帮助参与新教育实验的校长、教师得到比较多的关注，比较多的来自体制内的关注，给他们带来更多的获得感。各个实验区都应有一个区域性的新教育研究课题，以带动区域新教育实验品质的整体提升。

一个年度总结：每年年终，各实验区都应认真梳理、反思一个年度的实验工作，查找问题和不足，总结经验和成绩，寻找新教育实验的深化路径，发现新教育实验的新的生长点。

各实验区要注意的是，作为一个自愿参与的非政府组织，各实验区每年要向研究院报送年度计划与总结，以及过程性的实验资料，这是基本底线制度；如果做不到，就无法说是这个团队的组织成员了。所以，要落实专人负责。

在区域推进新教育实验的过程中，在落实以上要求的过程中，要做到三个坚持：

一要坚持行政推动。新教育实验在全国而言，是民间的，主要依靠共同的理想、价值观和兴趣而凝聚；但新教育实验在一个区域内，却大多是官方的，主要依靠行政的力量推动。各实验区皆要建构新教育实验的区域推进机制，完善顶层设计，加强过程管理，强化绩效考核，不断加大行政推动的力度。山东日照实验区坚持市域统筹、行政推动、区域一体化发展策略，提出了“建立新制度、打造新校长、建设新校园、培养新教师、研发新课程、构建新课堂、实施新评价、培育新学生、应用新技术、引领新父母”等“十新”项目，推动新教育实验与区域教育综合改革的深度融合，全面深化新教育实验，富有创新意义，很有借鉴价值。从新教育会议的发言中我们可以看出，这些实验区行政推动的力度都很大。这是这些区域新教育实验蓬勃发展的坚实基础。

二要坚持融入日常。对于新教育实验来说，轰轰烈烈地组织一个活动非常容易，热热闹闹地做个一年半载也非难事，难就难在把新教育的理念融入日常的教育生活，持之以恒地做十年二十年，甚至更长的时间。新教育要办成“百年老店”，绝非是凭一时冲动、短时间的兴趣所能做成的，需要坚守日常，持续努力，需要滴水穿石的功夫，需要铁杵磨成针的毅力。

新教育认为，课程即生活。课程的样态决定着教育生活的样态。新教育其实就是一种生活方式。在 2013 萧山年会上，我们架构了新教育的卓越课程体系。这个课程体系以生命教育课程为基础，以公民教育课程（善）、艺术教育课程（美）、智识教育课程（真）为主干，并以“特色教育课程”（个性）为必要补充。各实验区要共同努力，加快研发，努力使这个框架性的体系转化为具有丰富的实质性内容的课程，使新教育理念能够课程化，并通过课程的实施，使新教育实验项目生活化，融入师生每日每时的教育生活。比如说，“晨诵、午读、暮省”是新教育的儿童生活方式，新教育晨诵课程就是对这种生活方式的支撑。这里还涉及新教育的课程产品的推广问题。对于新教育晨诵课程、新生命教育课程等，还有新教育杂志《教育·读写生活》等，各实验区都应积极推广。要设置一个底线要求，比如，晨诵课程，各实验区至少以班为单位，每班征订两份，多的五至十份，甚至更多。新生命教育研究所将建立 100 所基地学校，也希望各实验区积极发动与参与。另外，新教育 App 平台已正式启用，希望各实验区迅速推荐给全体新教育教师，让新教育 App 平台成为教师们日常教育生活的重要助手。

三要坚持新教育话语方式。语言是思维的工具、思想的载体。话语方式其实就是思维方式。坚持新教育的话语方式，就是坚持新教育的思维方式，就是坚持以新教育的理念来指导行动、言说故事。比如说，不管哪个地区、哪个学校，都会推动课堂教学的研究和变革，但不能说所有的地区和学校都在推动新教育构筑理想课堂的行动。只有在推动课堂教学研究和变革的过程中，以新教育的理想课堂三重境界理论为指导，课堂教学中体现了有效教学框架的探索，反映了引导学生发现知识这一伟大事物的魅力，努力实现着“知识与社会生活和师生生命的深刻共鸣”，才是新教育的理想课堂行动，才是新教育实验。

（以上材料由新教育理事会理事长许新海博士、新教育研究院常务副院长陈东强和新教育研究院办公室主任杜涛提供。）

附录3

新教育实验发展大事记

一、发起阶段（1999年9月至2002年9月）

- 1999年，朱永新读《管理大师德鲁克》时被书里的一句话打动，大意为：靠理论流芳百世是不够的，除非你能改变和影响人们的生活。尔后其走出书斋，走进江苏湖塘桥中心小学讲学带徒。
- 2000年，朱永新出版《我的教育理想》一书，提出新教育实验最初的理念与思想。
- 2002年初，经反复讨论与酝酿，教育实验名称由“理想教育实验”改为“新教育实验”。
- 6月，《我的教育理想》修订为《新教育之梦》一书出版。
- 6月18日，官方网站“教育在线”创办，李镇西任总版主。
- 9月，昆山玉峰实验学校践行新教育实验。10月28日，该校举办挂牌仪式，成为第一所正式挂牌新教育实验的学校。

二、实验探索阶段（2002年9月至2013年7月）

- 2003年7月，首届新教育实验研讨会在昆山玉峰实验学校召开。
- 11月，新教育实验研究中心在昆山玉峰实验学校成立，实行秘书处管理制，由储昌楼担任秘书长负责总体协调，副秘书长张荣伟负责理论，袁卫星负责宣传，周建华负责学校。
- 2004年4月，新教育实验第二届研讨会暨全国教育科学“十五”规划教育部重点课题“新教育理论的实践及推广研究”开题会议在张家港高级中学和常州武进湖塘桥中心小学举行。
- 2004年7月31日至8月1日，第三届新教育实验研讨会在江苏省扬州市宝应县召开。

- 2004 年 5 月和 9 月，江苏省姜堰市（现姜堰区）和河北石家庄桥西区政府率先建立第一批新教育实验区。
- 2004 年 10 月，新教育实验围绕“六大行动”组建“6＋1”项目组，并完善组织机构：总课题组仍然实行秘书处管理制，由储昌楼担任秘书长；项目组主要成员为“六大行动”和新父母学校项目的各位项目负责人；总课题组的理论部单列为新教育研究中心，负责理论研究工作，由张荣伟担任研究中心主任。
- 2005 年 7 月，新教育实验第四届研讨会在四川成都盐道街外国语学校举行，主题为新公民和新生命教育。《与理想同行——“新教育实验”指导手册》一书出版。
- 2005 年 12 月，新教育实验第五届研讨会在吉林第一实验小学举行，主题为“教师专业发展”。
- 2006 年 2 月、4 月、5 月，魏智渊、干国祥、马玲等人先后加入新教育研究中心，由干国祥担任研究中心主任。
- 4 月，卢志文加入管理团队，筹建新的管理机构。
- 7 月，新教育实验第六届研讨会在清华大学召开，提出新教育的核心价值追求“过一种幸福完整的教育生活”。《与理想同行——“新教育实验”指导手册》（修订版）出版。
- 2007 年 7 月，新教育实验第七届研讨会在山西运城召开，提出“共读、共写、共同生活”的新教育主张。
- 9 月，在浙江杭州萧山召开的新教育实验区工作会议上，宣布正式成立新教育研究院，由卢志文担任院长。
- 11 月，新教育研究会——江苏省教育学会新教育实验研究专业委员会在海门正式成立，由许新海担任会长。
- 2008 年 7 月，新教育实验第八届研讨会在浙江省温州苍南县召开，主题为“知识、生活与生命深刻共鸣”。
- 2009 年 7 月，新教育实验第九届研讨会在江苏海门召开，主题为“书写教师的生命传奇”。推出“新教育文库”《一生有用的十二个好习惯——新教育实验“每月一事”项目操作手册》等 5 本实验用书。
- 9 月，新教育实验网络师范学院成立。由朱永新担任院长，干国祥担任执行院长。

- 11 月，新教育实验区工作会议在山西省绛县召开。
- 2010 年 2 月，江苏昌明教育基金会（新教育基金会）正式注册成立，卢志文担任理事长。
- 7 月，新教育实验第十届研讨会在石家庄桥西区召开，主题为“文化，为学校立魂”。
- 9 月，新阅读研究所成立。所长王林，执行所长朱寅年。
- 9 月，新教育研究院与内蒙古鄂尔多斯东胜区教育局签订合作协议，共建罕台新教育实验学校。
- 11 月，新教育实验区工作会议在河南焦作召开。
- 2011 年 7 月，在江苏常州召开首届新教育国际高峰论坛。
- 9 月，新教育实验第十一届研讨会在内蒙古鄂尔多斯东胜区召开，主题为“活出中国文化的根本精神”。
- 11 月，新教育亲子共读研究中心在北京成立，后更名为新父母研究所。所长童喜喜，副所长蓝玫、张硕果。启动萤火虫亲子共读公益项目。
- 2012 年 1 月，新教育研究院新评价与考试研究所、新职业教育研究中心成立，张勇任新评价与考试研究所所长，单强任新职业教育研究中心主任。
- 7 月，新教育实验第十二届研讨会在山东临淄举行，主题为“缔造完美教室”。
- 10 月，第二届新教育国际高峰论坛在浙江宁波举行。新教育实验的“六大行动”扩展为“十大行动”。
- 2013 年 1 月，新教育理事会换届，许新海担任新教育研究院院长，陈东强任研究院常务副院长，卢志文担任新教育基金会理事长。
- 7 月，新教育实验第十三届研讨会在浙江萧山举行，主题为“研发卓越课程”，提出新教育的课程体系框架，即在新生命教育的基础上，建构新公民教育、新艺术教育、新智识教育和个性特色教育。

三、实验深化阶段（2013 年 7 月至今）

- 2013 年 4 月，海门新教育培训中心成立。
- 11 月，第三届新教育国际高峰论坛在成都举办。
- 2014 年 4 月，新教育实验区工作会议在甘肃庆阳召开。
- 7 月，第十四届新教育实验研讨会在苏州举行，主题为“艺术教育成人之美”。“新教育文库”中的《新教育年度主报告》《这一群有种的教师》等书出版。

- 11月，第四届新教育国际高峰论坛在山东日照举行。
- 2015年1月，由中国教育学会主办的新教育实验缔造完美教室专题研讨会在北京师范大学举行。
- 1月，苏州大学新教育研究院成立。苏州大学教育学院院长许庆豫兼任新教育研究院院长。
- 4月，新教育实验学术委员会成立。
- 5月，新教育实验区工作会议在新疆奎屯召开，在会议期间正式成立中国陶行知研究会新教育分会。
- 6月，新教育研究院与全通教育合作成立新家庭教育研究院，童喜喜任理事长，孙云晓任院长，蓝玫任副院长。
- 7月，第十五届新教育实验研讨会在四川金堂举行，主题为“拓展生命的长宽高”。“新教育文库”中的《致教师》《守望新教育》等书出版。
- 7月，严文蕃任新教育研究中心主任，李宜华任研究中心副主任。著名儿童文学作家，儿童阅读推广人、上海师大教授梅子涵任新阅读研究所所长，李一慢、李西西先后任副所长。
- 9月，新教育实验网络师范学院换届，由朱永新担任院长，李镇西担任常务副院长。
- 11月，第五届新教育国际高峰论坛在河南郑州举办，围绕“研发卓越课程”继续进行深入探讨。
- 2016年2月，新教育研究院新生命研究所成立。冯建军任所长，袁卫星任执行所长。
- 4月，新教育实验区工作会议在湖北随县召开。
- 2016年1月，新教育研究院《读写月报·新教育》停刊。《教育·读写生活》出版发行。
- 7月，第十六届新教育实验研讨会在山东诸城举行，主题为“习惯养成第二天性”。“新教育文库”中的《养成一生有用的好习惯——新教育实验“每月一事”操作手册》《36节电影课养成好习惯——新教育“每月一事”电影课项目用书》《教育点亮人生》《家校之间有个娃——低年级的娃儿这样教》等书出版。

- 7月，新教育发展中心成立。许新海任主任，张丙辰、张传若任副主任。
- 9月，《新教育晨诵》系列教材、《新生命教育》系列教材正式出版。
- 11月，第六届新教育国际高峰论坛在浙江温州举办，围绕“未来学校”的主题进行交流研讨。
- 2017年4月，新教育实验区工作会议在四川北川召开。
- 5月，新教育研究院与超星集团合作开发新教育新一代网络平台——新教育App。
- 7月，第十七届新教育实验研讨会在江苏南京栖霞举行，主题为“相聚行知栖霞 家校合作共育”。
- 9月，2017年领读者大会在北京召开，主题为“阅读，从儿童开始”。
- 11月，新教育国际高峰论坛在江苏海门新教育实验区举行，主题为“播下科学的种子”，来自美国、澳大利亚、新西兰等国及海峡两岸的专家参加了论坛。
- 2018年4月，新教育实验区工作会议在江苏如东召开。
- 7月，第十八届新教育实验研讨会在四川成都武侯区举行，主题为“科学之光照亮梦想之路”。
- 9月，2018年领读者大会在北京召开，主题为“文学化的儿童文学课堂”。
- 11月，新教育国际高峰论坛在厦门举行，主题为“共话人文教育，建设精神家园”。

目前，新教育实验已经覆盖中国所有省市自治区（不含港澳台），2014年入选卡塔尔基金会“世界教育创新奖”（WISE）15强，2015年获评《中国教育报》主办的最高奖“第四届全国教育创新典型案例奖”，2018年获得基础教育国家级教学成果奖一等奖。新教育实验承办着《教育·读写生活》《教育研究与评论》等刊物，出版“新教育文库”丛书百余部，屡获各类奖项，其中16卷《朱永新教育作品》等著作不断向世界各国输出版权，被陆续翻译为英、法、德、日、韩、俄、蒙古、西班牙、希伯来、阿拉伯、哈萨克语等出版。

后　记

这本书，是应中国人民大学出版社之邀，为“当代中国教育改革与创新”丛书而撰写的。

2014 年，中国人民大学出版社就邀约我主编一套反映当代中国教育改革现实问题的丛书。因为忙于民进中央的本职工作、新教育实验的推进，以及《中国教育改革大系》的主编等工作，根本无暇顾及，所以就一直拖了下来。

2017 年年初，《中国教育改革大系》顺利出版。中国人民大学出版社的编辑王雪颖再次上门拜访，希望能够在大系的基础上做一套普及版的中国教育介绍。我担心没有时间，再次婉言谢绝了出版社的好意。

但是，他们还是锲而不舍。不久以后，媒体发布了英国教育行政部门全面引进中国小学数学教学教材与方法的消息。王雪颖和出版社的领导再次来到我所在的民进中央，希望把中国教育正在发生的故事介绍给世界，让世界了解真实的中国教育。

联想到 2015 年英国广播公司关于中英教师与学生博弈的纪录片所展示的尖锐的文化冲突与师生矛盾，以及最后几位中国老师带领的英国学生在数学、科学和中文考试中全面击败对手的结果，我也不由自主地感觉到了这个工作的意义。是的，在中国经济屡创增长奇迹的背后，教育发挥了重要作用。对于世界来说，中国教育还是一个谜。中国需要对世界讲好中国教育的故事，更需要在与世界交流的过程中丰富和完善我们自己的教育。

于是，我答应组织力量撰写这套“当代中国教育改革与创新”丛书。而《新教育实验：中国教育改革的民间样本》也自然成为其中的一本。

我知道，短时间组织大家撰写，可能会因为风格不一、内容重复等因素影响进度，于是我决定自己亲自撰写。我利用了两个多月的业余时间，整理了这本书的初稿。一年后，在初稿的基础上，我重新增补了大量内容，增加了大量图片与视频资料，并且邀请新教育同仁进行了审读修订。所以，这本书虽然是以我个人的名义出版的，但其实是新教育人共同的作品。我一直认为，新教育不是说出来的，不是写出来的，而是做出来的，是走出来的。新教育实验是新教育人共同创造的。

感谢为这本书提供了大量资料和故事的新教育实验区、实验学校和优秀榜样教师，感谢新教育理事会的许新海、卢志文、陈东强、童喜喜、李镇西老师，感谢新教育萤火虫和种子教师团队，感谢余国志、薛晓哲、杜涛、滕靖南、李宗主等为这本书提供的珍贵照片等资料，也感谢中国人民大学出版社的编辑们为本书付出的辛勤劳动。

朱永新

2019 年 1 月 10 日晨于北京滴石斋

图书在版编目（CIP）数据

新教育实验：中国教育改革的民间样本/朱永新著．—北京：中国人民大学出版社，2019.8

（当代中国教育改革与创新书系/朱永新总主编）

ISBN 978-7-300-26725-8

Ⅰ.①新… Ⅱ.①朱… Ⅲ.①教育-研究-中国 Ⅳ.①G52

中国版本图书馆 CIP 数据核字（2019）第 028565 号

国家出版基金项目

当代中国教育改革与创新书系

总主编　朱永新

新教育实验

中国教育改革的民间样本

朱永新　著

Xin Jiaoyu Shiyan：Zhongguo Jiaoyu Gaige de Minjian Yangben

出版发行	中国人民大学出版社		
社　　址	北京中关村大街 31 号	**邮政编码**	100080
电　　话	010－62511242（总编室）		010－62511770（质管部）
	010－82501766（邮购部）		010－62514148（门市部）
	010－62515195（发行公司）		010－62515275（盗版举报）
网　　址	http://www.crup.com.cn		
经　　销	新华书店		
印　　刷	天津中印联印务有限公司		
开　　本	720 mm×1000 mm　1/16	**版　　次**	2019 年 8 月第 1 版
印　　张	24.25 插页 1	**印　　次**	2023 年 7 月第 3 次印刷
字　　数	370 000	**定　　价**	78.00 元